A ORDEM DA LIBERDADE

direito e política no pensamento de Hannah Arendt

Christian Volk

A ORDEM DA LIBERDADE

direito e política no pensamento de Hannah Arendt

Tradução: Thiago Dias da Silva

eduerj

CONTRACORRENTE

Rio de Janeiro e São Paulo

2022

Este livro foi publicado primeiro em alemão sob o título *Die Ordnung der Freiheit: Recht und Politik im Denken Hannah Arendts*, em janeiro de 2010 pela editora Nomos. Uma tradução revisada do livro foi publicada em 2015 com o título *Arendtian Constitutionalism. Law, Politics and the Order of Freedom*, pela Hart Publishing/Bloomsbury Publishing. Essa versão revisada serviu de base para a tradução do livro para o português.

CATALOGAÇÃO NA FONTE
UERJ / REDE SIRIUS / NPROTEC

V916 Volk, Christian
A ordem da liberdade: direito e política no pensamento de Hannah Arendt / Christian Volk, tradução de Thiago Dias da Silva. - 1. ed. - Rio de Janeiro : EdUERJ, São Paulo : Contracorrente, 2022.
384 p.

ISBN 978-65-87949-64-2

1. Arendt, Hannah, 1906-1975. 2. Ciência política. 3. Sociologia. 4. Liberdade. I. Silva, Thiago Dias da. II. Título

CDU 32

Bibliotecária: Thais Ferreira Vieira CRB-7/5302

REVISÃO TÉCNICA
Bethania Assy

REVISÃO
Renato Capistrano

EDITORA CONTRACORRENTE

EDITORES
Camila Almeida Janela Valim
Gustavo Marinho de Carvalho
Rafael Valim
Walfrido Warde
Silvio Almeida

COORDENAÇÃO DE PROJETO
Juliana Daglio

REVISÃO TÉCNICA
Amanda Dorth

CAPA
Gustavo André

EQUIPE DE APOIO
Fabiana Celli
Carla Vasconcelos
Fernando Pereira
Valéria Pucci
Regina Gomes

EdUERJ

EDITOR EXECUTIVO
João Feres Júnior

COORDENADORA ADMINISTRATIVA
Elisete Cantuária

COORDENADORA EDITORIAL
Silvia Nóbrega de Almeida

COORDENADOR DE PRODUÇÃO
Mauro Siqueira

ASSISTENTE EDITORIAL
Thiago Braz

ASSISTENTE DE PRODUÇÃO
João Martorelli

SUPERVISOR DE REVISÃO
Elmar Aquino

REVISÃO
João Martorelli

PROJETO GRÁFICO E DIAGRAMAÇÃO
Emilio Biscardi

Alameda Itu, 852 – 1º andar
São Paulo – SP – Brasil | CEP 01421 002
www.loja-editoracontracorrente.com.br
contato@editoracontracorrente.com.br
www.editoracontracorrente.blog

Rua São Francisco Xavier, 524 – Maracanã CEP 20550-013 – Rio de Janeiro – RJ – Brasil
Tel./Fax.: 55 (21) 2334-0720 / 2334-0721
www.eduerj.uerj.br – eduerj@uerj.br

UNIVERSIDADE DO ESTADO DO RIO DE JANEIRO

Reitor
Ricardo Lodi Ribeiro

Vice-reitor
Mario Sergio Alves Carneiro

EDITORA DA UNIVERSIDADE DO
ESTADO DO RIO DE JANEIRO

Edições brasileiras das obras de Hannah Arendt

Origens do totalitarismo. São Paulo: Cia das Letras, 1989.
A condição humana. Rio de Janeiro: Forense Universitária, 2014 (11a edição revista).
Entre passado e futuro. São Paulo: Perspectiva, 1997.
Sobre a revolução. São Paulo: Cia das Letras, 2011.
Eichmann em Jerusalém. São Paulo: Cia das letras, 1999.
Sobre a violência. Rio de Janeiro: Relume-Dumará, 1994.
Crises da República. São Paulo: Perspectiva, 2017 (3a edição).
Homens em tempos sombrios. São Paulo: Cia de bolso, 2008.
A vida do espírito. Rio de Janeiro: Relume-Dumará, 2000 (4a edição).
Lições sobre a filosofia política de Kant. Rio de Janeiro: Relume-Dumará, 2002.
Compreender: formação, exílio, totalitarismo. São Paulo: Cia das Letras, 2008.
Responsabilidade e julgamento. São Paulo: Cia das Letras, 2004.
Escritos judaicos. Barueri: Amarylis, 2016.

Sumário

Lista de abreviações

Arendt/Jaspers	*Arendt, Hannah und Jaspers, Karl.* Briefwechsel 1926–1969
CH	*A condição humana*
DC	*Desobediência civil*
DiT	*Diskussionen mit Freunden und Kollegen in Toronto* (November 1972)
DT	*Denktagebuch*
DUR	*Die Ungarische Revolution und der totalitäre Imperialismus*
EaS	*Weber, Max: Economy and Society*
EJ	*Eichmann em Jerusalém*
EsJs	*Escritos judaicos*
ETH	*Elemente und Ursprünge totaler Herrschaft*
FuG	*Habermas, Jürgen: Faktizität und Geltung*
FuP	*Freiheit und Politik*
GEH	*Weber, Max: General Economic History*
LFPK	*Lições sobres filosofia política de Kant*
MnP	*Mentira na política*
MuG	*Macht und Gewalt*
NuD	*Nationalstaat und Demokratie*
OT	*Origens do totalitarismo*
PaB	*Weber, Max: Politik als Beruf*
PRPI	*Public Rights and Private Interests*
PuR	*Weber, Max: Parlament und Regierung im neugeordneten Deutschland*
RsLR	*Reflections on Little Rock*

RL	*Reflexões sobre Lessing*
SR	*Sobre a revolução*
SV	*Sobre a violência*
TPR	*Thoughts on Politics and Revolution*
ÜR	*Über die Revolution*
VA	*Vita activa oder Vom tätigen Leben*
VE/Q	*A vida do espírito/Querer*
WB	*Walter Benjamin*
Wg	*Weber, Max: Wirtschaftsgeschichte*
WiP	*Was ist Politik*
WuG	*Weber, Max: Wirtschaft und Gesellschaft*

Nota do tradutor e da revisora

Hannah Arendt é uma autora de (pelo menos) dois idiomas. Nascida e formada na Alemanha, migrou já adulta para os Estados Unidos, onde passou o restante de sua vida e desenvolveu seu pensamento. Arendt escreveu suas obras tanto em inglês quanto em alemão (há ainda alguns pequenos textos em francês, da época do exílio em Paris, e em seus cadernos de anotações há longas passagens em latim e grego antigo), o que coloca questões quanto ao estatuto exato desses textos em diferentes línguas. Qual é a relação entre, por exemplo, o texto publicado sob o título *On revolution* e o que saiu como *Über die Revolution*?

Há já algum tempo os especialistas estão deixando de considerar que se trata apenas de traduções de uma língua para a outra, e Christian Volk, por motivos apresentados no Prefácio, está entre os que julgam importante consultar os dois originais para realizar uma exegese da obra arendtiana. Por conta disto, ele se refere ora ao texto em inglês, ora ao texto alemão, o que tem implicações para uma edição brasileira deste livro.

A maioria das edições brasileiras dos livros de Arendt é feita a partir dos originais em inglês. O livro *Origens do totalitarismo* que usamos no Brasil é tradução de *The Origins of Totalitarianism*, e não de *Elemente und Ursprünge totaler Herrschaft*. Assim, sempre que Volk citar a partir do texto que deu base à edição brasileira, faremos referência à edição brasileira. Por exemplo, quando o leitor encontrar uma referência a *Sobre a violência* saberá que se trata da obra publicada no Brasil (tradução de *On Violence*), ao passo que quando a referência for a *Macht und Gewalt*, trata-se de obra alemã, indisponível por aqui; nesses casos a tradução da citação é nossa. Todas as referências e abreviações estão disponíveis na respectiva seção.

***

Como Volk explica no Prefácio, este livro foi escrito primeiro em alemão, a partir da tese de doutorado do autor, e alguns anos depois saiu em inglês, com muitos acréscimos e reformulações. A tradução que o leitor tem em mãos foi feita a partir desta edição ampliada, em inglês, mas nós recorremos ao texto alemão em alguns momentos precisos, como quando algumas passagens se mostraram mais claras na língua nativa do autor ou, sobretudo, quando se trata de conceitos de autores alemães; todas as vezes em que identificamos conceitos alemães, vertemos usando o termo já consagrado entre as traduções brasileiras.

***

Dentre as opções terminológicas que exigem um comentário, talvez a mais central seja a que envolve o termo *law*, que condensa muitos dos sentidos que, em português, são encontrados tanto em *Direito* quanto em *lei* (e, em alemão, *mutatis mutandis*, nos termos *Recht* e *Gesetz*). Foi necessário escolher entre *lei* e *Direito* em cada ocorrência, e muito frequentemente o termo preterido era também possível. O leitor aproveita melhor o texto se tiver isso em mente.

Em *Origens do totalitarismo*, o termo *rightlessness* foi vertido por "privação de direitos", mas aqui optamos por "ausência de direitos", pois parece-nos que a discussão realizada por Arendt e por Volk aponta mais para uma condição do que para uma ação privativa realizada por alguém.

O termo *statehold* (em alemão, *Staatlichkeit*) não tem equivalente exato em português. O argumento do autor nos fez optar por *formação do Estado* e indicar entre parênteses todas as ocorrências. Outra decisão importante foi a relativa aos termos "domínio" e "dominação". Ambos traduzem o mesmo termo alemão, *Herrschaft*, importantíssimo para o pensamento de Max Weber, muito presente no pensamento de Arendt e assunto do capítulo três deste livro. Optamos por usar "dominação", quando se tratar do conceito de Weber – pois é assim que ele costuma ser usado no Brasil –, e "domínio", quando se tratar do conceito de Arendt.

Thiago Dias e Bethânia Assy

Prefácio

A fascinação pela obra de Hannah Arendt parece não ter fim. Novos livros e artigos surgem em intervalos regulares tentando interpretar seus escritos sob novas luzes. Parece que a maneira pela qual Hannah Arendt pensa a política guarda ainda o poder de inspirar e orientar nosso próprio pensamento, sobretudo nestes tempos sombrios marcados por populismo de direita, por um novo autoritarismo, políticas de pós-verdade e pela exclusão de pessoas, que é aparentemente eterna e se dá na forma de detenções, fugas e despejos. Mas qual é o fundamento textual dessas interpretações? A quais textos nos referimos em nossas exegeses do pensamento arendtiano, e quais textos formam a base para a plausibilidade ou não de afirmações hermenêuticas?

Parece haver tanto na academia quanto na comunidade internacional de estudiosos da obra de Arendt – o que inclui os brasileiros, evidentemente – a pressuposição de que a obra escrita por Arendt em inglês forma nosso fundamento textual. À exceção de alguns trabalhos menores escritos em alemão, geralmente da fase criativa inicial de Arendt, assume-se geralmente que as edições em inglês são, efetivamente, os originais. Aquilo que aparece (ou é omitido) nesses originais é a base textual e, assim, o objeto de interpretação e exegese de seu trabalho. Comparadas desta forma aos *originais* em inglês, as versões alemãs de seu trabalho são consideradas *meras traduções*. *Vita activa* é considerado simplesmente como a tradução de *A condição humana*; *Über die Revolution*, como a tradução de *Sobre a revolução*; *Elemente und Ursprünge totaler Herrschaft*, como a de *Origens do totalitarismo*, e assim por diante – do que resulta que o original inglês deve, naturalmente, ter a última palavra sobre as evidências textuais.

Mas isso nos deixa aquém do objetivo. "No trabalho literário de Arendt", Marie Luise Knott percebe com razão, "a ideia comum de 'original' não é mais válida". (Knott, 2011, p. 68) Ora, mas por quê? Uma das razões é que os supostos originais de Arendt, ou seja, as versões em inglês de seus principais trabalhos, eram, eles mesmos, sempre traduções. A seminal publicação do *Denktagebuch* [Diário de pensamento] – um diário intelectual de quase 1.200 páginas, escrito majoritariamente em alemão – demonstra de maneira impressionante que a autora, apesar de estar enraizada nos EUA, efetivamente compôs em alemão a maior parte de seus pensamentos e conceitos que seriam, por fim, publicados em inglês. Mais ainda, todas as suas ideias político-filosóficas sempre se referiram diretamente ao passado e ao presente alemão e europeu – a sua história, política, filosofia e literatura. Exagerando um pouco: Arendt passou toda a sua vida trabalhando sobre a assim chamada tradição europeia de pensamento político e filosófico. Essa tradição constituía particularmente seu problema central. Sua principal preocupação era, por consequência, levar consigo suas experiências, assimilá-las à tradição americana de pensamento político e aplicá-las à reorientação da tradição dominante do pensamento político europeu. Com esse objetivo, ela não apenas viajou frequentemente para a Europa, como também se esforçou para transmitir essa reorientação de seu pensamento político-filosófico em artigos, palestras e entrevistas de rádio na Alemanha e em outros países europeus. Arendt rascunhou, diversificou e desenvolveu os temas de seus livros nesses trabalhos – muitos dos quais estavam disponíveis apenas em alemão, ou foram por sua vez traduzidos para o inglês.

Mas há outra razão, ainda mais decisiva, para que seja muito falacioso dividir a obra arendtiana entre originais em inglês e traduções para o alemão. Sabe-se muito bem que Arendt se envolveu ativamente na tradução (ou retradução?) de suas obras. Por conseguinte, e não menos devido ao próprio processo de tradução (confrontação com o que seria então um texto estrangeiro, adotar uma perspectiva específica para escrever a um público novo etc.), quase todas as versões alemãs de seus principais trabalhos são tanto mais abrangentes quanto mais ricas em material do que suas versões em inglês, e podem até mesmo se sustentar por conta própria do ponto de vista linguístico e estilístico. Marie Luise Knott conclui disso tudo que "as versões em inglês e em alemão dos principais trabalhos de Arendt representam dois originais diferentes, ainda que muito estreitamente relacionados". (Knott, 2011, p. 68). Esse fato pode ser evidenciado em quase todos os seus trabalhos fundamentais.

Considerando as diferenças entre *Sobre a revolução* e *Über die Revolution*, Wolfgang Heuer mostrou que o texto alemão, com suas seções e passagens adicionais, não é apenas quase um quarto mais longo que a versão em inglês. Heuer também descobriu que os temas centrais (a análise da compaixão em Rousseau e da internalização do político; o papel e a importância da oposição; o tema da nova fundação, da revolução e dos conselhos como nova forma de governo; as ideias de Montesquieu etc.) são tratados de modo muito mais abrangente e detalhado do que na versão em inglês (Heuer, 2011, p. 90 e ss).

O mesmo se dá, em extensão muito maior, com o livro *Vita activa oder Vom tätigen Leben*, o equivalente alemão de *A condição humana*. Muito dificilmente qualquer outra obra importante varie tão amplamente em suas duas versões quanto esses dois trabalhos (cf. Knott, 2011, p. 68). Em sua análise, Marie Luise Knott rastreia como Arendt deve ter abordado a tradução: *A condição humana* surgiu de conferências que foram então editadas por uma editora norteamericana e publicadas em 1958. Podemos ver nas entradas do *Denktagebuch* que grandes partes do corpo do livro foram escritas em alemão e, em seguida, traduzidas para o inglês por Arendt. Depois da publicação da versão em inglês, Charlotte Beradt, uma jornalista que a conhecia, esboçou uma tradução para o alemão. Arendt trabalhou sobre esse esboço por mais três anos, até que o livro fosse publicado na Alemanha, em 1961. Para a versão alemã, não houve apenas verificação de citações e correção de erros; Marie Luise Knott mostra que foram acrescentadas passagens inteiras para esclarecer e explicar, o que faz com que a versão alemã não seja apenas mais longa que a americana (cerca de quarenta por cento maior). A versão alemã também representa, efetivamente e em muitos aspectos, uma revisão de *A condição humana*.[1]

Há também muitas diferenças importantes nos vários textos que compõem *Between Past and Future* e a versão alemã, *Zwischen Vergangenheit und Zukunft* (cf. Heuer e Rosenmüller 2011, p. 70-84). Por exemplo, há uma diferença impressionante entre os ensaios *What is Freedom?* [O que é liberdade?] e seu equivalente alemão, *Freiheit und Politik* [Liberdade e política]. As versões em inglês e

[1] Roy Tsao mostrou como a representação arendtiana dos gregos é diferente nas versões alemã e americana (Tsao, 2002). Na versão alemã, a aporia da ação, questões de promessa e perdão, o conceito de mundo, o conceito de espaço público e a crítica ao *agon* grego – para indicar apenas alguns temas – são tratados com muito mais detalhe.

em alemão não diferem apenas em suas formulações. A versão alemã tem cinco seções e a quinta está completamente ausente da versão em inglês. Mais decisivo, entretanto, é o fato de que, na versão alemã, Arendt se esforça muito mais em fornecer uma concepção positiva de liberdade política. O conteúdo normativo do conceito de liberdade política que ela esboça – e isso também em contraste com *What is Freedom?*, onde essas passagens não aparecem – reside no fato de que a ação acontece em um espaço que é fornecido e garantido por outros, e "onde agir pode ter impacto e se tornar visível" (*Freiheit und Politik*, p. 216).[2]

Origens do totalitarismo também difere em alguns aspectos com relação a *Elemente und Ursprünge totaler Herrschaft*, a versão alemã. Também aqui o texto em alemão é mais longo que o texto em inglês, certamente mais do que os cinco ou dez por cento que os textos habitualmente crescem em traduções do inglês para o alemão. A versão alemã tem quase mil páginas de texto corrido e é muito mais rica pelo material que aparece em notas novas e mais longas, e em parágrafos adicionais. É apenas na versão alemã que se desdobra, em sua extensão completa e compreensível, aquilo que chamo de "arquitetura política-teórica"[3] do livro sobre o totalitarismo. Em nosso caso, no entanto, um tema bastante diferente tem importância central: a análise arendtiana do Estado moderno e sua consideração a respeito de Max Weber, que só pode ser reconstruída de modo plausível a partir de *Elemente und Ursprünge totaler Herrschaft*. Uma das razões para isso é que a genealogia arendtiana do Estado moderno começa na parte do livro dedicada ao antissemitismo, uma seção que é mais abrangente e detalhada na versão alemã. Nessa seção, Arendt esboça sua compreensão do Estado moderno – e esse rascunho está sempre conectado à questão da relação dos judeus com o Estado e com a sociedade.[4]

---

2 Descrevo em detalhes esta compreensão da liberdade no capítulo 5. A versão alemã diz o seguinte: liberdade política "depende de uma nação livre oferecer o espaço em que a ação possa se efetivar e se tornar visível. [*Politische Freiheit "hängt daran, ob eine freie Nation den Raum gewährt, in welchem das Handeln sich auswirken und sichtbar werden kann"*].

3 Cf. a seção "A arquitetura teórico-política do livro de Arendt sobre o totalitarismo", no capítulo 4.

4 Uma rápida olhada na bibliografia de *Elemente und Ursprunge totaler Herrscshaft/Origens do totalitarismo* revela que, em suas considerações, Arendt se refere a dois trabalhos de Weber: *Wirtschaftsgeschichte, Parlament und Regierung im neugeordneten Deutschland*

Além disso, a análise de Weber feita por Arendt só pode ser reconstruída de modo plausível a partir da versão alemã, porque somente nela é possível reconhecer tanto a proximidade terminológica quanto a suposição e a adaptação da terminologia de Weber.

O que podemos concluir de tudo isto? Bem, se quisermos abordar a obra de Arendt hoje com o propósito de realizar uma exegese, não basta centrar-se unicamente nos escritos em inglês. Estou convencido de que hoje, confrontados pelas exigências da probidade acadêmica, simplesmente não é possível analisar exegeticamente Arendt sem se apoiar também sobre as versões alemãs, e sem trabalhar com elas como escritos independentes, como originais. É, portanto, uma felicidade, especialmente se considerarmos a proliferação de estudos sobre a obra arendtiana, que uma equipe de especialistas tenha se lançado à necessária e urgente tarefa de preparar uma edição completa em que as versões em inglês e alemão são comparadas e comentadas.[5]

Este livro não pode fornecer uma perspectiva geral desse tipo e nem pretende fazê-lo. No entanto, e na medida do possível, tentei fazer justiça ao fato de que há dois tipos de originais diferentes, ainda que muito estreitamente relacionados, a saber, a obra de Arendt tanto em inglês quanto em alemão. Além de ter aberto novos caminhos ao enfocar a questão do Direito no pensamento arendtiano, o volume é também a primeira publicação a trabalhar e argumentar de forma substancial com ambas as versões, em inglês e em alemão, dos textos de Hannah Arendt. Em conformidade com esse princípio, em cada citação verifiquei se a passagem alemã é (menos ou mais) idêntica à versão em inglês. Quando este é o caso, cito a versão em inglês. Quando este não é o caso, cito a versão que mais claramente expressa as ideias que me ocupam naquele ponto. O proveito para o debate arendtiano internacional em geral, e para os brasileiros em particular, pode ser o de fazer o conteúdo das obras em alemão fluir para dentro do debate feito sobre as obras em inglês, tornar claras certas diferenças e, assim, proporcionar novos impulsos – como, por exemplo, uma nova visão do Direito ou do legado de Max Weber no pensamento de Arendt.

[História econômica, parlamento e governo na Alemanha reorganizada] e *Die Börse* [A bolsa de valores].

5 Os volumes 2, 3 e 6 da edição crítica e completa das obras de Arendt já foram publicados.

Este livro foi publicado primeiro em alemão sob o título *Die Ordnung der Freiheit: Recht und Politik im Denken Hannah Arendts*, em janeiro de 2010, pela editora Nomos. Em 2013, a editora Hart, que agora é parte da Bloomsbury, aceitou publicar o livro em inglês. Isto resultou em uma versão meticulosamente revisada e expandida, publicada em 2015, sob o título *Arendt's Constitutionalism: Law, Politics and the Order of Freedom*. Para a tradução em português, escolhi o título da edição original alemã, pois ele corresponde mais claramente ao conceito do livro. Fiz atualizações apenas na introdução, que ora faz referências a desafios políticos recentes que nos conduzem novamente à obra de Hannah Arendt. Não considerei a literatura de pesquisa que surgiu desde a publicação da tradução para o inglês, em 2015 – nem mesmo a literatura que lida diretamente com meu livro. Como qualquer outro livro, este tem um cerne temporal, e apenas uma discussão conjunta revelará quais aspectos de minhas reflexões ainda são relevantes e plausíveis diante dos desafios que estamos enfrentando. É precisamente por esse motivo que sinto um enorme prazer em ver o livro ganhar nova audiência com sua tradução para o português. Sinto-me extremamente honrado com isto.

Recebi apoio de muitas pessoas no processo de publicação desta versão brasileira e gostaria de agradecê-las aqui. Em primeiro lugar, gostaria de agradecer ao João Feres, que aceitou publicar meu livro pela Editora da UERJ. Também devo agradecimentos especiais à maravilhosa Bethânia Assy, que não apenas me convidou para ir ao Brasil, iniciando assim uma cooperação inspiradora e cordial, como também iniciou a tradução do livro para o português. Bethânia recomendou Thiago Dias, o tradutor do livro, e fez a revisão desta versão que o leitor tem em mãos. Agradeço imensamente seu apoio. Além dela, gostaria de agradecer também à Flávia Biroli, que estabeleceu meu contato com a editora da UERJ e recomendando-lhes meu livro. Sem o incansável suporte de Danniel Gobbi, o livro agora disponível em português não teria visto a luz do dia. Danniel não apenas assumiu a responsabilidade por toda a comunicação com colegas no Brasil, como também cuidou de questões contratuais e de direitos autorais. Devo-lhe uma enorme gratidão! Meus agradecimentos especiais também vão para Sabine Büchner, que cuidou de tarefas administrativas junto à Freie Universität Berlin, e para Teresa Otten Dionísio, que me deu apoio na Humboldt Universität Berlin.

Traduzir um livro é uma tarefa laboriosa e que consome muito tempo. Meu tradutor, Thiago Dias, entregou um trabalho excelente – um daqueles trabalhos que só pode realizar quem tem grande *feeling* para idiomas e dom para a filosofia, além de ser um grande conhecedor da obra de Arendt. A precisão e a meticulosidade com a qual Thiago tratou esta tradução, o modo como ele refletiu sobre conceitos, significados de termos e linhas de argumentação deixaram uma impressão profunda em mim. Sou extremamente grato por seu magnífico trabalho.

Devo à minha família muito mais do que sou capaz de expressar aqui –meus pais, Gerda e Rainer Volk, além de Anderl, Alex, Diana, e as duas pessoas mais importantes em minha vida, Johanna e Moira. O amor cuidadoso e o apoio incondicional que me oferecem são o alicerce de minha vida. Dedico a eles este livro.

Introdução

> A questão central da política futura será sempre
> o problema da legislação.
> Hannah Arendt, *Denktagebuch*
> (setembro de 1951)

O pensamento político de Hannah Arendt surge da confrontação com a catástrofe que definiu o século XX: a *Shoah*. Quase nenhum outro pensador dos últimos cem anos refletiu com tamanha consistência e intensidade sobre as consequências da "ruptura de civilização" (*Zivilizationsbruch*) (Diner, 1988). Em contraste com o pensamento de muitos outros autores de seu tempo, o de Arendt não se retira da esfera política em face da crise. Muito pelo contrário: ela considera que o afastamento com relação à esfera pública e a preocupação exclusiva com o próprio bem-estar foram fatores decisivos para o estabelecimento do sistema nacional-socialista de domínio. É, portanto, notável que Arendt, ao concluir seu volumoso trabalho sobre os elementos do totalitarismo, se volte à questão: o que é política?[1] – uma questão que permaneceria como o tema central de seu trabalho intelectual até sua morte.

Percebemos a fecundidade desse empreendimento intelectual no fato de que as análises de sua obra parecem não ter fim: as ideias de Arendt são frequentemente aplicadas a novos fenômenos e o engajamento com elas tem crescido efetivamente em intensidade. Há debates intensos sobre a justifica-

[1] Arendt lida com a questão *o que é política?* diretamente no contexto de seu trabalho sobre as origens do totalitarismo. O primeiro fragmento sobre esse tema data de 1950 (WiP, p. 9).

ção arendtiana para os direitos humanos,[2] sobre sua interpretação da questão social,[3] sobre a relação entre pensar, agir e a faculdade do juízo,[4] sobre fundação, revolução e memória,[5] sobre mal e banalidade.[6] Esses debates têm sido

---

[2] A discussão foi trazida à baila por Peg Birmingham em seu livro *Hannah Arendt and Human Rights* (Birmingham, 2006). Seyla Benhabib respondeu com suas ideias a respeito de um "outro universalismo" em *Another Universalism: On the Unity and Diversity of Human Rights* (Benhabib, 2007). Na Conferência Arendt em Berlim, por ocasião de seu centenário, Étienne Balibar (2007) e Stefan Gosepath (2007), bem como Peg Birmingham (2007), trataram de questões a respeito da justificação dos direitos humanos.

[3] O debate sobre a interpretação arendtiana da questão social tem acontecido desde pelo menos a Conferência de Toronto de 1972 (cf. SHA, p. 138 e ss) e conduziu a acusações de que o pensamento político de Arendt ignorou as questões de justiça social. Trato desse debate em detalhe no capítulo 2 e aponto para uma linha diferente em seu pensamento no capítulo 5.

[4] No campo da pesquisa sobre Arendt há uma disputa filosófica a respeito da conexão ou não conexão entre juízo e ação, pensamento e juízo, e pensamento e ação. A respeito desse debate filosófico, conferir, entre outros: Barley (1990, p. 143); Beiner (1985, p. 176); Benhabib (2003, p. 185-193); Bernstein (1986a, p. 234-237); Bielefeldt (1993, p. 82); Bradshaw (1989, p. 68-71); Brunkhorst (1999); Canovan (1990, p. 135); D' Entrèves (1994, p. 103); Gray (1979, p. 336); Habermas (1979, p. 302); Hermenau (1999); Heuer (1992, p. 348-370); H. Jonas (1979, p. 355); Kateb (1984, p. 189); Minnich (1989, p. 136); Opstaele (1999, p. 97); Saavedra (2002); Villa (1996); Vollrath (1993); Zerilli (2005, p. 179).

[5] Cf. a esse respeito o estudo de Stefan Ahrens, *Die Gründung der Freiheit* [A fundação da liberdade] (Ahrens, 2005), bem como o excelente trabalho de Jürgen Förster, *Die Sorge um die Welt und die Freiheit des Handelns* [O cuidado com o mundo e a liberdade da ação] (Förster, 2009). Abordo ambos no capítulo 5. Além disso, conferir também: Kalyvas (2008) e Frank (2010).

[6] A discussão a respeito do uso feito por Arendt da banalidade do mal prossegue violentamente desde a publicação do livro sobre Eichmann. As contribuições de Agamben (1999, p. 70 e ss), Zimmermann (2005, p. 30 e ss) e Bernstein (2007) conduziram a questão de volta ao primeiro plano (ver a este respeito meus comentários em Volk, 2007). Para a história da recepção do livro sobre Eichmann, dois livros resultantes de conferências têm importância particular: *Hannah Arendt Revisited: Eichmann in Jerusalem und die Folgen* [Hannah Arendt revisitada: Eichmann em Jerusalém e seus desdobramentos] e *Hannah Arendt in Jerusalem*. A respeito da história da recepção da teoria da banalidade e uma visão abrangente da literatura e dos comentários, ver também minhas observações em Volk (2005, p. 9-20) e Volk (2006), bem como Villa (1999).

impulsionados pelas publicações feitas a partir de seu espólio, que têm sido lançadas regularmente e têm apresentado, sob luzes inteiramente novas, temas há muito considerados latentes.[7] Apesar de toda essa atividade no campo de pesquisa sobre Arendt, é espantoso que uma questão permaneça (em sua maior parte) ignorada: a questão da natureza e do sentido do Direito no pensamento de Hannah Arendt. Isto forma o ponto de partida de meu trabalho. Argumento ao longo deste livro que a questão do Direito é um tema central do pensamento de Arendt.[8]

---

[7] O *Denktagebuch* [Diários de pensamento] de Hannah Arendt, editado por Ursula Ludz e Ingeborg Nordmann, e publicado em 2003, é absolutamente crucial para meu trabalho. Igualmente importante é o ensaio "A grande tradição", publicado por Kohn em duas edições especiais da revista *Social Research* em 2007 e 2008, bem como o volume de ensaios *Escritos Judaicos*, de 2007, que mostra muito bem as mudanças na abordagem de Arendt sobre o conceito de *nação*.

[8] Publicado em alemão em janeiro de 2010, esse livro foi o primeiro a analisar, conceitualmente e sistematicamente, o Direito no pensamento de Hannah Arendt. Ao lado de um artigo escrito por Jeremy Waldron, que enfatiza o significado de "estrutura, formalidade e procedimento" (Waldron, 2005, p. 2002) para Arendt, e assim realça também a importância de questões legais (ver capítulo 5), Jan Klabbers e Hans Lindahl estão entre os poucos que também examinaram – ainda que apenas na forma de ensaio – a questão do Direito no pensamento de Arendt. Embora Klabbers, por exemplo, afirme no início ser capaz de identificar uma "relação íntima e recíproca entre Direito e política" (Klabbers, 2007, p. 2) no pensamento da autora, ele fornece apenas algumas indicações sobre como a visão de Arendt a respeito do processo Eichmann deve enriquecer nossa compreensão do Direito Internacional. Klabbers conclui afirmando que "Arendt nunca foi realmente clara a respeito do Direito, em particular sobre legislação. Faltava-lhe o *background* legal para captar algumas tecnicidades" (Klabbers, 2007, p. 11). Essa afirmação é verdadeira com relação a implementações específicas de problemas legais, mas não se aplica de forma alguma a questões de Filosofia do Direito. Acontece que essa dimensão de Filosofia do Direito só se revela por meio do exame da teoria política de Arendt em função de seu teor de Filosofia do Direito, ou direcionando a atenção para as próprias questões de Filosofia do Direito. Com seus comentários bastante instrutivos, Klabbers faz referências pontuais ao Direito, mas não pretende uma reconstrução sistemática. Nos anos subsequentes, surgiu uma extensa gama de estudos a respeito do conceito de lei na obra de Hannah Arendt. A dissertação de Stefanie Rosenmüller (2013a) sobre a posição do Direito no

Há motivos que explicam a falta de atenção à questão do Direito no campo da pesquisa sobre Arendt até o presente: nenhuma das obras de Arendt aborda explicitamente ou prioritariamente a questão do Direito. A análise arendtiana do Direito não parece ser particularmente sistemática, mas, ao contrário, à primeira vista é de natureza episódica, realmente esporádica. Pretendo mostrar, no entanto, que as análises arendtianas de questões relacionadas ao Direito são efetivamente contínuas e sistemáticas. Até o momento, apenas algumas dessas passagens foram examinadas no campo da pesquisa sobre Arendt, como por exemplo suas ideias a respeito da aporia dos direitos humanos ou sobre o caso Eichmann. O foco sobre essas ideias arendtianas, no entanto, não tem ido além do contexto determinado em cada caso; ele não é direcionado a uma análise abrangente do conceito arendtiano de Direito, nem seus resultados são analisados nesse enquadramento geral, sendo vistos meramente como uma posição tomada dentro de debates específicos e discutidos em cada caso. É dessa maneira que a expressão "direito a ter direitos" (ETH, p. 614) tem sido analisada, criticada e debatida – sempre a partir da perspectiva e do debate a respeito do discurso da justificação moral e filosófica;[9] é dessa maneira também que a questão sobre o caráter aporético dos direitos humanos tem sido levantada criticamente (Brunkhorst, 1996; 1999, p. 95 e ss)[10] e a relação de Arendt com questões de soberania popular tem sido problematizada (Benhabib, 2004, p. 60-69). Algo similar se passa com suas ideias a respeito do Direito no livro sobre Eichmann. Também aqui os comentários de Arendt a respeito do significado de problemas legais para a comunidade, sua crítica ao princípio *nulla poena sine lege*, seu veredito ideal, o apelo por uma corte criminal internacional, a categoria de crimes contra a

---

pensamento de Hannah Arendt é certamente um dos trabalhos mais importantes e se centra na questão da racionalidade das decisões judiciais. Vale ainda mencionar a antologia *Hannah Arendt and the Law* de Goldoni e McCorkindale (2012) (ver, entre outros, minha resenha do livro em Volk, 2013b). Na maioria dos casos, entretanto, a questão do Direito no pensamento de Hannah Arendt foi examinada apenas na forma de ensaios. Ver p.ex. Rosenmüller (2009; 2013b); Waldron (2005); Lindahl (2006); e Maxwell (2012).

[9] Conferir, de modo geral: Michelman (1996); Lefort (1988); Balibar (2004); Parekh (2004); Benhabib (2004); Benhabib (2006); Gosepath (2007).

[10] Conferir também Rancière (2004).

humanidade e outros temas têm sido discutidos de modo amplo e perspicaz, mas prioritariamente – e de maneira profícua – como parte da questão da justiça transformativa.[11] Ou seja, também acontece com o livro sobre Eichmann que nem a Teoria do Direito nem a Filosofia do Direito arendtianas sejam devidamente consideradas quando se reflete a respeito da posição geral do Direito em seu pensamento.[12]

O fato de os estudos sobre Arendt terem levado tanto tempo para refletir a respeito do significado do Direito se deve à história da exegese de sua obra. Por muito tempo Arendt foi vista apenas como "pensadora da *polis*" (Sternberger, 1980; 1979). Creditou-se a ela a recuperação de *insights* fundamentais a respeito da natureza do político por meio de sua referência à antiguidade grega. Mas ela foi também criticada, a partir do mesmo pano de fundo, por ter romantizado a antiguidade (ver: Habermas, 1977, p. 14 e ss; Springborg, 1989, p. 12; Euben, 2005, p. 152; O'Sullivan, 1975, p. 228; 1973). Em todo caso, a *polis* era sempre considerada o ponto de referência a partir do qual seu pensamento deve ser compreendido. Com essa referência à antiguidade, suas obras eram sempre interpretadas no sentido de que Arendt consideraria a questão do Direito como pré-política. As evidências eram encontradas nas passagens de *A condição humana*/ *Vita activa* em que Arendt supostamente subsume o direito, a legislação e a jurisdição dos gregos sob a categoria "obra" e a separa da ação política, de natureza completamente diferente (VA, p. 241-251).[13]

Mas essas passagens provam, ao contrário, que é insustentável atribuir a Arendt o papel de defensora das formas políticas da Grécia antiga; uma simplificação prescrita por qualquer interpretação que vá além de *Vita activa*. Autores como Margaret Canovan e Ernst Vollrath sempre criticaram essa interpretação da obra arendtiana. Já em 1974, Canovan escreveu que "devemos abandonar a imagem convencional de Arendt julgando a política

[11] Conferir, em especial, Bilsky (2004; 2001).

[12] As considerações de Linda Maxwell representam uma exceção importante. Referindo-se ao livro de Arendt sobre Eichmann, Maxwell elabora a "afirmação arendtiana da dependência do Direito com relação à ação política" (Maxwell, 2012, p. 104). Embora concorde com essa explicação, procuro mostrar que existe também uma dependência da política com relação ao Direito no pensamento de Arendt.

[13] Cf. tb. CH, p. 240-248.

moderna sob a luz de uma teoria da ação simples e direta, derivada principalmente de uma idealização de Atenas" (Canovan, 1992, p. 138).[14] Essa posição prevaleceu em trabalhos recentes e mais exegéticos de autores como Tsao, Hammer e Taminiaux, que apontam em particular para a importância da tradição romana no pensamento de Arendt.[15] Com a mudança na perspectiva, de Atenas para Roma, tornou possível enfatizar os momentos de proteção e preservação da ordem, e percebê-los no contexto de sua compreensão do político. O Direito romano se baseia precisamente na ideia contratual: *pacta sunt servanda*. Na tradição romana, no entanto, contratos não têm caráter pré-político, mas, antes, um cerne genuinamente político (cf. Klabbers, 2007, p. 10). Seu caráter político repousa no fato de eles estabelecerem uma relação entre duas ou mais pessoas, partidos, países etc. por meio de "propostas e contra-propostas" (WiP, p. 109). Todavia, a pesquisa sobre Arendt não progrediu para além desse ponto. Ou seja, embora a ideia de Arendt como pensadora da *polis* tenha sido abandonada, as consequências dessa perspectiva adicional da tradição romana não foram apreendidas de forma abrangente.[16]

Se tentarmos compreender os motivos para que um passo tão óbvio ainda não tenha sido dado, nos confrontaremos com aquilo que ainda pode ser considerado como o cerne da compreensão arendtiana da liberdade política e da ação: o início. Arendt é considerada a "pensadora do início" (Brumlik, 2007, p. 312). Albrecht Wellmer fala a esse respeito em um "universalismo revolucionário" (Wellmer, 1999, p. 130), que apresenta de modo preciso uma

---

[14] Cf. tb. Vollrath (1996, p. 138f).

[15] Ver, a este respeito, Tsao (2002) e Taminiaux (2000). Dean Hammer merece ser mencionado exemplarmente nesse aspecto por descrever o resultado desta nova perspectiva na obra de Arendt da seguinte maneira: "Quando partes distintas do mundo aparecem de modo indistinto, tudo pode ser devorado indiscriminadamente. A habilidade de distinguir traz consigo, para Arendt, um desejo correspondente de cuidar e de preservar as coisas do mundo. [...] Os romanos oferecem exatamente esta possibilidade para Arendt ao mostrar como o pensar político pode surgir de um mundo percebido sensivelmente, e evocá-lo" (Hammer, 2002, p. 144f).

[16] O trabalho de Jürgen Förster representa uma exceção significativa aqui (Förster, 2009). Em seu trabalho, a importância das instituições para o pensamento de Arendt é reconstruída sistematicamente e vinculada conceitualmente a sua obra. Ele vai assim ainda mais longe do que as relevantes considerações feitas por Canovan (1998) e Vollrath (1977).

fundação não normativa. Vários protagonistas do campo da pesquisa sobre Arendt concordam em tomar a capacidade de provocar inícios incondicionados como a ideia central do pensamento político de Arendt – embora avaliem e estimem esse cerne de modos muito diferentes.[17] Quando se considera Arendt como uma pensadora de inícios e se toma esses inícios como o cerne da compreensão arendtiana do político, então questões relativas à lei como fator estabilizante (DC, p. 72) da ordem política ganham importância secundária.

Essa reconsideração da história da recepção da obra de Arendt torna claros os desafios centrais de meu esforço: nenhuma interpretação que enfatize a questão do Direito – mais ainda, que pretenda mostrar que ela forma o centro de gravidade desse pensamento – pode evitar uma análise renovada de seu conceito de político. Em Arendt, uma análise do Direito deve sempre estar acompanhada de uma análise de seu conceito de político, pois, para incluir o problema da ordem e mostrar que não há aqui uma relação hierárquica, é preciso expandir a perspectiva de Arendt como pensadora dos inícios. Em outras palavras, esse esforço deve ser capaz de unir o conceito de ordem, como a categoria fundamental do político,[18] ao pensamento de Arendt.

Para evidenciar essa ideia, é preciso em primeiro lugar esboçar o cenário em que as reflexões de Arendt se tornam plausíveis. Isso se dá em sua análise do entreguerras europeu realizada principalmente em *Elemente und*

---

[17] Em seu excelente ensaio *The Rule of the people: Arendt, Archê, and Democracy*, Patchen Markell desenvolve um argumento em certa medida semelhante ao meu. Markell argumenta que teóricos da democracia foram capturados pela dualidade interrupção-estabilidade e, assim, interpretaram as reflexões de Arendt sobre novos inícios políticos como algo que pode acontecer apenas por meio da interrupção, e não por meio de práticas responsivas: "De modo correspondente, o objetivo de Arendt não é simplesmente reabilitar aqueles fenômenos que, dentro daquela matriz, estão posicionados como oposições ao domínio (*rule's opposites*): sob seu uso, 'inícios' distingue não as disrupções espontâneas de padrões existentes, mas o sentido em que ação, seja ela disruptiva ou não, envolve atenção e responsividade aos eventos do mundo; o que ameaça o 'início' assim compreendido não é a aplicação da regularidade, mas a erosão do contexto em que eventos demandam respostas e, assim, em que a ação não faz sentido nenhum" (Markell, 2006, p. 2).

[18] Ver, a este respeito, o excelente estudo de Andreas Anter intitulado *Die Macht der Ordnung. Aspekte einer Grundkategorie des Politischen* [O poder da ordem. Aspectos de uma categoria fundamental do político], que inspirou muitas das minhas ideias (Anter, 2007).

Ursprünge totaler Herrschaft e em *Origens do totalitarismo*. No primeiro capítulo deste trabalho, "Os paradoxos do Estado-nação", mostro que a questão do político e da ordem legal é um tema chave do pensamento arendtiano. Isto porque o problema que a questão dos refugiados e das minorias revelou para Arendt foi o da "desintegração interna" (OT, p. 303) de uma ordem de Estados-nação. Para Arendt, como argumento no primeiro capítulo, esse processo de desintegração é acima de tudo uma desintegração da fundação constitucional do Estado-nação – uma desintegração de sua ordem, por assim dizer. Com essa análise do período entreguerras, Arendt exemplifica a impossibilidade prática da forma Estado-nação em um mundo que se globaliza.

Do ponto de vista metodológico, a intenção é captar, por meio da análise dos paradoxos do Estado-nação, o conteúdo teórico da descrição arendtiana do período entreguerras. Esse conteúdo teórico se manifesta no fato de Direito, política e ordem estarem internamente relacionados entre si. No entanto, os termos "Estado" e "nação" devem primeiramente ser definidos neste capítulo. As vantagens de proceder dessa forma – em particular, destacando a problemática da ordem como, por um lado, um problema legal a ser apresentado e, por outro, o elemento central das ideias de Arendt – são acompanhadas da desvantagem de ter de simplesmente adotar (temporariamente) o conceito arendtiano de Estado-nação, em vez de rastrear sistematicamente a origem do termo. Eu reverto essa desvantagem no segundo e terceiro capítulos realizando uma análise em profundidade do conceito arendtiano de Estado-Nação. O tema do capítulo dois é o conceito de nação, mais precisamente a sua dimensão teórico-política. O termo "nação" é usado de modos muito diferentes por Arendt, e é apenas elaborando a dimensão conceitual – e eu a chamo de dimensão teórico-política – que podemos penetrar na origem das contradições estruturais da ordem do Estado-nação. A reflexão de Arendt a respeito dessa dimensão teórico-política do conceito de nação se realiza em sua análise de Rousseau, em *Sobre a revolução*. A interpretação específica que a autora faz da *volonté générale* de Rousseau se torna clara se explicarmos o realinhamento da questão social para a Revolução Francesa junto com o contexto em que fala o Rousseau de Arendt. Por essa via, o discurso de Arendt a respeito da piedade – anteriormente ignorado na pesquisa – alcança um significado teórico-político imprevisto: para Arendt, a piedade não é apenas o recurso emocional decisivo para a exigência rousseauísta de "alienação total" (Rousseau, [1762] 2012, p. 50), pois o discurso de Arendt a respeito da piedade é também, e ao mesmo tempo, uma análise do arranjo interno do conceito de nação.

Uma vez examinado o conceito arendtiano de nação, o capítulo três se debruça sobre a compreensão do Estado moderno. Defendo que a compreensão de Arendt a respeito do Estado é inspirada por Max Weber. Weber descreveu e analisou, como nenhum outro autor antes dele, a origem e a natureza do Estado europeu continental em todos os seus aspectos. Eu mostro que, também para Arendt, o Estado moderno é uma "instituição racional" (*rationaler Anstaltsstaat*) (EaS, p. 653). O Direito formal racional está no centro desse conceito de Estado. Arendt, especialmente em suas ideias sobre o imperialismo, manteve o conceito racional e formal de Direito contra a prática governamental de aparatos imperialistas de dominação. Em contraste com o regime imperialista de decretos, o Direito racional se caracteriza precisamente por sua confiabilidade e sua verificabilidade.[19]

Os dois capítulos se complementam na medida em que arrematam a figura arendtiana do Estado-nação europeu. Com a Revolução Francesa, a nação, enquanto ideia política de ordem, e o Estado, como garantidor da ordem, se uniram formando o Estado-nação. Essa ligação entre nação e o Estado europeu continental moderno é, como demonstro no quarto capítulo, problemática em dois sentidos: a seção do capítulo intitulada "II. Soberania popular e o direito" evidencia que a vontade nacional é inapropriada como fonte do direito, uma vez que o priva de sua confiabilidade e verificabilidade – de sua racionalidade, por assim dizer. A tese é a de que a pretensão absoluta da vontade geral permite apenas um direito substancialmente indeterminado que pode, a cada momento, ser definido novamente dependendo da disposição e do ânimo nacionais. Apresento essa tese como a crítica da Filosofia do Direito arendtiana à soberania popular. A autora deixa claro que a racionalidade do Direito – no sentido de uma esfera legal imparcial e autônoma – só pode ser realizada com base em uma compreensão diferente do político.

[19] Ao mesmo tempo, no entanto, Arendt chama a atenção para o fato de que é precisamente essa ideia continental europeia de Direito, Estado e natureza de Estado (*statehood*) que conduz os Estados europeus ao imperialismo – cf. capítulo 3.

Contudo, o risco à estabilidade da ordem política não é trazido apenas pela nação como conceito de ordem, mas também – como demonstrado na seção do capítulo quatro intitulada "III. Soberania popular e política" – pelo Estado (continental europeu) moderno, sua estrutura hierárquica e seu poder centralizado. Uma vez que a composição estrutural hierárquica do Estado moderno não abre nenhum espaço para a participação política de seus cidadãos, ela força fenômenos tais como a formação de massas (OT, p. 366), a falta de experiência política e o sentimento de insignificância política. Isso cria um solo fértil sobre o qual todo tipo de movimentos antidemocráticos de massas pode florescer. O pensamento político de Arendt é, em suma, uma crítica ao Estado da ordem política e como forma de governo hierárquica e centralizada. No entanto, é crucial nesse contexto o fato de essa composição estrutural ser uma precondição para que o Direito, na tradição continental europeia de pensamento político, possa ser racional. Dessa maneira, o próprio conceito de Direito se torna o foco da crítica: dentro da tradição continental europeia, a racionalidade do Direito caminha junto com a formalização da política, que por sua vez desencadeia certos efeitos que minam justamente aquilo que o Direito racional deveria preservar: a estabilidade e a permanência da ordem política. Para que o Direito seja racional, portanto, não é necessário apenas uma compreensão distinta do político, mas também uma compreensão distinta do Direito. A conexão interna entre Direito e política deve ser reconhecida.

A tarefa de meu quinto e último capítulo é apresentar as consequências dessa conexão interna. A afirmação de Arendt segundo a qual o poder é condição fundamental para toda comunidade tem consequências tanto para o conceito de político quanto para o de Direito. No pensamento arendtiano, o Direito é dessubstancializado e se torna um conceito relacional, um conceito que estabelece relações. Indicarei que o Direito não é uma expressão de poder, mas, antes, elucida a constelação de poder existente. Por outro lado, no entanto, poder não é para Arendt apenas um conceito "emancipatório" (Meints-Stender, 2012, p. 199)[20] ou "positivo intrínseca e normativamente" (Allen, 2010, p. 143). Muito ao contrário: existem constelações de poder que efetivamente inibem a diversidade de opinião e a pluralidade. Por meio da diferenciação entre essas constelações de poder e as constelações preferidas por

[20] Ver também: Parekh (1981, p. 160 e ss); Luban (1979).

Arendt, revelarei progressivamente a fundação normativa da compreensão arendtiana do político. O simples fato de Arendt exigir uma "ética do poder desenvolvida a partir do juízo" (DT, p. 818) torna esse esforço sensato e importante. Com isso em mente, defendo que o conteúdo normativo de sua compreensão do político se esconde em uma forma específica de ação política, o agir conjunto; que deve ser diferenciado do agir um para o outro e do agir contra o outro (ver CH, p. 225), e que efetiva, em sua própria realização e em sua própria performance, as exigências procedimentais do juízo. Essa forma específica de normatividade do político tem consequências para o Direito: se o Direito é relacional, se ele é um conceito que estabelece relações, então, na visão de Arendt, o Direito legítimo é um conceito que propicia algo. O Direito legítimo abre um espaço propício onde um agir em conjunto político, baseado no juízo, pode ser realizado por meio de procedimentos e instituições legalmente garantidos. Para entender o impacto das ideias de Arendt a respeito do juízo propriamente, não é necessário (em primeiro lugar) interpretá-lo como um conceito relativo à prudência (*practical wisdom*), mas considerar primeiramente o "procedimento metódico" (Vollrath, 1987, p. 271) que conduz ao juízo. Só é possível falar em uma "racionalidade do juízo" (Vollrath, 1987, p. 253) se houver esse procedimento. É com o juízo que Arendt encontra a resposta para sua busca por um tipo de racionalidade política que propicie uma ordem política permanente, estável e livre, e esteja para além das formas tradicionais de *raison d'État*. Ao longo deste livro, mostrarei que esse tipo de racionalidade política surgiu da desconstrução de outros conceitos e compreensões de racionalidade. Racional, em sentido arendtiano, não é aquilo que parece ser eficiente em um cenário de cálculo de meios e fins, mas é, antes, aquilo que sustenta uma ordem política livre, uma ordem na qual e pela qual o conflito político pode acontecer. Mostrarei que Arendt reconstrói elementos e traços da formação dessa racionalidade do juízo – de uma política do juízo como a chamou Dick Howard (2001, p. 25) – tanto na fundação da República Americana quanto em suas instituições. Para Arendt, a República Americana é fundamentalmente distinta da tradição continental europeia devido a esse tipo especial de racionalidade política.

Antes de desenvolver os argumentos, gostaria de refletir brevemente a respeito da expressão que dá título ao livro, *A ordem da liberdade*. O título reflete aspectos do pensamento de Arendt que por muito tempo foram considerados inconciliáveis: liberdade e ordem. Nesse sentido, o título condensa o cerne do meu argumento. De modo geral, ordem significa nesse contexto um conjunto de instituições políticas e de princípios normativos político-jurídicos abstratos que determinam e mantêm uma forma específica de interação. Em outras palavras: para Arendt, há uma importância primordial em ver a liberdade política no contexto das formas institucionalizadas de relação entre nós e os outros. Nessa direção, argumento que liberdade política no sentido arendtiano não pode significar *caesura* (Abensour, 2012, p. 91), ou seja, a ruptura específica de uma ordem; tampouco a realização de uma forma de igualdade política ainda não realizada (cf. Rancière, 2002, p. 24-29),[21] nem a "criação de uma nova hegemonia" (Mouffe, 2007, p. 70). Liberdade política segundo a compreensão de Arendt não conduz à instituição do social (cf. Castoriadis, 1990) ou ao "ato extraordinário de auto-instituição" (Kalyvas, 2008, p. 204). E o conceito arendtiano de liberdade política também não pode ser considerado como participante da tradição filosófico-moral da autonomia do pensamento, a qual, aplicada à teoria democrática, considera a liberdade como a identidade não forçada entre a vontade coletiva, realizada pelo discurso racional, e a vontade individual (cf., p. ex.: FuG, p. 134). No percurso do livro, demonstrarei que o conceito arendtiano de liberdade política pode ser melhor compreendido como a experiência de ter o poder para agir em assuntos políticos e públicos.[22] Tal compreensão da liberdade depende de um espaço político institucionalmente garantido e perpetuado, dentro do qual a performance e a realização do agir em conjunto possam ocorrer. Sustento que Arendt estava, assim, muito interessada na questão de um arranjo adequado para o Direito, a política e a ordem – a assim chamada tríade do constitucionalismo – e se ocupou com formas adequadas para a institucionalização da ação política, que é sempre permeada por conflitos.[23] Ao adotar essa abordagem, apresento uma interpretação alternativa do pensamento

[21] Ver também Frank (2010, p. 45 e p. 210).

[22] A formulação em alemão é: Liberdade política como experiência da capacidade de agir politicamente. [*Politische Freiheit als das Erfahren des politischen Handeln-Könnens*].

[23] Vê-se aqui a proximidade com o pensamento de Claude Lefort, para quem a institucionalização do conflito no interior da sociedade representa o cerne do sistema democrático (cf. Lefort, 1990, p. 193).

de Arendt, que não considera a autora como defensora das formas políticas da antiguidade (comunitarismo aristotélico) nem completamente alinhada às premissas do discurso teórico existencialista ou da democracia radical. A meu ver, Arendt é uma pensadora da ordem política, uma pensadora que realça a importância de uma ordem política durável, estável e livre na qual e por meio da qual a disputa política e o dissenso podem acontecer e aparecer. No entanto, o Estado moderno, como um complexo de poder centralizado e estruturado hierarquicamente, é incapaz de fornecer e assegurar uma ordem assim concebida. Embora Arendt seja uma pensadora da ordem, ela é, não obstante, uma crítica do Estado (cf. MuG, p. 130). Toda a sua obra política pode ser lida e compreendida, portanto, como a busca por uma concepção de ordem nova e alternativa, tanto no que diz respeito às "manifestações e materializações de poder" (SV, p. 34) quanto no que diz respeito à lógica organizacional da vida política. Essa forma de caracterização – defensora de uma ordem, mas crítica do Estado – pode ser exemplificada em sua avaliação das instituições revolucionárias de formação de poder:

> Nada contraria mais incisivamente o velho adágio das inclinações *naturais* anarquistas e sem lei de um povo isento da coerção do governo do que o surgimento dos conselhos, que, sempre que apareceram, e de modo mais acentuado na Revolução Húngara, estavam empenhados na reorganização da vida política e econômica do país e no *estabelecimento de uma nova ordem*. (SR, p. 339 – ênfase minha).

Além disso, no entanto, a expressão *A ordem da liberdade* também aponta para duas outras dimensões de significado; uma hermenêutica e uma relacionada à história das ideias. No que se refere a essa última, começo lembrando que Walter Benjamin e Hannah Arendt eram amigos. Mantiveram correspondência, jogaram xadrez juntos e, depois do suicídio do amigo, Arendt publicou alguns de seus trabalhos nos EUA. Seyla Benhabib chama atenção para o tanto que a abordagem metodológica arendtiana foi inspirada pela historiografia fragmentária de Benjamin (Benhabib, 2006, p. 158), ou seja, para o quanto Arendt adaptou o pensamento de Benjamin à sua própria maneira de lidar com material histórico. Apenas recentemente a relação entre ambos foi documentada, de modo admirável, em um volume com textos, cartas e notas. Na introdução ao volume, os editores, Erdmut Wizisla e Detlev Schöttker, abordam um assunto que há muito ocupava os interessados em Arendt. Eles escrevem:

> Não há referências a Benjamin no ensaio de Arendt *Sobre a violência* (1970), embora ela aborde aí questões e temas para os quais ele também dedicou considerações decisivas: a primeira parte se ocupa do conceito de progresso, que forma o essencial das "Teses sobre o conceito de história", e, na segunda parte, Arendt se refere às *Reflexões sobre a violência*, de George Sorel, às quais Benjamin também se refere em seu ensaio "Para a crítica da violência" (1921). (Schöttker e Wizisla, 2006, p. 41).

A razão dada pelos editores para esse silêncio é a de que Arendt não tinha nada a ver "com a metafísica e a estética de Benjamin" (idem). No que se refere à metafísica política, isto é certamente verdade. As ideias de Benjamin a respeito da "violência divina" (Benjamin, [1920-21] 1965, p. 60) em seu ensaio "Para a crítica da violência" são diametralmente opostas ao pensamento de Arendt. O fato de ela não o criticar nominalmente em suas publicações é provavelmente sinal de um apego respeitoso ao amigo falecido. Ao mesmo tempo, no entanto, é difícil examinar o Direito sem lidar com a tese de Benjamin segundo a qual há violência atrás de cada lei, ou seja, qualquer que seja a forma de organização política, sempre se está enredado pela violência. Benjamin é ainda mais insistente a esse respeito em sua discussão sobre o pacifismo. O centro de seu argumento é o de que a crítica dos pacifistas à violência se restringe ao serviço militar obrigatório e, por isso, não questiona a própria ordem. Benjamin critica tal visão como ingênua, uma vez que ela ignora completamente que o serviço militar obrigatório é uma "aplicação da violência que mantém o direito" (Benjamin, [1920-21] 1965, p. 40). Qualquer crítica da violência deve conter também uma "crítica de toda a violência de direito" (Benjamin, [1920-21] 1965, p. 40). Se ignorarmos o "anarquismo infantil" (Benjamin, [1920-21] 1965, p. 41), nem mesmo o imperativo categórico de Kant é suficiente para uma tal crítica. Para Benjamin, todo direito positivo "com certeza reivindicará reconhecer e fomentar o interesse da humanidade na pessoa de cada indivíduo" – pelo menos se estiver "consciente de suas raízes" (Benjamin, [1920-21] 1965, p. 41), ou seja, se fizer menção a algum tipo de sistema de normas. O direito deve apresentar e conservar precisamente aquela ordem contida no sistema de normas. É a partir desse pano de fundo que Benjamin formula a frase programática de seu ensaio:

> Assim como esta ordem, que o direito, com razão, pretende conservar, não deve ser poupada da crítica, assim também qualquer contestação desta ordem revela-se impotente quando feita apenas em nome de uma 'liberdade' sem forma, sem ser capaz de designar uma *ordem superior de liberdade*. (Benjamin, [1920-21] 1965, p. 41 – ênfase minha).

Benjamin localiza, como se sabe, essa nova ordem da liberdade nas mãos da violência messiânica. Ao usar a expressão *A ordem da liberdade* para o título do livro e para seu último capítulo, indico que as ideias de Arendt a respeito do direito e da política devem ser concebidas como uma consideração do problema do direito e da violência à maneira delineada por Benjamin. Mas a natureza da resposta de Arendt é fundamentalmente diferente da de Benjamin.

O título do meu trabalho não se refere apenas à história das ideias, mas tem também uma dimensão hermenêutica: de acordo com Gadamer, "parte da compreensão está em que recuperamos os conceitos do passado histórico de tal maneira que eles agora incluem nossa própria compreensão deles" (Gadamer, 1975, p. 356). Gadamer chama de "fusão de horizontes" (Gadamer, 1975, p. 290) esse entrelaçamento do passado e do presente em interpretações textuais. Nesse contexto, ele se refere a uma "necessidade hermenêutica" de ir além da "mera reconstrução", e "entrar na abertura da pergunta" (Gadamer, 1975, p. 356) ao longo do processo de compreensão. Isso significa, em outras palavras, pensar o que o autor não pensou. Portanto, se alguém se propuser a interpretar um pensador nos campos da filosofia política, teoria política e história das ideias, deve estar consciente não apenas de questões históricas, sociais e políticas, ou de problemas em que a obra está inserida e aos quais reage, mas deve refletir também sobre sua própria situação enquanto intérprete.[24] Dessa forma, a reflexão da hermenêutica como método de teoria política e a fusão de horizontes como uma de suas consequências nos conduzem uma vez mais de volta a Arendt como pensadora dos inícios:

[24] Ver Benhabib (2006, p. 22 e ss).

evidentemente, o pensamento de Arendt pode e deve ser interpretado também como um pensamento dos inícios. É bastante provável que alguém que estude as quase mil páginas de *Elemente und Urprünge totaler Herrschaft* ou mesmo as quinhentas e trinta páginas de *Origens do totalitarismo* perceba, com assombro e emoção, que, ao fim de uma história de terror e extermínio, Arendt demonstre muita confiança na incondicionalidade de um novo início e em seu recurso ao *initium ut esset, creatus est homo*, de Agostinho (ETH, p. 979; OT, p. 531).[25]

Se olharmos para a história da recepção do pensamento de Arendt, notaremos que esse tipo de interpretação – o universalismo revolucionário de Arendt – rompe implicitamente com a interpretação conservadora de seu pensamento, ou seja, a de Arendt como teórica do anti-totalitarismo, representada por uma elite de professores alemães e americanos nos anos 1960 e 1970 e que tornou Arendt tão pouco atraente aos movimentos de estudantes.[26] Se notarmos também que a interpretação de Arendt como teórica dos inícios surgiu ao mesmo tempo que ocorreram o colapso do imperialismo soviético e o surgimento dos movimentos de liberdade no Leste Europeu – o que não é uma descoberta, mas lugar comum na história das ideias políticas – o significado da fusão de horizontes se torna mais tangível na interpretação de sua obra. As revoluções no leste europeu foram inesperadas tanto para o campo da teoria política quanto no que em realidade foram. O novo início politicamente revolucionário não tinha lugar nos debates a respeito da teoria dos sistemas ou da questão da justiça. Nenhum autor ou teoria política da época poderia dar sentido para novos inícios políticos em termos conceituais.

---

[25] Conferir a este respeito também a análise do conceito de natalidade feita por Bowen-Moore (1989).

[26] Os motivos pelos quais Arendt era tão pouco atraente para o movimento estudantil estavam não apenas em suas ideias a respeito da dominação total, que apontava de modo aberto para terror do comunismo soviético, mas estavam também em que, à primeira vista, não havia crítica aparente ao capitalismo. Por décadas, sua crítica à modernidade foi interpretada como lamento pela antiguidade. Trabalhos como o de Isaac (1992), Jaeggi (1997), Benhabib (2006) etc. mostraram quão oblíqua é essa avaliação (ver também a este respeito meus comentários sobre a arquitetura da modernidade em Arendt [Volk, 2005, p. 60-113]).

A obra de Arendt, em contraste com essa situação, e especialmente em contraste com a estreita teoria economicista da revolução na tradição marxista, ofereceu a possibilidade de compreender, em termos políticos, essa inesperada ruptura com o velho sistema. As revoluções do Leste Europeu representam, portanto, o âmago histórico da interpretação de Arendt como pensadora de novos começos.

A capacidade de iniciar não perdeu sua validade para uma interpretação da obra de Arendt feita em 2021 – e, de fato, como poderia ser este o caso diante das novas formas de protesto político, que vão da Primavera Árabe ao movimento *Occupy*, do ativismo ambiental praticado pelo *Fridays for Future* aos protestos em Hong-Kong e na Bielorrússia. Mas o "horizonte do presente" (Gadamer, 1975, p. 289) também mudou em alguma medida. Do ponto de vista geográfico, a interpretação do pensamento de Arendt é hoje menos inspirada por eventos em Varsóvia, Praga, Budapeste ou Riga do que era no fim dos anos 1980 ou no início dos anos 1990. Hoje, ao contrário, lugares como Guantánamo, Lampedusa, Nauru, a região do Maxerreque ou o deserto de Sonora estão no primeiro plano. A ascensão de novas formas de autoritarismo e de populismo antidemocrático, o endurecimento das leis de segurança nas democracias modernas, incluindo as suspensão de direitos para suspeitos na guerra global ao terror, a incapacidade da ação política por parte da suposta comunidade mundial diante de crimes em massa, as interceptações de conversas e o monitoramento dos cidadãos, além das tragédias diárias nas bordas desse mundo, em especial da Fortaleza Europa, formam o horizonte dentro do qual se aborda o pensamento político de Hannah Arendt no início do XXI. A convicção de que é possível encontrar conexões na obra de Arendt resulta da compreensão de que seu pensamento político surge do confronto com a crise. Sua tese de que a ausência de leis é o primeiro passo no "longo processo de preparar o extermínio de humanos" (ETH, p. 612)[27] não resulta apenas de reflexão teórica; essa ausência de leis foi uma experiência real para Arendt, uma experiência que moldou seu próprio horizonte. Ela perdeu a cidadania alemã, em 1937, como resultado da Lei da Cidadania do Reich, e permaneceu apátrida até 1951. Ela escreveu a Günther Anders que seu passaporte americano era "o livro mais bonito" que conhecia (Alte Synagoge, 1997, p. 46). A questão da

[27] Ver OT, p. 329.

ordem da liberdade é, portanto, a questão intrínseca na vida e no pensamento político de Hannah Arendt. O objetivo deste livro é enriquecer a recepção de seu trabalho revelando o significado sistemático da ordem política e do direito em seu pensamento.

– 1 –

Paradoxos do Estado-nação

A quem aconteceu de ser lançado para fora da velha tríade povo-território-Estado, sobre a qual a nação repousava, permaneceu sem lar e sem Estado; quem perdeu os direitos garantidos pela cidadania permaneceu sem direitos. Nada do que efetivamente aconteceu desde a Primeira Guerra poderia jamais ser consertado, e nenhum mal, nem mesmo a eclosão de uma Segunda Guerra poderia ter sido evitado. Cada evento teve a qualidade de uma catástrofe e cada catástrofe foi definitiva.

Hannah Arendt,
Elemente und Urspünge totaler Herrschaft

Por alguns meses tenho caminhado intensamente sem rumo, instigado por uma maldosa satisfação (Schadenfreude) apocalíptica que surge quando penso na loja de porcelanas europeia e no ciclone que começa a se aproximar de seu centro com precisão matemática.

Carta de Ernst Jünger a Gehrard Günther,
3 de outubro de 1930

I – Introdução

As análises de Hannah Arendt a respeito do problema das minorias e dos refugiados no período entre guerras encontrou ampla aprovação, especialmente fora da teoria política em sentido mais restrito.[1] Em seus estudos a respeito de minorias e refugiados, autores como Michael Marrus, Claudena Skran, Gérard Noiriel ou Aristide Zolberg fazem referências à obra de Arendt. Zolberg, por exemplo, afirma que as análises de Arendt do período entreguerras "fornecem a principal chave para a compreensão do surgimento dos refugiados" (Zolberg, 1983, p. 30).[2] Ele conclui que a obra dela vincula o problema dos refugiados e das minorias diretamente à disseminação da ideia de Estado-nação para os Estados do leste e do sudeste europeus. Claudena Skran sustenta, em concordância com Arendt, que, do ponto de vista dos novos governos nacionais, as minorias colocam um problema "porque não se encaixam nos parâmetros normais de um mundo de Estados-nação". As correntes massivas de refugiados, continua Skran, eram "subproduto dos esforços para alcançar Estados-nação etnicamente puros e sistemas políticos ideologicamente homogêneos" (Skran, 1995, p. 29). Como aponta Michael Marrus, o principal motivo para autores que se dedicam a questões de minorias e refugiados se referirem aos estudos de Arendt está em ela ter sido uma das primeiras a destacar "a situação difícil e singular dos refugiados", e descrever "como eles foram reduzidos a uma existência solitária e selvagem, perseguidos de um lugar para outro pelos governos nacionais, que eram os únicos capazes de atribuir às pessoas direitos elementares" (Marrus, 1985, p. 4).

---

1 Na teoria política, as considerações de Arendt a respeito da apatridia são discutidas principalmente sob a perspectiva dos direitos humanos (ver, p. ex., Birmingham [2006]; Benhabib [2004]; Parekh [2004]; Michelman [1996]; Brunkhorst [1996]). Em seus trabalhos, Waltraud Meints-Stender e Wolfgang Heuer abordam o mesmo tema a partir da perspectiva do problema político da exclusão (cf. Meints-Stender [2007]; Heuer [2007]).

2 Com relação às considerações de Arendt, Aristide Zolberg faz duas modificações: ao lado da heterogeneidade étnica, ele aponta também para diferenças religiosas como a causa dos movimentos de refugiados. Além disso, enfatiza que cada revolução causa fluxos de refugiados, uma vez que membros do velho regime são expulsos ou migram (cf. Zolberg 1983, p. 30 e ss).

Embora Zolberg, Skran e Markus enfatizem um argumento importante nas considerações de Arendt, creio que a narrativa sobre a qual eles baseiam seus argumentos apresenta problemas. No que se refere ao objeto de investigação, os três tratam o Estado-nação como um agente soberano que persegue seus interesses de forma independente e que, assim, tem responsabilidade pela situação humanitária precária dos refugiados. Se considerarmos as análises de Arendt a partir da perspectiva da teoria política, no entanto, essa narrativa do Estado-nação como agente soberano revela-se enganosa. O problema dos refugiados e das minorias, creio, revela a "desintegração interna" (OT, p. 303) da ordem de Estados-nação e a impossibilidade prática de seus conceitos no mundo globalizado. Para Arendt, o problema das minorias não demonstra a soberania do Estado-nação; ela demonstra, antes, sua inadequação como forma de governo e a queda simultânea de uma Europa composta por Estados-nação. A questão da confiabilidade, da estabilidade e da durabilidade da ordem política representada pelo Estado-nação, vista sobre o pano de fundo do período entreguerras, torna-se o pivô de sua análise.

O argumento de que Arendt está preocupada com o problema da ordem política se sustenta sobre duas razões. De modo geral, Arendt não é considerada uma pensadora da ordem, mas uma pensadora da contingência e do início revolucionário. Nessa direção, Albrecht Wellmer enfatiza o "universalismo revolucionário" da autora (Wellmer, 2000, p. 224), em que "nenhuma fundação normativa exterior à política se sustenta ou se justifica" (Wellmer, 2000, p. 229). Se examinarmos sua obra apenas da perspectiva da contingência e dos inícios revolucionários, não perceberemos a maneira pela qual se pode associar seu pensamento a questões relativas à ordem política.[3] Para além de questões sobre ordem e revolução, contingência e novos inícios, minha avaliação pode desconcertar por uma segunda razão: discutir o período entreguerras a partir da perspectiva do declínio da ordem vai ao encontro do conteúdo dos debates sobre teoria do Estado que aconteciam à época.

[3] O fato de a ordem e o novo início estarem diretamente conectados entre si resulta da perda do poder e da autoridade de uma velha ordem que precede um novo início político, como em uma revolução. Em *Sobre a revolução*, Arendt escreve que "uma revolução não terminava com a abolição do Estado e do governo, mas, ao contrário, visava à fundação de um novo Estado e ao estabelecimento de uma nova forma de governo" (SR, p. 327).

Desde Bodin, a questão da ordem política é a questão central da teoria do Estado: no período entreguerras, pensadores políticos, em especial os alemães e independentemente de suas posições políticas e ideológicas, centraram suas críticas ao *Sistema Weimar* na questão da ordem. Max Weber, por exemplo, sustenta que o principal propósito do Estado era "fazer cumprir o sistema da ordem" (EaS, p. 55). Hans Kelsen afirma que "o Estado moderno é essencialmente uma ordem coercitiva – uma ordem coercitiva centralizada" (Kelsen, [1934] 2002, p. 54). Para o principal oponente de Kelsen, Carl Schmitt, "segurança pública e ordem" representam não apenas o mais alto "interesse de Estado" (Schmitt, [1922] 2004, p. 13), mas também a base para a teoria da soberania. Em sua obra tardia, além disso, Schmitt descreve sua própria teoria do Estado como "pensamento concreto da ordem" (Schmitt, [1934] 1993, p. 10). Rudolf Smend, outro oponente de Kelsen, define o Estado como o domínio que existe "em virtude de uma ordem" (Smend, [1945] 1994, p. 368). Para Hermann Heller, a "questão da relação entre domínio e ordem" é o "problema fundamental de todas as teorias de Estado" (Heller, [1927] 1971, p. 57).[4] No entanto, como nenhum dos livros de Arendt parece lidar explicitamente com a tríade Estado, Direito e ordem, vinculá-la a essas discussões a respeito de teoria do Estado ganha ares de discussão distante e remota.

Na exposição que se segue, devo preencher esse vazio e mostrar o quanto o pensamento de Arendt se ocupa da relação entre Estado, Direito e ordem. No entanto, Arendt não reflete sobre a ordem política com base em pressuposições antropológicas, morais ou éticas.[5] Sua crítica é, antes, imanente

---

[4] Em seu estudo a respeito dos teóricos alemães do Estado que trataram do tema da ordem, Andreas Anter acerta quando escreve que "a história das ideias alemãs a respeito da ordem é a história de um anseio: o anseio por unidade, integração e comunidade" (Anter, 2007, p. 226).

[5] Este foi o caminho escolhido por Leo Strauss, por exemplo (Strauss, 1956). Não é surpreendente, portanto, que Harald Bluhm, em seu estudo sobre Strauss, tenha feito as primeiras e cuidadosas tentativas de conferir relevância ao problema da ordem também no pensamento de Arendt. No nível da crítica à modernidade, Bluhm delineia um arco que vai de Strauss a Arendt via Voegelin e classifica os três como pensadores da ordem (cf. Bluhm, 2002). O que é questionável na categorização inicialmente convincente de Bluhm é a *antropologização* da perspectiva arendtiana de crítica à ordem. A crítica de

e se inicia com a percepção e descrição que os Estados-nação têm deles mesmos. O que isto significa? Observado da perspectiva de análise do sistema, o Estado-nação é uma forma de governo que, de acordo com Arendt, se baseia em princípios específicos que interagem e resultam em certa forma de ordem – a ordem do governo nacional. Sem pretender ser exaustiva, Arendt lista, por exemplo, o direito à autodeterminação dos povos, a identidade entre Estado e nação, a ideia de soberania democrática do povo, soberania do Estado, Estado de Direito (*Rechtstaatlichkeit*) etc. O princípio de Estado de Direito é especialmente crucial para a estabilidade, a segurança e a confiabilidade da ordem do Estado-nação. O Estado-nação é, escreve Arendt, "em sua essência, um estado constitucional e de direito" (NuD).[6] Em sua análise do período entreguerras, ela compara o comportamento efetivo dos Estados europeus às percepções que eles tinham de si mesmos em seus esforços para assegurar a paz depois das experiências desastrosas da Primeira Guerra. Arendt chegou à conclusão de que uma Europa de Estados-nação, devido aos princípios de ordem com os quais estava comprometida e com os quais tentava compreender a realidade, nunca esteve em posição de resolver ou acalmar os proble-

Arendt se baseia, diz Bluhm, em uma "antropologia formal" que por sua vez procura "recuperar a antiguidade e o genuíno pensamento político dos gregos" (Bluhm, 2002, p. 247). Um número de trabalhos específicos já demonstrou de modo convincente que a tese de uma "nostalgia helenista" em Arendt (O'Sullivan, 1975) deve ser revista. O teor desses estudos revela que a antiguidade grega não pode mais servir como pano de fundo normativo para a crítica de Arendt. Isso não retira, no entanto, a "ênfase no problema da ordem" (Bluhm, 2002, p. 248) posta por Bluhm; ela precisa apenas ser localizada de outra maneira, pois a questão da ordem política é, de fato, central para o pensamento de Arendt.

6 Eu cito aqui *Nationalstaat und Demokratie* [Estado-nacional e democracia]. O texto alemão afirma. "Que o Estado nação era, em sua essência, um estado constitucional e de direito, e que apenas desta forma ele seria capaz de sobreviver, já tinha sido demonstrado desde o início e deveria ser especialmente evidente depois da Segunda Guerra". [*Denn dass der Nationalstaat in seinem Wesen ein Rechts- und Verfassungsstaat und nur als solcher lebensfähig war, hatte sich bereits in Anfängen vorher erwiesen und sollte vor allem nach dem zweiten Weltkrieg ganz offenbar werden.*] Arendt apresentou este texto em uma transmissão da WDR (Westdeutscher Rundfunk), em 1963, durante uma discussão com Eugen Kogon. Sempre que for o caso, mencionarei também o texto alemão sobre o qual minha própria tradução se baseou.

mas colocados pelos refugiados e pelas minorias. Por conta disso, a fundação política e legal dos Estados-nação começou a se dissolver e – ambos os fatos estão diretamente conectados – a relação entre os diferentes Estados se envenenou. Isso conduz à estimativa de que, no interior de uma Europa baseada nos princípios da ordem de Estados-nação, "a garantia de paz sobre a Terra é tão utópica quanto a quadratura do círculo" (TPR, p. 229).

Mostrarei neste capítulo que a afirmação arendtiana do declínio da ordem dos Estados nacionais pode ser determinada fundamentalmente por quatro paradoxos do Estado-nação. Apresentarei seu argumento a respeito do "colapso do sistema de Estados-nação" (OT, p. 42) e fornecerei características concretas e tangíveis para a compreensão dos paradoxos desse sistema. Estas contradições internas – o paradoxo do direito à autodeterminação, o paradoxo da desassimilação e da desnaturalização, o paradoxo da ausência de direitos (*rightlessness*), e o paradoxo dos direitos humanos – resultam dos princípios do Estado-nação e desenvolveram seu potencial subversivo de decomposição no período de entreguerras. Nenhum desses paradoxos justifica sozinho a afirmação de um colapso europeu de toda a ordem nacional-estatal por si mesma. Além disso, a tentativa de encontrar uma teoria fechada ou uma cronologia histórica por trás de sua discussão a respeito da desintegração da ordem não coincide com a ideia arendtiana de uma "historiografia fragmentada" (Benhabib, 2003, p. 94). O objetivo deve ser, antes, rascunhar uma imagem que torne aparente a relação entre o potencial ameaçador dos paradoxos contra a ordem e, assim, proporcione a impressão de um *Totalgeschehen* [acontecimento total] (Benjamin, [1928-40] 1991, p. 575). O "declínio do Estado-nação" (OT, p. 300) é, no entanto, mais do que apenas o fim de uma forma de governo, pois, com ele, pereceu também "*todo um modo de vida*" (WiP, p. 226), de forma que os padrões morais e os valores que anteriormente tinham apoio na ordem político-jurídica desapareceram da vida pública. A colaboração de muitas sociedades europeias com os nazistas no extermínio dos judeus europeus e a "resistência vergonhosamente pequena" (ETH, p. 600) encontrada pela Gestapo nas forças policiais dos países conquistados são apenas os exemplos mais chocantes das consequências de longo alcance que permitiram Arendt a falar, como se sabe, de um "colapso moral total" (EJ, p. 142) na Europa. Soma-se a isso, evidentemente, a absoluta ausência de direitos dos apátridas em geral e dos refugiados judeus em particular, o que representa para a autora um passo decisivo no "longo processo de preparação do extermínio de seres humanos" (ETH, p. 612).[7] Na visão de Arendt, e sem o menor desejo de lidar com questões de responsabilidade ou culpa específicas, existem dependências entre, de um lado, as políticas europeias de fronteiras e asilo e, de outro, o imenso número de vítimas das políticas nacional-socialistas de extermínio. Isso não é um motivo menor para que o declínio da Europa dos Estados-nação tenha uma posição tão proeminente na análise arendtiana do totalitarismo.

É precisamente o fato de ela inserir sua análise do Estado-nação no contexto dos elementos do totalitarismo que nos conduz a questões de método. Embora Arendt mobilize uma quantidade considerável de material e descrições históricas a fim de evidenciar a impossibilidade prática da ordem formada pelo Estado-nação, ela não fornece um exame histórico ou teórico do período entreguerras. Diante da "ruptura da civilização" (*Zivilisationsbruch*), a pensadora percebeu a necessidade de uma análise completamente diferente da história. Como se sabe, Walter Benjamin fornece-lhe a direção a esse respeito. Alinhado às ideias de Benjamin, o método de Arendt pode ser chamado de "historiografia fragmentária" (Benhabib, 2003, p. 158): Arendt colhe "fragmentos de pensamento" (WB, p. 230), analisa-os, reordena-os e os

---

7 Arendt afirma aqui que esse processo se iniciou com a explicação de que "os judeus eram cidadãos de segunda classe, avançou para a retirada da cidadania e para a deportação rumo aos guetos e aos campos de concentração, a partir de onde foram novamente, e desta vez como absolutamente sem direitos, oferecidos ao mundo a fim de ver se, caso alguém os encontrasse, os reclamaria para si; apenas quando sua 'superfluidade', ou sua falta de lugar (*Standlosigkeit*) na comunidade dos humanos pudesse ser provada é que passaram a ser exterminados" (ETH, p. 612). Arendt sublinha desta forma que "o direito à vida" só é questionado quando "a absoluta ausência de direitos – e isto quer dizer que não se encontra ninguém disposto a garantir direitos a determinada categoria específica de humanos – é um fato consumado". (ETH, p. 612) Skran comenta a esse respeito que a percepção de que há uma conexão entre o fechamento de fronteiras e o número de vítimas do Holocausto não conduziu, depois de 1945, a uma "mudança nas normas de asilo". Embora tenha havido várias tentativas de "incorporar ao Direito Internacional um 'direito ao asilo' para os indivíduos", não foi possível chegar a um acordo para adotar efetivamente a expressão *a ser garantido* (*to be granted*). Por fim, apenas a "regra de não devolução" (*rule of non-refoulement*) entrou no código (Skran, 1995, p. 178).

localiza em um novo contexto de sentido, permitindo que se forme o "cristal do acontecimento total" (*Kristall des Totalgeschehens*) (Benjamin, [1928-40] 1991, p. 575). Como Benjamin, que compara seu próprio tratamento das citações a ladrões de beira de estrada que atacam o passeante ocioso e o liberam de suas convicções, Arendt também remove fatos e eventos de seus contextos tradicionais e os localiza em uma nova narrativa política (cf. Disch, 1994, p. 188). Essa narrativa está comprometida tanto com o "caráter fenomênico dos eventos e das ocorrências políticas" (Vollrath, 1979b, p. 65) quanto com o "presente enquanto tal" (WB, p. 236). A afirmação segundo a qual o pensamento político de Arendt se situa inteiramente no presente[8] está expressa aqui. Considerando esse *background* metodológico, a intenção não é preservar ou reter o passado tal qual ele foi, mas antes tal qual ele aparece para a perspectiva do presente. Disso não resulta que fatos históricos se tornem aleatórios, mas que nunca falem por si mesmos. O mesmo se aplica, por sua vez, aos comentários históricos de Arendt: eles não representam tanto uma descrição factual dos eventos históricos, mas, em vez disso, representam um pensamento político que opera com base em ilustrações históricas. A natureza "significativa, simbólica em alguma medida" (WB, p. 231) dos eventos do passado aparece no presente apenas quando este está inserido em uma narrativa. A tese arendtiana do declínio da ordem europeia dos Estados-nação não deve ser vista apenas como um elemento em sua concepção do domínio total, pois é também uma intervenção que aponta para o fato de que o Estado-nação é impraticável como forma de governo em um mundo globalizado. Embora seja legítimo acusar Arendt de não ter descrito adequadamente certos eventos históricos e não estar em dia com o estágio mais recente da pesquisa histórica, permanece a questão do eventual proveito de tais críticas, pois os méritos de Arendt residem em suas conclusões conceituais.[9] Este capítulo examinará em primeiro lugar, portanto, o argumento teórico-político de Arendt do

---

8 Refiro-me aqui à citação de Jaspers que abre tanto *Elemente und Urspünge totaler Herrschaft* quanto *Origens do totalitarismo*: "Não estar preso ao passado nem ao futuro. O importante é estar inteiramente no presente". [*Weder dem Vergangenen anheimfallen noch dem Zukünftigen. Es kommt darauf an, ganz gegenwärtig zu sein.*] (ETH, p. 5).

9 Haveria proveito apenas se, baseando-nos em uma ênfase diferente sobre os eventos históricos, chegássemos a uma narrativa diferente, a uma narrativa capaz de questionar as

declínio do Estado-nação e mostrará que a tríade formada por Estado, Direito e ordem certamente forma a base de seu pensamento político. Para tanto, e inteiramente consciente de que não estamos preocupados com descobertas de conhecimento histórico, seguirei os comentários históricos de Arendt e derivarei deles seu argumento teórico-político.

II – O paradoxo do direito à autodeterminação

O primeiro paradoxo que ameaça a ordem dos Estados-nação deve ser identificado como o direito nacional à autodeterminação, um dos princípios fundamentais do modelo europeu de Estado-nação. Sieyès foi um dos primeiros a estipular que "toda nação deve ser [...] livre" (Sieyès, [1789] 1988, p. 77). Mais de um século depois da Revolução Francesa, Ernest Renan leva mais longe a ideia libertadora e emancipatória da autodeterminação, pois vê no "desejo da nação [...] o único critério legítimo, aquele ao qual deve-se sempre retornar" (Renan, [1882] 1996, p. 36). No entanto, como a autodeterminação nacional e a soberania eram concedidas a apenas algumas poucas nações, Arendt elucida, em seus comentários a respeito do período entreguerras, como a ideia libertadora da autodeterminação se tornou um instrumento de opressão. Ela argumenta, nesse contexto, que os Estados recém-estabelecidos rapidamente se viram no papel de opressor, e os "povos nacionalmente frustrados" (OT, p. 305), por outro lado, perceberam que "a verdadeira liberdade, a verdadeira emancipação e a verdadeira soberania popular só podiam ser alcançadas através da completa emancipação nacional, e que os povos privados do seu próprio governo nacional estariam privados dos direitos humanos". (OT, p. 305). Compreendido como sinal de emancipação nacional, o direito à autodeterminação servia como justificativa universal harmonizada ao Direito Internacional para ações políticas opressivas tanto por parte dos Estados-nação quanto por parte dos movimentos de independência de grupos de minorias. Essa dialética entre opressão e autonomia coexistiu com o ódio étnico, que "começou a desempenhar um papel central nos negócios públicos de todos os países" (OT, p. 301) ao longo do período

afirmações teórico-políticas de Arendt de um modo geral. Indicarei novas ênfases como esta nos momentos apropriados ao longo deste livro (ver capítulo 2).

de entreguerras, e se reflete na tese arendtiana da desintegração interna do sistema de Estados-nação da Europa.

Apesar dos tratados de paz, dos tratados de minorias e dos outros acordos políticos, os Estados-nação europeus não "puderam colocar ordem alguma neste caos de ódio recíproco" (ETH, p. 561).[10] Arendt nota que, nessa atmosfera de ódio étnico, "as considerações práticas e o reconhecimento tácito de interesses recíprocos" (OT, p. 312), ambos supostos na ideia de Estados-nação, se tornam impossíveis. Tornou-se instantaneamente aparente que "a completa soberania nacional só era possível enquanto existisse uma convivência supranacional de nações europeias" (OT, p. 312). Apenas enquanto houvesse, entre os Estados soberanos, "o espírito não organizado de solidariedade e concórdia" (OT, p. 312), seria possível que o equilíbrio entre os interesses divergentes e o respeito à soberania dos demais Estados-nação pudesse resultar em uma ordem política funcional. Sem esse espírito, a situação rapidamente levaria àqueles "conflitos mortais" (OT, p. 311) que deveriam ser evitados tanto da perspectiva dos Estados-nações estabelecidos quanto considerando as experiências desastrosas da Primeira Guerra. A defesa feita por Kelsen da "ordem nacional legal como subjetivismo de Estado" (Kelsen, [1934] 2002, p. 345) e sua teoria de que qualquer ideia de soberania nacional só pode funcionar se baseada em reconhecimento recíproco coincidem com o ceticismo de Arendt em relação a uma soberania absoluta. No entanto, se observarmos a autodeterminação no contexto do ódio étnico, a primeira questão que surge é: como, segundo Arendt, o princípio nacional de autodeterminação poderia ganhar influência tão determinante na política europeia?

---

[10] O texto alemão diz: "Nem mesmo os acordos de paz, que dividiram as nacionalidades em minorias e 'povos do Estado' (*Staatsvölker*), puderam colocar alguma ordem neste caos de ódio recíproco". [*Selbst die Friedensverträge, welche die Nationalitäten in 'Staatsvölker' und Minderheiten aufteilten, haben in dieses Chaos gegenseitigen Hasses keine Ordnung bringen können*]. Como algumas passagens ou frases foram trazidas da versão alemã do livro de Arendt sobre o totalitarismo, devo por vezes me referir a *Elemente und Ursprüng totaler Herrschaft*. Quando este for o caso e quando for apropriado, apresentarei a versão alemã sobre a qual minha tradução se baseou; do contrário, darei apenas a referência.

Mesmo antes de 1914, cerca de cem milhões de pessoas na Europa tinham seu direito à autodeterminação negado.[11] Depois da Primeira Guerra, a situação já não era mais sustentável. Em primeiro lugar, restrições políticas forçaram os Estados-nação estabelecidos a ocupar o vazio de poder subsequente ao colapso da monarquia Austro-húngara, do domínio da Rússia czarista e do Império Otomano. Como os velhos Estados-nação europeus estavam sendo confrontados por movimentos de independência em suas colônias, só seria possível recusar a autodeterminação nacional aos grupos étnicos do leste e do sudeste europeus por meio da violência militar – uma opção considerada inimaginável depois das experiências chocantes da guerra moderna. Arendt afirma que, diante dessa situação histórico-política (composta por um vácuo de poder político e por consciências nacionais atiçadas), os acordos de paz de 1919-20 deveriam pavimentar o caminho para a emancipação nacional de todos os grupos étnicos de todos os países europeus. Mas os tratados de paz representaram, de acordo com Arendt, um esforço para preservar a Europa organizada em Estados-nações, para defender a ideia de Estados-nações como a base de uma nova ordem de paz para o século XX, e para "preservar o *status quo* europeu" (OT, p. 304). Como a ideia de uma solução diferente, federativa e supra-nacional não era pensável, a ideia da autodeterminação nacional foi estendida para toda a Europa.

Mas não era possível simplesmente aplicar ao leste e sudeste europeus o tema do Estado-nação. Nenhuma das regiões recém-estruturadas cumpria os requisitos sobre os quais se baseavam Estados-nação tradicionais como a França: nenhum desses territórios era uninacional. Muito ao contrário, essas regiões eram compostas por uma colorida mistura de grupos étnicos que se definiam em termos políticos. Arendt enfatiza isso, concordando com Mussolini, para quem o problema essencial da Checoslováquia não era ela ser checa e eslovaca, mas "checo-germano-polono-magiaro-ruteno-romeno-eslováquia" (OT, p. 303). O objetivo era criar Estados-nação baseados no direito à autodeterminação, mas os resultados foram "Nações-estado" (ETH, p. 567).[12] Além do mais – e isso é um ponto decisivo para as considerações de Arendt – os grupos étnicos em questão

[11] Arendt retira esse número dos estudos do historiador inglês e diplomata *sir* Charles Kingsley Webster (ver OT, p. 305).

[12] A formulação alemã é *Nationalitätenstaaten* [Nacionalidades de Estado].

eram povos cuja consciência nacional, a partir do modelo das nações ocidentais, tinha sido despertada apenas recentemente. Em vez de voltar o olhar para a história da estatalidade (*state-ness/Staatlichkeit*) e vincular a nacionalidade às instituições legais do Estado – Arendt argumenta na tradição de Meinecke, estabelecendo distinções entre o conceito de Estado-nação e cultura nacional – o conceito de nacionalidade nestes grupos étnicos não tinha "ainda ultrapassado o estágio de mal definida consciência étnica". Em contraste com a compreensão ocidental da nacionalidade, sua "qualidade nacional parecia ser muito mais um sentimento privado e portátil, inerente à própria personalidade do indivíduo, do que uma questão do interesse público e da civilização". (OT, p. 263). Em resumo, no leste e sudeste europeus, o conceito de Estado-nação tinha uma conotação étnica desde o início.

Arendt presume que os líderes políticos dos velhos Estados-nação pensavam ou esperavam que os problemas de nacionalidade no leste e sudeste europeus poderiam ser conduzidos com a ajuda de tratados de minorias. O sistema de minorias que desenharam garantia aos grupos étnicos importantes e participação na administração e no governo de acordo com sua proporção na população. Os demais grupos étnicos, menores e separados dos demais, deveriam renunciar a seus direitos políticos, em especial ao direito à emancipação nacional, para manterem o direito de usar sua própria língua, organizar suas próprias escolas, professar sua religião etc. Arendt destaca que o adjetivo "nacional" era evitado a todo custo para determinar estas minorias. Assim, uma Checo-germano-polono-magiaro-ruteano-romeno-eslováquia se tornava uma Checoslováquia em que o grupo minoritário dos eslovacos, composto por dois milhões de habitantes, ditava o tom para sete milhões de checos. Para descrever a intenção efetiva dos tratados de minorias, Arendt cita o antigo ministro britânico das relações exteriores, *sir* Auster Chamberlain: "O objetivo dos tratados de minorias [é] [...] assegurar [...] o tipo de proteção e justiça que gradualmente as prepararão para se fundirem à comunidade à qual pertencem" (OT, p. 306).

Homens de governo europeus acreditavam ter dado passos decisivos na direção de assegurar um robusto estatuto futuro para aquelas partes da Europa quando, a fim de cumprir exigências constitucionais para a identidade nacional, identificaram uma nação – como na Polônia, na Romênia ou na Lituânia – ou duas nações – como na Checoslováquia ou na Iugoslávia –

como sendo a nação daquele Estado. Mas a realidade que emergia na Europa refutava a visão apresentada por Chamberlain. Primeiro, porque os tratados de minorias que tinham sido concebidos como exceções se tornaram regra. Não havia uma única região no leste e no sudeste da Europa que não fosse cobiçada por várias nacionalidades simultaneamente. Além do mais, uma vez que a ideia estava concebida, muitos grupos étnicos simplesmente não tinham sido identificados. Portanto, as divisões territoriais, de qualquer tipo que fossem, pareciam arbitrárias desde o início. Em segundo lugar, as classificações de nações baseadas nessas divisões pareciam igualmente artificiais. Um grupo étnico era elevado ao *status* de nação do Estado, sua vontade política era declarada o único critério legítimo e ele era reconhecido internacionalmente com referência à autodeterminação, ao passo que outros grupos conseguiam apenas alcançar o *status* de grupo étnico, religioso ou linguístico (ver OT, p. 303).[13] Essa situação, tomada como inaceitável pelas minorias e ponto de partida para tentativas separatistas em todos os lugares, foi acompanhada por uma política de "obstrução sistemática" (ETH, p. 567). Vendo suas próprias minorias alocadas do outro lado da fronteira, muitos Estados recém-criados também consideraram o estabelecimento de fronteiras insatisfatório e produziram inúmeros conflitos de fronteiras, alguns dos quais se agravaram convertendo-se em guerras de fronteiras. Esses conflitos estimularam, por sua vez, conflitos entre diferentes grupos étnicos dentro de um mesmo Estado, revelando, nas palavras de Pearson, a "natureza híbrida dos novos Estados"

---

[13] Em todas essas regiões, como mais tarde na Polônia, nos Estados bálticos, Hungria, Checoslováquia, Iugoslávia etc. os diferentes grupos étnicos viveram um ao lado do outro em assentamentos mais ou menos separados. Disto resultou que grupos étnicos, os poloneses por exemplo, que eram apenas uma minoria na Lituânia, constituíssem a população nacional na área vizinha. Arendt afirma que os tratados simbolizavam, para todos estes povos que não tinham sido declarados como nações e que, portanto, estavam privados de território estatal, "o resultado de um jogo arbitrário, parcial ou ardiloso que entregou o domínio a um grupo e a servidão a outro". (ETH, p. 568). Raymond Pearson reforça a visão de Arendt, pois fala, a respeito do papel de Benes e Masaryk na criação da Checoslováquia, de "uma campanha clandestina de *lobby* nos bastidores dos aliados" (Pearson, 1983, p. 150), e afirma ainda que isto gerou, em parte das muitas minorias desfavorecidas, o sentimento de terem sido vítimas de uma intriga.

(Pearson, 1983, p. 184). Tornou-se evidente desde cedo que, se as constelações fossem inadequadas, conflitos internos ao Estado entre populações e minorias, ou mesmo entre as próprias minorias, poderiam muito rapidamente conduzir a conflitos entre Estados.

Arendt descreve como líderes políticos europeus estavam preocupados com a situação cada vez mais conflituosa e, já em 1922, durante a terceira assembleia da Ligadas Nações, clara e expressamente deram "uma interpretação mais precisa dos deveres dasminorias em relação aos novos Estados" (OT, p. 306). No mais tardar em 1922, era óbvio o que o termo "minoria" realmente implicava. Arendt cita o político francês Aristide Briand, para quem o "processo que devemos ter em mente não é o desaparecimento das minorias, mas uma espécie de assimilação" (OT, p. 306). Para Arendt, o Estado-nação almejava a assimilação desde o início, e a partir desse pressuposto ela detecta duas versões diferentes do conceito de minoria. De um lado, há a compreensão da minoria como um fragmento de grupo que está separado da maioria, mas é protegido pelo Estado vizinho, onde aquela minoria compõe a maioria da população. Do outro lado, a ideia de uma minoria do Estado-nação foi modelada, segundo Arendt, pela situação dos judeus. Como os judeus viviam em todos os países e estavam satisfeitos com o *status* de minoria, eles exemplificaram a *minorité par excellence* (OT, p. 322).

O que é significativo nessa identificação é o fato de que ajudou a reconfigurar o conceito de minoria de maneira a que correspondesse às expectativas dos velhos Estados-nação e às exigências de soberania absoluta dos Estados recém-criados. Como os judeus não tinham seu próprio Estado, mas se conformavam ao modelo de um novo conceito de minoria, a noção política de minoria se alterou; o termo minoria se despolitizou, foi privado de seu conteúdo político. Essa despolitização se adequa à ideia fundamental de Estado-nação, pois ele poderia transformar um setor da população em uma minoria silenciosa que deveria se comportar de acordo com a maioria. Arendt sustenta que esse desejo de silêncio, afirmado pouco depois na reivindicação política de Briand por assimilação, não foi satisfeito. Por um lado, uma compreensão despolitizada e politicamente pouco ambiciosa das minorias não refletia a situação efetiva. Dependia muito da minoria em questão e do quão politicamente ambiciosa e politizada ela realmente era. Aquilo que se aplicava *de facto* em todos os Estados europeus às minorias desprotegidas de judeus, ou aos sinti e roma (ciganos), não se aplicava necessariamente à minoria alemã na Checoslováquia – como a crise na região dos Sudetos deixou claro. Por outro lado, no entanto, havia muitos grupos étnicos insatisfeitos com a situação. A maior parte das minorias se definia como grupos políticos e, assim, se considerava o "restante azarado que sobrou" (ETH, p. 565), que foi impedido de estar unido ao país de origem por razões de poder político ou de interesses sinistros. Portanto, e em terceiro lugar, a exigência de assimilação era absolutamente inaceitável para eles.[14]

Ao mesmo tempo, a tradição do pensamento a respeito do Estado-nação, amplamente aceita desde a Revolução Francesa, assumia que o povo e a nação deviam ser idênticos, e que as minorias eram, no máximo, anomalias temporárias. Isso estimulou a nacionalização das minorias porque apenas a política constante e a ênfase permanente em sua identidade nacional poderiam fazer frente à ameaça de absorção a longo prazo pela maioria. Dessa maneira, como sustenta Zolberg, as minorias se converteram em "desajustados políticos" (Zolberg, 1983, p. 28). Não há dúvidas de que esse processo de nacionalização encontrou solo fértil na noção étnica de nacionalidade que incluía um potencial adicional para conflitos. Em suas reflexões, Arendt enfatiza que o sistema de minorias intensificou a escalada política da questão da nacionalidade. Em outras palavras, os meios pelos quais os Estados-nação

[14] Pearson enfatiza, por sua vez, que "apenas minorias leais, perseguidas sem motivos e gratuitamente por um Estado exclusivamente por motivos nacionalistas foram postos sob a garantia da Liga [das Nações]". Quando minorias se rebelavam contra seus *status* e a assimilação exigida, a Liga das Nações entendia que era uma questão exclusivamente interna ao "Estado sede" (Pearson, 1983, p. 142). Assim como Arendt, Pearson também conclui que os Estados-nação estabelecidos estavam preocupados acima de tudo em manter a Europa organizada sobre as linhas do Estado-nação. Nessas circunstâncias, a Liga das Nações agiu – e esta é a *principal acusação* contra ela – "mais como gendarme que como juíz": "Os erros e acertos de algumas questões particulares de minorias sempre eram firmemente subordinadas à preocupação mais ampla de manter a paz por meio do respeito ao Tratado de Versailes – [...] mesmo quando uma minoria estivesse sendo abusada escandalosamente". (Pearson, 1983, p. 145). Assim, dentro da ordem dos Estados-nação – de que o conceito de minoria era apenas uma expressão – não havia meios pelos quais canalizar os conflitos cada vez mais intensos entre minorias e cidadãos do Estado para dentro de uma ordem.

tentaram resolver a questão da nacionalidade e assegurar uma paz europeia só incitaram mais conflitos. A exigência de assimilação feita pelo Estado-nação se converteu em protesto das minorias, além de colocar em destaque que

> o *status quo* europeu não podia ser mantido. Só após a queda dos últimos remanescentes da autocracia europeia ficou claro que a Europa havia sido governada por um sistema que nunca levou em conta as necessidades de pelo menos 25% da sua população. (OT, p. 305).

Além disso, já muito cedo ficou claro que as velhas potências não estavam dispostas a levar em conta as minorias ou o sistema de minorias. Os novos Estados reclamaram desde o início de uma "aberta quebra de promessas e de discriminação" (OT, p. 304) contra eles por parte dos Estados estabelecidos, como a França, que se retiraram sem se comprometer com o sistema de minorias. Arendt enfatiza que essa postura dos Estados mais velhos era compreensível quando vista da perspectiva nacional e soberanista, pois os tratados de minoria implicavam uma "restrição implícita à soberania nacional [que] teria afetado a própria soberania nacional das potências europeias mais antigas" (OT, p. 306). Arendt indica que nenhuma das velhas potências estava preparada para aceitar essa situação.[15] O potencial conflitivo apresentado pelo sistema de minorias não era apenas evidente no leste e sudeste da Europa, mas era também um problema para as relações entre novos e velhos poderes. Nesse sentido, Pearson sublinha como os novos Estados foram inspirados "a discriminar minorias como uma forma de vaidade nacional, ou de

[15] Pearson chega ao mesmo resultado em seu estudo, a saber, que nenhum Estado estava preparado para reduzir seus direitos soberanos: "Os Estados sedes se ressentiram da Liga das Nações desde o início. No momento em que os novos Estados estavam compreensivelmente hipersensíveis com relação a suas independências, receberam reconhecimento internacional sob a condição de assinar tratados de minorias que claramente infringiam sua soberania. Por que Estados soberanos deveriam ser compelidos a se submeter à jurisdição da Liga das Nações e à Corte Permanente de Justiça Internacional? De modo ainda mais pertinente: por que as grandes potências e outros Estados fora do leste europeu estavam isentos de tais tratados de minorias? A Liga de justiça parecia, aos olhos da maioria dos Estados sede, ser desde o início parcial e não aplicar de modo universal – nem mesmo geral – o princípio de proteção às minorias" (Pearson, 1983, p. 142).

contínua declaração de independência" (Pearson, 1983, p. 142). A implementação unilateral do sistema de minorias levou os novos Estados a crer que o espírito de solidariedade não era adotado pelas velhas potências, e eles se sentiram forçados a manifestar sua soberania nacional de outras maneiras. Arendt chega à conclusão de que a "atmosfera de desintegração" (OT, p. 301) criada pelo ódio sem objetivo e sem propósitos foi a consequência direta do fato de nenhum partido poder contar efetivamente com os instrumentos políticos que um Estado-nação pode fornecer:

> Aqui estavam todos contra todos, sobretudo contra seus vizinhos; eslovacos contra checos, húngaros contra eslovacos, croatas contra sérvios, ucranianos contra poloneses, poloneses contra judeus – e assim por diante em uma variação sem fim, uma variação limitada apenas pelo número dos povos e dos grupos em ebulição caótica. [...] As minorias odiavam os povos do Estado, mas isto não evitou que odiassem igualmente outras minorias da mesma região e as perseguissem sempre que possível. (ETH, p. 561f).

Cada Estado-nação recém-estabelecido que tentava conquistar liberdade política baseada nos princípios internacionais e que buscava ser membro da "casa das nações" (Kurt Tucholsky) se via exercendo o papel de opressor. Por outro lado, as minorias nacionais que buscavam seu direito a um Estado-nação próprio, ou que buscavam afiliar-se ao seu país de origem, eram declarados criminosas ou inimigas do Estado. A comunicação e a troca se tornam impossíveis em uma situação em que cada parte se apoia no "dogma da soberania de Estado" (Kelsen, [1934] 2002, p. 346). O ódio étnico em Estados "cronicamente inseguros, excessivamente ambiciosos e inconscientemente competitivos" (Pearson, 1983, p. 182) se intensificou de tal maneira que as minorias se viram confrontadas com a escolha entre "lutar ou fugir" (Pearson, 1983, p. 84), como Pearson conclui em seu estudo. O resultado de ambas as escolhas foi, no entanto, que muitos foram expulsos ou fugiram de seus lares, o que criou massas de pessoas procurando proteção na Europa ocidental (cf. tb. Pearson, 1983, p. 184). O contexto político e histórico em que a migração ocorreu criou uma categoria desconhecida até então – o apátrida. O novo fenômeno da apatridia representaria um enorme problema também para os velhos Estados-nação.

III – O paradoxo da desassimilação e da desnaturalização

O segundo paradoxo contido na análise arendtiana do colapso da Europa de Estados-nação é o paradoxo da desassimilação e da desnaturalização, que tem início com o fenômeno da apatridia. Arendt se esforça para mostrar que na estrutura do Estado-nação não havia meios para restabelecer o espaço de liberdade para a ação, que foi perdido com o fenômeno da apatridia em massa. O cerne da crítica de Arendt é que o caminho em direção a um acordo sobre asilo internacional e regulamento para refugiados estava bloqueado pela atmosfera geral de ódio racial chauvinista e de medo da perda da soberania. Isto conduziu os países europeus a, paradoxalmente, perderem os direitos que, ao lado do *ius ad bellum*, constituíam o âmbito da soberania nacional, a saber, "soberania [...] em questões de 'emigração, naturalização, nacionalidade e expulsão'" (OT, p. 312).

Para mostrar o paradoxo da desassimilação e da desnaturalização, é preciso explicar as implicações legais e políticas da apatridia. Para Arendt, a apatridia não é apenas "o mais recente fenômeno de massas da história contemporânea" (OT, p. 310), mas é também a mais clara expressão do "primeiro e grave causado aos Estados-nação" (OT, p. 313). Antes da Primeira Guerra, a apatridia era apenas uma anomalia que ocorria quando países retiravam a cidadania de pessoas que tinham se mudado de país. Durante a Primeira Guerra, "desnaturalização por meio de decretos" (OT, p. 311) se tornou mais comum na Europa, mas afetava apenas cidadãos naturalizados cujas raízes estavam em países que tinham se tornado Estados inimigos do país anfitrião durante as hostilidades. Apesar desse avanço, o impacto da apatridia permaneceu insignificante até a Revolução de outubro, depois da qual os milhões de russos que fugiram do país em função dos eventos revolucionários tiveram sua cidadania retirada pelo novo governo. Os russos foram seguidos, em ordem cronológica e em curto tempo, por centenas de milhares de armênios, húngaros, alemães, eslovacos e judeus, forçados a sair de suas pátrias para fugir de perseguição sistemática, genocídio, conflitos de fronteiras, guerras civis, insurreições ou *pogroms* (ver OT, p. 312). Mas qual é exatamente o problema da apatridia e em que medida ele tornou aparente a destruição dos Estados-nação?

Embora refugiados sejam bastante conhecidos ao longo da história, os refugiados do período entreguerras eram, na visão de Arendt, fundamentalmente diferentes dos de períodos anteriores. Isso porque em nenhum outro momento da história houve uma massa tão grande de pessoas em uma "situação de absoluta ausência de direitos" (OT, p. 329). O fato de a consequência da apatridia ter sido a ausência de direitos só ocorreu devido à formação dos Estados-nação. Arendt esclarece que, enquanto permaneceu válido o princípio medieval *quidquid est in territorio est de territorio* [o que está no território é do território], todas as pessoas presentes no território do Estado estavam sob a jurisdição do soberano (cf. OT, p. 313-314). No entanto, desde o estabelecimento do Estado-nação como paradigma principal da ordem política, a vontade do povo se tornou a única fonte do direito, de modo que a identidade e a coesão do povo tiveram que ser determinadas pelo princípio de exclusão e inclusão. A consequência foi a de que o Estado garantia proteção legal apenas aos incluídos, ou seja, aos que possuíam cidadania por conta de sua nacionalidade ou àqueles cujo país tivesse assinado determinados tratados que visavam garantir o reconhecimento da cidadania estrangeira em outros países.

Assim como os Estados novos, também os velhos Estados tentaram lidar com o problema dos refugiados fazendo-o "desaparecer do mundo [...] por meio de interpretações jurídicas" (ETH, p. 582). Nessa linha, segundo Arendt, estava a insustentável distinção entre refugiados e apátridas, que era apenas o "não reconhecimento da apatridia" (ETH, p. 579) como um fenômeno massivo, e o esforço de declarar o problema dos refugiados como uma "anomalia passageira" (ETH, p. 582). De acordo com Arendt, essas manobras jurídicas fracassaram devido ao fato de que todos os refugiados eram efetivamente apátridas e quase todos os povos apátridas eram virtualmente refugiados (ver OT, p. 309).[16] Essas

[16] À exceção dos apátridas russos e armênios, oficialmente reconhecidos como pessoas apátridas e protegidos pelo Comitê Nansen – e, portanto, considerados como uma espécie de aristocracia dentre os milhões de refugiados apátridas – a maioria dos demais refugiados eram apátridas *de facto* (ver OT, p. 304). Arendt cita a história dos refugiados russos como exemplo contra a tese da anomalia temporária. Para argumentar, ela se refere ao *Refugee Report* de *sir* John Hope Simpson, e também às descobertas das pesquisas de Eugene Kulischer e Winfried Hadsel, que mostraram que – afora a primeira onda de refugiados russos – meio milhão de pessoas permaneciam apátridas depois de 25 anos de exílio,

tentativas de encobrir a situação efetiva com a ajuda de truques legais eram, para Arendt, mais do que simples ignorância: até aquele momento, pessoas perdendo todos os seus direitos devido à apatridia era algo inédito. Nessa nova identificação da apatridia e da privação de direitos, expressa-se a silenciosa aceitação do colapso de um dos mais antigos e talvez dos mais sagrados direitos das comunidades políticas: o direito ao asilo. A possibilidade de o Estado permitir que pessoas permaneçam em seu território se baseia na capacidade estatal de expulsá-los para países vizinhos ou para seus países de origem. Apenas onde o Estado se encontra legal e efetivamente em posição de recusar a residência, ele está em posição de garantir o direito à residência, e essa possibilidade estava abolida com os refugiados apátridas *de facto* do entreguerras. Não era possível expeli-los porque nenhum país iria recebê-los. Como não pertenciam a nenhum Estado, eles eram "indeportáveis" (OT, p. 309). Essa indeportabilidade dos refugiados e o conseguinte colapso do sistema de asilo teve consequências para a soberania do Estado-nação no momento de decidir quem teria permissão para permanecer e quem deveria sair do país. Arendt escreve:

> Todo o sistema denaturalização dos países europeus desmoronou, e pelo mesmo motivo que levou aoabandono o direito de asilo, quando teve de defrontar-se com os povos sem Estado. Fundamentalmente, a naturalização era um apêndice à legislação do Estado-nação que levava em conta tão somente os 'nacionais', isto é, as pessoas nascidas em seu território e cidadãs por nascimento. A naturalização nos países europeus previa casos excepcionais, para indivíduos a quem as circunstâncias haviam levado a um território estrangeiro. O processo falhou, porém, quando foi preciso atender a pedidos de naturalização em massa. (OT, p. 318).

Embora a solução para o problema incrivelmente instável de refugiados passasse, ao menos teoricamente, pela garantia de direitos fundamentais

apesar da alta taxa de mortalidade, da imigração para além-mar e da naturalização por matrimônio (cf. a este respeito o exemplo de Simpson, 1939). A divisão jurídica entre apátridas e refugiados é quase ridícula quando posta em contraste com o fato de que "no espaço de uma geração, nenhum grupo se livrou da apatridia por meio da repatriação ou da naturalização". (ETH, p. 583).

e pela naturalização, Arendt indica que essa possibilidade estava bloqueada de várias maneiras. Em primeiro lugar, era evidente que um tal processo de naturalização só poderia ser levado adiante se estivesse baseado em um acordo internacional a que todos os Estados-nação teriam que aderir. Sozinho, um país jamais estaria em posição de implementar por si mesmo uma política como essa. No entanto, cada país, como prisioneiro da ordem dos Estados--nação, insistia em manter a soberania, e isso, complementado pela atmosfera envenenada de ódio étnico, tornava impensável uma solução para o problema dos refugiados e apátridas. Para sublinhar os argumentos de Arendt, podemos nos referir a Gérard Noiriel, que evidenciou como nessa época "a questão do asilo se tornou um problema efetivo para o Direito Internacional, pois ele agora deveria definir normas passíveis de ser reconhecidas pela maioria dos Estados" (Noiriel 1994, p. 86). Como Noiriel destaca, referindo-se à visão do Ministério do Interior francês a respeito do acordo de refugiados e minorias, assinado em 1928, a opinião geral era a de que a "ordem social e a segurança da França" (Noiriel, 1994, p. 97) só poderiam ser mantidas de modo unilateral, e qualquer acordo vinculatório de refugiados poderia significar a perda de soberania a respeito de questões de segurança. Isso restringia, obviamente, qualquer ação política efetiva no nível internacional (cf. Skran, 1995, p. 142).

Observando um aspecto menos especulativo que o argumento de Arendt, vemos que nenhuma burocracia jamais teria sido capaz de administrar e organizar a naturalização de milhões de refugiados. O segundo entrave para a solução do problema dos refugiados está no fato de a disposição dos refugiados para a assimilação, que é condição para a naturalização, não estar dada. Além do desejo de autodeterminação nacional, também o renascimento do nacionalismo mudou o perfil dos refugiados. Antes disso tudo, refugiados eram indivíduos perseguidos que haviam fugido para além da fronteira, mas o que agora estava em questão eram grupos étnicos inteiros, o que tornava a assimilação impossível pela própria dinâmica de grupo. Em vez de assimilar, eles iniciaram um processo de desassimilação sobre os cidadãos já naturalizados no país sede e que tinham as mesmas raízes étnicas. Arendt escreve:

> Quando uma onda de refugiados encontrava membros de sua própria nacionalidade já estabelecidos no país para o qual haviam imigrado – como foi o caso dos armênios e italianos na França, por exemplo, e dos judeus por toda

> parte —, ocorria um certo retrocesso na assimilação daqueles que haviam estado lá havia mais tempo. Pois o seu auxílio e solidariedade só podiam ser mobilizados por um apelo à nacionalidade original que tinham em comum com os refugiados. (OT, p. 318).

O que a autora delineia aqui é a transformação da noção étnica de nacionalidade em um fator político decisivo. Isso não quer dizer, no entanto, que as minorias no leste e sudeste da Europa não tinham anteriormente um sentimento etno-nacionalista de pertencimento. O ponto é que agora, sob a situação de exílio e deportação, a afiliação com o grupo étnico ganhava importância nova e decisiva também nos velhos Estados-nação. Quando as pessoas perdem suas seguranças externas, mundanas, como seus direitos ou mesmo suas pátrias, suas origens se tornam o ponto central de referência e uma fonte crucial de solidariedade. Para Arendt, a humanitarismo da fraternidade – que significava que "o elemento comum a todos oshomens não é o mundo, mas a 'natureza humana'" (LR, p. 26)[17] – sempre substituiu, com seu calor, a luz de um mundo comum recusada a todos os povos humilhados em tempos sombrios. Embora a nacionalidade, para os outrora membros naturalizados e assimilados do mesmo grupo étnico, não tivesse significado político e fosse meramente uma questão de *background* cultural, esses povos agora se sentiam atraídos pela nova noção de nacionalidade. Os efeitos negativos que as ondas de refugiados desencadearam em povos já assentados e em seus sentimentos de pertencimento ampliaram o medo que os velhos Estados-nação tinham do perigoso Estado multinacional. Esse medo não era sem motivo e se originava nas dificuldades que os Estados-nação tinham de lidar com outros grupos nacionais; ele evitava – e este é o terceiro bloqueio para a solução do problema – qualquer consideração por parte dos governos a respeito de uma política de naturalização.

No entanto, os governos dos Estados-nação tinham que reagir de alguma maneira ao número crescente de refugiados que acompanhava o pro-

[17] Arendt explica este "direito ao calor do povo pária" (LR, p. 26), em seu texto sobre Lessing, onde toma os judeus como povo pária *par excellence*, e afirma que a irmandade que acompanha a privação de mundo é concedida apenas àqueles – e mesmo aqui isto não é sem perigo – que contam como povos humildes. Nenhum outro poderia dar conta dessa falta de realidade (ver LR, p. 26f).

cesso de desassimilação. Arendt afirma que, quando se tornou claro que não era de modo algum possível vedar completamente as fronteiras, e que mais e mais refugiados corriam para dentro dos países, os governos começaram a revogar as naturalizações já concedidas.[18] O problema é que a desnaturalização tinha efeito tão pequeno quanto a naturalização, e não oferecia realmente uma solução – nem dentro dos Estados-nação, nem na Europa como um todo. Ao contrário, a tragédia da "legislação de desnacionalização" (ETH, p. 585)[19] nos anos 1920 estava em que, uma vez que um Estado, como reação ao influxo de refugiados, iniciava o cancelamento de cidadanias já concedidas, os Estados vizinhos se sentiam forçados a fazer o mesmo, o que resultou em leis de desnaturalização sendo aprovadas por toda a Europa e conduzindo a uma "onda de desnaturalização em massa" (ETH, p. 585).[20] Em uma longa nota, Arendt descreve como leis de desnaturalização se iniciaram na Bélgica em 1922, e de que maneira Estados como Turquia, Áustria, França etc. fizeram o mesmo (OT, p. 312). Os fundamentos legais dessas leis de desnaturalização eram formulados tão vagamente que não expressavam nada além de referências para o tratamento policial destes "estrangeiros indesejáveis" (OT, p. 317). Eram *de facto* artigos gerais.[21] Longe de se referirem a alguma ofensa real, as leis se expressavam em termos quase imaginários e falavam em *manquant gravement*

---

[18] A mesma afirmação pode ser encontrada em Skran: "[C]omo o governo não conseguia vedar completamente suas fronteiras, usaram a devolução (*refoulement*) como meio de fazer voltar aqueles que entraram secretamente" (Skran, 1995, p. 133).

[19] A versão alemã se refere a uma *Denaturalisierungsgesetzgebung*.

[20] A versão alemã se refere a *einer Welle von Massendenaturalisationen*.

[21] A flexibilização da lei por meio de cláusulas gerais era acompanhada por uma série de portarias que, vinculando a naturalização a exigências inalcançáveis, representavam *de facto* a retirada da cidadania. Arendt relata um decreto que só permitia médicos a praticarem seu ofício depois de dez anos de naturalização (ver ETH, p. 586). Ao lado da lei francesa de 1932 dedicada à proteção do mercado de trabalho, que fez com que as permissões de residência para estrangeiros e refugiados dependesse da situação econômica, pesquisadores também se referem frequentemente à "revisão da permissão de trabalho de todos os estrangeiros" de 1935 (Skran, 1995, p. 132). Durante a vigência dessa nova regra, permissões de trabalho eram negadas ou suas renovações eram atrasadas até que as pessoas afetadas tivessem recebido sua ordem de expulsão (cf. a este respeito também: Maurrus [1985, p. 145-149]; Noiriel [1994, p. 98]).

à leurs devoirs de citoyen belge [falta grave a seus deveres de cidadão belga], em não merecer a cidadania italiana ou desnacionalizavam novos cidadãos "que cometeram atos contrários aos interesses da França" (OT, p. 312).[22]

À medida que leis de desnacionalização se espalhavam de país para país, a apatridia crescia e, por sua vez, iniciava um processo de desassimilação contra o qual os Estados reagiam com mais retirada de cidadania – o que apenas permitia que o processo recomeçasse em escalada. Não apenas as condições de vida dos refugiados eram afetadas por essa escalada, mas também a situação dos Estados-nação, cujo espaço de atuação regredia em sucessivas rodadas de desnaturalização. À medida que mais e mais países impunham leis de desnaturalização e produziam cada vez mais apátridas, o número de países que poderiam expulsar legalmente seus apátridas diminuía. Arendt descreve uma espiral de desnaturalização e desassimilação, ou de desassimilação e desnaturalização, que tornou sem efeito as ferramentas legais à disposição do Estado-nação para naturalizar ou deportar. Isso tornou claro até que ponto e sob quais condições a jurisdição nacional poderia afetar a reação internacional, e o quão pouco a soberania nacional estava disposta e apta a reagir. A importância e o efeito de decisões legais tomadas por um Estado-nação sobre o plano legal e político dos Estados-nação vizinhos se tornaram claros:

> Tudo o que os governos fizeram a fim de resistir à apatridia gerou automaticamente novos grupos de apátridas reais ou potenciais. Assim que um país era atacado, uma única vez, pela apatridia, não era mais necessário nenhum evento catastrófico para o aumento constante de seu número; eles se espalhavam como doença infecciosa, pois não apenas os naturalizados [...] corriam o

[22] Em seu *Über die drei Arten des reschtswissenschaftlichen Denkens* [*Sobre as três formas de pensamento jurídico*], de 1934, Schmitt afirmou que na Alemanha era possível discernir claramente "em que ponto o período do positivismo jurídico tinha chegado ao fim. Por todos os lados e em todas as partes da vida legal, as assim chamadas cláusulas gerais avançaram ao ponto de suspender qualquer segurança positiva – conceitos indefinidos de todos os tipos, referências a normas e noções extra-legais como bons costumes, boa-fé, razoabilidade ou falta de razoabilidade, bons motivos etc." (Schmitt, [1934] 1993, p. 48). Enquanto Schmitt vê e celebra o canto do cisne do positivismo legal, Arendt teme o colapso de uma forma de governo.

> risco de se tornarem apátridas pela chegada de novos apátridas; as condições de vida de todos os estrangeiros eram decisivamente influenciadas por estes novos grupos de pessoas. (ETH, p. 588).

A incapacidade de encontrar regulação política e legal para a questão dos refugiados apátridas afetou todos os estrangeiros que tinham cidadania estrangeira e cuja residência estava legalizada de alguma maneira, normalmente por meio de uma permissão de trabalho. A diferença decisiva entre os apátridas e as pessoas que Arendt chamava de estrangeiros (OT, p. 258) era a deportabilidade, ou seja, a possibilidade que a soberania do Estado ainda tinha de se manifestar a respeito de residência ou não residência de todos os estrangeiros. Arendt afirma que as aparentes vantagens da apatridia foram percebidas pelos estrangeiros, que então tentavam de tudo para obter o *status* de apátrida, pois, para que governos possam conduzir legalmente questões de residência e deportação, é essencial determinar ou reconhecer o *status* legal de uma pessoa. No entanto, o "caos inextrincável" (ETH, p. 588) cresceu de tal maneira que se tornou cada vez mais difícil distinguir quem era refugiado, quem era apátrida e quem era um estrangeiro, de modo que mais e mais pessoas se tornaram "legalmente indeterminadas" (ETH, p. 581).[23] Como o medo que os governos tinham do aumento constante do número de refugiados apátridas em seus territórios cresceu, surgiu a ideia de que o problema não poderia ser resolvido por meios legais. Como sabiam da incapacidade dos Estados-nação a esse respeito, os Estados totalitários conscientemente e sistematicamente empregaram a desnacionalização como uma "arma poderosa da política totalitária" (OT, p. 302) a fim de minar ainda mais a ordem europeia dos Estados-nação.

IV – O paradoxo da ausência de direitos

Os refugiados do período entreguerras eram apátridas e, como tal, estavam fora de qualquer ordenamento legal. Mas a situação efetiva forçou os Estados a lidarem com os sem Estado. Uma vez que os refugiados apátridas não eram uma "pessoa em sentido jurídico"(OT, p. 498), a situação não poderia ser abordada em nível legal, ou seja, pelos meios de governo característicos de um

[23] A versão alemã traz: *legal undeterminierbar*.

Estado de Direito. Arendt mostra de que maneira os povos apátridas ameaçavam "o Estado-nação como Estado de Direito e constitucional, isto é, ameaçavam-no em seus fundamentos" (NuD).[24] A autora justifica sua afirmação no fato de os apátridas, que estavam fora do ordenamento legal e representavam a "anomalia não prevista na lei geral" (OT, p. 319), terem forçado todos os governos a "atos reconhecidamente ilegais" (OT, p. 316 e ss). O paradoxo que se tornava evidente era o de que os apátridas – cuja apatridia se devia ao fato de eles não se encaixarem na ordem nacional, e até mesmo representarem um perigo para esta ordem – terem efetivamente levado o Estado a uma posição em que agiria fora de sua própria ordem legal e começaria a "minar toda a legalidade, tanto no interior dos Estados envolvidos, quanto nas relações entre Estados" (ETH, p. 592; cf. OT, p. 316-317).[25]

Arendt exemplifica essa corrosão das relações internacionais por meio das práticas de deportação. As concepções de ordem do Estado-nação e de soberania nacional dificultavam a renúncia ao direito de deportar apátridas refugiados. O direito de expulsar não apenas espelha o cerne do princípio de soberania territorial, como também expressa o direito fundamental do Estado à autodeterminação nacional. No entanto, não era possível expulsar apátridas com bases legais, uma vez que não haveria nenhum outro Estado para recebê-los. Assim, para preservar sua soberania territorial, o Estado deveria deportar os apátridas agindo fora dos acordos internacionais (ou mesmo contra eles). O resultado foi um crescimento constante de práticas não legais de deportação e um aumento de "ilegalidades no tráfego entre fronteiras de Estados" (ETH, p. 594).[26] Realizando ações clandestinas, a polícia traficava apátridas para dentro do território de um país vizinho, o que evidentemente infringia as leis de imigração do país e, assim, ofendia os direitos de soberania. Seguindo a

---

[24] No artigo, Arendt escreve: "O colapso dos apátridas e a absoluta privação de direitos que lhes foi aplicada colocaram em risco o Estado-nação como Estado de Direito e constitucional, isto é, ameaçaram-no em seus fundamentos" [*Der Einbruch der Staatenlosen und die ihnen zugefügte schlechthinnige Rechtlosigkeit gefährdeten den Nationalstaat als Rechts und Verfassungsstaat, d.h. sie gefährdeten ihn in seinen Grundlagen*].

[25] A versão alemã diz: *Legalität überhaupt im Innern der betroffenen Staaten wie in ihren zwischenstaatlichen Beziehungen zu unterminieren.*

[26] A versão alemã diz: *Illegalität im zwischenstaatlichen Grenzverkehr.*

mesma lógica, na noite seguinte, o país vizinho levava os refugiados para outro país vizinho (ver OT, p. 317 e ss). A disseminação de tais práticas de deportação tornou muito evidente que seria impossível reconhecer a legalidade e a soberania baseando-se nos princípios da ordem dos Estados-nação, e que isso levaria aos conflitos mortais que se pretendia evitar depois das experiências da Primeira Guerra. Arendt descreve uma espiral de desrespeito à jurisdição nacional da soberania em benefício de afirmações ilegais da soberania. Do ponto de vista da ordem dos Estados-nação europeus, foi a soberania quem aboliu a soberania e, assim, pavimentou o caminho para a próxima guerra como *ultima ratio*.[27]

Além da ilegalidade no tráfego nas divisas, que Arendt chama de "pequenas guerras entre polícias fronteiriças" (OT, p. 317), a demolição da legalidade das relações internas também é decisiva em sua crítica. A implementação dos princípios do Estado de Direito (*Rechtsstaatlichkeit*), constitucionalidade, – que significa a separação dos poderes, a autoridade da ordem legal, uma jurisdição independente, a eficácia na efetivação das leis etc. – é também, e ao mesmo tempo, a implementação da ordem do Estado-nação. Esses princípios garantem tanto a durabilidade e estabilidade da ordem estatal, quanto a confiabilidade legal entre autoridades estatais e residentes. Em contraste, a dissolução da legalidade nas relações internas implica um ataque às características centrais do Estado-nação. Arendt descreve como esse ataque se deu em diferentes níveis. Em um primeiro nível, a disseminação da ilegalidade na sociedade resultou diretamente do aumento do número de refugiados e era vinculada ao fato de que pessoas sem permissão de residência ou de trabalho se viram forçadas a agir fora da lei a fim de assegurar sua existência. Arendt explica como um aumento de refugiados ilegais mudou a vida cotidiana na sociedade, especialmente com relação a certas formas de ilegalidade para trabalhar ou morar (OT, p. 312-313). Em outro momento, ela indica que "o desprezo pela autoridade das leis" deve ser visto como "sinal explícito da instabilidade e vulnerabilidade interiores dos governose sistemas legais de hoje" (DC, p. 64).

[27] Aqui Arendt se alinha a Kelsen, que em sua *Teoria pura do direito* critica o fato de que, na noção de soberania do Estado, "o Estado, no singular, está no centro do mundo do Direito" (Kelsen, [1934] 2002, p. 345).

Em estreita conexão com a disseminação da ilegalidade na sociedade, Arendt também elabora a "reversão do sistema jurídico" (ETH, p. 594):

> Pois o crime passa a ser, então, a melhor forma de recuperação de certa igualdade humana, mesmo que ela seja reconhecida como exceção à norma. O fato – importante – é que a lei prevê essa exceção. Como criminoso, mesmo um apátrida não será tratado pior que outro criminoso, isto é, será tratado como qualquer outra pessoa nas mesmas condições. Só como transgressor da lei pode o apátrida ser protegido pela lei. (OT, p. 320).

O argumento da autora parece ser o de que a ausência de direitos dos refugiados apátridas arruína a gramática da proposição jurídica em ambos os lados: tanto do lado da condição jurídica (delito) quanto do lado da consequência jurídica (punição). Se considerarmos que a proposição jurídica, segundo Kelsen, incorpora a "forma básica da lei" (Kelsen, [1934] 1994, p. 22), vemos aqui que o Estado de Direito do Estado-nação implode. O que isto quer dizer exatamente? Condição e consequência jurídicas determinam o conteúdo do direito ao estabelecer certa punição para certo delito, garantindo e determinando assim o caráter formal do direito. O caso dos refugiados apátridas explode essa união ordenada entre condição e consequência. A primeira explosão ocorre pelo lado do delito, a condição jurídica. Para compreendermos isso, é preciso ter em mente que, desde os tempos antigos, o direito ao asilo era um direito sagrado, aplicado sempre que uma pessoa estivesse sendo perseguida por um ato que fosse contrário à lei de seu país de origem, mas não à do país em que buscava asilo. Assim, quem procurava asilo devia provar que cometeu determinada transgressão. Embora o direito ao asilo tenha aos poucos se tornado insignificante no século XIX devido aos acordos entre Estados, Arendt indica que ele recuperou sua relevância política com a emergência dos refugiados no século XX. Mas a tragédia agora está em que os refugiados modernos não poderiam fornecer evidências de que tinham cometido qualquer transgressão, ou seja, eles eram aquilo que refugiados nunca poderiam ser: absolutamente inocentes. Esse tipo de inocência absoluta era o "maior infortúnio" (OT, p. 328) dos refugiados apátridas, pois a punição que os esperava, por isto ou apesar disto, era a "privação de todos os direitos".[28]

> Os juristas habituaram-se a pensar na lei em termos de castigo, que realmente nos priva de certos direitos; para eles pode ser mais difícil que para um leigo reconhecer que a privação da legalidade, isto é, de *todos* os direitos, já não se relaciona com crimes específicos. *Em nossa época, a ausência absoluta de direitos provou ser o castigo para a inocência absoluta.* (OT, p. 328).[29]

Embora os refugiados apátridas não tenham cometido nenhum delito, de modo que nenhuma condição legal tenha sido violada, o Estado-nação reagiu com a privação de todos os direitos. Ao formular uma lei que penalizava a inocência absoluta com a absoluta ausência de direitos, a coerência de todo o sistema legal foi colocada em questão, e o conceito de lei foi levado *ad absurdum*. Se a inocência absoluta era punida com a pena máxima, o que deveria se passar com um ladrão?

A extensão do paradoxo legal se torna aparente aqui porque, por meio de um roubo, um refugiado apátrida poderia obter os direitos garantidos a um cidadão *qua* cidadão quando este cometia um crime. Em outras palavras, ao cometer um delito, o refugiado apátrida se tornava novamente um membro da comunidade política e legal reconquistando alguns direitos civis. Essa reversão paradoxal resulta do fato de um processo legal iniciar uma normalização do refugiado apátrida e garantir-lhe direitos que antes não tinha. Antes, estava sujeito ao tratamento desumano da polícia; agora, um advogado lhe será garantido, mesmo que não tenha dinheiro. Por ter cometido um delito, poderia agora reclamar das condições humilhantes da prisão e examinar seus registros, obter informações e assim por diante. Em resumo, o refugiado apátrida "torna-se uma pessoa respeitável" (OT, p. 320). O desconcertante nessa situação é que coube precisamente

[28] Arendt se refere aqui à política de asilo dos Estados Unidos durante a Segunda Guerra. Depois da queda da França, os EUA ofereceram asilo àqueles que estivessem sob risco de deportação para a Alemanha. Para ter esse direito, os requerentes tinham apenas que provar ter cometido alguma ação contra a Alemanha Nazista. Arendt aponta para o fato de, primeiro, não haver um número considerável de refugiados que cumprissem esta condição e, segundo, aqueles que a cumpriam não eram os mais ameaçados (ver OT, p. 327).

[29] O parágrafo na versão alemã termina com: *Absolute Rechtlosigkeit hat sich in unserer Zeit als die Strafe erwiesen, die auf absolute Unschuld steht.*

à ofensa contra a ordem legal da sociedade a tarefa de colocar a pessoa em posição de gozar de direitos que, apesar de sua inocência, até então não tinha. De início, ao realizar uma condição jurídica (delito) absurda, a privação de direitos dos refugiados apátridas havia atacado a proposição jurídica, que agora é arruinada pela via da consequência jurídica (punição), pois a punição por roubo, furto ou assalto a banco se converteu em uma concessão de direitos civis. De acordo com Arendt, o resultado é que a própria ideia de legalidade colapsa quando entra em contato com uma pessoa que "deixou de ser pessoa juridicamente" (ETH, p. 609).

A decomposição do Estado de Direito causada pela condução insatisfatória do problema dos apátridas não se encerrou com a reversão dos princípios jurídicos. Como as autoridades temiam que o tratamento indulgente pudesse atrair potenciais refugiados e instigar outros Estados a expulsar mais pessoas, a polícia recebeu poderes excepcionais e até então desconhecidos. Por esses meios, de acordo com Arendt, o fundamento da separação entre os poderes foi constantemente minado, provocando como consequência a "reversão de todas as relações e critérios legais previstos" (ETH, p. 597).[30] Em completo desacordo com o curso político de governos democráticos, essa situação levou a uma "política externa dirigida pela polícia"(OT, p. 322), que fez com que a polícia não se esquivasse de uma cooperação com a Gestapo ou com a GPU soviética nos anos 1930,[31] e pudesse escolher seus próprios métodos de combate ao problema dos refugiados. Com esse poder direto sobre as pessoas, as polícias tinham o direito de expulsar refugiados sem julgamento, sem ordem judicial e sem exame legal dos fatos. Isso produziu uma mudança nas relações de poder dentro da estrutura constitucional e política do Estado-nação. Decisões importantes não mais eram tomadas dentro do quadro constitucional, nem sob controle do legislativo e do judiciário, mas executadas pela polícia em campo, sem justificativas e sem vir a público (ver OT, p. 320 e ss). Por meio dessa "mistura espectral" (Benjamin, [1978] 1986, p. 286) entre instituição e manutenção da lei, as instituições do Estado de Direito perderam sua reputação e sua autoridade. Como exemplo, Arendt descreve a maneira pela

[30] A versão alemã fala em *die Umkehrung aller gesetzlich vorgesehenen Verhältnisse und Maßstäbe.*

[31] Nota do revisor: O Diretório Político do Estado (GPU – para o acrônimo em russo) era a polícia secreta da União Soviética.

qual uma ordem de expulsão dada pela polícia da França recebeu prioridade desproporcionalmente mais alta e teve consequências muito mais sérias que a ordem dada pelo ministro do interior, apesar de a polícia estar constitucionalmente subordinada a este (ver OT, p. 320 e ss).

Enquanto tudo isso acontecia, a relação entre o cidadão normal e a instituições do Estado permaneceram no campo da ordem constitucional e do Estado de Direito. No entanto, a cada novo refugiado, a "emancipação da polícia com relação ao Direito e ao governo" progredia, conduzindo a uma "gradual transformação do Estado da lei em Estado policial" (OT, p. 320 e ss).[32] Ao lado do domínio arbitrário e quase ilimitado, e de uma nova "forma

[32] As ideias de Arendt a respeito da polícia e do Estado policial também podem ser vistas como uma mudança na fenomenologia do Estado e do governo. Essa mudança também forma a base para a obra de Foucault a respeito da história da governamentalidade. A distinção arendtiana entre Estado policial e Estado constitucional (Estado de Direito) pode ser encontrada na diferenciação foucaultiana entre um "mecanismo legal-jurídico" e a ideia de "dispositivo de segurança", entre o Estado como domínio soberano da lei e aquilo que ele chama de *raison d'État* (ver Foucault, 2004, p. 22f). Como no sistema de leis todas as coisas proibidas são codificadas, a função essencial do dispositivo de segurança é "responder a uma realidade de maneira que essa resposta anule essa realidade a que ela responde – anule, ou limite, ou freie, ou regule" (Foucault, 2004, p. 76) O dispositivo de segurança se ocupa de controlar a realidade colocando seus elementos em movimento. Embora o objetivo da *raison d'État* seja o "bem-estar do Estado" (Foucault, 2004, p. 379), Foucault indica que, sob o dispositivo de segurança, encontramos um conceito dessubstancializado que concebe o Estado como prática de governo. Ele se desvencilhou de qualquer tipo de finalidade e opera em uma "historicidade aberta" (Foucault, 2004, p. 376). "O Estado é uma prática" (Foucault, 2004, p. 400). Um meio decisivo para essa prática é a polícia. Esse tipo de governo não é indiferente ao direito, mas há momentos e acontecimentos durante os quais a *raison d'État* não serve mais às leis e se libera delas devido a determinada necessidade. Como devo mostrar mais adiante ao tratar de Schmitt, Foucault também tem um conceito de ordem substancialmente indefinido e vê apenas uma lógica de poder em operação. Em contraste com Foucault, para quem a história do Estado-nação é apenas um capítulo na história da disciplina e da formação do sujeito, Arendt enfatiza inequivocamente os momentos da liberdade (política) que podem ser encontrados nesta ordenação do mundo e cuja perda pode ter consequências catastróficas (ver a este respeito: Foucault

de ilegalidade organizada pela polícia" (ETH, p. 599),[33] essa situação contribuiu para a demolição da ordem legal do Estado-nação e explica também a "resistência vergonhosamente pequena da polícia nos países ocupados pelos nazistas".[34]

Pode-se, evidentemente, argumentar com Carl Schmitt e afirmar que a suspensão do Estado de Direito e da constitucionalidade em quase todos os níveis do sistema político expressa a afirmação da soberania do Estado. Para Arendt, no entanto, Schmitt aborda o político à maneira da tradição metafísica e por isso precisa de um ponto arquimediano, além de, ao mesmo tempo, ignorar completamente as dimensões históricas, sociais, societárias, políticas, morais e legais das ideias de nação e de Estado-nação. Arendt concordaria, por certo, que a conduta da polícia e suas mudanças sistemáticas no interior do Estado resultaram da ameaça à ordem trazida pelo problema dos refugiados. No entanto, diferentemente de Schmitt, Arendt leva muito a sério o traço constitucional e de liberdade contido na estrutura do Estado-nação e critica essas mudanças no sistema. Para levar essa discussão à frente, temos que perguntar: em que consiste, segundo Schmitt, uma ordem política? Quem é o soberano? Quem pode declarar estado de emergência e revogar a constitucionalidade pelo bem da segurança pública e da ordem? Essas questões nos conduzem para dentro da obra de Schmitt e para longe do esforço de explicar o argumento de Arendt a respeito do colapso do Estado-nação. Apesar disso, notemos brevemente que, ao questionar Schmitt a respeito desses temas, nos confrontamos com uma série de inconsistências e contradições em sua obra. Sua definição do conceito de ordem varia de um desenho teológico-católico em seu trabalho de juventude (ver Schmitt 1914, p. 7), passando por um conceito cultural-nacional em *A crise da democracia parlamentar* (ver Schmitt, [1923] 1991, p. 88 e ss) até chegar a um conceito racista e nacional-socialista em *Über die drei*

[1994; 2006]; ver também o ensaio de Dolan a respeito de Arendt, Foucault e o problema da normalização de pessoas nas sociedades modernas: Dolan [2005, p. 375]).

[33] A versão alemã diz: *eine Form polizeilich organisierter Gesetzlosigkeit*.

[34] O relato de Arendt a respeito da mudança na função da polícia tem uma afinidade marcante, embora não reconhecida, com as reflexões de Benjamin em "Para a crítica da violência". Como Arendt, também Benjamin apontou para esta *gespenstische Vermischung* [mistura espectral] entre instituição e manutenção da lei no interior da polícia.

Arten des reschtswissenschaftlichen Denkens [*Sobre as três formas de pensamento jurídico*] (Schmitt, [1934] 1993, p. 23).[35] Não há dúvidas de que Schmitt sempre considerou o homem como *subjectum* (cf. Meuter, 1994, p. 491), mas ele nunca deixou claro a quem ou a que o homem estaria sujeito. Hermann Heller já havia criticado o conceito de soberania na obra de Schmitt, em 1927, pois, para ele, Schmitt é "inerentemente contraditório e insustentável" (Heller, [1927] 1971, p. 89). Além das "inadequações relativas ao Direito Internacional" (Heller, [1927] 1971, p. 89), também permanece obscuro para Heller quem deveria agir como soberano na teoria de Schmitt. Heller supõe que, para Schmitt, o *Reichspräsident* assume essa função, mas, continua Heller, ele realmente evita dar uma resposta clara (ver Heller, [1927] 1971, p. 89 e ss). Da perspectiva de Arendt, a discussão indica que o problema de definir o soberano, encarado por muitos teóricos do Estado – e que tampouco Heller resolve satisfatoriamente –,[36] provavelmente se deve à situação política do entreguerras e ao fato de não haver ninguém em posição de executar unilateralmente os supostos direitos de soberania.

Na erosão da constitucionalidade e do Estado de Direito, e na ameaça de uma iminente polícia de Estado, Arendt vê mudanças sistêmicas que tornam concebível o declínio da ordem do Estado-nação – uma ordem que também começou com o desejo de realizar a liberdade política. Ela conclui afirmando que, desde os acordos de paz de 1919-20, refugiados e apátridas "têm-se apegado como uma maldição aos Estados recém-estabelecidos", carregando tanto para os novos quanto para os velhos Estados-nação o "germe de uma doença mortal". Para Arendt, tornou-se claro que o "Estado-nação não pode existir quando o princípio de igualdade perante a lei équebrado. [...]

[35] Em especial nesse trabalho de 1934, Schmitt se distancia categoricamente do decisionismo e descreve seu pensar jurídico como uma "compreensão concreta da ordem". Enquanto no decisionismo – que tem em Hobbes, segundo Schmitt, o protótipo dessa maneira de pensar o jurídico – tanto a ordem quanto a norma são justificadas e criadas pela decisão (ver Schmitt, [1934] 1993, p. 23 e ss), na compreensão concreta da ordem, cada decisão "resulta da ordem anteriormente existente; ela não é um estabelecimento da ordem, mas um restabelecimento" (Schmitt, [1934] 1993, p. 23).

[36] Ver a crítica iluminadora de Otwin Massing (1993, p. 58 e ss)

As leis que não são iguais para todos transformam-se em direitos eprivilégios, o que contradiz a própria natureza do Estado-nação" (OT, p. 324).

V – O paradoxo dos direitos humanos

> Se eu conhecesse alguma coisa que me fosse útil, mas que fosse também prejudicial à minha família, eu a rejeitaria de meu espírito. Se eu conhecesse algo útil à minha família, mas não à minha pátria, procuraria esquecê-la. Se soubesse de alguma coisa útil à minha pátria e prejudicial à Europa, ou que fosse útil à Europa e prejudicial ao gênero humano, eu a consideraria um crime.
>
> Montesquieu, *Mes pensées*

O paradoxo dos direitos humanos que se pode elaborar a partir das reflexões de Arendt expressa o perigo que a não realização desses direitos traz a uma ordem de Estados-nação. O conteúdo de liberdade e democracia presente no Estado-nação encontrou sua mais clara expressão na declaração dos direitos humanos. Não é, portanto, surpresa alguma que a Revolução Francesa tenha se iniciado com a declaração de direitos inalienáveis que se tornaram o pilar de sua constituição. Arendt, em seu exame, sustenta que a concepção tradicional dos direitos humanos não poderia ser concretizada dentro da lógica do Estado-nação. Indo além das consequências humanitárias, ela defende que, com uma evidente ausência de significado político para os direitos humanos, o Estado-nação perdeu um princípio legitimador decisivo para sua ordem. A "apatridia em massa" (OT, p. 331), a ausência de direitos dos refugiados, sua situação humanitária difícil e sua ilegalidade revelaram que o conteúdo de liberdade que está na constituição do Estado-nação e a fala a respeito de direitos humanos inalienáveis "eram mero preconceito, hipocrisia e covardia" (OT, p. 302). Dessa forma, o Estado-nação não apenas nega a ideia libertária e iluminista de direitos humanos, mas também torna risíveis "as apreensões políticas dos Estados nacionais plenamente desenvolvidos" (OT, p. 147) e a "consciência da nação" (OT, p. 162), erodindo assim a autoridade de toda a ordem política. O resultado desse processo foi que os apoiadores da ordem do Estado-nação – como políticos, parlamentares, jornalistas, intelectuais etc. – perderam a capacidade de convencimento no debate político a respeito da interpretação e da avaliação dos eventos e seus desenvolvimentos. Perderam, assim, a oportunidade de destacar as diferenças vitais entre uma forma autoritária de governo e um governo constitucional, e de alertar para as consequências das mudanças sistêmicas que os partidos de extrema esquerda e extrema direita poderiam criar. Mas por que Arendt crê que o teor de liberdade dos direitos humanos jamais pode ser garantido dentro de uma ordem política baseada na ideia dos Estados-nação?

Em primeiro lugar, sua discussão a respeito dos direitos humanos nos coloca diante da incômoda afirmação de que a situação dos refugiados apátridas não pode ser compreendida no quadro fornecido pela compreensão tradicional dos direitos humanos. Arendt afirma que não se pode falar em uma perda dos direitos humanos quando alguém é privado desse ou daquele direito fundamental normalmente considerado como direito humano, pois, nesses casos, proclama-se apenas direitos individuais designados à garantia de um mínimo constitucional no interior da comunidade política (ver OT, p. 328). Mas os refugiados apátridas não pertencem a nenhuma comunidade e, portanto, nenhuma lei existia para eles. Junto com sua nacionalidade, eles perderam também "um lugar no mundo que torne a opinião significativa e a ação eficaz" (OT, p. 330). Eles tinham que contar com a "caridade das pessoas privadas ou com a impotência dos corpos políticos" (OT, p. 330). Arendt afirma, sarcasticamente, que a liberdade de movimento dos apátridas é como a "liberdade de uma lebre" (*Hasenfreiheit*) (ETH, p. 613), indicando seu caráter ilusório, e que sua liberdade de expressão é como "é uma liberdade fútil, pois nada do que pensam tem qualquer importância" (OT, p. 330). Em suma, Arendt considera essa privação de direitos como a efetiva violação dos direitos humanos. Ela indica que os autores da declaração dos direitos humanos não perceberam que esses direitos individuais tinham como base o direito a pertencer a um grupo político. Mas por que ninguém pensou nesse direito? A que os direitos humanos deveriam reagir, se não à ausência de direitos?

Para respondermos a essas perguntas, que nos levam direto ao centro das contradições na concepção tradicional dos direitos humanos, é preciso observar atentamente para as dimensões contidas na Declaração. Arendt distingue quatro delas. A primeira é a dimensão moral-esclarecida, que enfatiza a liberação humana de todas as autoridades históricas, sociais e religiosas. Não era mais Deus ou a tradição quem justificava o Estado e suas leis, mas era o próprio ser humano quem, com sua dignidade, estabelecia o padrão para o certo e o errado (ver OT, p. 324 e ss). A segunda é a dimensão histórico-funcional, em que Arendt fala de uma "implicação histórica" (ETH, p. 602)[37] dos direitos humanos. Com o desaparecimento das certezas sagradas trazido pela secularização, e com o colapso dos hábitos e costumes tradicionais, esperava-se que os direitos humanos fossem substituir velhas garantias e certezas. A partir desse momento, os direitos humanos deveriam salvaguardar algo "que não poderia ser garantido politicamente, ou que jamais tinha sido garantido politicamente" (ETH, p. 602). Com isso, a ideia de direitos humanos "adquiriu uma nova conotação" (OT, p. 293),[38] de modo que sua concepção de liberdade e sobretudo o postulado de direitos inalienáveis para todos os seres humanos se converteram, na esfera política, em "um tipo de lei adicional para aqueles que não têm nada melhor em que se apoiar" (OT, p. 326). A tragédia dessa mudança está em que os direitos humanos foram invocados apenas por aqueles que já estavam sem poder algum na esfera pública. Arendt especifica ainda que nenhuma figura política importante e nenhum grupo se referiu à ideia de direitos humanos em sua argumentação, do que se segue que os direitos humanos permaneceram politicamente inefetivos e insignificantes. Embora essa reflexão seja crucial para a justificativa política dos direitos humanos segundo Arendt – o que abriria outra discussão[39] – a terceira dimensão dos direitos humanos é mais importante para nosso tema aqui. A dimensão político-jurídica indica que os direitos humanos foram entrelaçados à soberania do povo e, portanto, deveriam ser realizados pelos direitos civis. Arendt escreve:

> O Homem surgia como o único soberano em questões de lei, da mesma forma como o povo era proclamado o único soberano em questões de go-

---

[37] O texto em inglês se limita a falar de "outra implicação que os autores da Declaração apenas perceberam pela metade" (OT, p. 325). A versão alemã fala de um *geschichtlich sehr wesentliche Sinn* [sentido historicamente muito essencial] (ETH, p. 602).

[38] Arendt estabelece uma distinção entre a *ideia de direitos humanos* e *direitos humanos*. Dessa forma, ela reflete a diferença entre princípio e conteúdo que é característica da filosofia do século XVIII.

[39] Argumentei em outro trabalho que há uma justificação política para os direitos humanos em Arendt (ver Volk, 2008).

> verno. A soberania do povo (diferente da do príncipe) não era proclamada pela graça de Deus, mas em nome do Homem, de sorte que parecia apenas natural que os direitos *inalienáveis* do Homem encontrassem sua garantia no direito do povo a um autogoverno soberano e se tornassem parte inalienável desse direito. (OT, p. 234).

A fusão entre a soberania do povo e os direitos humanos se mostra confusa se a considerarmos em conjunto com a dimensão moral-iluminista da ideia de direitos humanos. A intenção da declaração dos direitos humanos não era a emancipação de toda autoridade tradicional e o reconhecimento do homem como o único padrão? Sim, mas a conexão entre direitos humanos e a soberania dos povos sugere que esse absolutismo que isola o homem não permaneceria por muito tempo. O ser humano foi diretamente vinculado à ordem e ao contexto da comunidade política, ou seja, à nação, de modo que a garantia a direitos inalienáveis dependia da soberania do povo. Por um lado, essa "curiosa metamorfose" (ETH, p. 604) resultava da estrutura do conceito de direitos humanos e, por outro, vinculava-se às origens históricas do Estado-nação. Para falar da construção estrutural do conceito dos direitos humanos, é necessário indicar o objeto específico a ser examinado, ou seja, o conceito de homem. Deve-se ao conceito de homem como "ser humano abstrato" (ETH, p. 604) a concessão dos direitos humanos com base na natureza e dignidade humanas. Para Arendt, o problema com essa abordagem está no fato de o ser humano abstrato não estar realmente em nenhum tempo e em nenhum lugar. Mesmo os selvagens vivem em alguma forma de comunidade humana, e o Homem é conhecido, na melhor das hipóteses, como homens e mulheres. Arendt chega, assim, à desconcertante conclusão de que a ideia de direitos humanos em sua versão abstrata e individualista não era operacional em termos jurídicos e políticos. A ideia deveria ser mudada de maneira a que o conceito de direitos humanos pudesse conter a "pluralidade dos seres humanos" (ETH, p. 604)[40]

[40] O texto alemão diz: "[O paradoxo que desde o início está presente no conceito de direitos inalienáveis dos homens é o de que este direito inclui o *homem em geral*, que não existe em lugar algum. Até mesmo os selvagens vivem em alguma forma de comunidade humana, de modo que este Direito da Natureza parece formalmente contraditório consigo mesmo, uma vez que só conhecemos *o Homem* na forma de homens e mulheres. Assim, para poder ser

e, dessa forma, ser adequado à condição de comunidade política. No contexto histórico-político do século XVIII, a pluralidade só poderia ser concretizada se o conceito individualista e abstrato de homem fosse identificado ao povo. À primeira vista, não é inteiramente claro porque o conceito individualista e abstrato de homem não era politicamente viável. Ora, o que o conceito abstrato de homem não pode oferecer, mas a identificação entre um individuo e o termo "o povo" pode? Concretude e objetividade. Embora a proclamação dos direitos inalienáveis e indispensáveis do homem tenha aniquilado os privilégios feudais e tenha emancipado os seres humanos das hierarquias historicamente tradicionais, acreditar na natureza e na dignidade do ser humano não é mais concreto do que acreditar na história (ver OT, p. 330 e ss). Em contraste, o cidadão de um Estado era visível e perceptível. Mais do que isso, o cidadão tem a autoridade concreta para poder lidar com direitos civis, qualquer que seja a forma desses direitos. Em resumo, o homem se tornou um absoluto a partir de considerações filosóficas, mas, como nenhuma autoridade pode efetivar a abstração absoluta, a ideia de direitos humanos decaiu tão profundamente na arena política que terminou por se deitar no colo da soberania nacional. O Estado-nação soberano era então o agente mais importante e poderoso, e era a única autoridade que poderia garantir esse tipo de direito, o que converteu esses direitos, tidos como inalienáveis, indispensáveis e garantidos a todos, em direitos garantidos por determinados Estados a seus cidadãos. No caso do Estado-nação, eram os direitos civis da nação.[41]

---

utilizado no plano político, o conceito de Homem deve sempre conter em si a pluralidade humana. Esta pluralidade só poderia ser novamente alcançada e ter sentido nas circunstâncias políticas do século XVIII se o *homem em geral* fosse identificado como membro de um povo". [*Die Paradoxie, die von Anfang an in dem Begriff der unveräußerbaren Menschenrechte lag, war, daß dieses Recht mit einem "Menschen überhaupt" rechnete, den es nirgends gab, da ja selbst die Wilden in irgendeiner Form menschlicher Gemeinschaft leben, ja, daß dieses Recht der Natur selbst förmlich zu widersprechen schien, da wir ja "Menschen" nur in der Form von Männern und Frauen kennen, also der Begriff des Menschen, wenn er politisch brauchbar gefaßt sein soll, die Pluralität der Menschen stets in sich einschließen muß. Diese Pluralität konnte nur wieder aufgeholt werden im Sinne der politischen Gegebenheiten des 18. Jahrhunderts, indem man den "Menschen überhaupt" mit dem Glied eines Volkes identifiziert.*]

[41] Étienne Balibar e Julia Kristeva indicam que essa mudança pode ser encontrada já na *Déclaration des droits de l'homme et du citoyen* [Declaração dos direitos do homem e do

Além dessa explicação interna para a fusão entre direitos humanos e soberania, Arendt propõe também uma elucidação diretamente vinculada ao âmbito histórico-político. Os direitos humanos poderiam ser tudo, menos inalienáveis e indispensáveis. Provando o contrário, a própria Revolução Francesa mostrou que se deve lutar por eles em batalhas contra uma monarquia absoluta. Pode-se falar, neste ponto, em uma dimensão histórico-política da ideia dos direitos humanos. Desde o início, os direitos humanos resultavam de lutas e, consequentemente, estavam conectados ao direito dos povos à autodeterminação. A experiência histórica fundamenta a convicção de que apenas a vontade soberana do próprio povo estaria em posição de garantir os direitos humanos. Os direitos foram conquistados em disputas contra usurpações despóticas e foram proclamados como inalienáveis e indispensáveis em todos os Estados civilizados. Nenhuma outra autoridade era necessária para estabelecê-los. Acreditava-se assim que aqueles povos que ainda sofriam sob governos despóticos ou tirânicos "não haviam ainda atingido aquele estágio de civilização" (OT, p. 325).[42] O conceito de direitos humanos condenava esses governos como ilegítimos e obrigava toda pessoa racional à resistência. Os direitos humanos funcionavam, dessa maneira, como um critério para distinguir o mundo civilizado e o resto incivilizado e selvagem. A ausência de direitos não era apenas sinal de falta de civilização; prevaleceu também a ideia de que não existem pessoas sem direitos no mundo civilizado.

Aos olhos de Arendt, essa ideia é bastante enganosa. Quando milhões de refugiados são empurrados de um país europeu para outro, torna-se evi-

---

cidadão] de 1789. Enquanto seu Artigo 1 afirma que *seres humanos* são e permanecem livres e iguais desde o nascimento, o Artigo 6 repentinamente se refere a *cidadãos*. Kristeva comenta: "Nota-se aqui o talento dos autores: a palavra 'cidadão' aparece na sentença em que *direitos* se revelam *deveres* civis – os cidadãos 'trabalharão *para*' [a formação da lei]. E é nesta reciprocidade entre obrigações e gozo que *o homem*, tendo se tornado *cidadão*, será protegido e, em caso de delito, punido". (Kristeva, 1991, p. 149). Ao mesmo tempo, no entanto, essa passagem sublinha o fato de os direitos humanos serem inconcebíveis fora da moldura do Estado-nação.

[42] Nesse sentido, pode-se ler em John Stuart Mill, por exemplo, que os povos que ainda sofriam sob governos despóticos eram eles mesmos bárbaros que ainda não tinham alcançado a "maturidade de suas faculdades" (Mill, [1879] 2006, p. 16).

dente que a suposição de direitos inalienáveis e indispensáveis no mundo civilizado e organizado em Estados-nações era uma mentira. Isso ilustrava, ademais, que a garantia dos direitos humanos estava infinitamente distante e que uma ordem de Estados-nação não poderia criar as condições necessárias para sua realização. A única garantia que poderia ser oferecida era a garantia de direitos civis para cidadãos da mesma nação. Do século XVIII ao século XX, só foi possível incluir a pluralidade dos seres humanos no conceito de direitos humanos por meio do vínculo entre o conceito de povo e o conceito abstrato e individualista de homem; o motivo para isso, segundo Arendt, é a crença secular na soberania do Estado, crença mantida pelo Estado-nação. É provavelmente um exagero considerar que as palavras de Carl Schmitt, para quem "qualquer um que invoque a humanidade tem a intenção de enganar" (Schmitt, [1932] 2002, p. 54), representem toda uma época, mas elas efetivamente expressam a ideia central de uma ordem política que reconhece a vontade do soberano da nação como o único critério legítimo. Tampouco para Arendt o termo humanidade pode ser um conceito político (Schmitt, [1932] 2002, p. 55) no interior da lógica política do Estado-nação. Embora o termo exista no âmbito da moral ou da filosofia moral, como mostra a *Paz perpétua*, de Kant ([1975] 1999a), ele nunca teve papel importante no pensamento político.[43] Para efetivar qualquer coisa parecida com um direito humano e garantir a todos os seres humanos um lugar no mundo, o termo humanidade deve se tornar um conceito político – preocupação com a qual o pensamento de Arendt está firmemente comprometido.

Mas o princípio de soberania em uma ordem de Estados-nação é diametralmente oposto a essa preocupação. A crítica arendtiana a ele tem pura motivação política, não moral, ética nem antropológica. Sua tese de um colapso do sistema de Estados-nação se manifesta como uma perda maciça de legitimação e autoridade no paradoxo dos direitos humanos. Enquanto os paradoxos tratados anteriormente centravam sua atenção na erosão interna e externa da ordem dos Estados-nação europeus, a crítica de Arendt ao paradoxo dos direitos humanos se deve ao fato de que, diante da política do

[43] Na mesma direção, Seyla Benhabib afirma que, no pensamento político de Kant, "controle territorial excludente" é "um privilégio soberano e não fiscalizado [...] que não pode ser limitado ou superado por outras normas e instituições" (Benhabib, 2004, p. 67).

Estado-nação, "[A] própria expressão direitos humanos tornou-se para todos os interessados – vítimas, opressores e espectadores – uma prova de idealismo fútil ou de tonta e leviana hipocrisia" (OT, p. 302).[44]

Caso se assuma, como faz Arendt, que o conceito de liberdade do Estado-nação se manifesta pela "ideia dos direitos humanos" e pela "fé no iluminismo" (Kristeva, 1991, p. 152), então todo um modo de vida perde sua autoridade, credibilidade e poder persuasivo. O esforço para convencer o mundo do potencial de liberdade e democracia desta forma de governo se torna uma farsa.

Com a tese arendtiana do colapso da Europa de Estados-nação, a questão da estabilidade de uma ordem do Estado-nação se desloca para o centro da análise neste capítulo. Segui metodicamente Arendt na medida em que examinei as implicações teóricas de quatro fenômenos diferentes. A vantagem de proceder desta forma está em ser capaz de mostrar que o problema da ordem e suas conexões com o Direito, o Estado e a política são questões centrais no pensamento da autora. Mas essa compreensão se fez às expensas de concessões terminológicas. Refiro-me especificamente a conceitos fundamentais como nação e Estado, que não foram elaborados e desenvolvidos, mas apenas apresentados. Esta deficiência será corrigida nos próximos dois capítulos, em que o conteúdo político e teórico dos conceitos arendtiano de nação e Estado serão meticulosamente examinados e reconstruídos.

[44] Tornou-se lugar-comum, quando se lida com o papel dos direitos humanos no pensamento de Hannah Arendt, assumir que ela concorda "furtivamente" com "as ideias de Burke" (Kristeva 1991, p. 152 ou 1993, p. 45) e "conduziu à ressurreição do Estado-nação, ainda que sua própria análise tenha mostrado com perfeita clareza para onde isto poderia levar" (Fraser 2004, p. 257) Dois pontos chave são frequentemente ignorados aqui: em primeiro lugar, Arendt critica Burke e toda a constituição britânica por não terem integrado os direitos humanos em forma nenhuma. Para ela, essa ausência, precisamente, e uma ênfase constante no *direito dos ingleses* foram responsáveis pela formação de uma doutrina racial muito particular e muito nociva politicamente (ver ETH, p. 390). Em segundo lugar, a tese de que Arendt pretendia reconstruir o Estado-nação ignora a crítica dela tanto ao conceito de nação quanto ao de Estado, o que inclui sua reconsideração conceitual a respeito do estabelecimento de comunidades políticas. O pensamento de Arendt defende ordem, mas é crítico do Estado, é cosmopolita e não se orienta para o Estado-nação (ver cap. 4 e 5).

– 2 –

O conceito de nação no pensamento de Arendt

> Um grande entusiasmo pelo 'novo exemplar do gênero humano' (Herder) também conduziu os homens da Revolução Francesa, que não estavam preocupados apenas com a libertação da nação francesa, pois nutriam ainda a esperança de libertar, sob as cores da *tricolore*, todos os povos fazendo deles nações. É isto o que significa a *fraternité*, que deve ser estendida para toda a Terra, pois '*La raison est de tous les climats*' (La Bruyère). E, no entanto, é precisamente neste século, que liberou a nação e se entusiasmou com a ideia de humanidade, que encontramos as primeiras sementes do conceito de raça, conceito que destruiu as nações e aniquilou a ideia de humanidade nascida da nação.
>
> Hannah Arendt,
> *Elemente und Ursprünge totaler Herrschaft*

I – Introdução

Uma rápida olhada na extensa literatura a respeito da nação e do nacionalismo é suficiente para mostrar o quão ambicioso é o esforço de desenvolver uma definição do conceito de nação. Embora seja consenso que a nação incorpora a "ideia de ordem" (Anter, 2007, p. 238) política decisiva na era moderna, não existe acordo quanto ao conteúdo efetivo do conceito de nação. Andreas Anter destaca que esforços de definição como os de Anderson, Fehrenbach, Gellner, Wehler, Furet ou Hobsbawm, apesar de suas diferenças, concordam pelo menos em que nunca haverá uma definição de *nação* (cf.: Anderson, 1996; Fehrenbach, 1997; Gellner, 1995; Hobsbawm, 1991). Hobsbawm, por exemplo, em seu estudo clássico sobre nações e nacionalismo afirma que não faz sentido definir o termo nação, devido à ambiguidade, inconstância e imprecisão dos critérios (ver Hobsbawm, 1991, p. 19). Para dar conta dessa inconstância e dessa ambiguidade, a pesquisa sobre a nação e o nacionalismo distinguiu não apenas três fases aproximadas em que as nações foram formadas (ver Schieder, 1991, p. 65-86), mas também três versões do conceito de nação, que por sua vez surgem (devem surgir) dentro dessas fases.[1]

Arendt procura abordar essa complexidade da ideia de nação observando o conceito a partir de várias perspectivas, operando de acordo com o contexto e com a problemática em que o termo é empregado. O conceito de nação reflete uma perspectiva histórico-política em largas seções de *Origens do totalitarismo*. Uma perspectiva histórico-política significa que dois fatores que tinham sido separados no século XVIII – pertencimento nacional e o aparato do Estado – se fundiram com o advento da Revolução Francesa. Em sua visão, movimentos de libertação nacional sempre assumiram o controle sempre que

> Nações adentravam a história e se emancipavam quando os povos adquiriam a consciência de serem entidades culturais e históricas e a de ser o seu território um lar permanente marcado pela história comum, fruto do trabalho dos ancestrais, e cujo futuro dependeria do desenvolvimento de uma civilização comum. (OT, p. 260-261)[2]

---

1 Stefan Breuer, por exemplo, aponta para o fato de que, considerando apenas o período revolucionário, já é necessário distinguir duas versões diferentes do conceito de nação em relação à França: um individualista-territorial, outro holista. Ao final do século XIX, com Barres e Maurras, essa compreensão holista da nação se converteu em uma compreensão étnica (ver Breuer 1998, p. 196).

2 Arendt adota assim os comentários de Delos feitos no livro *La nation*. Em sua resenha para *The Review of Politics* em 1946, ela escreve: "O que resulta é um esclarecimento muito oportuno de algumas noções básicas da escrita histórica. Um povo se torna uma

Assim como Hobsbawm, Arendt também enfatiza a compreensão de si, motivada histórica e culturalmente, de um grupo de pessoas como uma unidade. Essa compreensão de si pode se formar onde quer que um povo resida em uma área comum e cultive a terra, gerando assim certo grau de permanência e continuidade simbólica que pode criar unidade por gerações. Arendt localiza a ideia de pertencimento nacional primeiramente em uma classe de fazendeiros enraizados, e considera o surgimento dos Estados-nação como a marca do término de movimentos migratórios. As estruturas estatais passaram por um desenvolvimento muito mais longo e anterior, ao passo que a consciência nacional se desenvolveu apenas muito depois, pouco antes de avançar repentinamente e se tornar um fator político decisivo no século XIX.

Arendt também mostra uma maneira político-fenomenológica de observar a nação. Nação é aqui definida como "um povo politicamente emancipado" (NUD) – em contraste com um povo determinado pela cultura, língua ou religião. Deve-se dizer que a versão político-fenomenológica do conceito de nação opera como uma espécie de definição de trabalho que, além do fato de ser aplicado a um povo politicamente emancipado, não revela nada a respeito da estrutura conceitual do termo. Em princípio, o conceito político-fenomenológico de nação é usado apenas quando Arendt – sem ver necessidade de fornecer um esclarecimento conceitual – intervém nos debates políticos de seu tempo.

Mas nenhuma dessas abordagens descritas nos ajuda a examinar as contradições estruturais que Arendt, baseada no período entreguerras, estabelece a fim de se posicionar contra a nação enquanto conceito geral de ordem. Isso é bastante claro na afirmação arendtiana de que a nação está sempre associada a uma demanda por homogeneidade. Ao examinar o problema dos refugiados e das minorias, ela demonstra que o Estado-nação do período entreguerras não é capaz de lidar com a heterogeneidade étnica e é derrocado por esse fato. Sua análise é útil porque dá nome às consequências que afetam o Estado-nação quando o problema dos apátridas, refugiados e minorias não é enfrentado: erosão do Estado de Direito e da ordem política. Mas um passo intermediário e

nação quando *toma consciência de si de acordo com sua história*; como tal, está ligado ao solo que é produto do trabalho passado e onde a história deixou seus traços. Ele representa o *milieu* em que o homem nasce, uma sociedade a que a pessoa pertence por direito de nascença". (Arendt, 1946, p. 139).

decisivo foi ainda completamente negligenciado, a sabe: por que o Estado-nação não foi capaz de lidar com a heterogeneidade? Esse silêncio não é coincidência; um olhar sobre o livro de Arendt a respeito do totalitarismo fornece uma resposta insatisfatória, uma vez que afirma que o Estado-nação não é capaz de lidar com heterogeneidade porque está assentado sobre a homogeneidade. Sobre o porquê de o Estado-nação estar baseado na homogeneidade, se sempre foi assim ou o que significa homogeneidade, Arendt permanece em silêncio pela maior parte de *Elemente und Ursprünge totaler Herrschaft/ Origens do totalitarismo*. Esse silêncio levou Hauke Brunkhorst a acusá-la de ignorar a importante diferença – posta por Meinecke – entre Estado-nação e nação cultural. Descartei essa afirmação no capítulo anterior ao mostrar que Arendt, não há dúvidas, formulou essa distinção. Apesar disso, a objeção de Brunkhorst não deve ser desprezada; muito pelo contrário. Para enfrentar o argumento de Brunkhorst, é preciso encontrar passagens em *Elemente.../ Origens...* que efetivamente façam referências à diferença entre Estado-nação e cultura nacional. Mas poder-se-ia também afirmar, na linha de Brunkhorst, que Arendt não tira dessas passagens nenhuma conclusão para sua compreensão de nação; que, ao contrário, ela mistura fenômenos diferentes e assim julga mal o potencial para democracia e preservação de direitos contido no conceito francês de nação. Brunkhorst escreve:

> A autocompreensão da República Francesa era, assim como a da Revolução de 1789, de natureza *assimiladora* e *jurídica*, e chegou ao ápice durante o imperialismo, mas sem jamais ser étnica. A política de direitos humanos francesa nunca se interessou por uma família orgânica de povos com constituições diferentes e formadas pela história, mas, ao contrário, interessava-se pela demanda historicamente cega de transformar todas as pessoas em franceses e nelas incutir um estilo francês de república. (Brunkhorst, 1996, p. 338).

Para Brunkhorst, Arendt considerava a nação a partir da perspectiva de um conceito de homogeneidade alemão, nacional-cultural e étnico. Esse conceito, no entanto, não pode ser aplicado peça a peça à França, afirma Brunkhorst. Fazê-lo seria negligenciar a noção jurídico-democrática do conceito francês de nação (ver Brunkhorst, 1996, p. 338 e ss). Ingeborg Maus, de modo similar, afirma que Arendt ignora o fato de as pessoas e a nação na Revolução Francesa não se basearem em uma identidade supostamente natural, substancial ou desenvolvida historicamente. A interpretação de Arendt falha, segundo Maus, devido ao fato de "a soberania da vontade do povo no século XVIII ser considerada tão universal quanto a própria ideia de direitos humanos, o que tornou possível a conexão entre eles" (Maus, 1994, p. 204).[3]

Argumento abaixo que as acusações levantadas por Brunkhorst e Maus resultam de concepções equivocadas. Para demonstrá-lo, no entanto, não devo tomar o caminho da história, tentando mostrar que, também na França, o pertencimento político é de alguma maneira inseparável do pertencimento étnico. Não confrontarei Bruckhorst e Maus com nenhuma interpretação histórica contrária: em vez disso, demonstrarei que Arendt denuncia, com sua acusação de homogeneidade, a consequência decisiva de certa maneira de formar a vontade política. Chamo de teórico-política esta problematização do conceito de nação, e me refiro à dimensão teórico-política do conceito arendtiano de nação.[4] Minha tese é a de que a homogeneidade, ou a exigência de homogeneidade por parte da nação (francesa) significa para Arendt a homogeneidade na "disposição do espírito" (ÜR, p. 99). Baseado na interpretação não convencional que Arendt faz da *volonté générale*, de Rousseau, devo mostrar que a exigência rousseauísta de *aliénation totale* (Rousseau, [1762] 2012, p. 50), pré-requisito para a formação da vontade geral, só pode ter êxito

---

3 Argumentos similares foram apresentados mais recentemente por Jean L. Cohen (ver Cohen, 2007, p. 307 e ss) e Jason Frank (ver Frank 2010, p. 48 e ss). Para um relato histórico alinhado a este argumento, ver Brubaker (1994).

4 Teórico-político significa que Arendt examina a forma específica e a representação de um termo na vida política. Político-filosófico, em contraste, significa o exame dos próprios termos. Desta forma, pode-se chamar *Vita activa/ A condição humana* de uma obra político-filosófica. Em *Vita activa/ A condição humana*, Arendt percorre a história das ideias conduzida pelas questões a respeito de como e por que vários pensadores diferentes pensaram o político de determinada forma e não de outra, e como o conceito de político se relaciona a outros termos. *Über die Revolution* é, por contraste, uma obra teórico-política que lida fundamentalmente com as características efetivas dos conceitos na vida política. O uso específico de termos como revolução, vontade, constituição, liberdade, natureza etc. são examinados e dissecados. Soma-se a isto uma ênfase evidente no funcionamento das instituições políticas. Uma perspectiva teórico-política pergunta como o conteúdo dos termos é apresentado concretamente no cotidiano político e como esse cotidiano político afeta, por sua vez, o conteúdo dos termos.

se baseada em uma disposição de espírito específica que Arendt chama de "patriotismo do coração" (ÜR, p. 124).

Como devemos compreender isto? A *aliénation totale*, ou seja, a autorrestrição e a renúncia a todos os interesses individuais em benefício do bem comum, se torna uma nova virtude política e exige o engajamento do indivíduo em uma batalha contra si mesmo, uma batalha que, para ser bem conduzida, deve contar com a força emocional da disposição correta ou do sentimento interior adequado. É na discussão a respeito da piedade que Arendt explica como essa força emocional surge e como ela ajuda a provocar a autorrestrição exigida. A análise da piedade é uma análise da funcionalidade do patriotismo do coração. Arendt acredita que o patriotismo do coração não é nada menos que o núcleo da versão teórico-política do conceito de nação, e a expressão mais evidente de uma internalização do político como consequência da vontade geral da nação (à maneira de Rousseau). Só pertence à cidadania quem é capaz de demonstrar a mesma pureza de coração, quem é homogêneo com relação à "vida interior da alma" (ÜR, p. 124). Diante dessa compreensão da política baseada na *volonté générale*, apenas aqueles que se identificam à vontade geral e a tomam como sua suprema direção podem pertencer à cidadania (Rousseau, [1762] 2012, p. 50). Mostrarei a afirmação arendtiana de que, devido à composição interna do patriotismo do coração, é impossível chegar a um acordo com todos aqueles que buscam coisas diferentes. As raízes da teoria arendtiana da homogeneidade estão neste ponto: a batalha contra si se converte na batalha contra outros. Por esta via, o mecanismo de inclusão e exclusão, que forma a base do nacional, se estabelece e se torna o modo central de criação de identidade e solidariedade.

Afirmei acima que Arendt permanece em silêncio a respeito de uma compreensão alternativa da homogeneidade na maior parte de seu livro sobre os elementos e as origens do totalitarismo. Na maior parte, e não de todo, porque Arendt deixa uma trilha em *Elemente.../ Origens...* que conduz o leitor a outro pensador, precursor de uma abordagem diferente para o conceito de nação. Esse pensador é Heinz Ziegler.[5] Na trilha rumo à dimensão teórico-política do conceito de nação acima mencionada, dimensão que pode escla-

[5] O estudo de Heinz Ziegler a respeito da nação moderna foi publicado em 1931 (Ziegler, 1931). Arendt se apoia extensivamente neste estudo em *Elemente und Ürsprunge totaler Herrschaft*/ *Origens do totalitarismo*.

recer e revelar a origem das contradições internas, das disfuncionalidades e inadequações da nação como conceito político de ordem, Arendt segue, em termos de método e, em parte, de conteúdo, o estudo de Heinz Ziegler a respeito da nação publicado em 1931. Por método, entendo aqui o seguinte: com seu subtítulo, *Uma contribuição para a sociologia política*, o livro de Ziegler sobre a nação já indica a abordagem analítica que seria empregada. Ele escreve:

> Perguntamo-nos apenas pela validade social ou prática. Estamos interessados em saber como e por que a ideia de nação tem efetividade, como ela pode influenciar o comportamento das massas, como ela pode mobilizar os indivíduos, como ela pode determinar nossa consciência e quais são as consequências disto tudo. Assim, observamos a nação como *idée-force*. Vamos à efetividade, ao engajamento social, e não ao valor teórico desta ideia, cuja validade ou não validade permanece como uma pergunta que nosso estudo não pode responder. Talvez seja importante enfatizar este ponto, pois é comum o mal-entendido segundo o qual uma análise sociológica que, como esta, se dedica ao conteúdo ideológico, pretenda também relativizar a validade deste conteúdo em sentido normativo. Este não é o caso aqui, pois lidamos com um problema completamente diferente, a saber, a *validade social* desta ideia, ou seja, sua efetividade e seu engajamento social. (Ziegler, 1931, p. 15).

A perspectiva sugerida por Ziegler para esse estudo a respeito da nação é a de colocar em questão a situação sociopolítica que determina a "emergência e a imposição da nação como forma de legitimação" (Ziegler, 1931, p. 69). Além disso, Ziegler deseja examinar qual conteúdo ideológico o engajamento social foi capaz de criar e qual é a sua composição. É precisamente esse foco sobre a situação sociopolítica do período revolucionário que Arendt escolhe em seu exame substancial da nação como conceito relativo à ordem. Sob quais condições sócio-históricas a nação se tornou um conceito político central? Por que ele se adequou tão bem à situação? Como e por quais meios ele lidou com a situação sócio-histórica? Quais elementos ainda são efetivos na concepção atual de "nação" e como eles determinam a duração e a estabilidade da ordem?

A abordagem de Ziegler se adequa muito bem à compreensão metodológica de Arendt. A análise conceitual, o exame das origens de um termo, suas diferentes integrações no contexto e suas modificações substanciais se vinculam precisamente ao *insight* de que experiências histórico-políticas se condensam e se solidificam em conceitos. É certo que o conceito de nação existia desde muito antes da Revolução Francesa, mas foi apenas com ela que ele se tornou um conceito muito importante na esfera política. A questão a respeito de quando e sob quais circunstâncias um conceito consegue moldar a realidade está estreitamente conectada à compreensão arendtiana da teoria política e da história das ideias.

Minha tese é a de que Arendt elaborou essa dimensão teórico-política do conceito de nação em seu exame da Revolução Francesa. Uma série de passos intermediários se faz necessária para revelar o significado dessa dimensão: de início, a seção II deste capítulo tentar conferir um impulso novo às análises polêmicas da questão social na França. Mostro, em primeiro lugar, que, de acordo com Arendt, a Revolução Francesa também traz um "início promissor" (ÜR, p. 93) que procura facilitar a solidariedade e o pertencimento por meios discursivos e democráticos. Este começo, no entanto, se revela "mera ficção" (SR, p. 110). Ele não é confrontado apenas pelas ideias tradicionais de como funciona uma ordem estatal estável, mas também se confronta com a questão social, que exige um *consensus universalis* completamente diferente. Fornecerei uma fundação teórico-política para as ideias de Arendt sobre a questão social traçando como e o quanto a miséria na França moldou questões relativas à constituição, às formas políticas de organização e, não menos importante, à legitimação política. Sua discussão a respeito da questão social reflete o fracasso da criação de uma constituição na França revolucionária. Aplicada de modo teórico-político, sua discussão sobre a questão social é, portanto, uma discussão sobre o fato de as estruturas sociais francesas exigirem um tipo diferente de construção de consenso. Nessa etapa histórica, a nação, revestida da *volonté générale* de Rousseau, ganhou importância e se tornou a *idée-force* política da época, uma vez que, de acordo com as ideias da vontade geral, a solidariedade e a identidade poderiam ser formadas de maneira distinta da maneira como se forma a participação discursiva e democrática. Era exatamente essa a "função sociopolítica da nação" (Ziegler, 1931, p. 58).[6]

[6] Por conseguinte, Arendt não ignora o momento discursivo-democrático presente na raiz do conceito de nação, mas simplesmente não o equipara à *volonté générale* ou ao conteúdo político do conceito de nação. Para regular questões políticas de maneira discursiva e demo-

A seção III deste capítulo abordará a maneira precisa pela qual essa outra forma de construção da solidariedade e da identidade acontece, e quais consequências ela tem para o quadro conceitual da dimensão teórico-política do conceito de nação. O foco aqui é a interpretação arendtiana de Rousseau. O termo chave para a compreensão dessa interpretação de Rousseau é alienação total, a renúncia absoluta a todos os interesses individuais tomada como base para que a vontade geral seja a suprema direção. Rousseau sabia, no entanto, que essa alienação não poderia ocorrer sem dificuldades e, por conta disso, refere-se constantemente à "oposição" (Rousseau, [1762] 2012, p. 60), ou seja, a uma batalha contra os próprios interesses privados. Essa batalha – e esse é o ponto na discussão de Arendt sobre Rousseau – só era possível com base em uma disposição do espírito capaz de motivar suficientemente o combatente nessa luta contra si mesmo. Essa disposição do espírito é alimentada pela piedade,[7] a qual – do ponto de vista conceitual – permite uma solidariedade emotiva com os destituídos, os oprimidos e os explorados. Ao mesmo tempo, no entanto, a piedade altera enormemente a percepção da realidade. Mostrarei precisamente o que Arendt quer dizer conceitualmente por piedade e como a virtude do altruísmo ocupa o centro energético do conceito de nação, fazendo com que a nação seja um conceito de ordem política fundamentalmente irracional.

Antes de apresentar minha interpretação a respeito de *Sobre a revolução*, que é ponderada de modo distinto, faz-se necessário tratar um pouco de meu método. As ideias de Arendt a respeito da Revolução Francesa não devem ser compreendidas como num tratado político-histórico. Tomadas assim, elas são simplesmente sub-complexas – *pace* Arendt. Vários historiadores notáveis indicaram esse fato.[8] Além disso, Hannah Arendt não é Quentin Skinner – e isso também se aplica de certa forma à interpretação de Rousseau. Deve-se notar ainda que ela não faz e não pretende fazer jus às numerosas,

crática, de acordo com a sua teoria, o povo não precisa da ideia de nação como motivação. Em resposta à questão a respeito do que pode levar os indivíduos a participar no bem comum político, Arendt sugere um punhado de motivos. Pode ser por desejo de ação política, preocupação ou interesse.

7 Para a discussão de Arendt a respeito da *piedade*, ver SR (p. 126-138).

8 Ver, a este respeito, meus comentários abaixo, na seção II.A.

multifacetadas e frequentemente contraditórias ideias de Rousseau. Neste capítulo, no entanto, não considero que seja minha tarefa a de defender Rousseau contra Arendt ou indicar os defeitos e reduções de sua interpretação da Revolução Francesa. Estou preocupado, antes, em traçar a narrativa política feita por Arendt da Revolução Francesa – e Rousseau tem papel proeminente nessa narrativa. Dessa forma, serei capaz de expor os argumentos teórico-políticos que estão embutidos nesta narrativa, trazer novos *insights* e, assim, revelar a estrutura da argumentação de Arendt.

II – Arendt e a questão social – um reajuste teórico-político

A — Revolução e discurso

Muito já foi escrito a respeito do livro de Arendt sobre a revolução. Ela é frequentemente acusada de não representar de modo adequado as duas Revoluções – a americana e a francesa. Enquanto ignora algumas conquistas fundamentais da Revolução Francesa, afirma-se, ela idealiza a americana.[9] Hobsbawm, por exemplo, pergunta se as descrições de Arendt em seu *Sobre a revolução* poderiam ter algum interesse ao historiador. Sua resposta é inequívoca:

> A resposta, no que concerne aos estudos da Revolução Francesa e da maioria das outras revoluções modernas, deve ser não. Não estou em condições de julgar sua contribuição ao estudo da Revolução Americana, embora suspeite que não seja grande. (Hobsbawn, 1977, p. 201 e ss).[10]

Esta comparação dicotômica é, no entanto, bastante enganosa, uma vez que se esquece de algo que Arendt identificou como uma conquista alcan-

---

[9] Friedrich Jonas, por exemplo, escreveu já em 1979 que "a Revolução Americana é, portanto, um bom início, ao passo que a Francesa é um mau início" (F Jonas 1979, p. 273).

[10] Jonas adota a mesma linha e argumenta que, quem quiser aprender mais a respeito do fenômeno revolucionário vai se decepcionar, pois questões políticas, sociais e históricas são tratadas com impressionante superficialidade (cf. F Jonas, 1979, p. 274). Mais recentemente, Lisa Disch se perguntou: como Arendt poderia "glorificar a Revolução Americana e insultar a Francesa?" (Disch, 2011, p. 350).

çada também pela Revolução Francesa: o momento discursivo-democrático. Embora Arendt considere que um novo tipo de racionalidade política tenha se realizado na Revolução Americana e tenha, de fato, se contraposto à tradição continental europeia de política e de natureza do Estado (*statehood*), a dicotomia simples que conduz a bom início *versus* mau início oculta qualidades valiosas de ambas as Revoluções. Proponho a seguir, portanto, uma interpretação sopesada de modo diferente, uma interpretação que vê na análise arendtiana das Revoluções Francesa e Americana um esforço para enfatizar o potencial discursivo-democrático e o potencial de sociedade civil contidos na fundação de ambas. Essa interpretação enfoca em primeiro lugar a questão a respeito de como e sob quais circunstâncias a promessa político-democrática de ambas as Revoluções pode ser preservada no mundo moderno. Interpretar os comentários de Arendt meramente como negação do caminho francês equivale a perder por completo a intenção do livro. Mais ainda, quando se estabelece uma linha clara entre essas Revoluções, torna-se impossível refletir a respeito do "início promissor" (ÜR, p. 93) da Revolução Francesa, o que resulta na perda deuma dimensão essencial de *Über die Revolution/Sobre a revolução*, que é a análise arendtiana do conceito de nação, revelada apenas quando se leva a sério o novo início francês. Devemos, portanto, tomar como ponto de partida a ideia de que ambas as Revoluções surgiram, de acordo com Arendt, do ódio à tirania e tinham como objetivo criar uma comunidade duradoura e livre. A esse respeito, Arendt escreve em *Sobre a revolução*:

> Sem dúvida os homens da Revolução Francesa tinham sido inspirados pelo ódio à tirania, e se ergueram contra a opressão tão revoltados quanto aqueles que, nas palavras de admiração de Daniel Webster, 'foram à guerra por causa de um preâmbulo' e 'lutaram sete anos por uma declaração'. Foi contra a tirania e a opressao, e nao contra a exploraçao e a pobreza, que eles afirmaram os direitos do povo, cujo consentimento [...] é necessário para dar legitimidade a todo poder. Visto que eles mesmos eram claramente destituídos de poder do ponto de vista político e, portanto, incluíam-se entre os oprimidos, sentiam-se parte do povo e não precisavam invocar qualquer solidariedade com ele. Se se tornaram porta-vozes do povo, não foi no sentido de que fizeram algo pelo povo, fosse por amor ou por desejo de obter poder sobre ele; falaram e agiram como seus representantes numa

> causa comum. No entanto, o que se manteria verdadeiro durante os treze anos da Revolução Americana rapidamente se revelou *mera ficção* no decorrer da Revolução Francesa. (SR, p. 110 – ênfase minha).

Ao ler esta citação, a maior parte dos intérpretes se lança imediatamente à distinção entre a batalha contra a opressão e a batalha contra a exploração. O livro é comumente interpretado como a afirmação de que a Revolução Francesa certamente estava interessada no estabelecimento da liberdade em sua primeira fase, mas em seguida percorreu o traiçoeiro terreno da questão social. Isso nos faz voltar ao conhecido tema da relação entre liberdade política e liberação social, um tema que tradicionalmente se considera ter sido pouco desenvolvido pela própria Arendt. Julia Kristeva acredita que Arendt vê o início promissor ser destruído (Kristeva, 2001, p. 121) pelo aparato revolucionário de Robespierre e pelo apoio das massas de famintos. Hannah Pitkin não tem certeza se Arendt culpa os pobres ou talvez os líderes revolucionários pelo fracasso da Revolução. Com Arendt, não há certeza

> se quem arruinou a Revolução foram os pobres conduzidos biologicamente ou os líderes conduzidos pelos sentimentos [...]; por vezes, ambos; por vezes, ninguém, como quando ela afirma que, na Revolução Francesa, *a mudança de ênfase* da fundação da liberdade para o alívio do sofrimento *foi causado* [...] *pelo próprio curso da Revolução*, o que não parece ser, em absoluto, uma explicação. (Pitkin, 1998, p. 221).

Pitkin conclui assim que o livro de Arendt sobre a revolução, embora efetivamente apresente algumas percepções brilhantes, é por fim "profundamente incoerente" (Pitkin, 1998, p. 219) e "extraordinariamente confuso e desconcertante" (Pitkin, 1998, p. 225). Seyla Benhabib afirma que a mistura de manipulação e necessidade ideológica – a filosofia da lei natural do nobre selvagem de Robespierre – conduziu a uma aliança entre o povo e os jacobinos, que por sua vez terminou na "substituição da diversidade política" (Benhabib, 2003, p. 162). Desde a Conferência de Toronto, de 1972, há um hábito da literatura acadêmica de afirmar que Arendt estabeleceu uma distinção insustentável entre o político e o social. Afirma-se que essa distinção não apenas desconsidera a dimensão política dos processos sociais e dos movimentos emancipatórios, como também torna seu pensamento inadequado para análises das ordens políticas e sociais modernas em que vivemos.[11]

Sobre a revolução contém, não há dúvidas, passagens que documentam a atitude depreciativa de Arendt com relação à questão da justiça social. Ao mesmo tempo, no entanto, há também uma série de passagens que sugerem o oposto. Deixando de lado a situação particular da população negra, Arendt enfatiza, por exemplo, que a comparação entre as Revoluções Americana e Francesa é injusta e prejudicial à compreensão precisamente porque os povos americanos nunca foram confrontados com desigualdades sociais tão flagrantes quanto os europeus. De acordo com Arendt, a Revolução Americana nunca teve de lidar com a pressão da destituição em massa, como era diariamente o caso de Paris na virada do século XIX. Por essa razão, para ela, nada poderia ser mais

> injusto e prejudicial à compreensão destes temas do que tomar o ponto de vista da exitosa Revolução Americana para julgar e condenar os homens da Revolução Francesa. O sucesso nos EUA não se deve apenas ao espírito

---

[11] Ver *inter alia*: Bernstein (1986b, p. 238-259); Benhabib (1995a, p. 94); Cohen (1996, p. 165); Guggenberg (1993, p. 97-118); Höffe (1993, p. 23); Thaa (1997, p. 700-704). Mais recentemente, Jason Frank apoiou esta leitura novamente (ver Frank 2010, p. 50). Esta crítica a Arendt se justifica caso se tenha a impressão de que a justiça social só pode ser alcançada tecnocraticamente, ou seja, por meio de especialistas, administradores e gerentes – uma impressão que claramente contrariaria as reflexões da própria Arendt a respeito da natureza da ação política sob condições de pluralidade. Aqui, é certo, ninguém precisa colocar Arendt contra Arendt. Além do mais, seus comentários em *A condição humana* – mas também em sua crítica aos conselhos de trabalhadores ao final de *Sobre a revolução* (ver SR, p. 339) – parecem sugerir que, para Arendt, o âmbito econômico, em agudo contraste com o âmbito político, não é uma esfera de liberdade, não é uma esfera em que cidadãos possam ter aspirações políticas. Uma consequência importante desta divisão profunda entre a economia e o político é o descarte dos pedidos de democracia e democratização da economia ou do ambiente de trabalho, tema de longa data para teóricos críticos e com preocupações sociais. No entanto, essa crítica comum e bem realizada até certo ponto precisa ser feita com bastante cuidado para que não se condene a abordagem arendtiana das questões sociais de modo tão radical que termine por deixar de compreender as dimensões políticas e teórico-políticas das considerações socioeconômicas de Arendt (cf. Volk, 2015).

> estadista dos *Pais fundadores*, embora este espírito fosse de nível intelectual e moral muito alto. [...] A razão do sucesso e do fracasso foi a mesma: os EUA não estavam sob a maldição da pobreza. A fundação da liberdade só pode ter sucesso porque a *questão social, politicamente insolúvel*, não estava no caminho dos *Pais fundadores*; mas esta fundação não pode ter valor universal no que se refere à liberdade porque todo o restante do mundo estava e permanecia dominado pela miséria das massas. (ÜR, p. 85 – ênfase minha).[12]

Assim, a maldição da pobreza era a diferença chave. Nenhuma revolução do tempo poderia ter contornado ou resolvido esse problema na Europa porque certo padrão técnico, que teria tornado possível fornecer comida às massas urbanas, ainda não tinha sido alcançado. Muito rapidamente fica claro que, se exagerarmos na defesa da posição de Arendt, em breve começaremos a destacar, com matiz malthusiano, a natureza fatídica das duas Revoluções. Além do mais, historiadores como Robert Nisbet mostraram de forma convincente o quão insustentável é limitar a questão social à Europa.[13]

Por outro lado, no entanto, parece-me que a pesquisa em teoria política, sociologia e história se concentrou tanto nesse aspecto que perdeu a ideia central de *Sobre a revolução*. A crítica ataca tão radicalmente o tratamento arendtiano da questão social que deixa de perceber a radicalidade das ideias de Arendt: a discussão de Arendt a respeito da questão social na França enfatiza o problema da falta de *consensus universalis*, falta parcialmente expressa no fracasso de uma constituição permanente. Os jacobinos formularam uma resposta à falta de *consensus universalis* na sociedade francesa dando voz ao cerne do conceito de nação. Justamente porque a ideia de nação – em sua versão teórico-política – era capaz de formular uma resposta adequada, ela se tornou a *idée-force* do tempo. Em outras palavras, o que Arendt faz em *Sobre a revolução* é nada menos que refletir, sob uma luz teórico-política, a situação socioeconômica da França na época da Revolução. Para dar suporte

---

12 Partes dessa passagem também podem ser encontradas em *Sobre a revolução*, embora não de forma assim coesa. Ver SR, p. 93 e ss.

13 Robert Nisbet questiona a limitação da questão social à Europa e também critica a opinião de Arendt segundo a qual a Revolução Francesa foi mais influente que a Americana (Nisbet, 1979, p. 245-256).

a essa mudança de perspectiva com relação à questão social, há uma referência pequena, mas fundamental, que pode ser encontrada em uma passagem sobre a motivação dos revolucionários que já citei e destaquei acima. Nesta passagem, Arendt descreve o início promissor da Revolução Francesa como "mera ficção":

> falaram e agiram como seus representantes numa causa comum. No entanto, o que se manteria verdadeiro durante os treze anos da Revolução Americana rapidamente se revelou *mera ficção* no decorrer da Revolução Francesa. (SR, p. 110 – ênfase minha).

Portanto os promissores inícios de liberdade não foram suprimidos, arruinados, destruídos, nem tiveram seus desenvolvimentos suspensos, como afirmam Pitkin, Kristeva, entre outros; havia desde sempre algo de irreal, de fictício, no início promissor. O que havia de irreal, de fictício, nesse início era a ideia de que uma causa comum, um *consensus universalis* tinha sido alcançado de alguma maneira. A partir dessa natureza irreal e fictícia de um início supostamente promissor, surge uma visão bastante diferente do livro *Sobre a revolução*. No entanto, antes de penetrarmos nessa outra perspectiva, devemos primeiro perguntar: o que fez esses inícios na Revolução Francesa parecerem tão promissores?

De acordo com Arendt, o que fez o início da Revolução Francesa ser aparentemente auspicioso foi o surgimento das seções e das sociedades populares, ou seja, de espaços onde se podia ter a experiência da solidariedade e do pertencimento por meio do processo discursivo-democrático da formação de opinião. Arendt relata, descontente, o fato de as 48 seções da comuna parisiense terem sido autorizadas apenas a eleger delegados e enviar representantes do povo para a Assembleia Nacional. Elas mesmas tinham se constituído como "corpos autogovernados" (SR, p. 216) regulares. Nas primeiras fases da Revolução Francesa, foram fundadas várias das assim chamadas *societés populaires*, cuja única tarefa – e aqui Arendt inverte o argumento do livro de Albert Soboul sobre Robespierre – era

> discutir as leis a serem promulgadas, obter esclarecimento a respeito das leis existentes, fiscalizar o serviço público [...] esclarecer seus concidadãos a

> respeito dos verdadeiros princípios da Constituição e colocar a Constituição sob a luz do público, luz sem a qual ela não pode ganhar vida. (ÜR, p. 307).

De acordo com Arendt, Robespierre era um dos principais defensores dessa maneira político-discursiva de formar opiniões: se os objetivos da Revolução eram a conquista e a preservação da liberdade, então os clubes e as sociedades populares eram os únicos lugares em que essa liberdade poderia ser praticada. Embora a atitude de Robespierre fosse mudar abruptamente assim que chegasse ao poder junto com os jacobinos, nessa fase anterior ele teria vislumbrado, nos debates das sociedades populares, "as primeiras manifestações da liberdade e de espírito público" (SR, p. 305). Ao contrário da crença, bastante difundida, segundo a qual Arendt julga mal as conquistas da Revolução Francesa e "minimiza os novos espaços políticos criados pelo povo e para o povo – como as sociedades revolucionárias, os clubes, os conselhos e tropas municipais, as associações de mulheres" (Benhabib, 2003, p. 163) – ela relata com grande entusiasmo que essas seções e sociedades populares incorporavam profundamente a liberdade política. Ela cita extensamente os regulamentos e estatutos, pois é ali que vemos como as pessoas se organizavam, ou seja, como regulavam as mudanças de postos, instalavam presidente e vice-presidente e determinavam a frequência das seções:

> O presidente e metade dos secretários são substituídos mensalmente, de modo que todos os membros tenham a chance de exercer um posto. E qual era o objetivo da sociedade? Ela 'lida com tudo o que se relaciona à liberdade, igualdade, unidade e indivisibilidade da República, a fim de esclarecer realmente e, sobretudo, se informar sobre o respeito devido às leis e decretos promulgados'. Isto se faz por meio da troca de opiniões: 'opiniões são conscientemente respeitadas, desde que não estejam contra a ordem pública. Sob nenhum pretexto a pessoa que fala pode ser interrompida'. Quando 'ela divaga ou se torna enfadonha, os ouvintes se levantam. Uma vez que seis pessoas tenham se erguido, o presidente deve consultar a assembleia'. (ÜR, p. 311).[14]

O cerne democrático, político e livre da Revolução Francesa pode ser encontrado nesse tipo de discussão entre cidadãos. Aqui, se realiza esclareci-

---

[14] Ver também SR (p. 305).

mento político, e os representantes políticos são controlados democraticamente. As seções e as sociedades populares forneceram um fórum onde a formação efetiva de opinião era possível, e onde o povo francês pôde, pela primeira vez, reunir experiência política. Não surpreende, portanto, que nessas sociedades a constituição imortal tenha sido tão louvada e considerada sublime (SR, p. 306), pois foi ela que garantiu a cada uma das sociedades o direito à participação política dentro das recém-criadas seções. Caso tivessem continuado a gerar pertencimento e solidariedade entre os cidadãos, teria sido constituída uma democracia que, de acordo com Saint-Just, "'teria mudado tudo se [...] tivessem se conduzido de acordo com seu espírito próprio'" (SR, p. 307). Mas acabou sendo uma mera ficção que os procedimentos democráticos das seções e sociedades populares constituíssem o *consensus universalis* na França.

B — Soberania e miséria

A tese central de todo este capítulo é a de que, em vez do consenso a respeito dos procedimentos democráticos de formação de opinião política, como havia nas seções e nas sociedades populares tal qual descritas por Arendt, o que prevaleceu no curso da Revolução Francesa foi um outro tipo de construção de solidariedade e identidade. A lógica desse outro tipo constitui o cerne nocional do conceito de nação – ou, para colocar de modo mais preciso, sua dimensão de significado teórico-político. Antes de poder mostrar essa outra forma de construção de identidade, no entanto, é necessário dar alguns passos intermediários em termos de esclarecimento de conceitos e descrição de contexto sócio-político. Um primeiro (e importante) passo aqui é saber por que, segundo Arendt, as seções e as sociedades populares não se conservaram. Ou, mais precisamente: o que havia de tão fictício nesse suposto consenso e em seu impulso libertário? Duas respostas importantes podem ser encontradas na obra de Arendt: em primeiro lugar, a falta de experiência política entre os revolucionários e o fato de eles, em acordo com a tradição ocidental, terem pensado em termos de soberania e de organização estatal hierárquica; em segundo, a configuração específica da miséria na França.

Com relação à primeira resposta, Arendt argumenta que os espaços discursivo-democráticos são incompatíveis com a ideia de soberania e, consequentemente, com a estrutura estatal hierárquica que a acompanha. Segundo a autora, no caso da Revolução Americana, a perda do significado político das câmaras municipais (*town halls*) – em cujos espaços "o espírito político da revolução" (ÜR, p. 298) estava em casa – resultou de uma "trágica omissão" (SR, p. 298),[15] ao passo que na Revolução Francesa a perda do significado político decorre diretamente da ideia herdada de construção de um Estado à maneira da Europa continental. Arendt explica essa avaliação com base na mudança de estima que Robespierre e Saint-Just tinham pelas seções e sociedades populares: antes de terem em suas mãos as rédeas da autoridade do Estado, Robespierre e Saint-Just estavam convencidos de que as sociedades populares, clubes e seções eram os únicos lugares em que a liberdade política poderia se tornar realidade e ser exercida pelos cidadãos. Mais do que isso, ambos consideravam que a formação de um "espírito público" (SR, p. 303), que acontecia nesses lugares, era de importância vital para a estabilidade da comunidade, e ambos condenaram a perseguição das sociedades populares pela Assembleia Nacional ou pelos parlamentos regionais chamando-a de o maior "crime contra a Revolução" (SR, p. 303). A atitude de ambos mudou no momento em que chegaram ao poder. A partir desse ponto, Robespierre falou apenas das "assim chamadas sociedades populares" (SR, p. 304) e passou a desprezar todas as associações que não fossem os jacobinos, considerando-as "sociedades bastardas" (SR, p. 311). Para Saint-Just, as sociedades populares estavam engajadas exclusivamente em planejar a grande conspiração. O motivo para esta virada (SR, p. 303) nos princípios, a partir do ponto de vista arendtiano de crítica ao Estado, foi a aderência à ideia de "um aparato de

[15] Nesse caso, Arendt cita e aprova a avaliação de Lewis Mumfold, segundo a qual a falta de institucionalização constitucional das esferas não parlamentares de ação política foi um trágico descuido. Segundo Arendt, este descuido pode ser explicado, por um lado, pelo fato de os americanos considerarem auto evidente o espírito político formado no período pré-revolucionário, do que decorre que não veem necessidade de conservá-lo em nenhuma forma. Por outro lado, as câmaras municipais – epítome do espírito político – permaneceram completamente intocadas pela Revolução, do que decorreu que ninguém jamais considerou institucionalizá-las constitucionalmente. A consequência desse descuido foi que as cidades locais e os conselhos de vila sofreram grandes perdas de poder e influência nas relações políticas cotidianas e – mais cedo ou mais tarde – o lugar específico do espírito político da Revolução se perdeu.

poder impiedosamente centralizado". Arendt argumenta que, para alguém que acredita de fato que o poder só pode existir "sob a condição de ser centralizado, as sociedades, cada qual uma pequena estrutura de poder em si, e a autogestão das comunas constituíam um evidente perigo para o poder de Estado centralizado" (SR, p. 308).

Assim que os revolucionários franceses se alinharam à tradição europeia continental do "absolutismo estatal" (ÜR, p. 203)[16] – por meio de uma mistura entre convicção filosófica, ideias convencionais de legitimação e falta de experiência política – e fizeram da representação do povo um "'monopólio' do Estado" (OT, p. 283), acabaram adotando a ideia de que o máximo do poder se dá quando monopolizado e centralizado em um ponto. Nesse panorama, diferentes centros de poder, tais como os representados pelas seções e sociedades populares, equivaliam à perda de poder e eram, portanto, considerados fatalmente perigosos.

O perigo, que as seções e sociedades populares surgidas no curso da Revolução impunham ao Estado pensado à maneira continental europeia, provinha, segundo Arendt, de duas características: seu "caráter apartidário" (SR, p. 310) e sua orientação federalista (ver ÜR, p. 314). Como essas sociedades viviam precisamente da convergência de interesses políticos e debates a respeito das questões políticas cotidianas, as opiniões se formavam durante a discussão, mudando de um dia para o outro e de um tema para o outro. Essa abertura e indeterminação fundamentais, o espírito de conflito e o resultado imprevisível estavam em forte contraste com a uniformidade de um povo, que agora tinha assumido o lugar do rei no trono. A multiplicidade de opiniões, que eram constantemente formadas e reformuladas nesses espaços discursivo-democráticos e variavam de acordo com o espaço, o tempo e o tema, servia para sublinhar o fato de que não existe nada parecido com uma vontade unânime capaz de ser representada, simbolizada ou tornada visível de alguma maneira. Sobre esse pano de fundo, de acordo com Arendt, tornou-se claro que, se o povo realmente fosse governar, seriam necessárias estruturas estatais fundamentalmente diferentes, bem como uma ideia da formação do Estado (*statehood*) totalmente diferente daquela em que ele monopoliza todo o poder no topo. Além disso, a orientação federal das seções indicava a existência, em

[16] Ver também SR (p. 205).

um mesmo território, de fontes de poder bastante diversas e que não eram, em absoluto, dirigidas ou controladas pelo Estado. As seções, portanto, contrariam a "majestade do Estado soberano" (ÜR, p. 27).[17] Arendt conclui que esses espaços discursivo-democráticos, quaisquer que sejam as suas formas específicas – sejam sociedades populares ou seções, câmaras municipais, conselhos de trabalhadores, soldados ou estudantes – produzem, como resultados de suas características, "sementes de uma nova e revolucionária organização do Estado" (ÜR, p. 319) ou "frágeis germes de uma nova forma de governo" (SR, p. 313). Essas sementes ou germes eram incompatíveis com a localização e a definição do poder na compreensão tradicional do Estado à maneira continental, sendo, portanto, imediatamente asfixiados. Pode-se, portanto, dizer que a esperança – baseada na ideia ocidental de Estado e soberania – de que seja possível institucionalizar os espaços discursivo-democráticos permanentemente é mera ficção. O novo tipo de racionalidade política que emerge dos espaços discursivo-democráticos exige um tipo de organização estrutural da ordem política fundamentalmente diferente daquilo que a abordagem estatista tradicional pode fornecer.[18]

Essa linha de crítica é certamente de grande importância para o pensamento de Arendt, e é por isso que será examinada em detalhe no capítulo 4. No que se refere a nossa análise do conceito de nação, no entanto, é preciso abordar agora outro argumento de Arendt: a miséria das massas. Isto é necessário porque essa miséria enfatiza um tipo diferente de traço fictício nas seções e sociedades populares na França, um traço seminal para a compreensão arendtiana do conceito de nação.

O que há de fictício na ideia segundo a qual as seções e sociedades populares poderiam estabelecer, com seus métodos de formação de opinião e tomada de decisão, a base para o *consensus universalis* é o fato de a maioria das pessoas na França – sobretudo as assim chamadas massas de miseráveis – estarem desde o início e *de facto* excluídas desse *consensus*. As massas de miseráveis não destruíram os espaços em que a liberdade política era praticada; na verdade, elas nunca pertenceram a eles. Conduzidas pela privação que submete as massas ao "ditame absoluto de seus corpos" (SR, p. 93), todas as

[17] Ver também SR (p. 51).

[18] Cf. capítulo 5.

suas forças e ideias eram direcionadas apenas para a batalha da sobrevivência diária. São interessantes aqui a visão de Arendt com relação aos EUA e a narrativa que ela constrói a partir disto. Pobreza extrema também existia nos EUA, embora não no mesmo grau da miséria na Europa. O decisivo aqui é a afirmação de que a pobreza nos EUA não era um problema social, como na Europa, mas, antes, um problema político (ver ÜR, p. 86).[19] Como devemos compreender essa distinção entre social e político?

Diferentemente do que ocorria na Europa, o problema da pobreza nos EUA estava no fato de ela "excluir automaticamente os laboriosos da participação ativa no governo – mas não, evidentemente, de serem representados e de escolherem seus representantes". (SR, p. 104). Esse ponto tem importância central, pois com ele Arendt enfatiza que a maioria da população americana, apesar de sua pobreza, dá suporte à ordem parlamentar fundamental. A situação é diferente na França. Assim como a luta por direitos civis da população negra é, segundo Arendt, uma luta contra a Constituição – como expressão do "crime original" (DC, p. 81) —, uma ordem política baseada em seções e sociedades populares se torna o inimigo das massas destituídas. A diferença fundamental, evidentemente, é que a exclusão no primeiro caso é racista e, no segundo, tem caráter socioeconômico. Mas fora isso, as massas de miseráveis da França se encontravam em situação politicamente similar ao final do século XVIII. Tampouco elas pertenciam *de facto* à cidadania política ou ao povo constituído que podia se reunir em assembleias nas seções ou sociedades populares. Essa consideração abre as portas para o cerne teórico-político da questão social: em contraste com os EUA, onde a pobreza facilitava a competição política entre diferentes partidos, a solução da questão social na França teve que se tornar um objetivo do Estado. A negociação e o debate político nas seções e sociedades populares sobre o futuro e os próximos passos políticos a serem dados não eram mais capazes de alcançar a maioria. A razão para tal está na configuração diferente da pobreza em cada um dos casos e na diferente magnitude que alcançava dos dois lados do oceano. Diferentemente da América, onde havia apenas pobreza, a miséria na França exigia ser atendida imediatamente. A pobreza nos EUA, segundo a narrativa de Arendt, subtraía da participação política ativa largas partes da população, mas não

[19] Para a versão em inglês, ver SR (p. 103).

exigia uma forma política inteiramente diferente. Acontecia o contrário, pois deixava-se aos pobres dos EUA a esperança bem fundamentada de que sua situação melhoraria ao longo do tempo, e essa esperança era suficiente naquele momento. Viviam na pobreza, mas não sob a miséria opressiva que prevalecia na Europa, e por conseguinte confiavam aos representantes políticos no parlamento seus interesses e preocupações específicos. Na França, a situação era bem distinta: a miséria ameaçava a vida e a existência diariamente; a miséria surgiu ali em uma intensidade que exigia reação imediata:

> A pobreza é mais do que privação, é um estado de carência constante e miséria aguda cuja ignomínia consiste em sua força desumanizadora; a pobreza [*miséria* seria mais exato aqui] é sórdida porque coloca os homens sob o ditame absoluto de seus corpos, isto é, sob o ditame absoluto da necessidade que todos os homens conhecem pela mais íntima experiência e fora de qualquer especulação. (SR, p. 93).

Embora Arendt abandone aqui a separação previamente adotada entre miséria e pobreza, e apresente uma configuração diferente da pobreza – pobreza como miséria, poderíamos dizer – fica ainda bastante claro que uma melhora inevitável, aguda, irresistível e absoluta da situação material era necessária para a população da França. Se deixarmos de lado o fato de os relatos históricos de Arendt serem questionáveis e, na maioria dos casos, não partilhados pelos historiadores, o argumento arendtiano neste caso é o de que, nessa situação, não fazia qualquer sentido enfatizar a liberdade política que tinha sido recentemente conquistada e de que se poderia efetivamente gozar nas seções e nas sociedades populares. A miséria tornou toda discussão supérflua, pois é impossível discutir qualquer coisa diante das consequências diretas da fome e da mais amarga miséria. A satisfação imediata da fome é uma necessidade humana básica e, assim, está fora do espectro de temas a serem negociados na política precisamente porque, para ela, não há alternativa. Arendt afirma que a satisfação de suas necessidades era o único assunto sobre o qual estas pessoas poderiam chegar a um consenso. Em outras palavras, apenas a satisfação direta das necessidades e a remoção da miséria poderiam constituir uma base para o *consensus universalis*, de modo que foram elas que se tornaram a prioridade política mais alta.

C — Miséria e consenso

Segundo Arendt, a miséria em massa foi de importância fundamental para o curso da Revolução Francesa. Se o essencial das seções e das sociedades populares era promover pertencimento político e solidariedade dentro da sociedade por meio de discussões, do ouvir e ser ouvido em várias posições, então o "sofrimento efetivamente interminável de um número incalculavelmente grande de pessoas" (ÜR, p. 114) expôs essa intenção como mera ficção. A maioria das pessoas era excluída *de facto* desses espaços desde o início, devido à situação socioeconômica. No momento histórico em que, com o advento da Revolução, as preocupações dessas pessoas também se tornaram preocupações públicas, ficou visível que o *consensus universalis* necessário não existia; ficou visível, em outras palavras, que a sociedade ainda estava muito longe de se constituir como unidade política. Em consequência, Arendt escreve:

> Na França, a queda da monarquia não alterou a relação entre governantes e governados, entre governo e nação, e nenhuma mudança de governo parecia capaz de reparar a distância entre eles. Os governos revolucionários, que neste aspecto não se diferenciavam de seus predecessores, não eram do povo nem pelo povo, mas na melhor das hipóteses para o povo, e na pior delas uma *usurpação do poder soberano* por obra de representantes autonomeados, que haviam se colocado *em absoluta independência diante da nação*. O problema era que a principal diferença entre a nação e seus representantes em todas as facções não tinha quase nada a ver com *virtude e talento*, como esperavam Robespierre e outros, mas residia exclusivamente na flagrante disparidade de condição social que veio à luz apenas ao final da revolução. (SR, p. 110).

Essa passagem exemplifica muito bem como confusões terminológicas de Arendt obscurecem o problema abordado. Não apenas os termos "nação" e "povo" são usados de modo idêntico aqui, mas há também a introdução de dimensões adicionais ao Estado e ao governo, dimensões que aparentemente pretendem refletir o mesmo problema, mas não refletem. O que ressoa em todas essas alusões, mas se torna confusa, é a questão a respeito do que constitui uma unidade política entre, de um lado, um grupo de pessoas mais ou menos indefinido e, de outro, sua constituição jurídico-política. Embora ambos os aspectos se confundam na prática, em uma observação teórico-política é preciso estabelecer uma distinção bastante clara entre a transformação de um grande número de pessoas em um grupo e a determinação da estrutura dentro da qual esse grupo está autorizado a agir como um todo coeso. Embora Arendt não seja em absoluto clara em sua terminologia, ela tem em mente aqui o primeiro de dois problemas. Na citação acima, Arendt fala de uma cisão entre governantes e governados, cisão que resulta das condições sociais muito diferentes e localiza o governo revolucionário sob luz desfavorável, similar àquela sob a qual a falta de legitimidade da estrutura de poder monárquico foi percebida.[20] Isso se expressou politicamente no fato de o novo governo revolucionário não ser "nem do povo, nem pelo povo". A imprecisão terminológica se torna particularmente perceptível nesse ponto, pois a definição de povo usada aqui significa muito especificamente o povo miserável. Essa passagem não faria sentido de outra forma, pois a maioria dos revolucionários não vinha nem da nobreza, nem da igreja. O povo miserável, de acordo com Arendt, não reconhece as elites revolucionárias como seus iguais, e a razão para tal é a situação social completamente desigual, situação que tornou impossível a produção de "unanimidade em pelo menos uma ocasião", como pediu Rousseau, para a criação de uma Constituição. Como se sabe, Rousseau explica a necessidade de estabelecer unanimidade "em ao menos uma ocasião" no quinto capítulo do primeiro livro do *Contrato social*. Argumentando contra Grotius, afirma que, antes de examinar como um povo se submete a um rei, deve-se examinar o ato que cria "o verdadeiro fundamento da sociedade", ou seja, o ato pelo qual "um povo é um povo" (Rousseau, [1762] 2012, p. 49).

Na interpretação arendtiana dos primeiros anos da Revolução, a falta de uma verdadeira fundação da sociedade se torna o problema político central.[21] Nenhum consenso político fundamental pôde ser formado no interior

---

[20] Ver tb. Frank (2010, p. 44).

[21] De acordo com Arendt, essa ausência de uma nação francesa se expressa historicamente de modo mais claro no fato de os Girondinos não terem conseguido aprovar uma constituição viável e aceita de modo geral. Arendt menciona inúmeras razões para o fracasso, mas, sob a luz dos eventos políticos, a Constituição de 1791 permaneceu mero "pedaço de papel" (SR, p. 170) porque não conseguiu aprovação de amplos setores da população – a começar, evidentemente, pela massa de miseráveis.

da sociedade francesa – este parece ser o argumento teórico-político sobre o qual a narrativa de Arendt se baseia. Em sua visão, a falta de aprovação da constituição era simplesmente a expressão do fato de que não existia nada parecido com o consenso que, supunha-se, estaria simbolizado na Constituição e teria despertado o povo para "a existência e a vida" (Rousseau, [1762] 2012, p. 66). Para Arendt, a cisão é prova convincente de que o objetivo político comum, que se esperava ser expresso em uma constituição moderada pelo estabelecimento de um espaço para a formação discursivo-democrática de opinião, era simplesmente uma quimera incapaz de conduzir a um consenso. O consenso fundamental, que de acordo com Rousseau confere "existência e vida ao corpo político" (Rousseau, [1762] 2012, p. 66) deve ser realizado de forma distinta. O fracasso da constituição revelou o

> fato inegável [...] de que a libertação da tirania trouxe liberdade apenas para uma minoria, e praticamente nem foi sentida pela maioria, que continuou vergada sob o peso da miséria. Essa maioria teria de ser libertada outra vez, e, comparada à libertação do jugo da necessidade, a libertação original da tirania havia de parecer uma brincadeira de criança. (SR, p. 111).

As seções e sociedades populares se tornaram irrelevantes, substituídas pelo imperativo de liberação da necessidade e da miséria. Segundo Arendt, essa mudança se tornou inevitável porque nenhum outro interesse substancial pode encontrar uma base de poder na sociedade francesa.[22] Arendt pretende deixar claro que nenhum Estado poderia se estabelecer na França apenas com o apoio das massas miseráveis. Para que isso acontecesse, os interesses desse estrato da população deveriam imediatamente se tornar o interesse principal

[22] A esse respeito, Arendt escreve: "Os líderes franceses aprenderam desta forma uma lição sobre a necessidade humana, uma lição que não seria esquecida tão cedo. Mas não se pode deixar de notar também que no mesmo período o povo recebeu sua primeira lição a respeito da dignidade humana e da liberdade. Um enorme desejo de discussão, instrução, esclarecimento mútuo e troca de opinião se desenvolveu nas sociedades populares e seções da comuna; este desejo, de uma forma às vezes comoventemente direta, era praticamente livre de intenções e procedia sem visar, de modo algum, exercer pressão sobre os detentores de poder". (ÜR, p. 315). Cf. tb. SR (p. 308).

da comunidade incipiente ou futura. Esse é o pano de fundo prático (ÜR, p. 310) que as instituições revolucionárias sacrificaram em favor da estrutura tradicional, continental europeia do Estado. Os revolucionários adotaram "o corpo da administração absolutista, que corresponde bem às novas demandas de calculabilidade da ação estatal e controle uniforme do comportamento da massa" (Ziegler, 1931, p. 86).[23] A brecha de legitimação entre governantes e governados teria de ser fechada pela declaração de que a liberação da necessidade e da miséria seria o mais alto objetivo do Estado, o mais alto interesse nacional. Mas essa mudança de rumo, que levou o interesse por discursos e procedimentos a um interesse substancial, teve grandes consequências não apenas para o desenvolvimento da comunidade política: na primeira ocasião, ela formou o quadro interno do conceito de nação. Historicamente, Arendt situa essa mudança na tomada de poder pelos jacobinos. A autora vê, nesse evento, o surgimento de um estágio em que nação se tornou o conceito político decisivo da época e formou seu conteúdo teórico-político, que será examinado nas seções seguintes. As dimensões teórico-políticas do conceito de nação foram formadas de uma só vez, e sob determinadas condições socioeconômicas, quando a sociedade ameaçou ruir sob os interesses conflitantes e sob a miséria debilitante.

Se ignorarmos questões relativas à exatidão histórica e adotarmos uma perspectiva teórico-política para refletir sobre a discussão da questão social, notaremos, com surpresa, que Arendt não está tão distante de Habermas quanto ele faz crer em sua crítica a *Über die Revolution*. Habermas comenta, criticamente:

> Nós só podemos discutir de modo significativo as condições da liberdade política no contexto de uma emancipação do governo. Esta categoria de governo não deve separar poder (*Gewalt*) político e força (*Macht*) social, mas deve mostrar ambas por aquilo que são: repressão. Sob as condições de dependência social, mesmo o melhor direito à liberdade política permanece como ideologia. (Habermas, 1981, p. 227).

---

[23] Ver, a esse respeito, o capítulo 3 e o comentário de que afirmações muito similares sobre a Revolução Francesa podem ser encontrados em Burke, Hegel, Tocqueville e Weber. Cf. tb. Benhabib (2003, p. 161).

Arendt deveria ter expressado isso com essa clareza, pois também é da opinião de que as forças estruturais da desigualdade social podem ser estudadas de modo mais preciso a partir das consequências politicamente destrutivas da miséria em massa na França. Apesar da revolução política, a desigualdade social chocante permanece e mantém a antiga relação entre governantes e governados, o que revela o início promissor como mera ficção. Não há dúvidas de que, para Arendt, a "maldição da miséria em massa" (ÜR, p. 204) é apenas uma das razões que, ao lado de convicções filosóficas, de ideias de legitimação herdadas e da falta de experiência política, participaram do fracasso desse início, do fracasso da ideia de gerar solidariedade e sentimento de pertencimento por meio de um processo discursivo-democrático. Mas Arendt está convencida de que liberdade e igualdade políticas sem direitos sociais são uma ficção que – mais cedo ou mais tarde – se estilhaça em face da realidade:[24]

> É verdade que a igualdade nacional, sobre a qual se baseava a nova forma de Estado, prevaleceu ao ponto de a maioria dos grupos políticos anteriormente dominantes serem desapossados e de as classes oprimidas serem politicamente liberadas, ainda que com a perda da proteção econômica mantida pela velha ordem; no entanto, *a igualdade foi imediatamente revertida em seus efeitos concretos devido ao surgimento da sociedade de classes*, cuja marca essencial era que, com poucas exceções, sempre se permanecia na classe a que se pertencia por nascimento. *Igualdade efetiva*, como aquela que os jacobinos da Revolução Francesa exigiam e queriam realizar por meio do estabelecimento, assegurado pelo Estado, de uma sociedade de pequenos proprietários, só se realizou nos EUA e sob condições muito diferentes. As condições no novo continente, onde havia uma abundância natural esperando para ser desenvolvida e realizada, *tornou possível acrescentar, à igualdade de todos diante da lei, a oportunidade social dada a todos por nascimento.* A contradição fundamental entre, de um lado, uma forma de governo baseada em igualdade e, de outro, uma sociedade em que a desigualdade das condições de vida dadas pelo nascimento se solidifica em classes impediu

[24] Cf. a esse respeito meus comentários a sobre o vínculo interno entre política e lei, no capítulo 5.

> tanto a formação de repúblicas autênticas quanto o surgimento de uma nova hierarquia política. (ETH, p. 49 e ss – ênfase minha).[25]

Não há rejeição mais clara de todas as críticas que acusam Arendt de ignorar a dimensão social da política e do político. Tomando o exemplo da igualdade, categoria política fundamental, Arendt explica o significado do encontro entre garantias político-legais e condições sociais que colocam em dúvida cotidianamente a igualdade propagada pelo processo político. Com esse efeito concreto, a igualdade político-legal é revertida, e a liberdade política se torna impossível. Vários pensadores políticos acusaram Arendt de ignorar alguns problemas que são de importância fundamental, a saber, questões de distribuição e de justiça. Albrecht Wellmer apresenta essa visão de modo muito conciso quando afirma, supostamente em contraste com Arendt, "que os problemas enfrentados por Marx ainda são nossos problemas – e eles são políticos" (Wellmer, 2000, p. 235). Não pretendo discutir se a resposta de Arendt na conferência de Toronto mencionada anteriormente, e frequentemente tomada como ponto de partida para a crítica, elucida pouco o problema (cf. SHA, p. 140). A análise acima trata de assunto diferente: só é possível haver igualdade efetiva quando há liberação das necessidades agudas do processo vital e quando se pode levar uma vida capaz de se emancipar, pelo menos até certo ponto e em certos momentos, das exigências do processo vital. Em sua resposta à pergunta de Charles Frankel, Arendt enfatiza que "antes de pedirmos idealismo aos pobres, devemos primeiro fazer deles cidadãos: isso envolve, portanto, alterar as circunstâncias de suas vidas privadas de tal modo que eles se tornem capazes de gozar do *público*" (PRPI, p. 106 e ss).[26] Em suas reflexões a respeito dos pré-requisitos para a igualdade política, Arendt parece estar muito mais próxima de Marx do que admitiriam

---

[25] Uma passagem similar, mas não idêntica e menos explícita, pode ser encontrada em OT, p. 32 e ss.

[26] Em sua avaliação da justiça social nos EUA, no entanto, Arendt não é nada clara. No *Denktagebuch*, ela escreve em 1952 que "a dignidade humana foi restaurada" nos Estados Unidos pela "força real da organização dos trabalhadores", pela "relativa superação das classes", pela "abolição da miséria" e pela "conquista de uma situação de mercado em que o trabalho se tornou a 'mercadoria' mais cara" (DT, p. 2002). Por outro lado, lê-se, em uma

Habermas, Wellmer ou mesmo a própria pensadora (ver aqui também Disch, 2011, p. 351).

A crítica de Arendt, desenvolvida nas reflexões a respeito da Revolução Francesa, toma duas direções e trabalha em dois níveis: ela é, em primeiro lugar, uma crítica à maneira pela qual o processo de formação de poder se organizou na França sob domínio jacobino no surgimento da questão social. No momento em que a preocupação das massas miseráveis se tornou uma preocupação pública, e em que ficou claro que nenhum Estado poderia ser estabelecido sem essa maioria da população, os interesses desse estrato foram colocados diretamente entre os interesses principais da comunidade nascente. A ideia de agir um com o outro nas instituições discursivo-democráticas (seções e sociedades populares) na primeira fase da Revolução – seu início promissor – se transformou em uma condição do agir um para o outro. A liberação da necessidade e da miséria se converteu em princípio do agir um para o outro; ela foi declarada a mais alta prioridade do Estado e pertencente ao interesse nacional. As consequências são conhecidas: suspensão de todos os espaços discursivo-democráticos, estabelecimento de uma compreensão de política baseada na soberania e na tradição de um *potestas legibus soluta* absolutista, o Terror e o fracasso na fundação da liberdade. Mas essa interpretação da crítica arendtiana – segundo a qual a pressão da necessidade e da miséria altera o modo de ação política em que operam os processos de formação de poder – é apenas a primeira parte de sua crítica do poder. Tomada isoladamente, ela permanece incompleta e é incorreta, pois a crítica arendtiana do poder na Revolução Francesa é, em segundo lugar, uma crítica à ideia segundo a qual, diante daquelas relações sociais e econômicas de domínio e exploração, os procedimentos discursivo-democráticos poderiam, por si mesmos, conduzir à fundação de uma ordem da liberdade. Diante das condições de necessidade e miséria, os lugares em que ocorrem as experiências de liberdade política, como seções, sociedades populares, conselhos e outros, são extremamente elitistas, exclusivos e excludentes – e a defesa, a eles inerentes, de um debate racional e aberto pode facilmente se degenerar em ideologia.

carta de 1946 a Jaspers, que os EUA são um país baseado na "contradição fundamental" entre "liberdade política" e "servidão social" (Arendt/Jaspers, p. 67).

A consequência para o tema da construção da nação é que, em sua narrativa política, Arendt assume que as estruturas sociais exigiam de início um consenso substancial de um tipo diferente, o que ao mesmo tempo proporcionou à Revolução seu novo objetivo. É nesse momento que a nação se torna um conceito político central e formula aquilo que chamei de dimensão do significado teórico-político. Em vez de procedimentos discursivo-democráticos, os homens da Revolução Francesa aspiram a interesses comuns substanciais, pré-discursivos ou supradiscursivos.

III – O conceito de nação e a *volonté générale*

A — Arendt, Rousseau e a Revolução Francesa

> A *volonté générale* de Rousseau é talvez a solução mais mortífera para a quadratura do círculo, para o problema fundamental de toda a filosofia política ocidental, a saber, como se pode criar singularidade a partir da pluralidade – nas palavras de Rousseau: *réunir une multitude en un corps* [...]. O que torna esta solução tão mortífera é que o soberano não é mais uma pessoa ou uma multidão de pessoas que me governam, mas, por assim dizer, ele se põe dentro de mim – como o *citoyen*, que se contrapõe ao *homme particulier*. Na *volonté générale* cada um se torna de fato seu próprio carrasco.
>
> Hannah Arendt, *Denktagebuch*

Durante esse momento histórico, e sobre o pano de fundo da situação descrita acima, as ideias de Rousseau a respeito da *volonté générale* desenvolveram uma força persuasiva inesperada. Suas ideias eram extraordinariamente convenientes aos revolucionários porque, com a ajuda de Rousseau, era possível a um grupo de pessoas se reunir em um uno policéfalo (SR, p. 114) precisamente sem um processo discursivo-democrático. Seu "consenso de corações" (Habermas, 1990, p. 171) não exige um discurso para gerar solidariedade e identificação dentro da comunidade. Mais do que isso, a vontade geral se formaria melhor se "os cidadãos não tivessem nenhuma comunicação entre si" (Rousseau, [1762] 2012, p. 60). De acordo com Arendt, o que ocorre no plano teórico com Rousseau e, por conta da questão social, ganha inesperada plausibilidade prática na Revolução Francesa é a internalização do político. Com Rousseau, o poder de estabelecer identidade e solidariedade vem do coração, e a última coisa de que esse poder precisa é de discurso. Essa internalização do político alcança o centro da dimensão teórico-política do conceito arendtiano de nação. Ao abordar Rousseau e suas ideias a respeito da *volonté générale*, Arendt decifra essa dimensão teórico-política. Considero que o aspecto mais importante do discurso de Arendt sobre Rousseau é que sua interpretação da maneira pela qual a vontade geral é formada descreve o núcleo da compreensão teórico-política arendtiana da nação. Exagerando um pouco, a interpretação arendtiana de Rousseau nos fornece, portanto, nada menos que a chave para a sua compreensão da história política dos séculos XIX e XX.[27] Com Rousseau, a nação se transforma em uma vontade unida, homogênea, com reivindicações ao absoluto e sempre, qualquer que seja o ato legislativo, idêntica a si mesma.

Não é coincidência, portanto, que a análise arendtiana de Rousseau aconteça especificamente em *Sobre a revolução*. Rousseau é o teórico da Revolução Francesa, e a Revolução não apenas marcou o nascimento da nação como fator político central, como também transformou em realidade histórica a ideia rousseauísta de uma vontade geral e unânime, além de experimentar a expressão de seu conteúdo. Segundo a interpretação de Arendt, a necessidade de liberar as massas da pobreza e da miséria era tão óbvia que seu destino era se tornar o interesse uniforme do terceiro Estado e ocupar de fato todos aqueles que tinham "corações e mentes" (ÜR, p. 87). Embora Arendt enfatize que os homens da Revolução tenham assumido a causa das massas miseráveis primeiramente por necessidade de poder político – nenhum Estado teria sido possível sem o apoio das massas – ela também leva muito a sério o impulso moral. Nessa direção, a autora considera que, tanto o esforço para liberar as massas da miséria e da pobreza quanto a possibilidade de uma vida digna que dele decorre são consequências lógicas da dignidade humana que a declaração dos direitos humanos considerava inerente ao homem. De fato, Rousseau não foi o primeiro a notar que uma ordem funcional também deve ser capaz de permitir a liberdade a fim de cumprir o critério do domínio legítimo. Assim, a primeira especificação da *volonté générale* é, na visão de Arendt, melhorar

---

[27] A esse respeito, ver meus comentários sobre "A arquitetura teórico-política de Arendt em *Origens do totalitarismo*", no capítulo 4.

o bem-estar nacional. Evidentemente, a substância de uma vontade nacional deve mudar ao longo do tempo e aparecer no palco do mundo em roupagens sempre novas. Mas o que permanece igual em todas essas aparências, de acordo com Arendt, é a maneira pela qual os interesses nacionais são apresentados eficazmente. Mas o que exatamente o termo "maneira" significa aqui?

A justificativa para atribuir a vontade geral à Revolução Francesa está no fato de que, com essa vontade, o povo, reduzido a sua pura necessidade biológica pela miséria dominante que tornava todos semelhantes por meio da fome, se tornou objeto da esfera pública política. Nesse contexto histórico, Arendt considera que as ideias de Rousseau a respeito da vontade geral alcançam um grau de fundação empírica. A esse respeito, ela afirma:

> Os *malheureux*, que a Revolução Francesa tinha liberado da escuridão da necessidade e da miséria, só eram uma multidão numericamente. A imagem criada por Rousseau de uma *multidão unida em um corpo* e animada por uma única vontade indicava realmente uma realidade; que esta multidão era movida pela fome, e que o grito por pão era feito em uníssono. (ÜR, p. 120).[28]

Duas coisas são expressas neste ponto: primeiro, sublinha-se que a fala da vontade unânime tinha efetivamente uma referência para a existência cotidiana de certa parcela da população. De acordo com Arendt, todos os *malheureux* gastavam grande energia, dia após dia, a fim de assegurar de alguma maneira os meios de subsistência. Embora numerosos, eles se uniam em seu destino de se engajar na incessante batalha contra a fome. Para a pensadora, as circunstâncias sociais comuns, decorrentes da absoluta destituição, e seu resultado comum tornam legítimo falar das massas miseráveis como uma unidade homogênea.[29] Em segundo lugar, essa passagem é reveladora porque, com relação a essas massas – e apenas aqui – Arendt concorda com a identificação entre interesse e vontade feita por Rousseau e encontrável em todas as suas afirmações teórico-políticas no *Contrato social*. A urgência da

---

[28] Cf. tb. SR (p. 131).

[29] De acordo com Arendt, o "perigo político da pobreza" (ÜR, p. 120) está nesta redução ao puro processo biológico da vida, uma redução que, quando se torna proeminente, como na França revolucionária, destrói e pluralidade permitindo que os miseráveis falem com uma voz.

fome efetivamente se converte em um grito. Aqui, o interesse, visto como manifestação real e temporal da posição do indivíduo na estrutura social, coincide com a vontade.

Mas, mesmo concedendo que a identificação entre vontade e interesse é correta no caso das massas destituídas, Arendt argumenta que o mesmo não se aplica, absolutamente, ao restante da sociedade. A dificuldade que surgiu da identificação exigida entre a vontade nacional e a vontade dos miseráveis não estava apenas na alteração de estruturas e objetivos da Revolução, mas também em que todos os agentes apareceram sob uma nova luz devido à substancialização de objetivos políticos. De acordo com Arendt, os revolucionários ainda estavam agindo em seu próprio interesse quando provocaram a libertação com relação à tirania. Afinal, eles mesmos não tinham liberdade política sob a monarquia absoluta – mas isso agora mudou abruptamente. Segundo Arendt, os revolucionários vinham de círculos e pertenciam a estratos sociais completamente diferentes dos da população que afirmavam representar. A maioria deles estava cravada na burguesia, como Robespierre, que vinha de uma família de advogados, ou Saint-Just, cujo pai era oficial de cavalaria. Suas vidas e ocupações nada tinham em comum com as massas famintas da França. Ou seja, se a vontade geral reflete a nação e coincide com os interesses dos destituídos, então, falando estritamente, nem a maioria dos revolucionários, nem o restante da sociedade pertenciam à nação.

Percebe-se rapidamente que esse problema não tem relação com o dilema típico do governo representativo. O problema é, antes, que, se liberar um amplo estrato social da miséria e da pobreza se torna o novo objetivo da política nacional, a vontade e o interesse permanecem separados para todo o restante da sociedade. Isso impõe a tarefa de convencer o restante da sociedade a reconhecer os interesses das massas miseráveis como interesses nacionais abrangentes e transformá-los na direção suprema de suas próprias ações. A resposta a essa tarefa, segundo Rousseau, é "alienação total". Na próxima seção, mostro o significado da alienação total nas ideias de Rousseau a respeito da vontade geral e, com Arendt, destaco a questão a respeito dos pré-requisitos para essa alienação. Por essa via, chamo a atenção para uma discussão que recebeu pouca atenção até o momento nos comentadores que se dedicaram ao livro de Arendt sobre a revolução: sua discussão sobre a compaixão.

B — Vontade geral e alienação

Rousseau é um teórico da liberdade, e suas ideias pretendem garantir liberdade para todos os indivíduos. Ao mesmo tempo, ele reconhecia que a pluralidade humana se condensa em interesses muito diferentes, o que torna difícil a organização de uma forma de coexistência capaz de permitir a cada um alcançar seus direitos. O sucesso dessa coexistência é sugerido pelo termo *volonté générale*. Para formar uma sociedade baseada nessa coexistência, cada indivíduo deve renunciar a seus interesses e direitos e se abandonar por inteiro (Rousseau, [1762] 2012, p. 50). Essa é a única maneira possível de criar as mesmas condições básicas para todos e em extensão tal que os interesses jamais entrarão em conflito. Rousseau chama esse ato de "alienação total" e seu conteúdo teórico está na redução da pluralidade ou, mais precisamente, em sua eliminação.[30] O ato de alienação total reduz o número de pessoas com interesses diferentes a uma única pessoa, que Rousseau chama de "pessoa pública" (Rousseau, [1762] 2012, p. 50). Ele observa que essa pessoa pública, ao executar sua própria vontade, realiza ao mesmo tempo seu interesse.[31] No entanto, nem o abandono do próprio interesse, nem a identificação da vontade com os meios de ação podem ser compreendidos facilmente. No que se refere ao interesse individual, Rousseau fala de uma oposição, e Arendt chega mesmo a falar em uma revolta (SR, p. 110), fazendo referência a uma nota de rodapé do terceiro capítulo do segundo livro do *Contrato social*:

> 'Cada interesse', diz o marquês D'Argenson, 'tem princípios diferentes. A concordância de dois interesses particulares se forma por oposição ao de um terceiro'. Ele teria podido acrescentar que a concordância de todos os

---

[30] O "véu de ignorância" de Rawls (Rawls, [1971] 1998, p. 36) tem objetivos similares. Ele também se preocupa com a redução da pluralidade de perspectivas ao *liberar* os indivíduos de sua posição específica na ordem social. Dessa maneira, ele pode alcançar seus dois princípios fundamentais de justiça (ver Rawls, [1971] 1998, p. 81 e ss).

[31] Se sobra apenas uma pessoa no âmbito político, o significado do conceito de interesse também se dissolve, pois o *inter est* (ver CH, p. 228) exige mais de uma pessoa para que algo possa estar *entre*. Consequentemente é irrelevante se o interesse assim compreendido pode ser identificado à vontade ou mantém seu sentido independente.

> interesses se forma por oposição ao de cada um. Se não houvesse interesses diferentes, mal se perceberia o interesse comum, que nunca encontraria obstáculo: tudo fluiria por si mesmo e a política deixaria de ser uma arte. (Rousseau, [1762] 2012, p. 60).

Para Rousseau, a oposição a interesses individuais é um pré-requisito essencial à criação de uma vontade homogênea e uniforme. Estabelecer uma linha de frente contra uma terceira parte cria o acordo necessário. O oponente aqui não é efetivamente um interlocutor, que poderia ter algo a contrapor, mas, antes, como terceira parte, ele é um meio para o acordo e, assim, apenas negativo. Mas o problema central é saber, antes de tudo, como essa alienação total pode ser realizada. Em outras palavras, como a oposição contida no interesse individual pode ser superada? O que pode motivar o indivíduo a renunciar todos os seus interesses em benefício da pessoa pública que está para surgir?

Costuma-se assumir, com Rousseau, que uma união entre indivíduos livres e iguais se realiza em um contrato por motivos racionais. Mas outras passagens do *Contrato social* indicam, ao contrário, que Rousseau certamente estava consciente da "ficção da tradição contratualista" (Habermas, 1998, p. 116) presente em suas ideias, e das possíveis limitações que as acompanhavam. Bruno Schmid aborda essas passagens em seu livro sobre Rousseau, chamado *Sittliche Existenz in Entfremdung* [*Existência ética na alienação*], e indica que, embora a compreensão da *aliénation* se apoie de modo patente em um conceito central da tradição política e de Filosofia do Direito, Rousseau confere-lhe um acento bastante diferente (cf. Schmid, 1983). Na tradição contratualista de Filosofia do Direito, afirma Schmid, alienação significa o ato legal pelo qual o indivíduo aliena seus direitos de soberania. Com Rousseau, no entanto, essa obrigação puramente jurídica por parte do cidadão não é suficiente para prover o corpo político de uma fundação sustentável. Schmid considera, assim, que Rousseau se apoia em fontes afetivas:

> O vínculo do indivíduo para com a sociedade, em sua opinião, deve ser conduzido ao nível afetivo. Por outro lado, o grau deste vínculo não deve estar sujeito à disposição e ao humor; ele deve ter o caráter de uma entrega abrangente e obrigatória. (Schmid, 1983, p. 408).

De acordo com Schmid, essa "entrega abrangente" aponta para a "dimensão antropológica da *aliénation*" (Schmid, 1983, p. 404), que possibilita ao povo um novo tipo de existência, inteiramente baseada na comunidade. Na obra de Rousseau, no entanto, não é claro como as pessoas podem ser motivadas a adotar esse tipo de *aliénation*. A solução para Rousseau parece estar, à primeira vista, na virtude. No entanto, como Schmid questiona criticamente, "como é possível a uma pessoa que não conhece a virtude decidir pela *aliénation*?" (Schmid, 1983, p. 417). Por fim, esse autor resolve o problema da motivação rejeitando o traço utilitarista em benefício do elemento ético-teológico e oferece a *religion civile* como base da motivação para adotar a alienação – apesar de certas reservas relativas à coerência teórica (ver Schmid, 1983, p. 419-465).

Assim como Schmid, Ulrich Preuß também centra sua atenção no "problema não resolvido da motivação para a *aliénation*" (Schmid, 1983, p. 415). Mas em contraste com Schmid, Preuß aponta para um traço pré-político do *Contrato social* que mina a ideia, presente no contrato social, de unificação das pessoas livres e iguais. De acordo com Preuß, Rousseau não se apoia na razão ou na religião civil, mas no poder unificador da homogeneidade étnica. Preuß se refere aqui ao capítulo dez do segundo livro do *Contrato social*, em que Rousseau se pergunta a respeito do tipo de povo mais adequado a uma legislação (Preuß, 2006, p. 385). Isso mostra, segundo Preuß, que Rousseau também tem grande confiança em um povo "que já se encontra vinculado por alguma união de origem, interesse ou convenção" (Rousseau, [1762] 2012, p. 77). Preuß conclui:

> A suposição de uma união e coerência pré-constitucionais do povo limitaria a validade da afirmação segundo a qual a construção do contrato social gera a solidariedade que vincula a multidão de indivíduos ao grupo social. Mais importante para nossos problemas contemporâneos é saber se o estado constitucional pressupõe um grau mínimo de igualdade pré-política e de homogeneidade no poder constituinte. (Preuß, 2006, p. 385).

Não pretendo discutir as ideias de Preuß a respeito da homogeneidade étnica na obra de Rousseau, mas apenas constatar, com suas indicações e com as de Schmid, que o próprio Rousseau é obscuro a respeito dos meios pelos quais a criação de uma nação pode ter êxito e o quão permanente ela deve ser. Em outras palavras: um Estado só pode ser efetivamente criado por um grupo de pessoas que já apresentam uma quantidade mínima de igualdade e homogeneidade pré-política? As ideias de Preuß e Schmid são valiosas nesse contexto porque direcionam a atenção para a questão das condições necessárias para que a alienação exigida e a consequente identificação com a vontade geral possam ter êxito. Assim como Preuß, Arendt também duvida que Rousseau se satisfaça com a solução racional. Mas em vez de procurar passagens que o denunciem como um teórico secreto da homogeneidade étnica, ela percorre outro caminho: desenvolvendo a lógica da dimensão afetiva em Rousseau, Arendt aponta tanto para a origem da reivindicação de homogeneidade quanto para o que causa o *modus* de inclusão e exclusão na construção nacional de identidade e solidariedade.

De acordo com Arendt, Rousseau está consciente de que a *aliénation totale* exigida, de que a batalha individual contra interesses individuais e a identificação da vontade individual com a da nação não podem ser alcançadas apenas pelo pensamento racional. Em vez disso, elas exigem muito mais os "apelos à paixão, ao coração, à alma e especificamente à alma dilacerada" (SR, p. 118) que surge com a piedade:

> Para participar da comunidade política da nação, o cidadão deve ser capaz de viver em contínua rebelião contra si mesmo e contra seus interesses. A compaixão pelos outros, que afinal contradiz inteiramente o interesse individual, é como que a *disposição de espírito* a partir da qual esta rebelião contra si e a submissão à vontade geral podem ser realizadas da maneira mais simples e natural. (ÜR, p. 99 e ss – ênfase minha).[32]

Essa passagem tem importância fundamental para a compreensão da dimensão teórico-política do conceito arendtiano de nação, uma vez que ela expressa de modo muito condensado a maneira pela qual se cria a identidade e de que modo deve ser o "ato de demonstração de solidariedade" (ÜR, p. 94). A identidade é gerada por meio de uma rebelião constante contra si mesmo. Por contraste, a solidariedade significa, no contexto da nação, um ato de identificar

---

[32] Partes desta passagem também podem ser encontradas em SR (p. 114 e ss).

a própria vontade à vontade geral. Ambas as construções – a da identidade e a da solidariedade – são estreitamente conectadas entre si, pois o ato de solidarização exigido só pode ter êxito onde os interesses próprios já tenham sido cedidos. Tanto a criação de identidade quanto o ato de solidarização são sustentados, apoiados e conduzidos pela "disposição de espírito", ou seja, pela compaixão, que permite que se mantenha um virtuoso autocontrole. Nussbaum nota em suas reflexões sobre Rousseau que a compaixão, de acordo com ele, representa "a raiz de toda cidadania exitosa" (Nussbaum, 2000, p. 149). Embora a referência à piedade/compaixão ainda exija esclarecimentos mais precisos, Arendt afirma que a exigência de Rousseau por uma *aliénation totale* representa uma reinterpretação do conceito de virtude: o objeto da virtude não é mais a *res publica*, mas, antes, "virtude significa pensar no bem-estar do povo, identificar a vontade própria com a vontade do povo" (SR, p. 111).[33] A partir desse ponto, de acordo com Arendt, tornou-se um hábito "tornar equivalente" virtude e "altruísmo" (SR, p. 116). Em outras palavras, autocontrole ou altruísmo e o abandono dos próprios interesses em benefício da vontade geral se tornaram o emblema do bom cidadão.[34]

No entanto, antes de começar a analisar cuidadosamente as construções de identidade e solidariedade no nível da nação, é preciso examinar mais cuidadosamente o modo de funcionamento da piedade/compaixão. Esse é o único meio para, não apenas completar a resposta arendtiana à questão rousseauísta a respeito do problema não resolvido da motivação, mas também para dar um passo decisivo em direção à compreensão (teórico-política)

[33] Arendt fala de Robespierre aqui, mas Robespierre "veio apregoar uma virtude tomada de empréstimo a Rousseau" (SR, p. 116).

[34] É importante notar que "altruísmo" traduz aqui os termos *selflessness* e *Selbstlosigkeit* (ambos usados tanto por Arendt quanto por Volk). Esses substantivos têm uma estrutura parecida, composta por um *eu* (*self/ Selbst*), uma *falta* (*less/ losig*) e um sufixo que substantiva, indicando a qualidade de algo (*ness/ keit*). Trata-se, portanto, de algo como uma "qualidade do que não tem um eu"; "abnegação" seria uma escolha possível, mas optamos por manter o termo que já circula pelas edições brasileiras dos livros de Arendt. Em português, "altruísmo" costuma ser usado em sentido moralmente positivo, mas aqui começa a se delinear a crítica ao altruísmo como virtude política, crítica que será também importante para a análise, no capítulo 4, do típico homem de massas, sempre disposto a renunciar a si e lançar-se avidamente às massas em nome de "algo maior". [NT]

da nação por Arendt: o modo de funcionamento da piedade é nada menos que uma descrição daquilo que a autora, seguindo Robespierre, chama de "patriotismo do coração". No entanto, o patriotismo do coração forma o cerne do conceito de nação, e a própria expressão condensa a internalização do político que opera ao lado desse conceito.

C — A internalização do político

i. Da compaixão à piedade

A discussão a respeito do conceito rousseauísta de piedade feita por Arendt em *Sobre a revolução* se inspira de muitas formas na forte crítica de Nietzsche à "filosofia da piedade" (Nietzsche, [1881] 1972b, p. 109). Mesmo nos pontos em que a autora se distancia de Nietzsche, como quando se coloca contra a afirmação unilateral da piedade como "pecado" (Nietzsche, [1882] 1972c, p. 306) ou quando propõe uma elaboração mais balanceada dessa emoção, ela ainda parece aceitar o lamento de Nietzsche contra a "linguagem [que] cai grosseiramente, com uma só palavra, sobre algo assim polifônico!". Arendt separa o "simples" (Nietzsche, [1881] 1972b, p. 106) termo alemão *Mitleid* (piedade) nos termos ingleses *pity* (piedade) e *compassion* (compaixão). Na versão alemã do livro, *Über die Revolution*, *compassion* é vertido como "verdadeiro co-sofrimento" [*wirkliches Mit-Leiden*] (ÜR, p. 108) ou simplesmente em gerúndio, como "sofrendo" (*Mitleiden*). *Pity* é vertido por *Mitleid* e indica o sentimento gerado pela observação do sofrimento à distância.

A discussão intensa e condensada a respeito da piedade em *Sobre a revolução* tem pressupostos substanciais e, para ser compreendida, exige referências a conceitos centrais de sua obra. O aspecto teórico-político da análise só se torna claro quando se percebe a função que o conceito desempenha em Rousseau, até que ponto a compaixão se torna piedade a partir de sua própria função e, por fim, quais mecanismos são trazidos para sustentar o conceito de piedade. Uma olhada em *A condição humana* é essencial para esse propósito, pois é nessa obra em que Arendt se refere a Rousseau como o teórico da intimidade, aquele que preparou o caminho para o "indivíduo moderno" (CH, p. 47) com sua "rebelião do coração [...] contra as exigências niveladoras do social, contra o que hoje chamaríamos de conformismo inerente a toda sociedade". Para compreender a fuga de Rousseau rumo à esfera da intimidade, é necessário perceber que ele se retira de uma sociedade que já está em meio a um processo de desintegração. A esfera privada era precisamente o espaço até então considerado como lugar seguro para o refúgio do indivíduo:

> O primeiro eloquente articulador da intimidade e, até certo ponto, o seu teórico foi Jean-Jacques Rousseau [...] Ele chegou à sua mediante uma rebelião, não contra a opressão do Estado, mas contra a insuportável perversão do coração humano pela sociedade, contra a intrusão desta última em uma região recôndita do homem que, até então, não necessitara de proteção especial. (CH, p. 47).

Dessa forma, o protesto de Rousseau se dá a partir das mais profundas interioridades humanas, a partir do coração – tomado como símbolo dos sentimentos. Esse ponto de partida da rebelião não é coincidência, pois é o lugar que por séculos permaneceu sem perturbações vindas da exposição pública e, agora, sofria crescentemente a ameaça de se tornar vítima da emergência da sociedade. Rousseau percebeu que, em última instância, o implacável avanço do social não se interromperia nas mais profundas interioridades humanas, ou seja, na intimidade.[35] Mas é difícil saber se Rousseau estava ciente de que atacante e defensor têm aqui uma natureza comum, pois, ao considerar a intangibilidade do social, a rebelião de Rousseau recuou para uma região que não ocupa lugar no mundo. Diferentemente do lar, que já foi a expressão simbólica do privado, e da ágora, que simbolizava o público, a sociedade não pode ser localizada porque não está em lugar nenhum e está em todos os lugares, assim como o lugar de protesto contra ela, que Rousseau localiza na vida emocional subjetiva, que é igualmente desprovida de mundo (cf. Volk, 2005, p. 64-72).

De acordo com Arendt, o homem perde a habilidade de perceber a realidade fora de si quando se lança radicalmente sobre si mesmo e se enreda em sua vida emocional. Seus sentidos, seus humores, conflitos internos, sentimentos, ou seja, seus desejos e necessidades individuais se tornam o único suporte de orientação para ele. Dessa permanência sobre necessidades subjetivas, decorre que a "realidade não está na presença pública dos outros, mas na maior ou

---

[35] Ver, a esse respeito, a distinção feita por Rousseau entre o *amour de soi* e o *amour propre* (Rousseau, [1755] 1995, p. 169).

menor premência das necessidades, cuja existência ou inexistência ninguém pode jamais atestar senão aquele que as sente" (CH, p. 69 – ênfase minha).

Com Rousseau, a realidade não é alcançada a partir de um "conceito de testemunho" (Saavedra, 2002, p. 120), e sim a partir de um diagrama de emoções. O real é o que se sente, e o que se sente com maior intensidade é mais real. Tudo o que convida à projeção e, ao mesmo tempo, promete sentimento intenso é organizado de modo tal que forneça ao coração o resultado desejado. A realidade se degenera, assim, em projeção idiossincrática. O sentimento do indivíduo é o objetivo final e, consequentemente, o mundo é moldado de maneira a ser compreendido por esse instrumento unidimensional de percepção. São importantes aqui os afetos que excitam o coração, pois eles permitem a experiência do próprio corpo como o primeiro mundo exterior. Desejo, dor e tudo o mais contido na gama de emoções constituem os sentidos internos cujo estímulo conduz à certificação de si mesmo (ver DT, p. 509). Ao mesmo tempo, no entanto, são precisamente essas emoções agitadas que nos separam de todo o mundo que existe fora de nós. Em um mundo crescentemente incerto e que perdeu seus padrões de segurança devido a revoluções, secularização, progresso econômico e descobertas científicas, a intensificação dos próprios sentimentos serve como suposta prova ou garantia do fato de que se pode ao menos estar seguro de si mesmo. Tímida autoafirmação na forma do sinto, logo existo.

O discurso de Rousseau sobre a piedade deve ser compreendido precisamente a partir dessa base motivadora acima delineada; ela representa um componente decisivo para a crítica de Arendt à modernidade. Desse ponto de vista, torna-se claro que "Rousseau, a tarântula moral" (Nietzsche, [1881] 1972b, p. 13) não está especialmente interessado no infortúnio dos outros, mas, antes, localiza suas esperanças no "movimento do próprio coração" (ÜR, p. 112),[36] que bate a partir da visão do sofrimento dos outros. Em *Humano, demasiado humano*, Nietzsche parece considerar esse aspecto quando escreve que "a sede por piedade é a sede pelo gozo próprio" (Nietzsche, [1878] 1972a, p. 486) que busca se satisfazer. Tomando essa sede como ponto de partida, Rousseau muda o conteúdo substancial do termo "compaixão" e converte compaixão em "piedade". Arendt argumenta:

[36] Ver SR (p. 126).

> Mas nesta esfera da intimidade, o determinante não estava nas paixões – emoções que sofrem com as forças ou as circunstâncias situadas fora do indivíduo – e sim nos sentimentos, nas sensações e emoções, ou seja, em tudo aquilo que poderia excitar a gama recém-descoberta de movimentos do coração. A compaixão foi descoberta e compreendida como um sentimento autorreflexivo, e o sentimento que corresponde à comoção apaixonada pelo sofrimento dos outros é, evidentemente, a piedade no sentido comum da palavra. (ÜR, p. 112).[37]

Na versão em inglês, a piedade é definida como "o sentimento que corresponde à paixão da compaixão" (SR, p. 127), ou seja, piedade significa essa "paixão da compaixão" e não mais a própria compaixão. Assim, quando Rousseau fala de piedade, ele não está pensando no verdadeiro co-sofrimento, compreendido como diretamente afetado pelo sofrimento óbvio e específico de um indivíduo concreto. Ele quer dizer, antes, uma emoção que afeta toda a gama de sentimentos e possibilita, em primeiro lugar, a piedade. Como o filósofo genebrino deixa claro em seu discurso "Sobre a origem das línguas", é precisamente a capacidade de empatia que deve impedir que alguém sinta apenas a si mesmo e obstrua a solidariedade exitosa e duradoura com outros (ver Rousseau, [1781] 1981, p. 186).[38] Arendt, em contraste, argumenta que, devido ao *status*, significado e função que a compaixão tem nas ideias de Rousseau – um sentimento intenso voltado à certificação de si mesmo —, ela muda seu arranjo interno e se converte em piedade. Por meio de sua função como sismógrafo da realidade, a compaixão se consolida e é transformada em piedade. Enquanto no verdadeiro co-sofrimento a distância entre si mesmo e a pessoa que sofre é praticamente extinta – o que conduz a uma "falta de

---

[37] Essa passagem em *Sobre a revolução* diz: "Nessa esfera da intimidade, a compaixão se tornou falante, por assim dizer, pois veio a funcionar, junto com as paixões e o sofrimento, como estímulo para a vitalidade do leque recém-descoberto das emoções. Em outras palavras, a compaixão foi descoberta e entendida como emoção ou sentimento. E o sentimento que corresponde à paixão da compaixão é, evidentemente, a piedade" (SR, p. 127). Em outro momento, Arendt fala de uma "loquacidade da piedade" (SR, p. 124).

[38] Rousseau escreve neste ponto: "Aquele que não tem empatia sente apenas a si mesmo; ele está só em meio ao gênero humano" (Rousseau, [1753] 1981, p. 186).

jeito com as palavras" (SR, p. 124) que por sua vez leva à expressão por gestos e olhares – a piedade de Rousseau mantém uma distância desde o início.

Somente por meio do distanciamento, o indivíduo se coloca em posição de se entusiasmar com a imagem que ele criou por meio de agitações e discursos ardentes. Para Arendt, não há dúvidas de que a imagem das massas destituídas na França – compreendidas como *le peuple, les malheureux m'applaudissent* [o povo, os infelizes me aplaudem], nas palavras de Robespierre, ou como *le peuple toujours malheureux* [o povo sempre infeliz], nas palavras de Sieyès – é uma projeção. Apenas com distanciamento, os homens da Revolução conseguiriam se perder nas agitações e discursos ardentes sobre o sofrimento dos outros, daqueles que só podiam aparecer de maneira "despersonalizada" (SR, p. 123) como pobres, *toujours malheureux*. Despersonalização também foi mencionada por Nietzsche. Em sua *Gaia ciência*, ele destaca que "é da essência do afeto compassivo despojar o sofrimento alheio do que é propriamente pessoal" (Nietzsche, [1882] 1972c, p. 473). Para ser mais exato: o piedoso não sofre com o sofredor, mas, antes, com aquilo que ele mesmo criou, com o objeto sofredor. Como o objeto sofredor é apenas uma imagem interna projetada para fora, o piedoso sofre, no fim das contas, consigo mesmo e se intoxica com as próprias palavras, imagens etc. deliciando-se com o sentimento gerado dentro de si mesmo. Ele se paralisa pelos próprios sentimentos e pela própria emotividade.

De acordo com isso, o conceito de piedade deve ser visto, segundo Arendt, como uma espécie de suporte, como uma aptidão para identificar um objeto preparado de tal maneira que seja capaz de, por assim dizer, colocar o coração em movimento – no caso da Revolução Francesa, esse objeto foi a massa miserável, para a qual a Revolução criou acesso à esfera pública e por meio da qual a grande miséria se tornou visível a todos. Pode-se, portanto, conceber que o mecanismo – visibilidade ampliada, projeção, estímulo ao coração, identificação – também produz efeitos com objetos muito diferentes. Em outros termos: a disposição de espírito, a emoção que sofre não é acesa apenas por temas sociais, mas é desencadeada também – como as guerras napoleônicas mostraram mais tarde – por pares opostos como libertador e opressor, amigo e inimigo.[39]

---

[39] Ver também a este respeito Nietzsche ([1882] 1972c), no que ele se refere à piedade como um "desejo consentidamente mantido em segredo".

Como a piedade é, acima de tudo, um meio de excitação do próprio coração, fica-se excitado com a própria excitação. No que se refere à análise arendtiana de Rousseau e a questão do motivo para a *aliénation totale*, piedade significa a capacidade de sofrer que dispersa o "pequeno egoísmo" e a "fria razão" criando uma disposição emocional que permite estabelecer a vontade geral como a direção suprema e agir de acordo com ela.

Já indicamos ao longo da abordagem sobre *aliénation totale* como o conceito de virtude muda com Rousseau. Enquanto a tradição romana sempre conectou e relacionou a virtude ao mundo exterior, à *res publica*, com Rousseau, segundo Arendt, ela passou a se centrar exclusivamente no que é próprio ao indivíduo (*individual self*). Altruísmo e autocontrole se tornaram a fundação do conceito de virtude. As observações mostraram que o altruísmo e o autocontrole só são possíveis graças ao poder motivador da piedade, e que a virtude do altruísmo, segundo Arendt, sempre esteve vinculada a uma carga emocional alta. Para formular de outra maneira: na interpretação arendtiana de Rousseau, o serviço à comunidade é um serviço que retira do coração a sua força. Isso não muda apenas o conceito de virtude, mas, como consequência lógica, muda também a compreensão do patriotismo. Compreendido como serviço à causa pública, o patriotismo se torna patriotismo do coração, preocupado com a pureza do próprio coração – que agora é vista como pré-requisito para poder servir à comunidade.[40]

---

[40] Uma interpretação completamente diferente das ideias de Rousseau sobre a piedade pode ser encontrada na obra de Martha Nussbaum. Justamente o "imaginar compassivo de si na posição do outro" é "de grande importância para a boa cidadania em um mundo em que inevitavelmente encontramos o outro, o estrangeiro" (Nussbaum, 2000, p. 147f). Essa capacidade, continua Nussbaum, deve ser urgentemente cultivada se quisermos ir além do mero discurso na construção de uma ordem política que respeite a diferença no outro. Assim, o recurso às ideias de Rousseau a respeito da piedade é fundamental, pois ele argumenta de modo convincente que a visão dos outros que sofrem tem um poder especial para nos arrancar do egoísmo: "A visão do sofrimento tem este poder porque nos lembra de nossa própria vulnerabilidade e nos torna conscientes dos infortúnios que podem se abater sobre nós. Em nossa curiosidade a respeito da qualidade da vida, catástrofes e acasos estimulam nossos pensamentos com muito mais força do que eventos serenos e felizes. Por essa razão, a dor (*the painful*) forma a base de nossa ligação com o outro" (Nussbaum, 2000, p. 150). Essa conclusão de que a dor se torna a base de nossa solidariedade com

Para resumir brevemente as considerações acima, podemos estabelecer o seguinte: refletindo sobre a questão social sob uma luz teórico-política, vimos a convicção de Arendt segundo a qual nenhum Estado poderia ser criado na França por meios discursivo-democráticos. Sustentadas na miséria presente nas ruas de Paris, as ideias de Rousseau sobre a *volonté générale* ganharam imensa plausibilidade e capacidade persuasiva naquele ponto do tempo histórico. O estabelecimento de uma vontade geral, formada a partir dos interesses das massas miseráveis, só seria possível se o restante da sociedade pudesse ser convencido a abrir mão de seus próprios interesses. Altruísmo e alienação total são as palavras-chave aqui.[41] Mas essa batalha contra si, contra

---

o outro receberia críticas de Arendt. Em seu texto sobre Lessing, por exemplo, ela cita Cicero para se opor ao caráter afetivo da piedade (LR, p. 30): "'Ou somos incapazes de ser generosos sem piedade?'. Em outras palavras, seriam os seres humanos tão mesquinhos a ponto de serem incapazes de agir humanamente, a menos que se sintam instigados e por assim dizer compelidos pela sua própria dor, ao ver outros sofrerem?" Mais certo ainda é que Arendt recusaria ou não poderia reconhecer o "impulso mimético" (cf. Adorno, [1966] 1997c, p. 281) a partir da observação do sofrimento alheio. Ela simplesmente rejeita a capacidade deste impulso para organizar a solidariedade política e estabelecer uma ordem permanente, pois a compaixão sincera pelo sofrimento de um outro específico nunca pode ser generalizada sem o impulso real de destruir a compaixão pelo sofrimento específico de uma pessoa. Além disso, o *verdadeiro co-sofrimento* é sempre silencioso e, de acordo com Arendt, se expressa apenas por gestos e olhares, como ilustra suas ideias sobre o silêncio de Jesus, no *Grande inquisidor*, de Dostoievski, e da gagueira de Billy Budd no livro de Melville (ver SR, p. 119). A razão para esse mutismo do verdadeiro co-sofrimento é que, como no amor, toda distância entre o sofredor específico e o verdadeiro compassivo (co-sofredor) é dissolvida. Precisamente por este motivo, segundo Arendt, o verdadeiro co-sofrimento nunca pode ter significado político.

41 Embora Arendt não cite extensivamente o *Contrato social*, ela muito provavelmente pensava naquelas passagens em que Rousseau rejeita a discussão, a troca de opiniões e a consulta para a constituição da vontade geral – ele chega a considerar prejudicial a troca de opiniões: "Quanto mais reinar a concordância nas assembleias, isto é, quanto mais as opiniões se aproximarem da unanimidade, mais também a vontade geral será dominante; enquanto os longos debates, os dissensos, o tumulto, anunciam a ascendência dos interesses particulares e o declínio do Estado". (Rousseau, [1762] 2012, p. 123). A alienação permite que a piedade prepare o caminho para tornar *universalmente visíveis* as verdadeiras necessidades

os próprios interesses só pode ser conduzida, segundo Arendt, pelo poder motivador da piedade. Ao observar suas afirmações em *A condição humana*, vemos qual é a função desempenhada pela piedade em Rousseau e como a compaixão, por esses meios, se converteu em piedade. O poder motivador da piedade surge do fato de o objeto, com cujo interesse ou vontade deve haver identificação, ter sido preparado de maneira a estimular o coração. Mas até que ponto essa função da piedade foi significativa para a Revolução Francesa?

ii. Piedade e o conceito de nação na Revolução Francesa

Ao avaliar o significado da piedade para a Revolução Francesa, deve-se talvez considerar onde foi formado politicamente o objeto ao qual a piedade deve ser direcionada e onde a formação consciente da piedade, isto é, sua exposição pública, foi declarada como virtude cardinal do político. Falo aqui da formação do conteúdo do conceito de nação e sua identificação com os *toujours malheureux*, de Sieyès.

Quando o fracasso da Constituição deixou claro que faltava um corpo político adequado, afirma Arendt, a questão do poder e de sua legitimação surgiu novamente. Inicialmente, todas as ações que eram compatíveis com a vontade política do povo pareciam ser legítimas. Mas quem ou o que era o povo? E qual é sua vontade política? Arendt escreve, a esse respeito:

> A expressão *le peuple* [o povo] é essencial para qualquer entendimento da Revolução Francesa, e suas conotações foram determinadas por aqueles que presenciavam o espetáculo dos sofrimentos do povo, sem partilhá-los pessoalmente. Pela primeira vez, a expressão passou a abranger não só os excluídos do governo, não só os cidadãos, mas a arraia-miúda. A própria definição do termo nasceu da compaixão e passou a ser sinônimo de desgraça e infelicidade – *le peuple, les malheureux m'applaudissent* [o povo, os desgraçados me aplaudem], como gostava de dizer Robespierre; *le peuple toujours malheureux* [o povo sempre desgraçado], como disse o próprio Sieyès. (SR, p. 111).

---

e carências da vontade geral. O primeiro homem a propô-las *não faz mais que dizer o que todos já sentiram* (Rousseau, [1762] 2012, p. 121 – ênfase minha).

Uma (sincera) compaixão pelo sofrimento do povo, similar àquela transformada em piedade por Rousseau, também se consolidou e solidificou no conceito de nação entre os homens da Revolução. O povo é concebido doravante apenas como a massa que sofre, o que conduz ao apelo à auto-renúncia de todos, à *aliénation totale*. Torna-se claro, dessa forma, de que maneira *le peuple*, como a versão política do povo, era na visão de Arendt um produto da elite revolucionária que, com a ajuda da paixão da compaixão, "almejava a solidariedade com os infelizes e miseráveis" (LR, p. 29). Não há dúvidas de que as massas estavam unidas no que se refere à sua miséria, mas, de acordo com Arendt, elas não representavam uma unidade política e não tinham o sentimento de pertencimento correspondente. As diferenças entre profissões individuais e os estratos sociais do terceiro Estado eram, de acordo com Arendt, tão grandes que não há dúvidas a respeito do consenso abrangente de interesses entre eles. No entanto, ao equiparar o povo às massas destituídas, e dessa forma elevar os interesses dessas massas ao plano dos interesses nacionais, o caminho estava preparado para que o povo assumisse o *status* moral que se espera dos legítimos tomadores de decisão. Além disso, os homens da Revolução também justificavam dessa maneira seus esforços por interesses que não estavam diretamente vinculados aos de suas próprias posições e origens sociais.[42]

---

[42] Além da transformação da compaixão em piedade descrita acima, Arendt concebe outra possibilidade para que a piedade possa se manifestar politicamente. As consequências não seriam menos fatais: "Como regra, não é a compaixão que se lança a transformar as condições mundanas e mitigar o sofrimento humano, mas, se o faz, ela evitará os longos e cansativos processos de persuasão, negociação e acordo, que são os processos da lei e da política, e emprestará sua voz ao próprio sofrer, que deve reivindicar uma ação rápida e direta, ou seja, a ação por meio da violência" (SR, p. 125). Penso que devemos interpretar essa passagem como uma resposta às ideias de Benjamin a respeito da "pura violência divina" (Benjamin, [1920-21] 1965, p. 60). O discurso de Arendt a respeito da "ação direta" e da ação violenta do verdadeiro co-sofrimento quando este lida com o mundo corresponde, em minha visão, com as reflexões em que Benjamin reconhece na "violência imediata pura" (Benjamin, [1920-21] 1965, p. 59]; na "manifestação sagrada" [1920-21] 1965, p. 60); na "verdade violenta" [1920-21] 1965, p. 62), não um meio, mas a ação direta ou a manifestação da justiça. Como se sabe, Benjamin concebe essa manifestação sagrada de uma violência divina como a única saída da eterna recorrência

Arendt considera que a razão óbvia para escolher os interesses da massa de miseráveis como a fonte de legitimação da nação se deve a uma mistura entre a desilusão com a conduta corrupta da nobreza rica e as ideias de Rousseau a respeito da natureza boa e incorrupta do homem em seu estado de natureza (ver Rousseau, [1755] 1995, p. 91 e ss). Segundo Arendt, a destituição desse estrato da população fez com que ele se encaixasse suavemente no espaço vazio criado pela eliminação das instituições religiosas e tivesse agora a tarefa de fornecer uma face secular à dignidade humana. As massas miseráveis incorporavam o bem absoluto e, assim, simbolizavam a mais alta ordem moral, aquela com a qual os espíritos de todo o terceiro Estado e de todo o novo povo francês estavam (supostamente) comprometidos. O poder constituinte é sancionado moralmente pela ordem mais alta. Mais ainda: isso serve de impulso e justificativa para as ações dos revolucionários, que, para citar Nietzsche novamente, eram "um só em sua crença na moral do sofrimento *comum*" (Nietzsche, [1886] 1972d, p. 106). Segundo Arendt, esse é o ponto decisivo para a compreensão da Revolução Francesa em geral e dos ensinamentos (SR, p. 116)[43] de Rousseau a respeito dela em particular. Nenhum deles pode

---

da opressão e da violência. Arendt, em sua crítica silenciosa a Benjamin, certamente não segue o (enganoso) caminho de Derrida, que chega ao ponto de afirmar reconhecer nas ideias de Benjamin o prenúncio da solução final, pelo quê foi criticado (cf. Derrida, 1991, p. 123 e ss; e a crítica de Lindner [1997]). O cerne da crítica de Arendt está mais provavelmente direcionado ao monismo apolítico presente no pensamento de Benjamin e que irradia do trabalho sobre a violência. A violência contra outros é justificada a partir do ponto arquimediano de uma ideia de justiça. Essa violência não exige vítimas, mas as toma. O ato fundante da ordem segundo Benjamin é, de acordo com Arendt, completamente desprovido de comunicação e jamais será capaz de se livrar dessa falta. Isto porque Benjamin opera com ideias de bem absoluto e justiça divina, diante das quais só é possível se alinhar ou rejeitar. Nenhuma diversidade de opiniões é possível. "Para os bons", escreve ela, "as boas ações são autoevidentes" (ÜR, p. 110). Todas as formas de absoluto – sejam boas ou más – terminam em desastre violento na esfera política, pois, por serem absolutas, elas não têm comunicação e não admitem pluralidade.

43 Arendt escreve: "É como se Rousseau, em sua revolta contra a razão, tivesse colocado uma alma partida em dois em lugar do dois-em-um que se manifesta no diálogo silencioso da mente consigo mesma, e ao qual chamamos 'pensar'. E, como o dois-em-um da alma é um conflito e não um diálogo, ele gera a paixão em seu duplo sentido de sofrimento intenso

ser compreendido "sem se levar em conta o papel crucial que a compaixão veio a desempenhar nos sentimentos e nas reflexões dos homens que prepararam e atuaram durante a Revolução Francesa". (SR, p. 117).

> A magia da compaixão consistia em abrir o coração do sofredor aos sofrimentos alheios, estabelecendo e confirmando assim o *laço 'natural' entre os homens, que apenas os ricos tinham perdido*. Onde a paixão, a capacidade de sofrer, e a compaixão, a capacidade de sofrer com os outros, terminavam, aí começava o vício. O egoísmo era uma espécie de depravação *natural. Se foi Rousseau quem introduziu a compaixão na teoria política, foi Robespierre quem a levou à praça pública com o vigor de sua grandiloquência revolucionária.* (SR, p. 118-119 – ênfase minha).

A compaixão deveria restaurar o laço perdido entre os estratos sociais, e foi sob essa função que se converteu em piedade. Para esse fim, parecia necessário exibir conscientemente a piedade, uma vez que o coração de cada indivíduo é invisível.[44] Dessa maneira, a apresentação da compaixão apaixonada se converteu na virtude cardinal do político com a Revolução. Apenas quem se agitasse apaixonadamente pelo bem das massas miseráveis parecia buscar verdadeiramente uma solidariedade com a nação. Segundo Arendt, a hipocrisia e a desconfiança por parte dos atores e espectadores se tornam, consequentemente, efeitos não intencionais de uma política baseada em sentimentos. A história do Terror jacobino é conhecida demais para ser repetida em detalhes aqui. Mas é necessário salientar brevemente que a virtude do

---

e passionalidade intensa. Foi essa capacidade de sofrimento que Rousseau lançou, de um lado, contra o egoísmo da sociedade e, de outro lado, contra a solidão imperturbável da mente, entregue ao diálogo consigo mesma. E foi por causa dessa ênfase no sofrimento, mais do que por qualquer outra coisa em sua doutrina, que Rousseau veio a exercer uma influência enorme" (SR, p. 118).

44 Somam-se a isto, com certeza, as ideias de Rousseau a respeito da falta de empatia entre a nobreza, o clero e a alta burguesia. Naturalmente, os homens da Revolução queriam escapar de qualquer jeito dessa acusação. No *Emílio*, Rousseau pergunta: "Por que os reis não têm piedade de seus súditos? Porque jamais consideram ser homens. Por que os ricos são tão duros com os pobres? Porque não temem se tornar pobres. Por que a nobreza tem tanto desprezo pelo povo? Porque um nobre jamais será plebeu". (Rousseau, [1762] 1979, p. 224).

altruísmo em Rousseau e a demonstração apaixonada de piedade, que é a virtude revolucionária de piedade de Robespierre, não são a mesma coisa. No entanto, mostrarei na próxima seção que Arendt certamente enxerga conexões entre ambas.

Torna-se claro neste ponto como Arendt deduz ou vê o desenvolvimento da definição de vontade geral a partir da situação histórico-política. De um lado, as circunstâncias sociais externas deslegitimaram a forma original das seções e das sociedades populares; de outro, a estrutura hierárquica do conceito de Estado europeu continental não é capaz de admitir qualquer outro centro de poder (como as seções e sociedades populares). Resulta disso que a vontade geral não pode ser definida por meio de um processo discursivo--democrático entre os cidadãos. Ela foi mais ou menos imposta. Por um lado, a transformação dos interesses e necessidades das massas miseráveis da França em vontade geral da nação, vontade à qual todas as ações políticas tinham de estar orientadas, surgiu de uma necessidade de poder político. Todos os principais poderes revolucionários se sentiram compelidos a dar esse passo. Por outro lado, a legitimidade dessa imposição procedia de considerações pré-políticas baseadas na lei natural do valor moral mais elevado do povo destituído, e que serviram de fonte para essas emoções que se encontram necessariamente na rebelião do indivíduo contra seus próprios interesses. A escolha da massa de miseráveis como portadora da *volonté générale* foi, portanto, arbitrária; ela surgiu da constelação sócio-histórica da sociedade francesa. Esta é uma linha central na narrativa de Arendt a respeito da Revolução Francesa. Ao escolher este caminho para definir a *volonté générale*, ela seguiu novamente Heinz Ziegler, que, para definir a vontade nacional, também sugeriu análises sócio-históricas e político-históricas do período em questão. O autor escreve o seguinte em suas reflexões sobre a relação entre nação e *volonté générale*:

> E é de importância decisiva, agora, [saber] qual forma de união social se identifica com esta categoria [*volonté générale*] *no decorrer dos eventos políticos reais*. Isto porque é preciso conceder ao grupo que for declarado como *portador da volonté générale* esta unidade soberana e formadora de Estado que o conceito de *volonté générale* porta em si. (Ziegler, 1931, p. 99).

De acordo com Arendt, o interesse das massas miseráveis em se tornar o portador da *volonté générale* cresceu durante a Revolução e incorporou a vontade geral nacional pela primeira vez na história. Necessidade de poder político e reflexões morais e filosóficas se combinaram para produzir esse resultado. Ao longo dos cem anos seguintes, novas constelações, com diferentes agentes, declarariam um conjunto diferente de interesses como o interesse nacional e se designariam como portadores da *volonté générale*. Houve ainda outras fases em que a vontade geral experimentou contornos claros e uma formulação de conteúdo dominante e claramente discernível, como na era do imperialismo, quando a expansão econômica se tornou o interesse nacional, e no período entreguerras, com sua política de homogeneidade nacional. Devo abordar as consequências desses processos para o direito e a ordem mais à frente.[45] Antes disso, no entanto, é necessário reduzir as afirmações sobre o conceito arendtiano de nação a um denominador comum claro, e esclarecer as questões, levantadas no início, a respeito da homogeneidade e da exclusão do outro que, segundo Arendt, acompanham o conceito de nação.

iii. A nova virtude e a exclusão do outro

De acordo com Rousseau, o cidadão virtuoso é aquele que se aliena totalmente de si mesmo e renuncia a seus próprios interesses em benefício da vontade geral. Apenas quando o indivíduo, em matéria de política, abre mão de todos os seus interesses como pessoa privada, apenas quando o *bourgeois* se transforma em *citoyen*, é que se torna possível reconhecer os verdadeiros interesses de uma comunidade e formar a *volonté générale*. Uma vez que a vontade geral foi descoberta, deve ser identificada com a vontade própria, e é essa identificação entre a vontade própria e a vontade geral que produz a identidade de uma comunidade. Solidariedade é um conceito separado, que nesse contexto significa o dever de também agir de acordo com a vontade geral; é só então que a solidariedade com os concidadãos é alcançada. Mas e aqueles que não desejam consentir?

Para abordarmos essa questão da relação entre a leitura arendtiana de Rousseau e o problema da homogeneidade e da exclusão do outro, é preciso alertar

[45] Ver capítulo 4.

de saída contra uma conclusão errada e precipitada: a rebelião contra si, contra os próprios interesses, não conduz inevitavelmente à batalha contra outros.[46]

Nem Rousseau nem a interpretação tradicional de seu trabalho indicam qualquer conexão interna a partir da qual uma rebelião contra si tem que se estender a uma batalha contra a atitude divergente dos outros. Rousseau argumenta externamente: a batalha contra os divergentes surge do significado moral da vontade geral; ela não é uma consequência direta da lógica da própria batalha. A exigência de alienação total do indivíduo não é nada menos que a exigência de todos, de modo que cada pessoa deve concordar em renunciar a seus próprios interesses; de outra forma, nenhum indivíduo estará preparado para dar esse passo. O significado desse passo não é psicológico – embora é certo que possa ser interpretado assim – mas pragmático: eu renuncio aos meus direitos e aos meus interesses apenas se os outros fizerem o mesmo. Para Rousseau, o consentimento ao contrato social, ou seja, ao primeiro e mais fundamental *sim* à vontade geral, significa ao mesmo tempo submeter-se a cada convocação da vontade geral. Assim, quando se dá a conclusão do contrato, pessoas de opiniões diferentes são apenas toleradas. Elas são como "estrangeiros entre os cidadãos" (Rousseau, [1762] 2012, p. 123) e devem conviver com o fato de não serem levadas em conta para determinar a vontade geral. Tão logo o Estado tenha sido formado, a submissão à soberania resulta da residência em um "Estado livre" (Rousseau, [1762] 2012, p. 124) – em outras palavras, em um Estado alinhado à teoria rousseauísta do contrato social. Não há apenas razões pragmáticas para isso, razões derivadas da ideia

[46] De toda forma, é possível dar uma razão interna à teoria freudiana da projeção, que transforma a batalha contra si em batalha contra os outros. Em *Além do princípio do prazer*, encontram-se claras indicações disso nas ideias de Freud a respeito da projeção. "Haverá a tendência de tratá-las como se agissem a partir de fora e não de dentro, para poder usar contra elas os meios defensivos da proteção contra estímulos. Essa é a origem da projeção, destinada a ter um papel importante na causação dos processos patológicos". (Freud, [1920] 1999a, p. 29). No entanto, essa figura de argumentação psicanalítica considera apenas a forma, de acordo com a qual a exclusão do outro deve ser conduzida. Assim, embora chegue a conclusões valiosas a respeito do rosto de Janus característico da autorestrição, há o risco de se perder, por outro lado, valiosas questões históricas ou político-morais.

do próprio contrato social; a exigência de submissão à vontade geral também estará conectada a um conteúdo moral imanente:

> Quando se propõe uma lei na assembleia do povo, o que se pergunta a seus partícipes não é se aprovam a proposta ou se a rejeitam, mas se ela é conforme ou não à vontade geral, que é a deles. Ao dar seu sufrágio, cada um dá sua opinião a respeito, e do cômputo dos votos se extrai a declaração da vontade geral. Portanto, quando a opinião contrária à minha prevalece, isso não prova nada além de que eu estava enganado e que o que eu estimava ser a vontade geral não era. Se minha opinião particular houvesse se imposto, eu teria feito uma coisa diferente da que eu tinha querido, e é então que eu não teria sido livre. (Rousseau, [1762] 2012, p. 124).

No momento em que a vontade geral é expressa, descobre-se se a sua opinião individual estava certa ou errada – errado no sentido de ser diferente do verdadeiro interesse da nação. A única coisa a se fazer nessa situação é obedecer e se forçar a ser livre, pois a ideia fundamental de Rousseau é a de que a vontade geral não pode causar dano a ninguém, e que sua existência implica uma obrigação. Mas o que acontece àqueles que, apesar de tudo, não cumprem? Tornam-se "rebeldes e traidores da pátria" (Rousseau, [1762] 2012, p. 64) e devem ser destruídos, ou ao menos banidos. Mas os motivos de Rousseau são externos, pois se referem a certa formulação do conteúdo da ideia de liberdade e, portanto, não resultam do modo de construção da solidariedade em si mesmo: só é livre quem segue a vontade geral. A opinião particular, originada na vontade individual, é uma expressão do estranhamento. Embora a recusa a seguir a vontade geral seja possível, ela é moralmente indefensável e equivale a uma existência sem sentido:

> A pressão contra a vontade ilegal e individual dos infratores é apenas a externalização da moldagem que o direito, geral, justo e desejado por todos, faz da particularidade obstinada. Na adaptação estratégica e forçada, repete-se externamente a coordenação exitosa da generalização do processo de formação de vontade fundado em consulta e completamente democrático. (Kersting, 1996, p. 175).

Arendt não segue esse modo tradicional de ler Rousseau precisamente porque ele localiza a razão da exclusão dos outros na compreensão da liberdade, e não a deriva da lógica da alienação e da virtude do altruísmo. É certo que o conteúdo moral do conceito rousseauísta de liberdade provém da alienação de todos os membros da comunidade incipiente, mas, de acordo com essa interpretação tradicional, a pressão sobre os desviantes não vem da maneira pela qual a alienação se dá, mas pela simples aceitação de que uma vida sem liberdade não tem sentido.

Autores contemporâneos preferem a interpretação tradicional de Rousseau. Todos aqueles que, como Ingeborg Maus, se sentem vinculados à tradição do pensamento de Rousseau procuram minimizar o "fardo esmagador" (Kersting, 1996, p. 155) desse conceito de liberdade e acreditam que podem reabilitar Rousseau por essa via.[47] Argumentando contra Arendt, Maus afirma que Rousseau é a pessoa errada para receber a culpa quando se trata de uma crítica ao conceito de nação, pois "o nacionalismo democrático continental do século XVIII" representa "nada além de patriotismo constitucional" (Maus, 1994, p. 209).[48] Mas o que as ideias de Rousseau sobre a *volonté générale* têm em comum com o patriotismo constitucional? Essa identificação não é nada plausível. Em Rousseau, a vontade soberana se caracteriza precisamente pelo fato de não poder ser vinculada. Ainda que se conceda a Maus alguma kantianização de Rousseau e se aceite que a vontade soberana se expressará, "não contra a lei geral [...] mas por meio da lei geral" (Maus, 1994, p. 209), mesmo assim não se trata de patriotismo constitucional. O conceito de patriotismo constitucional só faz sentido quando se garante ao direito

---

[47] Apesar de certas diferenças quanto ao conceito de soberania, o tema da cooriginariedade, ou da extensão do movimento de argumentação teórico-contratual, conduz autores como Maus, Brunkhorst ou Habermas a uma juridicização de Rousseau baseada em Kant. As ideias mais extremas nesta direção são, certamente, as de Ingeborg Maus. Em muitas passagens de sua interpretação de Kant, ela pretende que seus convincentes comentários sobre Kant se estendam a Rousseau. Com o uso excessivamente frequente de expressões que carecem de apoio argumentativo, como "de Kant (ou também de Rousseau)" (Maus, 1994, p. 7) ou "de Kant (como de Rousseau)" (Maus, 1994, p. 9), Maus transforma o genebrino em um kantiano.

[48] Similar a isto: Herb (1989, p. 196-209).

certa autonomia – se necessário, mesmo contra a vontade do povo. Fora isso, o direito sempre se torna "direito situacional" (Schmitt, [1922] 2004, p. 19). De uma perspectiva constitucional ou de Teoria do Direito, Rousseau postula exatamente o oposto do patriotismo constitucional. A autonomia do direito não existe em seu pensamento.[49]

Não há dúvidas de que Arendt – assim como Schmitt (ver Schmitt, [1923] 1991, p. 20) – permanece em silêncio a respeito do elemento racional-legal do *Contrato social*. Sua interpretação em *Sobre a revolução* apresenta Rousseau como um pensador político que, em vez do discurso, prefere sentir o que é certo. Observando outras passagens de sua obra – especialmente o *Denktagebuch* – torna-se claro que ela certamente reconhece o caráter contratual do pensamento de Rousseau (ver DT, p. 260). Em *Sobre a revolução*, a autora conduz Rousseau para muito perto de Robespierre, e as principais razões para esse movimento estão em sua abordagem metodológica e em sua pergunta fundamental. Como deixa claro desde o início com sua referência a Ziegler, Arendt está preocupada com a "validade prática" da ideia de nação. Como e por que o conceito rousseauísta de vontade geral se tornou o cerne do conceito de nação? Até que ponto essa abordagem faz jus ao conteúdo teórico e à versatilidade do pensamento de Rousseau é outra questão. Avaliada por critérios de história das ideias políticas, a interpretação e o tratamento arendtianos de Rousseau são unilaterais. O mesmo se dá com a Revolução Francesa. Nas análises de Arendt não há lugar para os debates ocorridos durante a Revolução relativos a uma compreensão diferente, não rousseauísta, da soberania popular, enfocando o aspecto de restrição e divisibilidade do governo. Exemplos incluiriam a defesa feita por Constant de um sistema de representantes, a crítica de Sieyès a uma soberania absoluta ou a separação feita por Sismondi entre a soberania do povo e a soberania da nação. Do ponto de vista da história das ideias, *Sobre a revolução* deve ser visto como uma contribuição questionável. No entanto, apesar de todas as críticas justificadas, não devemos perder de vista a questão específica de Arendt. Ela está interessada em evidenciar, por meio do discurso de Rousseau, uma maneira específica de construir identidade e solidariedade no interior de uma comunidade política. A pensadora identifica essa maneira como uma

[49] Sobre a relação entre *volonté générale* e direito, ver o capítulo 4.

característica do conceito de nação, e isso a auxilia a formular uma resposta à questão, tão central para ela, por que "nunca se encontrou uma maneira pela qual esta ideia [o conceito de nação como parte da família humana que está dividida em nações] fosse transformada em um conceito funcional no mundo dos Estados soberanos" (OT, p. 61 e ss). Em outras palavras, os méritos dessa interpretação de Rousseau estão em evidenciar um argumento sistemático, não em sua adequação em termos de história das ideias.

Essa é a razão da insatisfação de Arendt com a interpretação tradicional de Rousseau. Em resposta à questão da homogeneidade e da exclusão, ela se concentra no modo de ação e poder políticos e coloca no centro de sua interpretação não convencional o modo como a alienação deve ocorrer. Seu argumento é o de que o altruísmo é uma virtude que conduz à exclusão do outro. Para explicar essa tese, vale a pena indicar novamente que, de acordo com Arendt, os interesses das massas miseráveis não apenas formaram a vontade geral a partir de uma necessidade de poder político, mas também foi acompanhada pelo pressuposto filosófico-moral do bom pobre. O decisivo agora é que os interesses dos miseráveis não são apenas "bons" em termos filosófico-morais, mas devem sê-lo também em termos de afeto. A dimensão afetiva da questão exige um objeto de identificação coerente, claro e puro, pois apenas um objeto como esse é capaz, por sua natureza, de induzir sentimentos interiores intensos. De acordo com Arendt, quando se fala do pobre ou do sofredor, já se fez uma abstração de todas as peculiaridades do indivíduo humano; tudo aquilo que pode confundir ou contrariar, tudo aquilo que pode tumultuar ou questionar o próprio desígnio já foi removido. As massas completamente despersonalizadas só existem dessa forma em uma ideia, da qual se pode dispor à vontade – exatamente como as emoções internas. Mas não existe tal pureza. Essa ideia, que fez época na descrição de Sieyès do povo como *toujours malheureux* e foi muito famosa no século XIX com *les misérables*, abstrai igualmente as declarações justas ou injustas, justificadas ou injustificadas da vontade. No entanto, quem manifesta interesses diferentes, mas igualmente legítimos, não enxerga dessa forma. Na pureza exigida, a dimensão afetiva conhece apenas um critério de julgamento: você está comigo ou contra mim? Você corresponde à minha imagem ou não? Esse processo implica a exclusão de todos os que não se encaixam na imagem exigida. A natureza da imagem é acompanhada de um absoluto. Apenas o realce de um terceiro Estado, formado sobre a ideia de lei natural do valor mais alto dos destituídos, e, portanto, legitimado para falar do bem absoluto, permite a intensificação das próprias emoções e a renúncia dos próprios interesses. Apenas a precedência do absoluto moral permite o estabelecimento dos interesses das massas miseráveis como a suprema direção.

Ainda que aceitemos que Robespierre tenha realmente se tornado uma vítima da paixão da compaixão,

> sua compaixão teria se tornado piedade ao ser trazida a campo aberto, onde não poderia mais direcioná-la para um sofrimento específico e concentrá-la em pessoas determinadas. Aquilo que podia ter sido uma paixão genuína se convertia no ilimitado de uma emoção que parecia corresponder muito bem ao ilimitado sofrimento da multidão, esmagadora em sua dimensão meramente numérica. Com isso, ao mesmo tempo ele perdeu a capacidade de estabelecer e estreitar relações com as pessoas em sua singularidade; o oceano de sofrimentos a seu redor e o mar encalpelado de emoções dentro de si, este pronto para receber e responder àquele, afogaram todas as considerações específicas, as considerações de amizade e também as considerações políticas e de princípio. (SR, p. 128-129).

Ao examinar essas questões da piedade em Rousseau, torna-se claro de onde Arendt considera que surgiu o ilimitado de seus sentimentos, e como os revolucionários e outros agentes políticos eram "curiosamente insensíveis à realidade em geral e à realidade das pessoas em particular" (SR, p. 129). O intenso estímulo dos sentidos internos é o único meio para conferir significado e direção. Vemos, portanto, que o patriotismo do coração, que conduz a virtude do altruísmo, é fundamentalmente desprovido de comunicação e, portanto, precisamente devido a sua pureza de coraçao postulada, se mostra incapaz de se comunicar com outros que querem algo diferente. Ou sentem o mesmo, ou não sentem. O patriota do coração não pode se permitir a transigência pela opinião dos outros, tampouco pode ceder ou reconhecer completamente o outro, com seus interesses e opiniões, porque isto sempre o conduzirá à redução de sua própria força, força da qual ele precisa desesperadamente em sua rebelião contra os próprios interesses. Em consequência,

Arendt está convencida de que a piedade, compreendida como uma descrição do centro energético do patriotismo do coração e,

> à diferença da solidariedade, não contempla imparcialmente a fortuna e o infortúnio, o forte e o fraco; sem o infortúnio, a piedade não existiria, e por isso ela tem interesse na existência dos infelizes, tanto quanto a sede de poder tem interesse na existência dos fracos. Além disso, por ser um sentimento, a piedade pode se deleitar nela mesma, e isso conduz quase automaticamente à glorificação da própria causa, que é o sofrimento alheio. (SR, p. 128).

O patriotismo do coração já depurou seu glorificado objeto de identificação de todas as contradições e heterogeneidades, e dessa forma o preparou para ser reduzido a um único fator. Apenas quando sabemos que estamos absolutamente do lado certo e engajados em nome do bem podemos renunciar à nossa própria posição no mundo em benefício da entidade sugerida. Duas instâncias – uma postura afetiva e um bem absoluto – se fundem e ajustam as trocas com o outro: a postura afetiva não está, de modo algum, direcionada ao convencimento, mas ao sentimento. Ela quer se perder na emoção, a fim de, assim, se retirar na intensificação correspondente da vida interior. É apenas dessa maneira que o interesse individual egoísta pode ser superado. De modo correspondente, a pessoa compassiva se concentra no infortúnio ou no desafortunado, de que ela precisa tanto quanto a pessoa com sede de poder precisa do fraco (ver ÜR, p. 113). Quando a ideia de agir para o outro deixa a esfera privada, onde esse tipo de ação pode se identificar de modo preciso por meio de sua imediatez específica e se estabelecer como um ideal na vida política pública, esse tipo de ação perde sua qualidade normativa. Na arena política, esse agir para ao outro motivado logo se transforma e, de modo surpreendentemente rápido, se desmascara como um agir para si mesmo. Além disso, o início do bem absoluto sempre representa o fim da discussão; o bem se torna um fato simples que só pode ser reconhecido ou negado. Exigir ao bem absoluto que ele prove ser o bem absoluto minaria sua validade imediata. Seria quase como exigir de Deus que prove sua identidade, o que faria com que o mais supremo e absoluto não fosse mais Deus, mas a obrigação de identificação. Arendt assume, em acordo com isso, que, ao lidar com outras pessoas, o bem só pode contar com o reconhecimento por meio do sentimento, pois "ele não pode convencer por palavras e nem argumentar" (ÜR, p. 110).[50]

Se transferirmos essas considerações para a questão da dimensão teórico-política do conceito arendtiano de nação, podemos estabelecer o seguinte: na dimensão de sentido teórico-político, nação significa uma comunidade que pretende criar sua identidade e solidariedade por meio do patriotismo do coração. Em outros termos, a rebelião apaixonada de cada indivíduo contra seu próprio interesse é a base para o emprego da vontade geral da nação como a suprema direção, qualquer que seja seu tipo ou conteúdo – no caso da Revolução Francesa, o conteúdo da vontade geral surgiu, de acordo com Arendt, da interação entre a necessidade de poder político e a suposição filosófico-moral do bom pobre. No interior de uma nação, essa vontade geral só pode funcionar realmente se permanecer inquebrável e indivisível em si mesma. A razão para isso é que a compreensão entre pessoas que só podem se engajar no debate público pela luta apaixonada contra seus próprios interesses é impossível. Nenhuma discussão adicional é possível entre duas posturas extremamente carregadas de emoções. Cada passo em direção aos outros diminui a capacidade passional de sofrer na rebelião do indivíduo contra seu próprio interesse. O resultado é que não pode haver "acordo entre pessoas que querem coisas diferentes, ao passo que pode haver acordo entre pessoas que têm opiniões diferentes" (ÜR, p. 96).[51] Para Arendt, a vontade geral nacional não é nada mais do que "um estado de espírito subjetivo e efêmero" (ÜR, p. 204).[52] Ela expressa o fato de que a nação conduz à internalização do político. Ao evidenciar o potencial de exclusão, que acompanha essa maneira de construir a identidade e a solidariedade políticas, que se esconde na compreensão afetiva do político e que constitui o cerne motivador da compreensão da nação, creio ter apresentado uma contribuição – talvez a mais importante – de *Sobre a revolução* para a teoria política e para a história das ideias.

Segundo a interpretação arendtiana de Rousseau, a vontade homogênea resulta de uma alienação emocional. Por meio da piedade, o indivíduo é capaz de se liberar do interesse próprio e empregar a vontade geral como a

---

[50] Ver também SR (p. 124).

[51] Ver também SR (p. 114).

[52] Ver também SR (p. 206).

"direção suprema" da ação. Em sentido contrário à interpretação de Preuß, Arendt não lê Rousseau do ponto de vista étnico, mas, antes, enfatiza a fundação antropológica da piedade.

> A bondade do homem no estado de natureza se tornara um axioma para Rousseau porque ele considerava a compaixão como a reação humana mais natural ao sofrimento do próximo e, portanto, seria o próprio fundamento de toda relação humana *natural* autêntica. (SR, p. 117).

Portanto, a capacidade de compaixão não depende da etnia, mas depende intrinsecamente de cada pessoa. A capacidade de compaixão fundada antropologicamente é, segundo a leitura arendtiana de Rousseau, a "fundação essencial" para a constituição da vontade geral e, como destacado por Kersting, pode em princípio até mesmo ser expandida em uma "direção cosmopolita" rumo a um "contrato social global" (Kersting, 1996, p. 161) – pertenceriam a esse mundo pelo menos aqueles que têm os sentimentos certos.

Em contraste, a homogeneidade na obra de Carl Schmitt, que também se refere a Rousseau, é interpretada de maneira diretamente étnica – em certas passagens, racial – e está pressuposta no processo político. Na esfera política, portanto, uma homogeneidade já presente é apenas recuperada, manifesta e perpetuada. A conjectura arendtiana da internalização do político – decorrente do patriotismo do coração – sugere, por um lado, que a principal tarefa do cidadão é a alienação absoluta. A luta contra os outros é consequência dessa internalização. Com Schmitt, em contraste, a luta se torna o propósito; ela é a afirmação existencial de uma "forma própria de existência" (Schmitt, [1932] 2002, p. 27). Enquanto na crítica arendtiana a Rousseau a homogeneidade da vontade se desenvolve a partir da motivação emocional, para Schmitt ela precede o político por princípio. Para o jurista alemão, o político começa apenas com a luta de entidades etnicamente homogêneas e conflitantes. Apenas com o deslocamento para o nível étnico Schmitt consegue estabelecer algum vínculo entre o individualismo de Rousseau e seus comentários a respeito da ação coletiva, pois apenas deixando de lado a parte liberal do pensamento rousseauísta, ou duvidando de seu poder mobilizador e motivador é que a obrigação de reciprocidade pode deixar de servir como motivo útil.[53] Schmitt se serve do mito para enfrentar o tema da obrigação de reciprocidade. Para ele, o mito de uma comunidade de destino com origem, raça, língua, cultura e tradição comuns simboliza aquela "energia nacional" que desperta a "sensação

---

[53] Schmitt persegue um objetivo claro ao separar liberalismo e democracia. Ele quer provar, com essa separação, que democracia e ditadura são compatíveis. Mais ainda, que em certas circunstâncias a ditadura é necessária para a criação da "verdadeira democracia" (Schmitt, [1923] 1991, p. 37). Uma vez que ele considera a democracia como um meio para indicar a presença de uma vontade homogênea, a ditadura recebe um mandato educacional. Isso porque a identidade entre governantes e governados que é necessária para a democracia schmittiana depende, em primeiro lugar, da vontade democrática do povo: de acordo com Schmitt, o problema da democracia é a questão da formação de sua vontade (ver Schmitt, [1923] 1991, p. 36 e ss). Se a comunidade falha na formação de uma vontade homogênea, então o poder que detém meios de formar uma vontade é obrigado a se tornar educacionalmente ativo. A ditadura, diz Schmitt, é, portanto, uma consequência da teoria educacional. A democracia é suspensa a fim de permitir uma "democracia verdadeira, mas ainda a ser criada" (Schmitt, [1923] 1991, p. 37). Isto não significa que a democracia está abolida. Ao contrário, Schmitt considera a ditadura como um período de transição em que a identidade democrática prevalece e apenas a vontade do povo pode ser a medida de todas as coisas. A ditadura não é o oposto da democracia, mas, antes, sua preparação democrática. Arendt também enxerga ou enfatiza a conexão entre democracia, compreendida como o governo da vontade da maioria, e ditadura: "O que salvou o Estado nacional da ruína e queda imediata foi a facilidade extraordinária com que se podia manipular e impor a vontade nacional sempre que alguém se dispusesse a tomar a si o fardo ou a glória da ditadura". (SR, p. 214). É bem possível que essa vontade seja idêntica a si mesma, mesmo com as mais evidentes contradições. Mas, de acordo com Arendt, ela não terá êxito em fornecer à coexistência alguma permanência, estabilidade ou segurança de planejamentos, pois, se ela mudar, declarará inválido tudo aquilo que antes queria. Em suma, ela não cria ordem, mas, antes, o caos que leva alguém a estender o tapete vermelho em gratidão ao futuro ditador. Assim, a avaliação e a categorização da ditadura são bastante diferentes para os dois autores: para Schmitt, a ditadura é um meio educacional e, assim, um passo necessário para a criação de uma verdadeira democracia, ou seja, ela representa a identidade nacional. Para Arendt, por sua vez, a ditadura é o resultado inevitável da ficção de uma vontade política unânime. A seus olhos, ditadura é a consequência necessária da (equivocada) tentativa de estabelecer a vontade geral em uma sociedade plural.

de ser diferente" (Schmitt, [1923] 1991, p. 88) e introduz o indivíduo na sociedade. O mesmo mito é o sintoma mais poderoso de que "o relativo racionalismo do pensamento parlamentar já não é mais evidente" (Schmitt, [1923] 1991, p. 89).

Com o devido respeito à crítica legítima direcionada a *Sobre a revolução* – e ao longo do primeiro capítulo me referi repetidamente a passagens relevantes – Ingeborg Maus, Hauke Brunkhorst e Jason Frank não perceberam esses deslocamentos do discurso arendtiano sobre a homogeneidade. Esses autores assumiram, ao contrário, que a crítica arendtiana à ideia de homogeneidade na Revolução Francesa considera a homogeneidade erroneamente à maneira de Schmitt – ou seja, etnicamente. De acordo com Brunkhorst, tanto Arendt quanto Schmitt identificam o conceito de nação à homogeneidade étnica. Frank também assume que "Arendt segue as análises de Schmitt [...] mas chega então à avaliação exatamente oposta" (Frank, 2010, p. 49).[54] Mas isso significaria que a diferença entre Arendt e Schmitt residiria apenas no fato de ela criticar a homogeneidade étnica e ele defendê-la (ver Brunkhorst, 1996, p. 338-341). Espero que tenha ficado claro que Arendt não opera, de modo algum, no nível étnico ao discutir a homogeneidade. Em vez disso, a autora elabora a exigência de homogeneidade a partir da internalização do político, que anda de mãos dadas com a nação, e a formula como a consequência central de uma maneira específica de formar vontades políticas.

Nos comentários seguintes a respeito da dimensão de sentido teórico-política do conceito arendtiano de nação, a nação é sinônimo de unidade emocionalmente carregada. Essa unidade opera com os critérios do puramente bom e puramente mau, que sempre mudam em seu conteúdo específico e concreto. Isso justifica chamar a ideia de nação de uma "potência irracional" (Ziegler, 1931, p. 30) e assumir que ela seja disfuncional como conceito de ordem política. As explicações no capítulo 4 deste livro mostram – tanto da perspectiva do Direito quanto da perspectiva da implementação político-institucional – como e por

[54] Portanto não é o decisionismo que Arendt rejeita na figura do poder constituinte, mas, antes, como mostrarei no capítulo 4, a irracionalidade do direito que toma como ponto de partida a vontade da nação.

que cada Estado e cada ordem política são construídos sobre a vontade nacional "como uma estrutura fundada sobre areia movediça" (SR, p. 214). Antes disso, no entanto, é necessário esclarecer o que exatamente Arendt compreende por Estado.

– 3 –

Direito e o Estado moderno – Hannah Arendt na trilha de Max Weber

Na noite passada eu tive um sonho muito curioso. Estávamos juntos na casa do Max Weber. Você, Hannah, chegou muito tarde e foi recebida com alegria. A escada levava por um desfiladeiro. A casa era aquela antiga. Max Weber tinha acabado de retornar de uma viagem pelo mundo e trazia consigo documentos políticos e obras de arte, vindos principalmente da Ásia oriental. Ele nos deu alguns de presente, mas para você ele deu os melhores, pois você entende mais de política do que eu.

Carta de Karl Jaspers a Hannah Arendt,
20 de abril de 1950

Tenho lido ainda mais Max Weber – por conta do seu sonho, na verdade. Ele me deixou tão estupidamente lisonjeada que cheguei a ter vergonha de mim mesma. Mas este domínio da sobriedade não é alcançável, pelo menos não por mim. Algum elemento de dogmatismo sempre permanece comigo. (É o que acontece quando judeus ousam escrever história).

Carta de Hannah Arendt a Karl Jaspers,
25 de junho de 1950

I – Introdução

A compreensão de Hannah Arendt a respeito do Estado moderno continental europeu é inspirada em Max Weber. Ela segue Weber em suas ideias a respeito da essência e da estrutura do Estado moderno e interpreta o "Estado como uma instituição organizada racionalmente" (EaS, p. 653).[1] Sua característica central é a racionalidade do direito: mais precisamente, a compreensão formal-racional do direito. Para reconstruir o conceito arendtiano de Estado moderno, devo explicar o que essa compreensão racional-formal do direito envolve e como ela difere das outras concepções. Além disso – e de modo mais geral – devo mostrar que Arendt se orienta por Weber em suas observações sobre o Estado e a natureza do Estado (*statehood*) moderno.[2]

Ao começar a reconstrução da compreensão arendtiana do Estado continental europeu, nos confrontamos com um problema conceitual fundamental: Arendt é muito ambígua no uso dos termos "Estado" e "Estado-nação". Por um lado, o conceito arendtiano de Estado-nação recobre a combinação de dois elementos até então separados; pertencimento nacional e aparato estatal (ETH, p. 487). Em outro ponto, em contraste, o conceito de Estado-nação aparece em sua versão teórico-estatal e é usada por Arendt para distinguir entre formas de organização política (como monarquia constitucional ou absoluta). Nessas passagens, Estado-nação significa monopolização do poder estatal e separação entre nobreza e Estado (ver ETH, p. 60). Ao mesmo tempo, ela vê o Estado-nação como contraponto à monarquia por dar corpo à igualdade de todos os cidadãos diante da lei, e em outro momento de seu trabalho acusa

---

1 Para a versão alemã, ver WuG (p. 394).

2 Até agora, pouquíssimos comentadores examinaram o significado e a influência do pensamento de Weber sobre a obra de Arendt. Peter Baher realizou um estudo instrutivo sobre a relação de amizade, filosófica e científica entre Jaspers, Arendt e Weber. Sua conclusão é a de que a estreita afinidade entre Arendt e Jaspers impediu que ela criticasse mais severamente Weber, de quem Jaspers foi amigo próximo (ver Baher, 2001). Para uma comparação entre os métodos de Weber e Arendt, ver Parvikko (2004); e uma resposta crítica em Baher (2005). Em um ensaio, Kari Palonen compara as visões de Arendt e Weber a respeito da democracia representativa (ver Palonen, 2006).

o Estado-nação de irracionalidade na relação com o direito.[3] Como se não fosse confusão suficiente, Arendt fala ainda, sem indicar com clareza o que quer dizer exatamente, de um "Estado-nação que está vindo a ser" (ETH, p. 46) e substitui a locução por Estado nacional moderno. E ainda não parece haver fim à confusão em relação ao conceito de Estado-nação, pois se perguntarmos a respeito de suas origens, está escrito em um lugar que o Estado-nação se originou "na França no decorrer da Revolução Francesa" (NuD), o que torna a Revolução Francesa "o próprio nascimento do Estado-nação moderno" (OT, p. 261), e em outro lugar Arendt afirma o exato oposto: a origem do Estado-nação data do século XVII. Ela afirma explicitamente que "o Estado-nação não começou com a Revolução Francesa" (ETH, p. 46).

O caos terminológico é enorme. Não há alternativa, portanto, ao procedimento de definir, em cada citação, o que Estado-nação significa naquele caso. Parece haver uma questão de ênfase no uso dos termos: quando Arendt fala do Estado-*nação*, não se ocupa tanto da estrutura legal e governamental, mas, antes, da autoridade legitimadora da tomada de decisão política – a vontade nacional. Desse ponto de vista, a origem do Estado-*nação* de fato coincide com a Revolução Francesa. Quando, no entanto, Arendt enfatiza o *Estado*-nação, sua atenção está na estrutura político-legal que se desenvolveu e expandiu gradualmente durante a Paz da Westphalia – cuja origem pode ser datada muito antes de 1789. É provável que essa multidimensionalidade no uso dos termos se deva ao estilo ensaístico da autora, o que deve ser visto como uma rejeição do tradicional pensamento sistemático da filosofia ou da filosofia política, que se tornou, para tomar de Adorno uma frase emprestada, "dilapidada em seus fundamentos" (Adorno, [1931] 1997a, p. 340). (Denota uma miopia querer derivar desse fato uma insignificância geral de seu pensamento teórico-político e de sua obra filosófica).[4] No entanto, uma reconstrução sistemática da compreensão arendtiana do Estado continental europeu deve separar e nomear claramente as dimensões conceituais. Nas

[3] Por um lado, a obra de Arendt contém afirmações tais como a de que o Estado-nação é "essencialmente um estado legal e constitucional [...] viável apenas desta maneira" (NuD). Em outro ponto, em contraste, ela critica o fato de a nação suplantar o direito no Estado-nação, colocando em risco a estabilidade da ordem (ver ETH, p. 488).

[4] Esta é a posição de Russel Jacoby (ver Jacoby, 2007, p. 262 e p. 266).

observações que se seguem, portanto, me refiro a "Estado moderno" quando falo da estrutura político-legal do Estado-nação, aquela à qual Max Weber se refere como "instituição organizada racionalmente". Quando uso o termo "Estado-nação", chamo atenção para a ênfase correspondente, conforme sugerido acima, ou esclareço o contexto do termo.

A — Em que linhagem da tradição pensar o Estado? Nem Hegel, nem Elias

Roy Tsao, na única análise detalhada da compreensão arendtiana do Estado que conheço, indica uma outra linhagem da tradição: em vez de Weber, ele enfatiza o legado de Hegel no pensamento de Hannah Arendt. A afirmação de que a "concepção latente de Arendt a respeito do Estado mantém uma afinidade chocante, embora não reconhecida, com a de Hegel" (Tsao, 2004, p. 105) se baseia fundamentalmente em dois paralelos importantes que ele afirma identificar entre os dois autores. O primeiro paralelo consiste, de acordo com Tsao, na crença mantida por Arendt e Hegel de que o Estado tem uma função socialmente integradora. Tsao escreve:

> Assim como Hegel, Arendt acredita que o desafio fundamental enfrentado pelo Estado moderno para manter a fidelidade das pessoas a uma comunidade política única está nos interesses conflitantes e particularistas que surgem com a emergência de uma sociedade orientada ao mercado, ou seja, *burguesa*. Com uma retrospectiva de mais de um século, Arendt adota uma visão diferente e mais sombria das formas que esses interesses conflitantes haviam assumido. Ainda assim, sua descrição das síndromes de alienação política resultantes do fracasso histórico do Estado europeu em conter e superar estes conflitos pode ser vista como uma extensão imaginativa das preocupações latentes que levaram Hegel a enfatizar a função socialmente integradora das instituições políticas. (Tsao, 2004, p. 108 e ss).

Não há dúvidas de que tanto Hegel quanto Arendt problematizaram a relação entre a sociedade civil e o Estado. No entanto, enquanto Hegel adere especialmente à demanda clássica da Revolução Francesa e espera dos membros do Estado precisamente aquela dualidade entre *bourgeois* e *citoyen*, Arendt parece seguir a crítica do jovem Marx e duvidar da própria possibilidade dessa dualidade.[5] Mas o próprio Tsao reconhece a discrepância entre Hegel e Arendt, e os classifica de modo bastante distinto:

> Também Arendt define a questão referindo-se à dualidade francesa entre *bourgeois* e *citoyen*. Apenas que, para ela, o fato decisivo está no fracasso dos dois lados em se fundir, deixando o burguês sem qualquer orientação cívica. (Tsao, 2004, p. 119).

Embora Tsao procure minimizar a discrepância usando a palavra "apenas", deve-se indicar que estão sendo expressas aqui duas abordagens completamente diferentes da relação problemática entre Estado e sociedade. Embora Arendt não siga a crítica de Marx ao Estado, ela ao menos está convencida de que, no contexto da compreensão europeia continental da soberania, não é possível simplesmente remover o potencial para conflito político oculto na dualidade *bourgeois* e *citoyen*. Além disso, há outro ponto na interpretação de Tsao que parece problemático: ao falar do suposto significado das instituições políticas para as ideias de Hegel a respeito do Estado, Tsao alude às observações sobre a passagem da sociedade civil ao Estado. Hegel afirma aqui que as corporações e as organizações profissionais autorreguladas devem representar, diante e em relação ao Estado, o sistema das carências, que é como Hegel caracteriza a sociedade. Deve ficar claro, no entanto, que Hegel defende formas de organização nas quais o pertencimento é conectado à pro-

---

[5] Ver Hegel ([1821] 1986, p. 409), onde ele escreve: "Na verdade, não deve o interesse particular (do burguês) ser menosprezado e banido, mas sim conservado em concordância com o interesse geral para que, assim, um e outro sejam assegurados. O indivíduo que pelos deveres está subordinado, no cumprimento deles como cidadão obtém a proteção da sua pessoa e da sua propriedade, o respeito pelo seu bem particular e a satisfação da sua essência substancial, a consciência e o orgulho de ser membro de um todo. No cumprimento do dever com a forma de prestação de serviço para o Estado, assegura também a sua conservação e subsistência. Segundo o que tem de abstrato, o interesse geral estabeleceria apenas que os atos e serviços que solicita fossem cumpridos como deveres. [...] Tudo depende da unidade entre o geral e o particular no Estado". Marx coloca em dúvida precisamente esta possibilidade de unidade na base da sociedade burguesa. Sobre a crítica de Marx à adequação política da burguesia, ver, *inter alia*, Marx ([1842] 1961; [1844] 1961b).

fissão, e deve, portanto, servir aos interesses de certa clientela.[6] Permanece completamente obscura a maneira pela qual esses conflitos fundamentais de interesse, que envenenaram o clima político por todo o século XIX, poderiam ser equilibrados por esses meios. A crítica de Arendt é precisamente a de que os cidadãos no século XIX se determinavam apenas pela posição socioeconômica e faltava-lhes qualquer senso político de comunidade. A contribuição que as organizações autorreguladas poderiam ter dado à criação de uma consciência política mais forte permanece incompreensível. Pode-se considerar, no máximo, que elas funcionam pelo princípio de representação, similar ao do sistema partidário. No entanto, à diferença do sistema de partidos – cuja expressão continental europeia é pesadamente criticada por Arendt – as organizações profissionais autorreguladas também são contrárias ao princípio da organização livre e do recrutamento livre de cidadãos iguais para seus grupos de interesses políticos, algo que nos partidos é, se não efetivo, pelo menos possível.[7]

O segundo paralelo de Tsao, a manutenção da ordem legal, também não é muito substancial:

> A consonância entre os argumentos de Arendt e os de Hegel é ainda mais chocante no que se refere às afirmações da autora a respeito da função, ainda mais fundamental, que o Estado tem para sustentar uma ordem legal baseada em direitos. Como Hegel, Arendt sustenta que o reconhecimento recíproco

---

[6] Ver Hegel, [1821] 1986, p. 393-398. Ver também a polêmica esplendidamente bem escrita de Marx contra o parlamento prussiano em seu "Debate sobre a lei do roubo de lenha" [*Debatten über das Holzdiebstahlsgesetz*] (Marx, [1842] 1961a).

[7] Isto nos conduz a outra objeção que é paradigmática: se ao longo da história o partido já surgiu do Estado e da natureza de Estado (*statehood*) como instituição central cuja função na teoria do Estado é – ao menos idealmente – especificamente integrar cidadãos no Estado, por que devemos recuar à posição anterior a esse processo e enfatizar um problema que não existe mais na forma apresentada? Por que não examinar um autor como Max Weber, que está afinado com o momento e apresentou uma análise do partido, inclusive em sua utilidade de integração social? O partido pretende, afinal, preencher a brecha entre Estado e sociedade – e foi precisamente aqui que, na visão de Arendt, ele falhou. Uma das razões para tal é a própria ideia de representação, sobre a qual, no entanto, as organizações profissionais autorreguladas de Hegel também se basearam.

> de direitos entre os cidadãos de uma comunidade política constituída legalmente é uma condição indispensável para a realização individual da agência humana completa, tanto que uma vida que se passou fora de tal comunidade não é, em certo sentido, inteiramente humana. (Tsao, 204, p. 109).

Se ignorarmos a problemática afirmação segundo a qual uma vida passada fora da comunidade não é, de acordo com Arendt, "inteiramente humana", a alegação de que "a função ainda mais fundamental do Estado é sustentar uma ordem legal baseada em direitos", supostamente um paralelo entre Hegel e Arendt, é uma grande platitude em termos de teoria do Estado e Filosofia do Direito, uma platitude que permitiria paralelos com quase qualquer outro pensador dos séculos XIX e XX que tenham pensado qualquer coisa a respeito do Estado. A referência a Kant seria muito óbvia; mas os principais filósofos do Direito e teóricos do Estado do século XIX também vêm à mente: Savigny, Stahl, Treitschke, Gerber, Laband, Jellinek etc., que em princípio estavam todos preocupados com o estabelecimento de um fundamento firme para a determinação da essência legal da soberania.[8] Muito mais decisiva e muito mais reveladora, no entanto, é a questão a respeito do que exatamente quer dizer direito aqui. Que tipo de autonomia se confere ao Direito e quais são as consequências para a estrutura sistêmica do Estado? O trabalho de Tsao traz vários *insights* interessantes, mas a tese de que Hegel é o modelo de Arendt na determinação da natureza do Estado (*statehood*) moderno não é inteiramente convincente. Com isso, não quero dizer apenas que Hegel sequer aparece nas bibliografias de *Elemente und Ursprünge totaler Herrschaft* ou *Origens do totalitarismo* (apenas a abordagem histórico-filosófica de Hegel é mencionada, e de passagem);[9] mas indicar

8 Ver Hennis (2003, p. 15). De modo similar, Möllers estabelece o direito no início de seu impressionante estudo sobre a concepção do Estado. "A descrição que o direito público alemão tem de si mesmo, como direito de *Estado*, que com poucas exceções não tem paralelos no direito público de outros países, é apenas a expressão mais visível do grande significado que o conceito de Estado recebe no ensino alemão sobre o Estado de Direito". (Möllers, 2000, p. 1).

9 Roy Tsao argumenta que Arendt frequentou os famosos seminários de Kojève sobre Hegel durante seus anos em Paris. Ele conclui disto que é, portanto, plausível "supor que

também que a falta de substância destes supostos paralelos e sua consequente aleatoriedade tornam pouco convincente a tese de Tsao.

Muito mais do que com a filosofia do Estado de Hegel, as ideias de Arendt a respeito da origem da formação do Estado (*statehood*) moderna têm afinidades – pelo menos até certo ponto – com as de Norbert Elias. Embora haja apenas poucas indicações especulativas, essa conexão merece um breve exame, pois destaca diferenças que estão no cerne argumentativo de Elias e de Weber – e assim também nos conduz a uma decisão quanto à direção deste esforço de reconstruir a compreensão de Arendt a respeito da formação do Estado (*statehood*) continental europeia. Em *Elemente... /Origens...*, Arendt não se refere a *O processo civilizador*, de Elias, que foi publicado na Basiléia, em 1939. Isso não surpreende, pois o livro em dois volumes permaneceu mais ou menos despercebido por muitos anos e só teve uma segunda edição trinta anos mais tarde. Uma indicação de que as ideias de Arendt sobre o Estado moderno têm certa proximidade, pelo menos em termos de conteúdo, com as noções de "sociogênese do Estado" (Elias, [1939] 1997, p. 132) e "mecanismo de monopólio" (Elias, [1939] 1997, p. 151), está na ênfase com que Arendt acentua a transição que permitiu aos nobres e aos senhores feudais se tornarem príncipes e monarcas (ver a este respeito: ETH, p. 45-55). Essa transição caminhou junto com uma mudança de paradigma que trocou o foco exclusivo na gestão da própria sinecura pela observação, acima de tudo, de diretrizes apropriadas, o que incluía, entre outras coisas, a recusa de recorrer a capital estrangeiro, principalmente judeu, para fins de financiamento. Os senhores feudais passaram ao domínio político e entraram na luta pelos dois monopólios-chave; cobrança de impostos e poder (Elias, [1939] 1997, p. 151 e ss). Para prevalecer nessa luta ou manter a posição já conquistada, é tão importante ter um exército impositivo, que precisa ser alimentado e vestido, quanto ter um número de servidores civis em constante expansão para cumprir o crescente número de tarefas administrativas. Ao mesmo

tais ideias de Hegel bem que poderiam estar em algum lugar de sua mente quando se pôs a escrever *Origens do totalitarismo*" (Tsao, 2004, p. 111). Não pretendo discutir se Hegel estava de fato "em algum lugar de sua mente". No entanto, paralelos sólidos e substantivos podem ser estabelecidos de modo muito mais claro com Max Weber.

tempo, é revelador que, para Elias, esse processo de seleção só poderia ter começado onde a "migração chegou ao fim" e uma "classe rural firmemente enraizada" (OT, p. 261) pôde se estabelecer. Arendt também vê, na formação de uma classe camponesa estabelecida, a diferença central e capaz de formar um Estado entre os povos da Europa ocidental e os da Europa do sudeste e do leste. Ela parece novamente alinhada a Elias, uma vez que, segundo o sociólogo, foi acima de tudo a coincidência entre esse aumento populacional, a "consolidação da propriedade da terra e as dificuldades de expansão externa" (Elias, [1939] 1997, p. 142) que intensificaram a competição interna por terra. Elias desenvolve em detalhes como, em uma sociedade em que há a pressão pela competição e o "ímpeto pela terra" (Elias, [1939] 1997, p. 142), não basta preservar o que já se conquistou. Qualquer que fosse o desejo dos senhores feudais e cavaleiros em manter posição e reputação, eles tinham que acumular mais e mais. O resultado foi o Estado territorial. Além disso, Arendt vê as crescentes necessidades financeiras dos príncipes como "determinadas exclusivamente por fatores políticos" (ETH, p. 61), o que é essencialmente uma defesa do mecanismo de monopólio. O cerne argumentativo da teoria da origem do Estado (moderno) baseado no mecanismo do monopólio é marcado pela natureza autônoma de um sistema político que força príncipes a assumir cada vez mais tarefas. Novas técnicas de dominação e todo um aparato de poder foram formados ao longo do surgimento destas novas tarefas e substituíram as vaidades de *status* por considerações racionais a respeito do que é mais conveniente para determinados fins. Esse é também o lugar de nascimento da ideia de razão de Estado, que se tornaria, por muito tempo, a mais importante "técnica da política" (Ziegler, 1931, p. 85). É aqui, no entanto, que os paralelos – assumidamente especulativos – entre Arendt e Elias terminam. Mostrarei nas próximas seções que é Max Weber o modelo de Arendt em suas ideias a respeito da origem e natureza do Estado moderno.

B — Uma defesa inicial de Max Weber

Uma pista importante de que Arendt tomou de Max Weber sua compreensão do Estado está em que o sociólogo alemão é mencionado, com obras pertinentes, na bibliografia de *Elemente und Ursprünge totaler Herrschaft/*

Origens do totalitarismo.[10] Mais do que isso: a crítica de Weber aos partidos e ao parlamento, suas ideias a respeito da história econômica e seu exame do Direito parecem ser o impulso por trás de incontáveis seções dessa obra.[11]

Embora existam inúmeros consensos entre Weber e Elias, o cerne das respectivas argumentações difere bastante: enquanto, no caso do mecanismo do monopólio de Elias, a racionalidade formal se desenvolveu a partir da lógica intrínseca do poder político, Weber vê o triunfo da racionalidade caminhando junto com o processo abrangente de transformação econômica. Essa diferença pode ser ilustrada com a distinção entre o senhor feudal e o príncipe, que também aparece na *História geral da economia* (GEH), de Weber.[12] Em contraste com Elias, Weber localiza a passagem do feudalismo para o domínio principesco em um contexto bastante diferente. Sem reduzir as ideias de Weber a um economicismo de estrutura e superestrutura, pode-se afirmar que Weber concebe a emergência do Estado moderno como bastante entrelaçada à estrutura econômica em geral e ao desenvolvimento da ação capitalista em particular.[13] Devido ao entrelaçamento entre Estado e estrutura econômica, a racionalidade formal

---

[10] Em *Elemente.../ Origens...*, Arendt não se refere apenas a *Wirtschaftsgeschichte* [História geral da economia] e *Parlament und Regierung im neugeordneten Deutschland* [Parlamento e governo na Alemanha reorganizada], mas também a *Die Börse* [A bolsa de valores]. É também bastante claro, a partir de outros escritos e registros – *Denktagebuch*, pequenos textos sobre antissemitismo ou cartas a Jaspers nos anos 1930 (Arendt/Jaspers, p. 52) e a Blücher – que desde os estágios iniciais Arendt se engaja intensamente com as ideias de Weber a respeito do Estado.

[11] De qualquer forma, Arendt deve ter estudado o pensamento de Weber já no início dos anos 1930, pois há referências à *História geral da economia* de Weber e a sua sociologia da religião em uma primeira abordagem do antissemitismo (ver ESJS, p. 217 e ss, n. 6-8). Além disto, Arendt indica que tomou de empréstimo junto a Weber a expressão "povo pária" para se referir aos judeus (ESJS, p. 494).

[12] Tudo indica que foi daqui que Arendt retirou esta diferenciação, uma vez que lista a *História geral da economia*, em sua bibliografia. Além disso, no campo da pesquisa sobre Weber, a *História geral da economia* é considerada como a "versão final de suas ideias a respeito do Estado" (Anter, 1995, p. 204).

[13] Weber usa o termo "capitalismo" não apenas para definir uma era econômica e sócio-histórica que teria começado, de modo geral, com a industrialização. Ele também indica um tipo de ação capitalista que confere proeminência ao dinheiro, e mais tarde ao capital,

pôde se tornar o motor do desenvolvimento societário, social, cultural e, em particular, político do Ocidente.

A ênfase na interdependência entre economia e política, no estabelecimento do cálculo capitalista e nas mudanças estruturais da natureza do Estado (*statehood*) coincide com a motivação efetiva de Arendt para tratar, em primeiro lugar, da origem e natureza do Estado. Como devemos compreender isso? Um problema central para reconstruir a ideia arendtiana de Estado moderno é que não há um exame explícito *do* Estado. Ou seja, em nenhum momento uma análise teórica do Estado se torna objetivo explícito de suas observações. Em vez disso, o seu interesse pelas condições que permitiram a emergência do Estado (moderno) e de sua estrutura repousa em (e é produzido por) suas ideias sobre o imperialismo e sobre o papel político e social dos judeus na Europa. No contexto de sua análise do antissemitismo, Arendt traça a mudança do judeu de corte para o judeu europeu, que agiu como financiador do Estado e corretor entre as potências europeias. O surgimento da formação do Estado (*statehood*) moderna é de importância decisiva aqui, pois conduz à demanda por capital que só poderia ser atendida, segundo Arendt, pelos financistas judeus, e graças à posição social deles. A relação próxima entre judeus e o Estado moderno resultante disso forneceu, por sua vez, solo fértil para a politização da questão judaica e representou uma peça importante no mosaico geral do antissemitismo alemão e europeu:

> Se quisermos compreender de modo claro a ligação entre, de um lado, a questão judaica e o Estado-nação e, de outro, a ligação com o antissemitismo, então devemos visualizar, em seu surgimento, o papel internacional dos judeus no sistema dos Estados-nação. (ETH, p. 65).[14]

Como a este estudo não concerne o antissemitismo, mas antes a ideia de formação do Estado (*statehood*), o meu objetivo é extrair o conteúdo de teoria do Estado presente nas ideias de Arendt a respeito da relação entre

---

do que resulta a formação de uma cultura baseada exclusivamente em considerações de cálculo e que dispensa toda pessoa ou postulado que sejam estranhos ao sistema.

[14] Com esta ideia em mente, Arendt aponta para o fato de Herder se referir à questão judaica como a questão estatal (ETH, p. 143).

judeus e a formação do Estado (*statehood*) moderna, e inserir este conteúdo em um todo coerente. Isto será feito na seção II deste capítulo. Neste processo, questões relativas à origem da formação do Estado (*statehood*) e às condições para sua emergência serão levantadas e respondidas: o que contribuiu para a formação do Estado como garantia política de ordem? O que, na visão de Arendt, constitui a característica essencial do Estado e do Estado moderno? Sobre qual compreensão de direito o Estado está assentado? Onde se pode localizar as ideias de Arendt na literatura sobre teoria do Estado e sociologia do Estado? Na seção III, volto minha atenção ao Direito. Nela, devo primeiramente esclarecer o que Weber quer dizer com direito racional e como se diferencia das demais compreensões do que é o direito. Apresentarei critérios para o direito racional, com a ajuda dos quais voltarei em seguida à obra de Arendt, mais precisamente à crítica às formas imperialistas de domínio, que será examinada de uma perspectiva de Teoria do Direito. Deverá ficar claro que esta crítica foi formulada no contexto de uma compreensão formal-racional do direito.

Peter Baehr, um dos poucos comentadores que abordou a importância do pensamento de Weber para a obra de Arendt, chega à conclusão de que "Weber não influenciou significativamente a obra de Arendt, se por influência entendermos que ela refletiu seriamente a respeito de sua obra e então aplicou-a a sua própria obra" (Baehr, 2005, p. 130). Neste capítulo e nos seguintes, mostrarei o exato oposto dessa conclusão. A visão que Arendt tem do Estado constitucional continental europeu é significativamente influenciada por Max Weber. No entanto, e neste ponto eu concordo parcialmente com Baehr, mostrarei que "Arendt era uma anti-weberiana em todos os eixos políticos vitais de seu pensamento" (Baehr, 2005, p. 130). A autora desenvolverá, por fim, conceitos completamente diferentes de direito e de político – discordando e até mesmo se direcionando diretamente contra a compreensão weberiana neste ponto (cf. a esse respeito o capítulo 5). O que Arendt toma efetivamente de Weber é a ideia de que o Direito contém uma racionalidade intrínseca que é de importância fundamental para uma ordem política durável e confiável – uma ordem na qual a luta política e o dissenso podem acontecer e ser experimentados. Arendt segue Weber na afirmação de que o Direito só pode formar uma racionalidade específica enquanto mantiver certa autonomia com relação a postulados extrajurídicos. O problema com a compreensão weberiana do direito, no entanto, é o de que ele retém essa autonomia apenas ao preço da dicotomia entre política e direito. Esse é o ponto em que começa a crítica de Arendt a Weber, e revela que tal dicotomia corrói tanto a confiança no Direito quanto a estabilidade da política (cf. a este respeito a segunda parte do capítulo 4).

II – Sobre a origem do Estado moderno

A — Estado e Estado moderno em Weber

Se seguirmos Stefan Breuer, o conceito weberiano de Estado produz um problema (apenas) superficial de definição. Pois, embora Weber use sem muitos cuidados o termo "Estado" para associações políticas da Antiguidade, como no Egito dos faraós, na Assíria e na Fenícia, embora ele fale de um Estado confuciano na China e, igualmente, no Japão feudal e no Peru dos incas, é possível reconhecer um elemento comum aqui. Para Breuer, não há falhas conceituais escondidas atrás desse uso extensivo do termo "Estado". Ao contrário, se trata de um *insight* importante a respeito de uma diferença decisiva nas ideias de Weber a respeito do Estado: a diferença entre Estado e Estado moderno (ver Breuer, 1993, p. 207). Breuer sugere o uso da tríade clássica de Weber (levemente modificada) para definir o Estado; mas para definir o Estado moderno, faz-se necessário o conceito de instituição (*Anstalt*). Breuer argumenta:

> Formação do Estado (*Staatlichkeit/statehood*) também existe sem uma ordem estabelecida, sem um conceito de instituição e com base em relações de domínio sustentadas em carisma ou tradição. Uma associação política [...] pode ser chamada de Estado quando sua existência e a validade de sua ordem podem ser garantidas no interior de uma região geográfica determinada por um domínio que se sirva eficazmente do monopólio da força física legítima a fim de manter a ordem. *O Estado se torna um Estado moderno quando se adiciona o traço da empresa institucional política* [*politischen Anstaltsbetriebes*]. (Breuer, 1993, p. 214 – ênfase minha).

Embora Weber defina o Estado fundamentalmente pelo monopólio da violência, o Estado moderno se caracteriza pelo fato de ter se tornado uma empresa institucional (*Anstaltbetrieb*). Mas o que Weber entende por "instituição" (*Anstalt*)? O que significa o Estado ter se transformado em uma empresa institucional? Em seus *Conceitos sociológicos fundamentais*, Weber define o Estado como uma instituição com a seguinte explicação: "Denominamos instituição (*Anstalt*) uma associação cuja ordem estatuída se impõe, com (relativa) eficácia, a toda ação com determinadas características que tenha lugar dentro de determinado âmbito de vigência" (EaS, p. 52).[15]

Segundo Andreas Anter, podem ser encontrados aqui três critérios que ajudam a iluminar a definição do conceito weberiano de instituição: o Estado como uma instituição é, em primeiro lugar, uma organização com uma ordem estatutária racional, ou seja, de acordo com Anter, o Estado moderno para Weber é indiretamente dotado de um critério de racionalidade. Em contraste com a dominação arbitrária do déspota, o Estado moderno está assentado sobre uma constituição estatutária racional que tem um Direito estatutário racional, e sobre uma administração e uma burocracia que, no exercício do poder, devem se orientar por regras racionais estatutárias. A dominação e a lei são, assim, previsíveis (ver Anter, 1995l, 47ss.). Em segundo lugar, a ordem estatutária se aplica a toda pessoa que está no interior da instituição. Ninguém pode evadi-la e os privilégios – sobretudo os da nobreza – se tornam obsoletos. Em terceiro lugar, a ordem estatutária é uma ordem imposta. Assim como Hume (e, depois dele, Hegel), Weber rejeita a "hipóstase da ideia reguladora de contrato social".[16] O Estado não é baseado em um acordo, mas em uma imposição. Sua característica específica é a violência. Embora esse último critério, a violência, seja parte inevitável de qualquer definição de Estado *à la* Max Weber, especialistas na sua obra, como Breuer ou Anter, recomendam enfatizar os dois primeiros critérios para uma compreensão adequada do Estado moderno: a "existência de uma ordem racional estatutária" (Breuer, 1993, p. 202) é a "característica constitutiva" (Anter, 1995, p. 188), a "característica elementar" (Anter, 1995, p. 206) ou a principal característica do Estado institucional do conceito do Estado moderno.

---

[15] Para a versão alemã, ver WuG (p. 28).

[16] Weber, [1922] 1973, p. 335.

Em sua *História geral da economia*, Weber nota que esse "Estado racional" existiu "apenas no Ocidente" (WG, p. 289).[17] Apenas no Ocidente houve uma combinação do "pensamento jurídico formal" (GEH, p. 342)[18] como consequência, de um lado, de uma "racionalização dupla" (GEH, p. 341)[19] – secular e espiritual – e, do outro, da economia capitalista, pelo que Weber entende a aplicação de dinheiro e o cálculo de capital. A maior parte dos demais círculos culturais – e Weber explica na *História geral da economia* tomando a China como exemplo – permaneceu vinculada às formas tradicionais de domínio, o que torna o Direito e a administração da justiça, com a ajuda de instituições como as antigas irmandades chinesas, imprevisíveis. Segundo Weber, o capitalismo não pode florescer com um Direito assim imprevisível. O capitalismo exige, ao contrário, um Direito que ignore todos os aspectos religiosos, rituais e mágicos, o que permite o cálculo confiável como o de uma máquina (ver GEH, p. 342; Wg, p. 293). Mas como Weber explica a transição da dominação tradicional para a legal?

A contribuição decisiva para essa transição vem da estrutura econômica. Sem pretender abordar detalhadamente esse desenvolvimento complexo, pode-se ao menos dizer que a estrutura de dominação no feudalismo acelerou bastante a orientação para o mercado e a circulação de dinheiro, contribuindo assim para o "desenvolvimento da produção individualizada" (EaS, p. 375).[20] A individualização da produção resultou na desintegração ou na subdivisão das famílias e na extinção dos assim chamados "regulações primárias de mercado" (EaS, p. 83).[21] Isso forçou as pessoas a cálculos mais exatos, o que por sua vez tinha que ser orientado a oportunidades de trocas, necessidades, competição etc. Assim, a circulação de dinheiro no feudalismo gradualmente se transformou em cálculo de capital, o que Weber chama de "o grau máximo de racionalidade, como meio de orientação de caráter calculável

---

17 Para a versão em inglês, ver GEH (p. 339).

18 Para a versão alemã, ver WG (p. 292).

19 Para a versão alemã, ver WG (p. 291).

20 Weber usa aqui o termo *Erwerb*, que os tradutores para o português verteram por "aquisição". Contudo, Volk usa aqui a tradução para o inglês, que optou por *production*, e é por isto que usamos "produção" aqui. [N.T].

21 Ver a versão alemã, WuG (p. 44).

para a gestão econômica" (EaS, p. 108).[22] Ao longo do tempo, a racionalidade formal da economia capitalista, ou seja, a forma de olhar o mundo baseada exclusivamente em considerações de cálculo, ignorando todas as pessoas e postulados (éticos, religiosos, políticos) estranhos ao sistema, se estendeu para todas as áreas da vida. Acompanho aqui Stefan Breuer, para quem Weber rejeita o puro economicismo e enfatiza o "espaço de manobra" legal, político e religioso do "feudalismo ocidental" (Breuer, 1982, p. 129). O desenvolvimento econômico não teria sido possível sem este espaço de manobra. No entanto, com Weber, deve-se considerar que a estrutura econômica tem papel central na transição da dominação tradicional para a legal.

B — Arendt e a genealogia do Estado moderno

i. Ênfase na estrutura econômica

Uma primeira indicação de que as ideias de Arendt a respeito do Estado moderno se aproximam das de Max Weber está no tratamento da questão da estrutura econômica. A referência de Weber à "individualização qualitativa" (EaS, p. 80; Wug, p. 42) da estrutura comercial e agrária aparece na ênfase dada por Arendt à necessidade de acúmulo de capital no interior de uma companhia para o surgimento da formação do Estado (*statehood*) moderna: o crescente engajamento econômico privado fez com que nenhuma classe social estivesse mais disposta a cobrir as necessidades financeiras do Estado, de modo que este se viu forçado a se distanciar ainda mais das classes sociais e dos estamentos a fim de assegurar sua própria sobrevivência financeira. De acordo com Arendt, foi esse imperativo econômico – que inclui elementos como amortização, exigências de capital próprio etc. – que impediu a ação de companhias como financiadoras permanentes do Estado. Além do fato de o Estado, ao longo do tempo, ter passado a demandar capital que não poderia ser oferecido por algumas poucas companhias, as exigências de uma economia privada em expansão forçaram os empresários a direcionar o capital a suas próprias companhias (ver ETH, p. 54 e ss). Arendt ilustra essa ideia com o exemplo dos Fuggers, de Augsburg, que já foram os mais ricos e influentes banqueiros da Europa:

---

22 Para a versão alemã, ver WuG (p. 58).

embora eles tenham fornecido crédito a príncipes governantes no século XVI, jamais lhes teria ocorrido estabelecer um crédito específico de Estado. Os Fuggers, segundo Arendt, se consideravam uma companhia comercial e eram, portanto, dependentes de largas somas de capital próprio (ver OT, p. 36).[23] Por outro lado, no entanto, a expansão das companhias privadas naturalmente conduziu a uma demanda crescente por leis e por proteção policial e militar. Somando-se a isso, a desintegração das moradias e das comunidades conduziu a maiores pedidos de ajuda social e caridosa. O Estado também sofreu uma pressão crescente desse lado, mas não podia mais contar com apoio financeiro suficiente dos estamentos.

Segundo Arendt, apenas os prestamistas judeus estavam em posição de ocupar essa brecha de financiamento; isso porque eles se mantiveram (ou foram mantidos) distantes de toda atividade econômica privada devido à sua independência religiosa, social e cultural:

> Foram assim os judeus a única parte da população disposta a financiar os primórdios do Estado e a ligar seu destino ao desenvolvimento estatal. Com o seu crédito e suas ligações internacionais, estavam em excelente posição para ajudar o Estado-nação a afirmar-se entre os maiores empregadores e empresas da época. (OT, p. 37 e ss).

Isso não apenas conduziu a uma fatídica interdependência entre o Estado e os judeus – uma interdependência que Arendt rastreia em detalhes e que, segundo ela, impediu que os judeus se abrissem à sociedade. De importância similar para o surgimento do Estado moderno é o fato de que os indivíduos judeus, graças à sua abstinência na economia privada, eram capazes de acumular poupança. Uma sociedade judaica se formou no interior da sociedade de maneira distinta da formação típica de sociedades, ou seja, sem relacionar-se a classes ou a estamentos. Esta "nação dentro de outra nação" (OT, p. 31) se tornaria por sua vez a pré-condição para a rede judaica intereuropeia e supranacional. Foi acima de tudo essa rede que permitiu a provisão dos imensos montantes de capital de que dependiam os Estados europeus. Arendt argumenta que, em sentido inverso, essa foi a razão pela

---

[23] Para a versão alemã, ver ETH (p. 57 e ss).

qual os governos fizeram de tudo para bloquear o caminho dos judeus rumo aos negócios privados:

> Após a Revolução Francesa, que alterou bruscamente as condições políticas de todo o continente europeu, surgiram Estados-nações no sentido moderno, cujas transações comerciais exigiam muito mais capital e crédito de que jamais dispuseram os judeus da corte. Somente poderia satisfazer às novas e maiores necessidades governamentais afortuna combinada dos grupos judeus mais ricos da Europa ocidental e central, confiada por eles a banqueiros judeus que, por conseguinte, como banqueiros, precisavam de coletividades judaicas organizadas como fontes da captação do dinheiro, e as apoiavam nesse sentido. (OT, p. 35 e ss)

Assim, ao longo do tempo, o judeu de corte se tornou o grande "banqueiro estatal judeu" (OT, p. 31), cujo representante mais significativo foi a família Rothschild. Muito distante do envolvimento comercial privado, o grande capital judeu estava ocupado quase exclusivamente com o fornecimento de títulos do governo e com a garantia de troca internacional de capital.

ii. A transformação do Estado em uma ocupação de poder político e negócios

As ideias de Arendt a respeito da emergência de uma "esfera especial de negócios do Estado" (OT, p. 37 e ss) para a formação do Estado moderno cria outro paralelo com Weber. Ela argumenta que, devido às crescentes funções de regulação e controle que tiveram que ser mantidas pelo Estado, a demanda por capital cresceu a dimensões inéditas. Arendt aventa a tese segundo a qual foram as monarquias absolutas da era do mercantilismo que prepararam o Estado moderno, pois elas eram crescentemente dependentes de uma renda regular e de finanças protegidas. Não há dúvidas de que os senhores feudais também precisavam de dinheiro e crédito, mas apenas para propósitos específicos e para projetos especiais. Em contraste com isso, a "luta das monarquias por finanças organizadas" (ETH, p. 57) e sua inédita "necessidade de crédito estatal" (ETH, p. 46) eram sistemáticas. Embora as monarquias absolutas também tenham tentado, em sua primeira fase, satisfazer suas necessidades financeiras por meio de guerras e saques, esses métodos foram rapidamente associados ao "sistema de monopólio de impostos" (OT, p. 36). As fontes de renda anteriores eram "insuficientes", "completamente inseguras e imprevisíveis" (ETH, p. 57). Elas teriam, na melhor das hipóteses, facilitado a satisfação de necessidades limitadas de um senhor feudal, mas não as do orçamento de um Estado (ver ETH, p. 57). Arendt descreve a consequência dessa escassez permanente de capital da seguinte maneira:

> Em fins do século XVIII já era evidente nos vários países que nenhuma das camadas ou classes estava desejosa ou tinha capacidade de tornar-se classe governante, isto é, de identificar-se com o governo como a nobreza o havia feito no decorrer dos séculos. O fato de a monarquia não ter conseguido encontrar uma classe que substituísse a aristocracia dentro da sociedade levou ao rápido desenvolvimento do Estado-nação e à presunção de que esse sistema estivesse acima de todas as classes, completamente independente da sociedade com sua pluralidade de interesses particulares que a perfaziam – enfim, o verdadeiro e único representante da nação como um todo. (OT, p. 37).

Nessa citação, Estado-nação significa Nação-*estado* e sua estrutura político-legal. Essa nova forma de governo não poderia meramente permanecer na alegação de ser independente de todas as classes; ela tinha que efetivamente completar esse distanciamento. É importante para nossa discussão notar que aquilo para o que Arendt aponta com "acima de todas as classes" e "completamente independente" pode ser tratado, de modo alinhado a Weber, como "formação do poder estatal",[24] processo que tem no aumento de renda e da capacidade de levantar receitas uma de suas condições. Inteiramente alinhada com a formação de poder estatal de Weber, Arendt delineia como o Estado se tornou um monopolista em várias áreas diferentes. Ela descreve como ocorreram a monopolização da arrecadação de impostos sob arrendamento e dos fornecimentos de Guerra na França. Na Prússia, a estampagem de metais e a hortelã foram nacionalizadas, assim como a fabricação de porcelana. Na Baviera, as minas, o sal, o tabaco e os jogos de azar estavam sob rígido controle

---

[24] GEH, p. 347. Para a versão alemã, ver Wg (p. 297). Sobre o conceito weberiano de poder estatal, ver também Anter (1995, p. 137-146).

estatal e constituíam uma das principais fontes de renda (ver ETH, p. 61). Essa esfera especial de negócios do Estado no interior da economia se tornou necessária, uma vez que o gasto financeiro com tarefas administrativas e com serviços civis cresceu consideravelmente.

Quando todas as tentativas da monarquia absoluta de se aliar a qualquer uma das grandes classes da sociedade falharam – Arendt exemplifica com a inútil batalha do Estado francês, iniciada no século XV, para obter os favores das guildas (ver ETH, p. 57) – "restou ao Estado impor-se como poderosa empresa comercial" (OT, p. 37). Os fornecedores judeus de crédito foram os principais financiadores dessa poderosa empresa comercial até o século XIX. Também aqui, Arendt segue as afirmações de Weber, em sua *História geral da economia*, trabalho em que o mercantilismo é descrito como a era que transformou o Estado em uma "empresa comercial capitalista" (WG, p. 296).[25] Isso não indica apenas a centralização e o monopólio da autoridade para tomar decisões, que acompanharam a formação do poder estatal, mas também evidencia a "afinidade formal" (Breuer et al., 1982, p. 135) entre Estado e empresas.

iii. A importância funcional da burocracia

Essa afinidade formal aponta para a contínua conversão de todo o sistema administrativo estatal, que se adapta aos poucos e quase completamente à racionalidade formal da economia capitalista. Stefan Breuer descreveu essa adequação da seguinte forma:

> Assim como na economia, em que a preocupação de determinados grupos sociais não mais se dá sob um ponto de vista material, mas apenas de acordo com a capacidade de solvência, desenvolve-se na administração – e todo domínio se expressa em termos de administração – uma rejeição radical ao patrimonialismo material em benefício de uma forma que elimina radicalmente as máximas políticas e/ou éticas e valoriza a despersonalização na condução de cargos. (Breuer et al., 1982, p. 135).

[25] Para a versão alemã, ver GEH (p. 347).

A "rejeição radical" do tradicional e a transição para o domínio legal também se dão na política, no Direito e na administração. Uma das realizações mais marcantes dessa transição – ao lado do estabelecimento do direito formal, que abordarei em detalhe na próxima seção – está a disseminação da administração burocrática racional, no interior da qual o conhecimento específico dos servidores civis ganha importância central. Não surpreende, portanto, que uma leitura pormenorizada de *Elemente und Ursprünge totaler Herrschaft* revele que Arendt, ao tratar da formação do Estado (*statehood*), dá pouca atenção ao monopólio estatal do uso da força. Este é mencionado, mas a "realização essencial" (ETH, p. 114) do Estado moderno, ou seu maior feito é o estabelecimento de um "serviço público partidariamente neutro" (ETH, p. 104) com sua "aspiração de passar a representar toda a nação, de galgar o poder exclusivo, apossar-se da máquina do Estado, substituir o Estado" (OT, p. 59).

Arendt delineia como o serviço público na Prússia não apenas lutou contra o tratamento privilegiado para a nobreza, mas efetivamente defendeu a igualdade de *status* legal para os judeus – o que não necessariamente correspondia aos desejos do rei. O motivo está em que o servidor público expressa "o princípio do Estado-nação" (ETH, p. 88) ou o "espírito do [...] Estado-nação" (ETH, p. 89), e nessas passagens *Estado-nação* novamente significa a estrutura político-legal de um Estado-moderno. Mas o que significam o princípio e o espírito desse Estado? Os servidores públicos eram, em primeiro lugar, "servidores da nação como um todo" (OT, p. 183). Eles eram independentes de todos os interesses sociais e se dedicavam apenas ao Estado: "Por meio deles, não era o rei quem falava, mas a monarquia anônima" (ETH, p. 88). A monarquia anônima é a monarquia formal que estabelece uma forma de domínio orientada estritamente aos princípios estatutários e contra o estilo material do domínio do rei. Nos termos de Weber, o que conduz à "despersonalização" é a "redução do serviço público moderno a regras" (EaS, p. 958).[26] Os servidores públicos eram completamente "independentes de privilégios econômicos especiais" e totalmente "não influenciados por motivos de razão de Estado" (ETH, p. 87). Deve-se notar aqui que Arendt contrasta a racionalidade do serviço público, tanto com os interesses econômicos quanto com a *raison d'État*, pois ambos minam a constância, a calculabilidade e a previsibilidade.

---

[26] Para a versão alemã, ver WuG (p. 552 e p. 562).

Ao colocar não apenas os interesses econômicos, mas também a *raison d'État* contra a racionalidade do serviço público, Arendt novamente segue Weber pelo estreito caminho de suas observações a respeito das diferentes formas de racionalidade, pois o sociólogo também distingue o político e o servidor público não apenas em termos de responsabilidade, qualificações especializadas etc. (a este respeito, ver PuR, p. 340-348), mas também em seus diferentes tipos de racionalidade, tema enfatizado na sociologia da dominação. Enquanto o servidor público revela racionalidade formal, apresentada na subsunção a normas, a referência de Weber à "razão de Estado" significa uma racionalidade material, o "espírito *de liderança*" (PuR, p. 334) do político, que se expressa na "consideração dos meios e fins" (ver WuG, p. 565). A questão a respeito da natureza e da forma de simbiose dos dois tipos de racionalidade está, sem dúvidas, entre os problemas não resolvidos no pensamento político de Weber. Vou abordá-la mais à frente (cf. a este respeito a segunda metade do capítulo quatro e o capítulo cinco). Neste capítulo, no entanto, é importante notar apenas que Arendt, assim como Weber, considera que o que assegura o caráter racional do Estado é a honra profissional do servidor público e enfatiza sua "absoluta independência" (ETH, p. 345) e seu isolamento de toda materialidade. O "projeto do Estado-nação" (ETH, p. 345) era, precisamente, o de "recrutar um serviço público independente",[27] pois ele só pode existir de forma independente quando se formar um grupo de servidores públicos especializados que sirvam ao interesse nacional e sejam desvinculados de todos os estratos sociais. Da perspectiva da teoria do Estado, essa independência se deve à transformação do Estado, como descrito acima, em uma gigantesca empresa comercial. Mas também é possível observar esse impulso para a independência a partir da perspectiva da nação. De modo espe-

[27] ETH, p. 114. Breuer destaca o fato de que a lealdade do servidor público ao Estado surgiu precisamente da estrutura do serviço público: todo o conhecimento especializado e o conhecimento adquirido são inteiramente adaptados à organização e só têm valor dentro dela, sendo completamente inúteis fora dela. Deixar a carreira do serviço público, que já se inicia muito cedo e permite apenas avanços lentos pela hierarquia, é algo muito custoso e arriscado. Para tornar a carreira atraente, no entanto, oferece-se "seguridade social", "direitos previdenciários fixados em lei" e "proteção contra demissão arbitrária". Tudo isso, no entanto, é acompanhado de "restrições estritas de acesso" (Breuer, 1998, p. 183 e ss).

cífico, a emancipação do Estado com relação a todas as classes sociais revela o pré-requisito que permitiu ao Estado se tornar o representante simbólico da nação. Foram os servidores públicos, em sua batalha contra o privilégio e pela igualdade legal de todos os cidadãos, que levaram para frente o processo de racionalização no Estado, iniciando assim a transição da monarquia absoluta para o Estado moderno.

iv. A Revolução Francesa e a gênese do Estado moderno

O processo de emancipação do domínio estatal, isto é, o estabelecimento de um serviço público independente e de um aparato administrativo funcional, entrou em fase de conclusão com a Revolução Francesa. Arendt chega ao ponto de considerar o impulso catalisador de conclusão do Estado moderno como "a única realização indubitável até hoje" (NuD) da Revolução Francesa:

> A estrutura política do Estado-nação foi instituída quando nenhum grupo em particular estava mais em posição de exercer o poder político exclusivo, de modo que o governo assumia o verdadeiro domínio político, que nem sempre dependia de fatores apenas sociais e econômicos. Os movimentos revolucionários de esquerda, que lutavam por uma mudança radical das condições sociais, de início jamais visavam diretamente a essa suprema autoridade política. (OT, p. 59).

Ao avaliar a contribuição da Revolução Francesa para o desenvolvimento da formação do Estado (*statehood*) moderna, Arendt segue Tocqueville.[28] Assim como ela, Tocqueville vê na remoção da monarquia absolutista e de todo o resto da velha ordem feudal o pré-requisito para a burocratização forçada de todo o Estado.[29] Além disso, com o estabelecimento do serviço público, o Estado moderno e suas instituições também se livraram das mudanças de curso postas por direções políticas alternativas, pois nenhum grupo político poderia estar em

[28] Cf. a esse respeito também: Benhabib (2003, p. 161 e ss).

[29] Cf. a esse respeito a famosa afirmação de Tocqueville: "Que a centralização administrativa é uma instituição do *Ancien Régime*, não uma obra da Revolução e nem do império, como dizem". (Tocqueville, [1856] 1969, p. 39).

posição de se encarregar das tarefas e demandas que surgiam diante do Estado sem a ajuda de um "serviço público partidariamente neutro" (ETH, p. 104). De acordo com Arendt, todos os partidos dependiam do aparato do serviço público, "sem o qual nenhum Estado moderno, qualquer que seja seu caráter, pode funcionar" (ETH, p. 105). Com essa apreciação da importância funcional do serviço público, a autora segue novamente Max Weber, que, como se sabe, se referiu ao serviço público profissional em seus escritos sobre sociologia da religião como "a pedra angular do Estado moderno",[30] e considerava que o desenvolvimento histórico desse Estado coincidia com a história do serviço público moderno. Do ponto de vista da teoria do Estado, a recepção arendtiana da Revolução Francesa está intimamente relacionada a esse processo. Ao enfatizar que nenhum movimento revolucionário infringiu a independência do aparato de Estado, Arendt se une à linha tradicional formada por Alexis de Tocqueville, Max Weber e Heinz Ziegler. Ao pensar a Revolução Francesa, os três autores realçaram a continuidade da estrutura administrativa. Tocqueville, por exemplo, destaca o fato de que, mesmo tendo removido o absolutismo e sua ordem feudal, a Revolução adotou todo o aparato administrativo sem dificuldades (ver, a este respeito, Tocqueville, [1856] 1969, p. 39-46; p. 58-61; p. 166-174). Max Weber argumenta na mesma direção em *Economia e sociedade*: comparado ao período do primeiro império, "o aparato de dominação permaneceu essencialmente o mesmo"[31] – apesar da Revolução. Ziegler também conclui, em seu estudo político-sociológico do conceito de nação, que o todo o aparato administrativo permaneceu "relativamente intocado" pela Revolução. Ele escreve:

> Revoluções não destroem em lugar algum; antes, elas tomam conta de todos os lugares e aumentam o corpo da centralização absolutista, pois ela corresponde tecnicamente bem às necessidades de cálculo da ação estatal e à condução do comportamento da massa. (Ziegler, 1931, p. 86).

---

[30] Weber, [1920-1921] 1972a, p. 3. Ver também as excelentes observações de Andreas Anter a respeito da "arqueologia do Estado" e sua descrição da história do Estado como a história do serviço público (ver Anter 1995, p. 172-184).

[31] Wug (p. 571). Em contraste, Weber avalia o *Code Civil* napoleônico como o "terceiro dos maiores sistemas legais do mundo" (EaS, p. 865).

Em termos de teoria do Estado, Arendt segue Weber no que se refere à Revolução Francesa na medida em que acentua a estrutura econômica para pensar a história da emergência do Estado moderno, enfatiza a formação da força política do Estado (*Machtstaatsbildung*), descreve os Estados modernos como "enormes empresas comerciais" e destaca a importância funcional da burocracia.

Mas o paralelo decisivo com Weber está na concepção e na compreensão do Direito como uma racionalidade legal. Assim como Weber, também Arendt determina o Estado moderno continental europeu por seu "caráter de instituição legal racional".[32] A "racionalização interna do direito" (Freund, 1987, p. 12), que de acordo com Weber foi primeiramente obra de juristas profissionais, se adequa ao processo geral de racionalização do Ocidente (cf. Schluchter, 1979).

O direito se torna assim o elemento central de controle. Não é, portanto, surpreendente que Arendt observe o Estado continental europeu a partir da perspectiva do direito. A "estrutura legal" (ETH, p. 488) do Estado, capaz de produzir um mínimo de estabilidade e ordem, se colocava no âmbito da ameaça constante de "profunda nacionalização do Estado" (Ziegler, 1931, p. 296) que marcou o período entreguerras. Embora Arendt critique severamente a composição estrutural do Estado continental europeu, seu conceito correlato de direito e o ideal intimamente relacionado de estabilidade, que preparou as bases para o avanço de formas nacionais de identidade e solidariedade, ela elogia a juridicização das relações sociais e políticas como uma realização essencial do Estado moderno. Mostrarei mais adiante até que ponto Arendt assume a ideia weberiana de direito racional em seu exame do Estado continental europeu. Todas as situações e eventos de conflito histórico-políticos, como a Era das Revoluções, o Imperialismo, o caso Dreyfus ou o problema dos refugiados e das minorias no entreguerras, são apresentados por Arendt como conflitos legais, como conflitos com o Direito. Antes disso, no entanto, devemos esclarecer o que Weber compreende por direito racional.

[32] ETH, p. 490. O pré-requisito para a emergência de uma ordem estatal legal é uma autoridade central privar do poder e expropriar os meios de coerção daqueles que deles dispõem. Weber lista três fatores que, combinados, conduzem à emergência da ordem legal estatal: desenvolvimento econômico, monopólio da violência e monopólio do direito (ver Anter, 1995, p. 190).

III – Sobre a racionalidade do direito

A — O que é o direito racional? Um olhar sobre a sociologia do direito weberiana

Se examinarmos minuciosamente a compreensão de Weber a respeito do direito a partir da perspectiva de sua sociologia da dominação, notaremos que o conceito de direito oferece a Weber um critério para diferenciar a dominação legal da dominação patrimonial ou carismática. Para Weber, a dominação legal se caracteriza pelo fato de o direito ser criado por meio de um estatuto formal e correto, e, assim, não mais depender da validade de princípios mais elevados. No entanto, em vez de reconhecer como direito apenas o direito racional-formal – com fez Kelsen, teórico do Direito – a perspectiva sociológica weberiana distingue quatro tipos de direito. Esses quatro tipos são formados pela combinação entre os pares racional/irracional e formal/material.[33] A dominação carismática ou patrimonial também produz um direito, segundo Weber, mas não um direito formal-racional.

Nessas observações sobre a compreensão do direito em Weber, refiro-me especificamente à seção de *Economia e sociedade* que contém o cerne do pensamento legal de Weber e que Alberto Febbrajo chama de "passagem famosa e muito difícil de interpretar" (Febbrajo, 1987, p. 60). Um dos motivos pelos quais essa passagem é tão difícil de ser compreendida é o de que os termos "racional" e "racionalidade" têm um sentido duplo. Em um ponto, racionalidade é usado como a determinação da qualidade do direito como um todo, que pode variar de acordo com o "grau e a natureza da racionalidade" (EaS, p. 655). Ao mesmo tempo, no entanto, Weber usa o termo racional como um critério para descrever a estrutura interna do direito. Para esse fim, a palavrinha racional é posta entre aspas no início da seção (ver EaS, p. 655).[34] Sendo racional no sentido de sua estrutura interna, o direito pode, portanto, ser de dois tipos diferentes. Primeiro, pode ser racional no que se refere à determinação de "motivos decisivos" (WuG, p. 395) para o julgamento em

---

[33] Ver WuG (p. 395 e ss) ou EaS (p. 655 e ss). Sobre a relação entre Weber e Kelsen, ver Bobbio (1987).

[34] Para a versão alemã, ver WuG (p. 395).

um caso individual. Essa determinação é sempre racional quando, na avaliação de um fato, se adere à "generalização. Isso significa, nesse caso, a redução das razões que determinam a decisão, no caso concreto, a um ou a vários *princípios*, que são as disposições jurídicas". (EaS, p. 655). Normalmente, segundo Weber, a redução é determinada por uma análise dos fatos relativos ao caso, a partir da qual são extraídos exatamente aqueles elementos considerados relevantes para o julgamento legal.[35] A "criação e aplicação do direito" (EaS, p. 655) é irracional quando não se faz nenhuma referência a nenhum tipo de sistema de normas. Em tais casos, o único fator determinante é o sentimento pessoal do cádi ou do oráculo – para ficarmos nos exemplos de Weber. Além dessa, a segunda maneira pela qual o direito pode ser racional é quando as normas decisivas para o julgamento são passíveis de sistematização. Por "sistematização" (EaS, p. 656) Weber compreende a criação de um sistema de normas logicamente claro e sem contradição, no qual todos os casos concebíveis podem ser subsumidos sem remendos.[36] Ao preencher o critério da generalização e da sistematização de normas legalmente relevantes, o direito se torna verificável e, assim, também previsível. Verificação e previsibilidade são fatores decisivos para que se possa (ou não) falar em direito racional, que não é mais – como era, por exemplo, na justiça cádi – o resultado de uma emoção espontânea e possivelmente sentimental, mas é, em vez disso, baseada em normas acessíveis ou, nos melhores casos, em proposições legais às quais se faz referência para resolver problemas legais.

Ao lado da distinção racional/irracional, Weber faz ainda outra distinção, não menos essencial, para determinar o grau e a natureza da racionalidade do direito: a distinção entre direito formal e direito material. No centro dessa divisão está a questão a respeito da localização sistêmica do sistema de normas (ver EaS, p. 656 e ss).[37] Duas respostas são possíveis aqui: ou a criação

[35] Weber fala aqui em "proposições legais" e indica, por meio das aspas, que já está um passo adiante, pois, para ser exato, deveria falar em *normas legais* que precisam ser convertidas em proposições legais. Rödig descreve em detalhes a relação entre normas legais e proposições legais. Para ele, proposições legais são "o substrato exterior da norma legal" (Rödig ,1986, p. 46).

[36] Naturalmente, Weber se refere ao direito inglês como uma exceção, embora assuma que a sistematização prevalece no mundo moderno (WuG, p. 396).

[37] Para a versão alemã, ver WuG (p. 396 e ss).

e aplicação do direito se refere a um conglomerado jurídico de normas que "implica [...] uma transparência extraordinária e compreensibilidade precisa das disposições" (EaS, p. 865) e, em acordo com isso, use métodos técnicos legais para tomar decisões em problemas legais; ou a criação e aplicação do direito depende de normas extrajudiciais "com dignidade qualitativa diferente" (WuG, p. 397), normas com "dignidade qualitativamente diferente daquela das generalizações de interpretações abstratas do sentido" (EaS, p. 657). No primeiro caso, Weber fala de direito formal, a assim chamada jurisprudência de conceitos[38] que "se limita a considerar, no direito material e no processo, as características gerais unívocas dos fatos" (EaS, p. 656 e ss). Ao dar nomes aos métodos técnicos legais, Weber distingue entre duas variedades de formalismo: o "formalismo das *características externas*" e o formalismo "que usa abstração lógica" (EaS, p. 657). Ele considera o formalismo das características externas como "o tipo mais rigoroso de formalismo legal" (EaS, p. 657), direcionado apenas às características externas, tais como a palavra dita, uma assinatura ou um ato simbólico com significado fixo. No caso da abstração lógica, no entanto, as características legalmente relevantes são determinadas pela interpretação, a fim de então criar ou aplicar conceitos legais fixos na forma de regras estritamente abstratas (ver Eas, p. 656 e ss). Caso haja, no curso da resolução de problemas legais, referência a um sistema extrajudicial de normas, ambos os tipos de formalismo são negados. Nesse caso, Weber fala de direito material e de jurisprudência de interesses.[39] Em vez de normas legais e métodos técnicos legais específicos para elas, invoca-se imperativos éticos, regras utilitaristas do que é conveniente, máximas políticas, fontes religiosas de interpretação etc. para resolver problemas legais.

---

[38] A expressão "jurisprudência de conceitos" (*Begriffsjurisprudenz*) remonta a Savigny e se refere aos "poderes produtivos que existem nos sistemas jurídicos e se desenvolveram por meio do próprio texto legal" (Coing, 1969, p. 335). Para Savigny e a assim chamada Escola histórica, a primeira tarefa é penetrar as instituições, regras e conceitos legais surgidos historicamente e conduzi-los a princípios. A abordagem indutiva pode ser vista como o elemento central da jurisprudência de conceitos (cf. Seelmann 2001, p. 66 e ss).

[39] O termo "jurisprudência de interesses" surgiu na ética utilitarista de Bentham. Assim, uma ação é "correta e uma lei é justa quando causam a maior felicidade para o maior número de pessoas (o assim chamado princípio da utilidade)" (Coing, 1969, p. 49).

O argumento da sociologia do direito de Weber reside no fato de que estes dois pares formulados, racional/irracional e formal/material, podem ser hibridizados e, assim, produzir quatro combinações típico-ideais:[40] fala-se em um direito irracional-material quando a criação e/ou aplicação do direito não se refere a um sistema fixo de normas (irracional) e é confiada exclusivamente à emoção pessoal, a considerações éticas ou à estima política de uma pessoa que de alguma maneira detém poder (material). O direito é irracional-formal quando o juiz observa as regras formais de procedimento e enuncia seu juízo de acordo com elas (formal), mas determina sua sentença baseado em uma revelação, no oráculo ou algum outro substituto (irracional). O direito material-racional se dá quando se baseia em normas derivadas de fontes extrajurídicas (material), mas sua interpretação é calculada por meio de certas técnicas (racional); ou seja, quando a decisão sobre problemas legais está baseada em uma exegese da Bíblia ou do Alcorão, ou em máximas éticas, utilitárias ou políticas. O mais alto grau de racionalidade, de acordo com Weber, está no direito formal-racional. Aqui, decisões são baseadas em proposições legais sistematizadas e se orientam a conceitos abstratos e desenvolvidos juridicamente. Em conflitos legais, consulta-se normas (racional) que foram sistematizadas de modo jurídico (formal).

Sempre que Weber se serve dos termos direito racional ou direito racional-legal, ele se refere ao direito formal-racional incorporado pelos sistemas legais modernos. Assim, um Estado de Direito racional deve ser compreendido como um Estado que adere à generalização e à sistematização em sua base jurídica de mensuração ao criar e aplicar leis – com todas as suas consequências sistêmicas, como a separação de poderes – mas que, por outro lado, no entanto, ao tomar decisões sobre problemas legais, também recorre a um sistema jurídico de normas bem composto e aos métodos técnico-legais correspondentes. Weber especifica a racionalidade lógico-metódica do direito formal-racional baseando-se em cinco postulados que são indispensáveis para o trabalho jurídico: primeiro, cada decisão legal específica deve ser a aplicação

[40] A discussão no campo da pesquisa da obra de Weber a respeito da interpretação dessa sociologia do direito não foi concluída. Em minha explicação das quatro hipóteses, sigo não apenas Weber, mas também os comentários de Freund (1987), Febbrajo (1987), Rossi (1987) e Schluchter (1979).

de uma proposição legal abstrata a um caso específico; segundo, uma decisão deve ser aplicada a partir das regras abstratas relevantes por meio da lógica jurídica; terceiro, o direito objetivo válido deve ser visto como um sistema completo de proposições legais; quarto, tudo o que não pode ser legalmente construído racionalmente deve ser considerado legalmente irrelevante; quinto, a ação social comum das pessoas deve, sem exceção, ser vista pelas lentes das proposições legais e, consequentemente, ser vista como aplicação ou infração dessas regras (ver WuG, p. 397).

Como já indicado anteriormente, a burocracia tem uma função na racionalização interna e externa do direito. Quando Arendt fala, como Weber, do serviço público como responsável pela transformação da monarquia em um Estado moderno, ela aponta para a fundação e o estabelecimento de proposições legais que resultam da própria lógica legal e as justificam quase completamente. A influência pessoal do governante sobre o sistema legal se retrai ainda mais (ver ETH, p. 91; ou OT, p. 59).

Depois de delinear a compreensão weberiana do direito, surge a questão a respeito do alcance que essas considerações sobre o direito racional têm na compreensão arendtiana do Estado continental europeu. Devemos aqui concentrar nossa atenção nos critérios que determinam o grau e a natureza da racionalidade do direito: além da verificabilidade e da confiabilidade dessas razões, que são cruciais para decisões a respeito de problemas legais, esses critérios incluem a localização sistêmica das normas – isto é, o sistema de normas – e a aplicação dos métodos técnicos (legais) relevantes. No capítulo seguinte, mostrarei como Arendt segue critérios weberianos para determinar o caráter legal do Estado continental europeu moderno. Antes disso, no entanto, é preciso ainda um passo argumentativo, pois o conceito legal de Estado moderno aparece em Arendt de forma mediada. O que significa "forma mediada"?

Arendt não desenvolve o caráter legal do Estado moderno de maneira sistemática como Weber. Com ela, o caráter especificamente legal do Estado moderno só pode ser reconstruído por meio da análise de seu equivalente, ou seja, da "burocracia como forma de domínio" (ETH, p. 519). Isso porque, na descrição e crítica arendtianas da burocracia como forma de domínio, a pensadora se orienta exatamente pelos critérios que Weber também sugeriu para grau e a natureza da racionalidade do direito. Dessa forma, a burocracia como forma de domínio – que não deve ser confundida com a burocratização do aparato do serviço público existente –[41] contraria a compreensão do direito racional-formal no Estado de Direito moderno.

B — Arendt e o direito racional

i. Burocracia como forma de domínio e a materialidade do direito

Em suas observações a respeito da burocracia, Arendt distingue de modo estrito entre a burocracia como forma de domínio, que ela identifica tanto no imperialismo quanto nas burocracias despóticas do Império Austro-húngaro e da Rússia czarista, e a burocratização do aparato de serviço público existente, que Arendt explica com o exemplo da França.[42] Apesar de algumas similaridades, a diferença fundamental está no fato de os funcionários públicos franceses, os assim chamados *ronds-de-cuir*, jamais terem governado o país. O aparato estatal francês pode muito bem ter sido um "organismo inútil cuja única finalidade parece ser chicanice" (OT, p. 277), mas ninguém poderia seriamente afirmar que ele se cobriu com aquela "aura de pseudomisticismo" (OT, p. 277) típica dos aparatos das burocracias da Rússia czarista e do império Austro-húngaro. Se perguntarmos pelas razões precisas dessa aura pseudomística dos domínios burocráticos, veremos que Arendt explica esta expressão pela Filosofia do Direito: "Em termos jurídicos, e em contraste com o domínio da lei", diz Arendt, "a burocracia repre-

[41] ETH (p. 519). Arendt também se refere a essa diferenciação em *Origens do totalitarismo*, quando escreve que "o governo pela burocracia não deve ser tomado por mero produto dos serviços públicos, que frequentemente acompanharam o declínio do Estado-nação, como foi, principalmente, o caso da França". (OT, p. 277).

[42] Diferenciando claramente o domínio total destas duas formas de domínio, Arendt escreve o seguinte na versão alemã do livro sobre o totalitarismo: "A burocracia é uma forma de domínio em que a administração toma o lugar do governo, os decretos tomam o lugar das leis e o âmbito anônimo do gabinete toma o lugar das decisões públicas legais, pelas quais uma pessoa pode ser responsabilizada e levada a prestar contas. Nesse sentido, a burocracia tem pouco a ver com o aparato do serviço público, sem o qual o Estado-nacional não poderia sobreviver e nenhum Estado moderno, de qualquer tipo, poderia funcionar (ETH, p. 405).

senta o regime do decreto" (ETH, p. 516);[43] "Os povos governados por decretos nunca sabem o que os governa, dada não só a impossibilidade de compreender os decretos em si mesmos, mas também a ignorância cuidadosamente organizada no que se refere a circunstâncias específicas e seu significado prático, ignorância em que os administradores, na medida em que desempenham o papel de fonte de poder, conservamos seus súditos" (OT, p. 276). Essa última passagem já sugere as duas direções para as quais a análise arendtiana da burocracia como forma de domínio vai nos conduzir e, ao mesmo tempo, dá nome à principal fonte da "aura pseudomística", que é a "incompreensão", ou o "segredo" (ver ETH, p. 518). As "circunstâncias específicas e o significado prático" que motivam um decreto são tratados como "o maior dos segredos de Estado" (ETH, p. 518). Eles resultam exclusivamente das considerações de conveniência de uma elite política às quais o povo não tem acesso e que, portanto, permanecem incompreensíveis. A materialização se soma à falta de verificabilidade das decisões criando assim uma atmosfera de ignorância a respeito de quem ou o que governa e domina. O resultado é a aura pseudomística de um regime governado por decreto.

Para evitar a impressão de que decretos são, em si mesmos, responsáveis por essa ignorância, e de que a aura pseudomística é consequência essencial de qualquer decreto, é preciso esclarecer que, no interior de um Estado constitucional, os decretos não são, de modo algum, iguais aos que formam um regime de decretos: decretos são parte de qualquer estado democrático de direito. Não apenas porque cada parlamento seria sobrecarregado se tivesse que esclarecer cada tema legal até os mínimos detalhes de sua implementação técnica e execução administrativa; mais importante ainda é o fato de, em muitos aspectos, parlamentares não terem a competência que se pode encontrar entre os servidores públicos. Trata-se, portanto, de uma simplificação enxergar no próprio decreto a causa da aura pseudomística do sistema de domínio burocrático. A diferença entre decretos e um regime de decretos reside muito mais no fato de aqueles estarem inseridos no todo formado pelo sistema legal-formal de um Estado, e no fato de que é apenas a partir desse sistema que a unidade administrativa em questão tem a experiência

[43] A versão em inglês diz: "Legalmente, o governo da burocracia é o governo por decreto". Ao adicionar "em contraste com o domínio da lei" na versão alemã, Arendt mostra, uma vez mais e com precisão, que ela também adota a perspectiva da Teoria do Direito ao analisar e criticar a burocracia como forma de domínio.

da extensão, conteúdo e propósito que estabelecem os limites para o decreto e lhe conferem poder. Em suma, o legislador deve estabelecer os limites precisos no interior dos quais o executivo pode fazer leis. Com isso em mente, Arendt enfatiza que o servidor público administrativo está confinado a um sistema constitucional de separação de poderes que o coloca em relação permanente com "a atividade legislativa dos homens de Estado, de um lado, e com a atividade interpretativa dos juristas, de outro" (ETH, p. 526). Antes de a ação política oficial poder ser realizada pelo Estado moderno, a legalidade e a constitucionalidade dessa ação devem ser revistas. Fala-se muito comumente dos decretos como leis em sentido material por eles não precisarem passar por todo o processo legislativo, mas isso não significa que o direito, como tal, seja materializado. Em vez disso, o decreto deriva sua validade exclusivamente da referência legítima à lei, racional e formalmente correta, da comunidade.

Em um regime de decretos, passa-se algo inteiramente diferente, pois nele a relação entre decreto e sistema legal é inteiramente invertida. O decreto, segundo Arendt, substitui completamente o direito: "constantemente se realizam ações antes que as leis sejam promulgadas" (ETH, p. 527). Mas é preciso parar um pouco neste ponto para uma precisão terminológica. A afirmação de que o decreto toma o lugar do direito é apenas uma meia verdade, pois, em vez disso, os decretos aparecem disfarçados de leis, o que muda inteiramente o próprio conceito de lei. Algumas passagens deixam claro que Arendt tem em mente essas transformações, pois nelas ela equipara, em termos de conceito legal, o domínio burocrático e o despotismo, e nota que "no despotismo [...] todas as 'leis' [devem ser vistas] como a descarga direta de uma onipotência esmagadora" (ETH, p. 516 e ss). Ao colocar "leis" entre aspas, Arendt parece indicar a perda da formalidade do direito em um regime de decretos. Pois, se em um Estado constitucional falamos de decretos como leis em sentido material, mas inseridas em um direito formal-racional, em um regime de decretos todas as leis são materializadas por meio da corrupção do conceito de direito. Arendt deixa isso claro quando escreve que "o poder que, em um Estado constitucional, serve apenas à execução e manutenção da lei, torna-se aqui, em um comando, a fonte direta do ordenamento" (ETH, p. 516).[44]

[44] Em termos menos precisos, mas com o mesmo efeito, a versão em inglês diz: "o que significa que a força, que no governo constitucional apenas faz cumprir a lei, se torna a fonte direta de toda legislação" (OT, p. 275).

O direito (material) do domínio burocrático contrasta aqui com o direito (formal) do Estado constitucional: enquanto seja uma característica típica do domínio legal no Estado institucional racional que as autoridades e órgãos estatais só possam executar aquilo que já comprovou sua conformidade com o sistema jurídico em todos os aspectos, em um regime de decretos a única coisa que conta é a simples habilidade de emitir regulamentos. Consequentemente, em caso de materialização do direito, os "estágios intermediários entre legislação, publicação e execução" (ETH, p. 518) desaparecem.[45] O executivo faz as leis e, fazendo-as, ignora a garantia para a qual Weber deu destaque quando tratou da preservação do "caráter formal do direito e sua aplicação" (EaS, p. 774): a separação de poderes.

ii. Burocracia como forma de domínio e a irracionalidade do direito

Segundo Weber, o que preserva a esfera da criação e da aplicação da lei e do direito contra sua ocupação (completa) por postulados materiais – sejam eles políticos, religiosos, econômicos ou de qualquer outro tipo – é a separação dos poderes. É ela que estabelece a liberdade necessária para a criação do "formalismo abstrato da lógica do direito" (EaS, p. 811) e assim cria o pré-requisito para que todo o aparato legal possa ser configurado como uma "máquina técnica e racional" (EaS, p. 811). A vantagem do aparato legal como uma "máquina técnica e racional", segundo Weber, é que ele sustenta a realização de uma "luta de interesses pacífica" (EaS, p. 811) e baseada em regras de jogo fixas e firmes. O argumento é que o formalismo legal é acompanhado de uma maior estabilidade e de uma racionalidade de coexistência – racionalidade aqui compreendida como determinação da qualidade de todo o direito. No regime de decretos, em contraste, a única "medida de valor" do direito, segundo Arendt, é ser "aplicável ou não aplicável" (ETH, p. 518).

> Como o povo que ela [a burocracia] governa nunca sabe realmente por que algo acontece, e como não existe uma interpretação racional das leis, subsiste apenas uma coisa que importa: *o próprio evento brutal e nu.* (OT, p. 277 – ênfase minha).

---

[45] Para a versão em inglês, ver OT (p. 277).

Quando apenas o "evento brutal e nu" importa para saber se algo é legal ou não, desaparece a necessidade de qualquer método técnico legal. Tanto o "formalismo das 'características externas'" quanto o da "abstração lógica" – isto é, alcançar uma "declaração e uma interpretação racionais das leis" – perdem sua validade na criação e aplicação da lei e do Direito. Eles são substituídos pelo simples fato da decisão, para o qual prestação de contas e justificação não são critérios: no regime de decretos, a decisão se torna, realmente, um "elemento de forma especificamente legal [...] em sua absoluta pureza" (Schmitt, [1922] 2004, p. 19), pois a única coisa subjacente ao direito de um sistema burocrático de domínio é a habilidade de "controlar seus destinos exteriores" (OT, p. 277) e os de seus cidadãos. A racionalidade do formalismo dos meios técnico-legais se separa da "emanação imediata do monopólio estatal da força" (ETH, p. 320), e as leis assim se tornam uma "descarga direta de uma onipotência esmagadora" (ETH, p. 517).

Além da declaração e interpretação racionais das leis, Arendt aponta também para o fato de que as leis, em um Estado europeu continental moderno, devem ser capazes de remeter a uma autoridade legisladora transparente. No regime de decretos, em contraste, domina o puro anonimato: "Além disso, os decretos têm um aspecto de anonimato (enquanto as leis podem ser atribuídas a determinados homens ou assembleias) e, portanto, parecem emanar de algum supremo poder dominante que não precisa justificar-se" (OT, p. 275-276).

Além da transparência da fonte da lei, o que Arendt diz a respeito do anonimato também abrange o arco de critérios de verificabilidade e confiabilidade, que foram mencionados acima como indicadores do âmago do direito e que respondem à questão de saber se, na tomada de decisões legais, foram ou não foram feitas as devidas referências às normas existentes. Uma assembleia legislativa pode sempre fazer uma referência clara a um sistema de normas existente, o que não se aplica ao regime de decretos: em uma assembleia legislativa, a referência pode ser reconhecida pelo fato de que, como *pouvoir constitué*, ela está por si mesma inserida em uma ordem constitucional que a empodera e a limita. Portanto, todas as leis aprovadas devem não apenas permanecer no interior de determinada moldura – garantindo com isto já certa confiabilidade –, mas também devem ser capazes de ser substancializadas e justificadas sobre o pano de fundo da ordem legal existente, o que garante sua verificabilidade.

Por meio do contraste entre o aparato do poder imperialista nas colônias e as instituições constitucionais no país natal, Arendt chama atenção para uma série de outros aspectos que moldaram o Estado europeu continental, mas foram completamente pervertidos pela prática de governo do aparato de domínio colonial. Um desses aspectos é a existência de proposições legais claramente compreensíveis ou de princípios que, segundo Weber, são parte essencial da confiabilidade do Direito. Para que uma disputa legal seja esclarecida, são examinados as proposições legais e os princípios abordados ou infringidos pelos fatos do caso.[46] Os princípios estatutários devem ser claros, simples e compreensíveis a todos. Mas, na emissão normal de decretos nas colônias, a situação é muito diferente disso: Arendt afirma que "[N]ão existem princípios gerais por trás do decreto que a simples razão possa entender" (OT, p. 276). Antes, a criação e a aplicação da lei são orientadas exclusivamente pelo imperativo do momento, cujas "circunstâncias que mudam constantemente, [...] só um perito pode conhecer em detalhe" (OT, p. 276). Ao localizar a negação de princípios e das proposições legais no centro de sua crítica ao domínio burocrático – um sistema em que ninguém sabe por que algo está acontecendo agora ou por que está acontecendo isto e não aquilo – Arendt o coloca em contraste com a imagem manifesta da prática de criação e aplicação de leis no Estado moderno, continental europeu, prática que se baseia em proposições legais e garante a confiabilidade e a verificabilidade.

O "desprezo pela lei" (OT, p. 275) está estreitamente conectado a estes princípios obscuros de um regime de decretos. Segundo Arendt, legalidade significa "permanência de leis com validade geral" (ETH, p. 459). Legalidade significa que nem tudo pode simplesmente ser feito dentro do Direito, e que cada nova lei deve se encaixar sem contradições no sistema legal existente. É precisamente essa demanda que alimenta um medo justificado entre os defensores do regime de decretos – Arendt se refere, neste contexto, às *Reflections of a Russian Statesman* de Pobedonostsev –, para quem leis são armadilhas porque

---

[46] A esse respeito, Weber escreve: "Esta redução está geralmente condicionada por uma análise prévia ou paralela dos fatos, a fim de encontrar os elementos que interessam ao ajuizamento jurídico" (EaS, p. 655).

inibem a execução imediata do poder administrativo, uma vez que permitem múltiplas interpretações antes de cada ação e que existem "prescrições restritivas" (OT, p. 280) no interior do direito. Em Estados constitucionais, resume Arendt, o administrador tem eterno desprezo pela "suposta falta de liberdade do legislador, a quem os princípios limitam, e pela inação dos executores da lei, a quem a interpretação restringe" (ETH, p. 517).

O processo legal leva um tempo muito longo nos Estados modernos por conta da separação dos poderes, das exigências formais de procedimento e do controle sistemático, ao passo que decretos podem ser emitidos "em rápida sucessão" (ETH, p. 459). Além disso, em um sistema de domínio burocrático, decisões legais podem ser tomadas de maneira completamente "desordenada" e variar muito "de caso a caso" (ETH, p. 459). A razão para isso é que nenhum contexto geral coerente deve ser levado em consideração para as decisões legais. Como tudo pode ser decidido sem razão ou justificação, sem a obrigação de se encaixar em uma ordem legal, Arendt compara a criação e a aplicação de leis em regimes de domínio burocrático ao "estado de emergência": "A emergência justifica, como exceção, aquilo que é regra em despotismos, a saber; poder concentrado e ilimitado contra os que lhe estão sujeitos" (ETH, p. 516).[47]

Em um regime de decretos e sob o domínio de uma concepção material-irracional do direito, o estado de emergência se tornou o normal (cf. Benjamin, [1940] 1961, p. 272; Agamben, 2005). Por outro lado, em Estados com uma ordem formal-racional do direito, a criação de leis não é arbitrária, mas baseada no formalismo, que deve se orientar pela sistematização das proposições legais. Assim a sistematização do direito pode ser observada de duas perspectivas. A primeira pode abordar a sistematização a partir do aspecto de um sistema de normas existente e aperfeiçoado; nesse caso, ela é examinada a partir do núcleo do Direito. Por outro lado, no entanto, a sistematização também pode ser vista sob o postulado de um corpo de leis bem composto e dentro do qual cada decisão e cada nova lei é logicamente clara e pode ser integrada sem contradições. O objetivo é criar um sistema sem remendos, ou seja, um aparato que possa funcionar como uma máquina técnica.

[47] Na versão alemã, essa passagem traz uma dicção com muitas reminiscências de Carl Schmitt.

Se considerarmos a análise arendtiana do aparato de domínio imperialista adotando exclusivamente o ponto de vista da Teoria do Direito, será difícil descartar certas alusões terminológicas às ideias de Carl Schmitt a respeito do estado de emergência e da "essência do Estado e do direito" (Hofmann, 1964, p. 68). Em certo sentido, a dimensão de Teoria do Direito nas análises arendtianas do imperialismo torna explícitas as consequências que surgiriam para a situação normal se, de fato, como Schmitt acredita, "todo direito é *direito situacional*" (Schmitt, [1922] 2004, p. 19); se, em outros termos, o "*único* critério para o valor" (ETH, p. 518 – ênfase minha) do direito for sua aplicabilidade. O que significaria para as condições normais se a declaração, interpretação e justificação racionais das leis se tornassem irrelevantes como critério de legitimação e, assim, apenas a decisão em si mesma fosse levada em conta? As afirmações de Arendt a respeito do anonimato dominante na autoridade legislativa e da aura pseudomística do sistema como um todo provavelmente se direcionam também contra a teoria schmittiana da soberania. Ao longo de toda a sua vida, Schmitt foi incapaz de dizer quem era exatamente o soberano e onde se situa a base para suas decisões. O soberano só se mostra no momento da decisão – enfatizando assim que ele é *de facto* capaz de tomar essa decisão.[48] Com as distinções entre poder e violência, e entre querer e ser capaz de, Arendt atacou fundamentalmente Schmitt ao longo de suas obras e tentou fornecer evidências de que, sob a condição da pluralidade, a noção schmittiana de soberania não pode conduzir a qualquer comunidade política estável ou a qualquer ordem permanente. Embora Arendt, como Schmitt, questione a despolitizada ideia de racionalidade baseada no conceito formal-racional de direito que está presente no Estado continental europeu moderno (cf. também Ahrens, 2004, p. 88-105; e os capítulos 4 e 5 deste livro), sua crítica não se funda em uma "convicção metafísica" (Schmitt, [1922] 2004, p. 14),[49] mas é, ao contrário, genuinamente motivada pela política.

Se seguirmos uma vez mais o arco voltando à interpretação arendtiana do Estado moderno, perceberemos que a autora classifica esta compreensão

[48] Cf. a esse respeito, *inter alia*, a crítica de Hermann Heller (1971, p. 87 e ss) e meus comentários no capítulo 1.

[49] Cf. a esse respeito a crítica de Schmitt a Kelsen e Weber em *Der Hüter der Verfassung* [O guardião da constituição] (Schmitt, [1931] 1996, p. 38).

do direito como uma tentativa de impor verificabilidade, confiabilidade e estabilidade contra as decisões arbitrárias do poder soberano:

> Ao burocrata, que não se sente sujeito a nenhuma lei, mas apenas às forças da máquina administrativa, não resta outra coisa além de enfrentar cada situação com um decreto específico e rejeitar acordos vinculantes ou leis válidas para todos; acordos e leis, sejam bons ou maus, justos ou injustos, contém uma estabilidade que sempre se coloca no caminho dos poderes mágicos de *Maelstrom* (turbilhão); acordos e leis têm sempre a tendência de fundar comunidades e corpos políticos duradouros nos quais *ninguém pode brincar de ser Deus*, pois todos têm que obedecer às leis e estão vinculados pelos acordos. (ETH, p. 460 – ênfase minha).

Essa passagem deixa claro mais uma vez que Arendt reforça uma compreensão muito particular do direito, a compreensão formal-racional, e a acentua por meio do exemplo do Estado moderno. Pois, sob a compreensão material-irracional do direito, não se pode dizer nada contra o reconhecimento de decretos ou éditos como leis – sejam alteráveis ou não segundo a vontade de cada soberano. Portanto, aquilo para o que Arendt alude em primeiro lugar ao falar de leis "válidas para todos" e às quais todos devem obedecer é o traço geral que necessariamente acompanha uma compreensão formal-racional do direito. Pois é somente no contexto de tal concepção legal que leis são diferentes de decretos, no sentido de que estes são aplicáveis apenas a certas pessoas ou populações – e sem considerar o processo legal normal – ao passo que outras pessoas ou grupos estão excluídos deles.[50]

[50] É notável que tanto Weber quanto Arendt se refiram a Frederico II para ilustrar o caráter generalista do direito formal-racional. Weber o introduz em sua *História geral da economia* e aponta para o fato de que Frederico, o Grande, odiava os juristas (Wg, p. 292; ou GEH, p. 342), pois eles sempre aplicavam, de maneira formalizada, seus éditos materialmente orientados, o que os submetia a propósitos dos quais ele não queria saber. Arendt fala de Frederico II a fim de ilustrar a discrepância entre o formalismo do serviço público prussiano e os interesses materiais do rei. Além do fato de os servidores públicos serem muito ativos na defesa da abolição dos privilégios da nobreza, eles reivindicavam também igualdade política para os judeus. Eles não eram motivados por nenhum postulado ético

As observações mostraram que o caráter generalista do direito formal-racional, segundo Weber, baseia-se em que, para cada caso, uma decisão é alcançada por métodos de lógica legal e é tomada a partir das proposições legais abstratas relevantes para o caso. A lógica legal garante que cada caso seja examinado exclusivamente em vista das proposições legais aplicáveis a ele, e das proposições legais violadas por ele. Como a proposição legal é construída a partir da condição jurídica (delito) e da consequência jurídica (punição), as consequências jurídicas sempre têm efeito, qualquer que seja a pessoa, toda vez que as condições jurídicas são preenchidas. Segundo Weber, sob o domínio do direito formal-racional, todas as ações acontecem no nível da aplicação, execução ou violação das proposições legais. O método da generalização lógica conduz à situação em que o *status* e o nome da pessoa são completamente ignorados. As análises neste capítulo mostram claramente que Arendt segue a visão de Weber, segundo a qual a autonomia do sistema legal pode formar uma racionalidade que é específica ao direito, garantindo assim confiabilidade e verificabilidade e, com elas, a ordem.

Contudo, é confusa a visão de Arendt segundo a qual nenhuma autoridade pode brincar de Deus nesta compreensão do direito, ou seja, não pode haver soberania acima da lei estatutária. Isso porque Arendt não revela aqui de onde vem sua confiança no direito racional, um Direito que não exige uma fonte exterior a ele mesmo. A explicação provavelmente virá da concepção de Weber da racionalidade lógica de um formalismo jurídico que, como uma máquina, impulsiona e estende a produção de leis futuras. Se seguirmos Weber a esse respeito, não deixaremos de notar que, também para este autor, o Estado é principalmente e primordialmente baseado em violência. Se a

humanista, mas apenas pelo aspecto da generalidade do sistema legal, que só poderia funcionar adequadamente se as proposições legais se aplicassem irrestritamente a todos os cidadãos da comunidade. O serviço público prussiano reconheceu que a preservação do sistema de privilégios a certos cidadãos judeus e a consequente rejeição de direitos fundamentais aos demais judeus representavam um ataque ao caráter generalista do direito e, assim, representavam ao mesmo tempo uma ameaça aos direitos como um todo. No entanto, Frederico, o Grande, continua Arendt, reagiu com horror às reivindicações dos servidores públicos, pois estava preocupado com suas finanças. (ver OT, p. 50 e ss; ou ETH, p. 87 e ss).

violência for solicitada pelos interesses políticos de um homem de Estado weberiano, ela também se torna ativa acima da lei.[51] No interior da tradição europeia continental da natureza do Estado (*statehood*) e da soberania, o Deus acima da lei não foi abolido; ele, no máximo, se restringe. Como essa restrição não permite mais que um equilíbrio precário entre racionalidade formal e material, a crítica de Arendt ao direito começa nesse ponto. Na citação acima, no entanto, a pensadora ainda está bastante distante da visão e *insights* de Teoria do Direito, Filosofia do Direito e teoria constitucional que terá mais tarde, e ainda acredita, equivocadamente, que o problema da soberania no Estado moderno (continental europeu) já foi solucionado. Como esse não é de modo algum o caso, e nem a compreensão jurídica, estatal e política do domínio legal-racional pode ser compatível com o pensamento da autora, é necessário ler Arendt aqui contra Arendt. Este é o único caminho para escapar da rua sem saída à qual suas ideias acríticas a respeito do caráter estabilizador do direito delineado na citação acima nos conduzem, e penetrar no tema chave de seu pensamento político: a crítica à soberania.

Em suas reflexões a respeito do nacionalismo, Carlton Hayes estabeleceu que o Deus acima da lei não desapareceu com a Revolução Francesa, mas simplesmente foi tomado de forma diferente: *A vontade da nação é Deus*. A nação, segundo Hayes, "pode se apoderar de todas as coisas e destruir cada uma delas, pois acima dela não há lei" (Hayes, 1949, p. 69).[52] Hayes, a quem Arendt também se refere em sua obra, expressa desta forma aquilo que a

---

[51] O problema do argumento de Schmitt está precisamente em o soberano, em um estado de emergência, ser ativo tanto dentro quanto fora da ordem legal: a suspensão do direito em benefício do direito (ver Schmitt, [1922] 2004, p. 14; Agamben, 2004, p. 7-41). As observações de Arendt que mencionei indicam que ela desconsidera esse problema e recua de suas próprias considerações críticas. Em princípio, no entanto, há uma diferença qualitativa entre, de um lado, apontar para o fato de haver violência por trás do direito racional que, no estado de emergência, pode invalidar o direito e, por outro lado, como faz Carl Schmitt, sentir-se obrigado, por essa circunstância, a interpretar a natureza do direito baseando-se inteiramente nessa ruptura e a interpretar todo o direito como situacional.

[52] Em seu livro sobre o totalitarismo, Arendt se refere à série inteira de obras de Hayes a respeito do nacionalismo e do totalitarismo (ver a esse respeito ETH, p. 989).

pensadora considera ser a contribuição original de Rousseau: a suposição de que a comunidade política, assim como o indivíduo, pode ter uma vontade:

> Rousseau chegou a esta suposição por meio da problemática peculiar da lei, a qual, nos dois sentidos da generalidade – aplica-se a todos e a ninguém – corresponde precisamente à generalidade da *volonté génerale*, que é comum a todos e, ainda assim, não é a soma dos votos individuais. É como se ele tivesse sido o primeiro a reconhecer que este produto humano, as leis em sua generalidade, não se opusesse a nenhum sujeito do qual é produto. Ele encontra o sujeito na *volonté générale*. A *volonté générale*, como fonte das leis em sua generalidade, substitui o *ius naturale* (que, segundo Rousseau, não pode existir) e os mandamentos de Deus. (DT, p. 260).

Sob os auspícios das mudanças de legitimação desde a Revolução Francesa, a *volonté générale* se tornou o epítome da soberania ou, mais precisamente, da soberania do povo. No próximo capítulo, mostrarei que a soberania do povo, por um lado, mina o direito com sua indeterminação e, por outro lado, desencadeia patologias políticas entre os cidadãos ao tentar sua implementação político-institucional. A crítica de Arendt à soberania servirá como nosso ponto de partida para examinar o desenvolvimento da sua compreensão de direito e política.

– 4 –

A crítica de Hannah Arendt à soberania popular

I – Introdução

Quando a nação se tornou, com a Revolução Francesa, o "princípio dominante de ordem para comunidades políticas" (Anter, 2007, p. 238), surgiu então a questão a respeito de como esse novo princípio de ordem pôde se fundir a uma história de quase 150 anos de Estado e de formação do Estado (*statehood*). Ou seja: de que maneira a nação, enquanto conceito de ordem, se encaixa ao Estado como "garantia de ordem" (Anter, 2007, p. 247) formando o *Estado-nação*? Essa questão da relação entre a ordem do Estado e a vontade nacional marca um ponto de partida muito importante na obra teórico-política de Arendt, que aborda de várias maneiras diferentes a questão da infeliz ligação entre Estado e nação. Em termos conceituais, a autora condensou essas reflexões a respeito do Estado e da nação em sua crítica à soberania popular. A soberania popular implica que a vontade do povo deve ser tanto a origem das leis quando a fonte do poder legítimo e, por abordar ambos os pontos, a crítica de Arendt adota tanto a perspectiva de filosofia política quanto a da política institucional.

Esse capítulo está, assim, dividido em duas seções principais. Na seção II, introduz-se a crítica à soberania popular em termos de Filosofia do Direito: a afirmação do caráter absoluto da *volonté générale* exige um direito com conteúdo indeterminado e, portanto, passível de ser definido novamente e de maneira arbitrária de acordo com a disposição e o estado de espírito nacionais. Isso anula a confiabilidade, a estabilidade e a verificabilidade do direito, ou seja, anula sua racionalidade. Da perspectiva da Filosofia do Direito, a crítica à soberania popular torna evidente que a racionalidade do direito só pode ser realizada se for baseada em uma compreensão nova e diferente do político. A seção III se ocupa da crítica arendtiana à soberania popular do ponto de vista da política institucional: a realização institucional da soberania popular – isto é, o Estado continental europeu democrático e constitucional – é acompanhada de inúmeras patologias políticas, tais como a "massificação de indivíduos" (OT, p. 366; ver também ETH, p. 680), desconfiança e falta de experiência política. Como essa estrutura do Estado constitucional forma, ao mesmo tempo, o pré-requisito para a racionalidade do direito na tradição europeia continental do pensamento político, o próprio conceito de direito se torna alvo da crítica de Arendt.

II – Soberania popular e direito

> Os crimes contra os direitos humanos, especialidade dos regimes totalitários, podem sempre justificar-se pela desculpa de que o direito equivale ao que é bom ou útil para um todo, em contraste com as suas partes. [...] Uma concepção da lei que identifica o direito com a noção do que é bom – para o indivíduo, ou para a família, ou para o povo, ou para a maioria – torna-se inevitável quando as medidas absolutas e transcendentais da religião ou da lei da natureza perdem a sua autoridade.
>
> Hannah Arendt, *Origens do totalitarismo*

Apresentarei em seguida minha tese segundo a qual, do ponto de vista da Filosofia do Direito, a crítica de Arendt à soberania popular se dirige à *volonté générale* como fonte do direito. O cerne de meu argumento está em que a *volonté générale*, tomada como a fonte de todos os direitos, produz exclusivamente direito material-irracional, que por sua vez é incompatível com uma ordem político-democrática estável e confiável. Para explicar sua crítica, Arendt se refere à afirmação de Delos segundo a qual a nação gradualmente conquista o Estado.[1] O que significa exatamente essa conquista?

[1] Ver OT, p. 261. Nessa passagem, Arendt fala em "'conquista do Estado pela nação'". Uma das teorias apresentadas por Delos em seu *La Nation* é a de que a nação corrompe

Quem ou o que é conquistado e como? E por que a *volonté générale* é necessariamente acompanhada por um conceito irracional de direito?

Para poder responder a essas perguntas, devemos examinar, como primeiro passo, a arquitetura teórico-política do livro de Arendt sobre o totalitarismo. Apenas dessa forma é possível apresentar o que a autora quer dizer ao falar dessa conquista como uma batalha entre duas noções diferentes de ordem política, noções que são acompanhadas por maneiras próprias de compreender o direito, a política e a relação entre eles. Por essa via, torna-se evidente que, na visão de Arendt, direito e política são conectados internamente. A seção seguinte, dedicada às fontes da juridicização, pretende sublinhar o fato de que a interpretação arendtiana da nação e do direito pode ser tudo, menos unidimensional. Longe de sugerir que a nação seja, desde o início, um conceito chauvinista e incompatível com o domínio das leis, Arendt enfatiza precisamente a ideia de que a igualdade de todos diante da lei e a obrigação de chegar à "compreensão e ao acordo no interior da família da nação" (ETH, p. 293) estão diretamente conectadas ao conceito de nação. Por que, pergunta Arendt, "nunca se encontrou uma maneira pela qual esta ideia fosse transformada em um conceito funcional no mundo dos Estados soberanos" (OT, p. 61 e ss; ver também ETH, p. 110). A seção II.C, dedicada à *volonté générale* na qualidade de fonte do direito, fornecerá a seguinte resposta a esta questão: nenhuma ordem estatal pode ser alcançada com um direito assim indefinido. Tomando este *insight* como ponto de partida, faremos uma incursão pelas ramificações profundas da nação e do direito. Esse exame aflui na discussão de se a internalização do político, que segundo Arendt constitui o cerne da maneira pela qual a *nação*-Estado compreende o político (ver capítulo 2), conduz ou não à etnização do político. Se esse for o caso, a internalização do político é responsável pelo enorme potencial de exclusão étnica por parte das políticas nacionais. Tratando da principal questão relativa à natureza de um constitucionalismo arendtiano, este capítulo mostrará que o direito é indissoluvelmente dependente da maneira de compreender o político; ele mostrará, portanto, que a racionalidade do direito não pode – como Weber e outros supuseram – ser uma questão exclusiva do direito.

---

as instituições legais do Estado. Arendt resenhou esse livro para *The Review of Politics*, em 1946 (ver Arendt, 1946).

A — A arquitetura teórico-política do livro de Arendt sobre o totalitarismo

Para compreendermos a análise feita por Arendt da relação entre nação, soberania popular e direito, precisamos examinar a arquitetura teórico-política de *Elemente.../ Origens....* Mas o que quer dizer exatamente arquitetura teórico-política? As investigações teórico-políticas do livro de Arendt sobre o totalitarismo contêm quatro diferentes paradigmas do político, e cada um deles representa maneiras muito diferentes de compreender a relação entre direito e política. A racionalidade formal da administração moderna de um governo é um paradigma do político e, além dela, existe também a racionalidade material da *raison d'État*. No século XIX e no início do XX, ambas foram atacadas e rebaixadas pela *volonté générale*, que é um outro paradigma de ordem política. A racionalidade material da *raison d'État*, que Arendt faz circular sob o termo *raison d'État* maquiaveliana,[2] é substituída – sobretudo nas relações internacionais durante o período do imperialismo – pela *raison d'État* hobbesiana,[3] que é o quarto paradigma. A *raison d'État* hobbesiana,

---

[2] DT, p. 509; ver também as conhecidas reflexões de Maquiavel a respeito da *raison d'État* em Maquiavel (2001).

[3] Como a *raison d'État* hobbesiana tem papel menor neste capítulo, limito-me a esboçá-la brevemente aqui. A *raison d'État* maquiaveliana, que desde o início se conecta ao conceito de Estado, entra em confronto com outro conceito de prudência quando surge o imperialismo e aquilo que Arendt chama de "emancipação política da burguesia" (OT, p. 153). A autora remete esse outro conceito a Hobbes, que, na sua opinião, antecipou de modo claro a lógica de um paradigma de competitividade liberal e suas consequências. Sob esse novo paradigma, que chamo de *raison d'État* hobbesiano por conta de sua origem, a política se torna um processo permanente de acúmulo de poder, processo ao qual até mesmo o Estado deve se submeter. Em seu *Denktagebuch* [Diário de pensamento], Arendt fala de uma "subjetivação hobbesiana do conceito maquiaveliano de poder" (DT, p. 26). O novo imperativo se torna politicamente efetivo pela primeira vez no imperialismo. "Quando o acúmulo de poder atingiu seus naturais limites nacionais, a burguesia percebeu que somente com uma ideologia de expansão e *somente com um processo econômico que refletisse o do acúmulo de poder* seria possível colocar novamente o motor em funcionamento". (OT, p. 173, ênfase minha). No processo de acumulação de capital, não é possível estabelecer um ajuste estável nem interromper um processo sem aniquilar capital de modo massivo e

que já não tem mais muito a ver com o próprio Hobbes, alcança seu auge na lógica de acúmulo de poder subjacente à dominação total.

O primeiro paradigma, que eu chamo de compreensão formal-racional do político, foi introduzido no capítulo anterior, quando tratamos das ideias de Max Weber a respeito do Estado institucional racional. Na maioria dos casos, quando Arendt fala do Estado moderno, ela se refere à forma de governo expressa sobretudo pela administração racional. A forma mais extrema em que esse paradigma pode se dar é no "governo de ninguém" (CH, p. 49) realizado pela máquina burocrática. De acordo com seu estado de espírito, pensadores conservadores, como Weber, enfatizaram ora a contradição, ora a compatibilidade entre o Estado, como máquina racional administrativa,

---

quase autodestrutivo; o mesmo se passa com processos de acumulação de poder. O paradigma hobbesiano transfere a lógica da acumulação para a esfera política, transformando o acúmulo de poder em imperativo para toda ação política. Dessa forma, naturalmente, o Estado também é degradado à condição de meio e deve servir a estes fins. Essa degradação se mostra claramente na dissolução do conceito de lei e sua substituição por decretos. O legislativo e o judiciário perdem seu sentido, e até mesmo o executivo se transforma em algo um pouco maior que uma mera engrenagem no grande motor da lógica da acumulação. A substituição da *raison d'État* maquiaveliana, como o cânone racional da ação política, pela *raison d'État* hobbesiana, mudança que Arendt chama de "transvaloração de valores" (ETH, p. 317), aconteceu inicialmente apenas no âmbito da política externa, e sua duração se restringiu à fase da política imperialista. Foi somente em um sistema de dominação total, dentro do qual o campo de concentração é o lugar mais distinto, que esse paradigma chegou a ser completo. Aqui, sem dúvidas, ele não tem mais nada a ver com o pensamento de Hobbes. Segundo Arendt, Hobbes descreve a ascendência da burguesia corretamente quando argumenta que sua "existência está essencialmente ligada à propriedade como um mecanismo dinâmico produtor de mais propriedade" (OT, p. 174). Formado no contexto de uma competição individualista, o Leviatã deveria, ao menos idealmente, segundo a compreensão liberal, garantir a proteção do indivíduo. Mas o princípio de competição é, desde o início, imanente a essa racionalidade de meios e fins, que desenvolve sua lógica própria explodindo o estreito quadro da racionalidade instrumental e tornando absoluto o processo de acumulação de poder. Por fim, todos os direitos individuais à proteção também são removidos domesticamente, o indivíduo é engolido por um processo permanente de acumulação de poder e o Estado, com todas as suas instituições, é abolido. Ver também Volk (2007).

e a *raison d'État*, que é material e parecida com o governante. Em seus escritos sobre o parlamento, Weber declara que a restrição do poder da burocracia é de importância vital, ao passo que em sua sociologia da dominação ele afirma que a *raison d'État* da máquina administrativa oferece "sobretudo um conteúdo especificamente aplicável e, em casos duvidosos, é ela mesma o fator determinante" (WuG, p. 565; ver também EaS, p. 979). Como as ideias de Arendt a respeito de política e direito começam precisamente nessa relação precária entre racionalidade formal e material, não é surpresa que o tipo de *raison d'État* que Weber exigia de todo líder político forme, para Arendt, um paradigma: a *raison d'État* maquiaveliana.

Mas neste capítulo, o conflito entre a racionalidade formal de um Estado administrativo e a racionalidade material da *raison d'État* será deixado de lado em benefício de um outro paradigma político: a vontade geral nacional. Ao descrever a expansão gradual da vontade geral como novo paradigma do político, Arendt se refere repetidamente à afirmação de Delos a respeito da conquista do Estado pela nação. Uma tarefa importante desta seção é interpretar essa afirmação a partir da perspectiva da Filosofia do Direito e expor o problema do estabelecimento de uma compreensão diferente e nacional do direito. Conquistar, como será mostrado, significa, em primeiro lugar, que a racionalidade do direito é minada pela vontade nacional e que o direito se torna irracional. O caráter formal-racional do direito é substituído por uma forma jurídica que abrange tudo o que beneficia a nação. Esse é o centro da crítica jurídica de Arendt à soberania popular. Ao mesmo tempo, no entanto, pode-se ver que essa crítica jurídica se converte em uma crítica a respeito da maneira de compreender o político.

Foi Heinz Ziegler, uma vez mais, quem identificou claramente as consequências desse novo paradigma do direito:

> Isto significa a dissolução da objetividade e do caráter absoluto contidos na ideia de Estado do racionalismo clássico. A crença aqui manifestada em uma legalidade objetiva e na doutrina de ordem que dela deriva acentua a *volonté* subjetiva, em vez da *raison* geral. O que conduz, por fim, à justificação ou ao menos à aceitação de cada reivindicação da vontade. (Ziegler, 1931, p. 271 – ênfase minha).

Além da concordância no conteúdo da crítica à adequação legislativa de uma vontade geral nacional, é notável também a harmonia entre a linguagem de Ziegler e a de Arendt, o que novamente contribui para a afirmação da influência da obra dele sobre a autora. Com harmonia na linguagem, quero apontar para o fato de que, em janeiro de 1955, Arendt descreveu o cerne dessa mudança de paradigma usando palavras similares. Lemos no *Denktagebuch*: "A *raison d'État* maquiaveliana termina na *volonté générale* de Rousseau – mas com que mudança de acento! Do Estado para a sociedade, da razão para a vontade" (DT, p. 509).

A rigor, não é exato falar em um fim da *raison d'État* maquiaveliana. Segundo Arendt, mesmo depois de 1789 e até o início da era dos impérios, a política continental europeia permaneceu em larga medida compreensível e explicável no contexto da *raison d'État* maquiaveliana. No entanto, com a Revolução Francesa, a *volonté générale*, a soberania e a vontade geral nacional paulatinamente ganharam relevância como paradigmas. A diferença decisiva entre, por um lado, a *raison d'État* maquiaveliana e a *volonté générale* e, por outro, entre suas respectivas relações com o direito formal-racional se revela na confiabilidade, calculabilidade e delimitações. Arendt expressa essa diferença comparando os pares conceituais Estado/razão e sociedade/vontade. Segundo ela, com a *volonté générale* de Rousseau a ideia do governo sábio de um estadista genial se confronta com a vontade majoritária da sociedade altamente emocionalizada e moralmente sancionada.

Não há dúvidas de que o direito, baseado na ideia ocidental de soberania, está sob o risco constante de ser violado ou suspenso – a *raison d'État* maquiaveliana não é, de forma alguma, uma exceção a essa tradição, mas, ao contrário, estabelece ela mesma as regras. No entanto, se revisarmos brevemente as explicações acima a respeito da origem do Estado moderno, fica claro que, já no fim do século XVIII e no início do XIX, os monarcas dos Estados modernos estavam intimamente integrados às demandas e à lógica de um Estado em expansão e expansionista.[4] O que guiava essa forma de governo

[4] Em seus escritos sobre o parlamento, Max Weber enfatiza o fato de que normalmente não é o rei quem governa de fato – a menos que ele seja um político nato. Se ele o faz, estão em jogo não apenas a sua coroa, mas também a existência de todo o Estado. Segundo Weber, uma monarquia absoluta deve, idealmente, ser governada por um gabinete com-

não era a vaidade pessoal ou o arbítrio individual, mas a "racionalidade de jogo de xadrez do poder" (Ziegler, 1931, p. 264) incorporada na ideia de *raison d'État*. No início da obra de referência a respeito da história e da ideia de *raison d'État*, Friedrich Meinecke escreve: "A *raison d'État* é a máxima da ação do Estado, é a lei do movimento do Estado. Ela diz ao governante o que ele deve fazer para manter a saúde e a força do Estado" (Meinecke, [1924] 1929, p. 1).

Meinecke aponta para o fato de que cada Estado tem uma estrutura particular e um ambiente particular. Mas isso não abre, de forma alguma, as comportas para a arbitrariedade e a emoção pessoal do governante. Antes, segundo Meinecke, a "'inteligência' do Estado" consiste em conhecer a si e ao seu ambiente e usar este conhecimento para derivar "dever e obrigação" (Meinecke, [1924] 1929, p. 1 e ss), ou seja, princípios para guiar a ação do governante. Por esses meios, o monarca se torna um monarca esclarecido, o déspota se torna um déspota esclarecido. Arendt adota essas ideias a respeito da *raison d'État* em suas considerações a respeito da qualidade política de uma monarquia ou despotismo esclarecidos.[5] Na mesma direção, ela escreve o seguinte sobre a *raison d'État* de Meinecke: "O despotismo esclarecido se baseava propriamente no 'reis comandam povos e interesses comandam reis', de Rohan, uma ideia que forma a base de todas as teorias da *raison d'État*" (ETH, p. 489; ver também OT, p. 261).

A ideia de que a normatividade do pensamento de *raison d'État* também se reflete no direito está latente no recurso à *raison d'État* feito no contexto do discurso da soberania; ela molda o direito e, o que é mais importante, estabelece

---

posto por administradores especialistas e por pessoas leais e experientes politicamente. A racionalidade da *raison d'État* e a estabilidade do Estado surgiriam desse gabinete e da burocracia (ver PuR, p. 337 e ss).

5 Quando Arendt fala de uma monarquia esclarecida, ela pretende ressaltar o potencial de racionalidade contido na ideia de *raison d'État*. Como esaa racionalidade material representa a fonte jurídica da monarquia esclarecida, o termo "monarquia esclarecida" sempre teve uma dimensão de sentido jurídica. Quando, por outro lado, Arendt fala de monarquia absoluta, que não é necessariamente menos esclarecida, ela está apontando para a dimensão de teoria do Estado do aparato de um governo monárquico, isto é, de uma estrutura hierárquica que tem um rei absoluto à frente.

a racionalidade da própria *raison d'État* como uma fonte significativa do direito. Se dissermos que a *raison d'État* representa a fonte de uma monarquia esclarecida, assumimos um conceito de direito baseado na materialidade das deliberações políticas de conveniência que guiam o processo de criação e aplicação das leis. Embora Arendt não deixe dúvidas, em suas reflexões sobre o imperialismo, de que esse processo de criação e aplicação de leis rapidamente deixa a trilha racional, vista da perspectiva da Filosofia do Direito, a ideia de *raison d'État* se baseia em certo conglomerado de normas, que tornam a ação política e – sobretudo – o processo legal confiáveis e verificáveis até certo ponto. Pelo menos até o ponto de ser mais confiável do que a soberania popular fundada na *volonté générale* jamais poderia ser. Precisamente nesse sentido, encontramos em Ziegler que

> [A]s diretrizes ideais determinantes para este comportamento são estabelecidas por um cânone racional. A orientação se dá sobretudo pela utilidade e pela conveniência, de modo que vem ao primeiro plano uma doutrina esplendidamente realista de técnica política. O príncipe, como o *manager* desta organização, e as ações individuais deste governo aparecem justificadas se puderem se afirmar diante do tribunal desta *ratio* [...]. (Ziegler, 1931, p. 85).

O fato de a racionalidade formal do aparato jurídico e a racionalidade material do gabinete orientado pela *raison d'État* não serem inteiramente incompatíveis entre si, e o fato de sua simbiose ter, em larga medida, moldado politicamente o século XIX resultam precisamente da própria *raison d'État*. A análise da estrutura particular é consciente da relação entre o Estado e os demais Estados e desenvolve, a partir dessa relação, certos princípios estratégicos. Além disso, o pensamento de *raison d'État* é também consciente do significado do domínio da lei como garantia da ordem interna ao Estado. Mesmo que a ideia de *raison d'État* ignore repetida e arbitrariamente o direito – dependendo da situação política – ela certamente estará consciente da importância de um domínio independente da lei para a estabilidade do Estado.

O fato de Arendt partilhar essa avaliação pode ser explicado rapidamente por meio do retrato de Clemenceau que ela fez ao abordar o caso Dreyfus: Clemenceau, que para Arendt era um dos protagonistas políticos da *raison d'État* maquiaveliana, não levou a sério a situação, pois, sobre o pano de fundo da história francesa, não lhe parecia seriamente possível que um único homem, Alfred Dreyfus, pudesse ser condenado sem recorrer à lei (ver ETH, p. 213). Ele destacou repetidamente a importância do governo das leis e das instituições legais do Estado, e, segundo Arendt, enfatizou que, por elas existirem, "a violação dos direitos de um homem era a violação dos direitos de todos" (OT, p. 136). Clemenceau era, portanto, consciente de que a perda da autoridade das cortes no caso Dreyfuss marcou o "início do fim do Estado-nação" (ETH, p. 216).

Se examinarmos a história política do século XIX e do início do século XX tendo como pano de fundo a arquitetura teórico-política do livro de Arendt, o caso Dreyfus aparece como apenas um momento histórico em que o "conflito latente entre Estado e nação" (OT, p. 262), entre a racionalidade formal do aparato judicial e a emotiva *volonté générale*, uma vez mais irrompeu e ditou a batalha entre paradigmas diferentes de ordem política. Repetidamente, segundo Arendt, "os momentos de calma e restauração eram apenas pausas em que a corrente tinha descido ao subterrâneo para juntar forças e irromper na superfície novamente" – como em 1830, 1832, 1848, 1851 e 1871 – incitando a consciência política dos cidadãos e minando as instituições legais do Estado. Mas foi apenas com o caso Dreyfus que ficou evidente o quão apodrecidas essas instituições estatais se tornaram devido à fermentação regular da vontade nacional. Esse caso foi o "ensaio geral" (ETH, p. 213) e deu uma amostra da "desintegração desta forma de governo" (OT, p. 309) que aconteceria no período entreguerras. O caráter de ensaio geral da futura desintegração interna resultou do fato de que nenhuma corte na França tinha autoridade suficiente para "efetivamente aplicar a justiça" (ETH, p. 216). Depois de enormes idas e vindas, e mais de dez anos depois de ter sido acusado de espionagem, o judeu que era oficial do Estado maior foi absolvido pelo Tribunal de Cassação (ver ETHL, p. 214 e ss). No entanto, argumenta Arendt, como essa decisão foi tomada por essa corte em particular, as decisões judiciais anteriores só poderiam ser confirmadas ou anuladas. Não era possível iniciar procedimentos adequados de apelação, dos quais resultaria uma absolvição adequada. Um erro judicial foi reparado, mas nada mais do que isso. Arendt nos lembra assim que "[P]ortanto, Dreyfus nunca foi absolvido de acordo com a lei, e o processo Dreyfus nunca foi realmente encerrado" (OT, p. 112), de modo que a vasta maioria do povo francês jamais aceitou o julgamento. Na mesma direção, ela escreve:

> O decisivo, de fato, está em que nenhuma decisão judicial a este respeito tenha sido reconhecida. Isto significa que nenhuma corte na França da Terceira República tinha autoridade suficiente para efetivamente aplicar a lei. Clemenceau estava consciente de que que isto era o fim do Estado de Direito e de que o fim do Estado de Direito é necessariamente o início da derrocada do Estado-nação. (ETH, p. 216).

Arendt considera que o fator decisivo no caso Dreyfus é a perda de autoridade das cortes. Isso porque essa perda expressa, entre outras coisas, o fato de que a visão segundo a qual direito *é* aquilo que beneficia a nação tinha se estabelecido como um truísmo. Deixariam de ser reconhecidos um parlamento ou um governo que introduzisse considerações de *raison d'État* contrárias às atitudes ou aos valores sociais, ou uma corte que, ao arbitrar uma questão legal, se fundasse exclusivamente nos fatos jurídicos do caso. Esse é o ponto em que "o balanço constantemente precário entre nação e Estado, entre a vontade do povo e o direito, entre interesse nacional e instituições legais", começa a se inclinar "com grande velocidade". E ele se inclinou para o benefício de uma "vontade popular demagogicamente incitável" e de uma "nação crescentemente chauvinista".[6] Historicamente, no entanto, a grande velocidade não é medida em meses ou anos. Deve-se notar, portanto, que esse processo de desintegração interna do Estado, que o transformou, de "aparato legislador e instituição para a proteção dos direitos" em um "instrumento da nação", e que por fim colocou a nação "no lugar do direito",[7] levou duas ou três décadas para se completar. O conflito se decidiu em favor da nação, e a "supremacia da vontade da nação sobre todas as instituições abstratas e legais

[6] ETH, p. 576. As observações de Arendt seguem mais ou menos a mesma linha em OT (p. 309).

[7] ETH, p. 488. Em *Origens do totalitarismo*, Arendt escreveu concisamente: "Isso significa que o Estado foi parcialmente transformado de instrumento da lei em instrumento da nação". (OT, p. 261).

foi universalmente aceita"[8] e aplicada por toda a Europa. Torna-se claro aqui o quão pouco a esfera legal pode ser isolada a longo prazo da cultura política e da mentalidade de uma comunidade, e quanto a imparcialidade do direito também depende da noção e da compreensão do político. Em outras palavras, depende de como a política é concebida e compreendida.

Se voltarmos agora à *raison d'État* maquiaveliana como o paradigma do político e recordarmos o caos do período entreguerras descrito no primeiro capítulo, notaremos que é precisamente aquela ponta de confiabilidade da *raison d'État* que Arendt retém contra a *volonté générale* concebida como paradigma do político. Ainda que o direito não cumpra o critério da formalidade, ele não é irracional sob o paradigma da *raison d'État* maquiaveliana. Muito ao contrário, tendo a *raison d'État* como fonte, o direito segue a racionalidade de meios e fins que se baseia no cânone racional. O direito é aquilo que beneficia o Estado – embora Arendt não possa se apoiar sobre a forma legal utilitarista, e tampouco possa se apoiar sobre a racionalidade que compreende a política apenas em termos de um jogo de xadrez do poder em que se enxerga uma espécie de técnica em ação, nota-se aqui que o direito se torna assim mais controlável e previsível do que se dependesse exclusivamente do estado de ânimo nacional ou das emoções pessoais do governante. Da perspectiva da Filosofia do Direito arendtiana, o que temos com a *raison d'État* maquiaveliana é um direito material-racional.[9]

---

8 OT, p. 309. Max Weber tinha preocupações semelhantes. Em sua sociologia da dominação, ele escreve: "Não apenas toda forma de *justiça popular* – que não costuma preocupar-se com razões e *normas* racionais –, como também toda forma de influência intensa da administração pela chamada *opinião pública*, isto é, nas condições da democracia de massas, por uma ação social nascida de *sentimentos* irracionais e, em regra, encenada ou dirigida por chefes de partidos e pela imprensa, malogram o decurso racional da justiça e da administração no mesmo grau ou até em grau muito mais alto que o podia fazer a *justiça de gabinete* de um soberano *absoluto*". (EaS, p. 980). No entanto, quando se trata de sugestões a respeito de como evitar a deterioração do Estado de Direito, Arendt e Weber tomam caminhos diferentes.

9 Precisamente por conta da ideia de político aqui subjacente, a suposta vantagem da *raison d'État* maquiaveliana sobre a *volonté générale* é uma vitória de Pirro. A defesa dessa perspectiva serve aqui, acima de tudo, para ilustrar os diferentes tipos de direito. A crítica de Arendt à *raison d'État* maquiaveliana é principalmente uma crítica política; em sua visão,

B — Arendt e as fontes da juridicização

A interpretação de Arendt a respeito da relação entre nação e direito é tão multidimensional quanto suas reflexões a respeito da ideia de *raison d'État* e das ideias políticas e legais a ela associada. Assim como Tocqueville, ela considera que as conquistas mais importantes da Revolução Francesa estão na liberação do serviço público profissional com relação ao jugo feudal, no avanço dos processos internos e externos de racionalização do direito e no

---

o paradigma maquiaveliano fracassa com o imperialismo. Isso porque seus princípios, seu cânone racional, têm consequências – como a expansão imperialista – que destroem os alicerces do Estado. No contexto da *raison d'État* maquiaveliana, a expansão era necessária porque, caso contrário, seria preciso aceitar perdas econômicas insustentáveis. Arendt enfatiza que aqueles "homens que pensavam primariamente em termos do território nacional estabelecido" (OT, p. 125), como Bismarck, Clemenceau e outros, resistiram ao engajamento no imperialismo; no entanto, ao mesmo tempo, eles dificilmente poderiam agir de forma diferente por conta de sua maneira de compreender a política, a ordem política e a própria ordem das coisas. Isso porque, na tradição da *raison d'État* maquiaveliana, e consequentemente para esses homens de Estado, o Estado e sua preservação eram fins em si mesmos. Embora resistissem a substituir considerações políticas por considerações econômicas, pois isto inverteria a hierarquia de valores, ao mesmo tempo eles não eram capazes de fechar acordos internacionais apropriados devido a ideias como a de soberania. Arendt enfatiza que apenas acordos desse tipo teriam tornado possível evitar que os Estado-nação, um após o outro, fossem conduzidos ao imperialismo. Em todo caso, porque esses homens de Estado tinham uma compreensão estreita do político, sobravam-lhes, segundo Arendt, poucas opções além de perseguir uma política imperialista, caso não quisessem perder completamente o "contato com a realidade" (OT, p. 154). A autora, portanto, conclui que, do ponto de vista dos líderes daquela época, "parecia que a única alternativa à exportação do poder era o sacrifício deliberado de grande parte da riqueza nacional" associada a "perdas maiores do que poderia aguentar a estrutura econômica de qualquer país" (OT, p. 166). Arendt vê a tragédia efetiva do Estado-nação se desenvolver na aparente compulsão ao imperialismo, resultante da *raison d'État* maquiaveliana: "A tragédia dessa oposição hesitante não está apenas no fato de muitos representantes nacionais terem sido comprados pelos novos comerciantes imperialistas, pois pior do que a corrupção era a convicção dos incorruptos de que o imperialismo era a única maneira de conduzir a política mundial". (OT, p. 162).

desenvolvimento completo em direção a um Estado moderno. A esse respeito, a autora escreve:

> A grande realização da Revolução Francesa não foi a igualdade como tal [...], pois o *lugar de igualdade de todos perante um aparato estatal cada vez mais poderoso* já estava no melhor caminho para sua implementação. A realização revolucionária foi que a igualdade diante do Estado se tornou uma *igualdade de direitos diante da lei*. (ETH, p. 46 – ênfase minha).

A igualdade de todos diante do Estado foi resultado de uma crescente estatização do domínio. Arendt fala, neste contexto, de um "*Estado*-nação emergente" (ETH, p. 46). Como o Estado não poderia mais se apoiar em uma única classe para satisfazer suas necessidades financeiras, ele se emancipou de todos os interesses não estatais e estabeleceu a *raison d'État* como a única diretriz de suas ações. Contudo, a independência do Estado em relação a todas as classes e a consequente "igualdade de todos os cidadãos diante do [...] aparato do Estado" não revelam nada a respeito do domínio legal ou de sua extensão. Já se indicou, consequentemente, que a *raison d'État*, como fonte do direito, se refere à materialidade do direito e, assim, cimenta a dependência do direito com relação a princípios políticos e de poder. Ao mesmo tempo, com o desenvolvimento da formação do Estado (*statehood*) moderna, o sistema de separação de poderes se torna mais diferenciado. Segundo Arendt, esse processo se aprofunda com a Revolução Francesa e por causa dela. Um sistema diferenciado e aprofundado de separação entre poderes torna possível que a interpretação jurídica das leis gerais se torne um pilar de todo o sistema político. Essa é a única maneira de salvaguardar a igualdade de todos os cidadãos diante da lei. Além disso, a Revolução conduziu à extensão do conceito de cidadania a todas as profissões e classes, à firme ancoragem do conceito de sujeito legal na estrutura social e estatal, e, assim, à contribuição para que o lado formal do direito se sobrepusesse ao lado material.

Esse resumo de quase duzentos anos de história do desenvolvimento da formação do Estado (*statehood*) moderna já sugere que Arendt observava a crescente juridicização do Estado surgindo de duas fontes. Por um lado, o conteúdo moral do assim chamado "conceito individualista-liberal da nação" (Breuer, 1998, p. 194) recebe uma expressão legal com a Revolução Francesa.

Arendt se refere a essa positivação legal do conteúdo moral-esclarecido da Revolução Francesa em sua análise dos direitos humanos. A *Déclaration des Droits de l'Homme* definiu os direitos do homem como a "herança inalienável de todos os seres humanos", e a nação "era declarada, de uma só vez, sujeita a leis que emanariam supostamente dos Direitos do Homem" (OT, p. 262). Embora Arendt critique em outros pontos tanto a estrutura da compreensão tradicional dos direitos humanos quanto o contexto do Estado-nação em que estavam inseridos desde o início, é certo que ela reconhece as conquistas da Revolução Francesa, sobretudo o fato de ter convertido o conteúdo esclarecido daquela época em termos legais positivados. Mais ainda, a pensadora se refere repetidamente à ideia equilibrada e pacificadora de um "conceito *nação entre nações*, todas pertencendo à família da humanidade" (OT, p. 61). Para Arendt, a "nova ideia nacional" (OT, p. 193) é tudo menos chauvinista em sua origem; desde o início, ela tem características humanitárias e é acompanhada por um conteúdo altamente moral. Esse conteúdo se torna claro no conceito ideal de fronteiras das leis nacionais:

> A nação concebia sua própria lei como algo que provém de uma substância nacional única; ela não pode, portanto, reivindicar validade para além de seu próprio povo e de seu próprio território nacional. A nação pressupõe, por outro lado, que depois de suas fronteiras começa outra lei nacional e que comunicação e acordo são possíveis e necessários no interior da família de nações formada pela humanidade. (ETH, p. 292).

Nesse ponto, torna-se claro o que querem dizer as referências à igualdade de todos diante da lei: como cada cidadão de um país se encontra na lei, pode aprová-la e, assim, participa igualmente no processo de criação e aplicação de leis, as leis nacionais jamais podem ser transferidas para o país vizinho, pois tal expansão quebraria as fundações morais e éticas do próprio Estado que se expande. Além do mais, a obrigação de comunicação e acordo no interior da família das nações também é derivada da ideia de igualdade de todos diante da lei, uma vez que esse é o único caminho para realizar politicamente a ideia dos direitos humanos. Se a história dos séculos XIX e XX não fosse tão chocante, poderíamos chamar isso de tragédia. Infelizmente é muito mais do que isso, e o foco principal do pensamento arendtiano é explicar os motivos pelos quais a história da nação se tornou a história de guerras, racismo, deslocamentos e aniquilação.[10] Como é possível explicar isso? Por que nunca se encontrou uma maneira pela qual essa ideia fosse transformada em um conceito funcional no mundo dos Estados soberanos?

Além do conteúdo moral-esclarecido que prevaleceu com a Revolução, Arendt delineia uma segunda fonte a partir da qual emerge a juridicização do domínio: o processo ocidental de racionalização, segundo o qual a positivação do direito individual resulta da lógica de uma crescente "*étatisation*" do próprio domínio. Arendt examina esse aspecto pela primeira vez ao refletir sobre a posição dos judeus no Estado moderno. Aqui, a igualdade legal dos judeus é descrita como consequência da

> estrutura política e constitucional do novo corpo estatal, que só pode funcionar sob as condições de igualdade legal de todos os cidadãos; como tal, ela teve de ser realizada o mais rápida e radicalmente possível no curso da liquidação da ordem feudal. Isto teria levado a uma assimilação rápida dos judeus, como o velho serviço público prussiano e seus sucessores, os reformadores, nunca cansaram de exigir. (ETH, p. 47).

---

[10] O conceito de nação tem conotações muito mais positivas em seus escritos para o jornal *Aufbau*, nos anos 1940. Por exemplo, no artigo "O que está acontecendo na França?", de 25 de setembro de 1942, Arendt afirma que a "repentina explosão de indignação em meio ao povo francês ... contra a planejada deportação em massa dos judeus de Vichy" (ESJS, p. 176) se devia aos "primeiros sinais do *redespertar* da consciência nacional": o povo francês tinha "*meramente* se tornado sensível à vergonha e não queria que a mesma coisa que aconteceu na Alemanha, na Polônia, na Romênia e na Hungria acontecesse em solo francês". (ESJS, p. 177). Em outro artigo, para o jornal *Porvenir 3*, de 1942, Arendt argumenta que a situação atual dos judeus oferecia a ocasião "para uma nova orientação da política nacional judaica" e pela primeira vez na história colocava o povo judeu em uma situação em que eles "podemos apelar diretamente a outros povos no que diz respeito a nossas justas reivindicações de emancipação nacional – isto é, à Palestina" (ESJS, p. 261). Tanto a extensão do sistema de extermínio nacional-socialista – Arendt descobriu Auschwitz apenas em 1943, e disse a si mesma que esse dia foi decisivo (ver Arendt, [1964] 1994c, p. 59) – quanto o consequente e intenso exame de questões relativas à nação e ao nacionalismo levariam Arendt a uma avaliação distinta da adequação política do conceito de nação.

Arendt coloca aqui "o velho serviço público prussiano" no mesmo contexto da ideia francesa de Estado-nação, que exige igualdade legal a todos os cidadãos em uma comunidade. Independentemente do fato de essa elite jurídica não poder prevalecer contra a compreensão cultural-nacional dos direitos dos cidadãos nem contra as ideias de Frederico, o Grande, a respeito da *raison d'État*, Arendt coloca o foco principal na estrutura da formação do Estado (*statehood*) moderna – mais precisamente, ela dá destaque aos servidores públicos jurídicos como o catalisador da igualdade legal. A *étatisation* do domínio é acompanhada pela crescente juridicização do Estado. A Revolução Francesa forçou a burocratização do aparato civil e administrativo. Devido a fatores econômicos e administrativos, o Estado moderno se tornou crescentemente uma "instituição para a proteção de direitos" (WuG, p. 519; ver EaS, p. 908). Leis gerais ou subjetivas não resultam de concessões arbitrárias de uma instância estatal de poder, mas, antes, são consequência da "intensificação do caráter institucional e organizacional do Estado" (Breuer, 1998, p. 162). Dessa perspectiva, a igualdade do cidadão é um subproduto do domínio administrativo e juridicizado. Leis ordenam, proíbem ou permitem certas ações e, assim, regulam as expectativas subjetivas do indivíduo. Além disso, o caráter geral das leis se opõe a uma alocação exclusiva, particular (WuG, p. 398). A esse respeito, segundo Arendt, uma fonte fundamental no processo de racionalização do domínio está na igualdade de todos os cidadãos diante da lei. Contra esse pano de fundo e a partir dessa perspectiva, a conquista da Revolução Francesa não está tanto na realização do conteúdo moral do Esclarecimento, mas antes no fato de a ordem feudal ter sido violentamente removida, com o que se pavimentou o caminho para uma progressiva objetificação e juridicização do Estado. Ao enfatizar que o processo ocidental de racionalização do domínio é uma fonte de igualdade, Arendt uma vez mais segue Max Weber. Também Weber argumentou que os juristas não apenas influenciaram o desenvolvimento do direito, mas também que toda a "revolução na empresa política em direção do desenvolvimento do Estado racional foi sustentada por juristas treinados" (PaB, p. 522). Weber conclui, na mesma direção, que o "nascimento do *Estado* moderno ocidental foi principalmente obra de *juristas*" (Weber, [1915-19] 1972b, p. 272).

Quanto à questão da juridicização dos direitos individuais, a parte esclarecida-liberal da Revolução e a ideia moral de nação se opõem, na obra de Arendt, à história estrutural. Em certos momentos, parece que a pensadora confere maior peso aos processos de racionalização. O motivo parece ser o de que o Estado moderno forma instituições que, segundo Arendt, podem "funcionar apenas sob condições de igualdade legal de todos os cidadãos" (ETH, p. 47). Visto desse ângulo, o domínio da lei não seria o resultado de exigências políticas feitas pelos cidadãos, mas, antes, uma condição fundamental para a existência do Estado moderno. Se esse foi o caso, e Arendt efetivamente concedeu prioridade à história estrutural sobre a intervenção democrática dos cidadãos, então ela se equivocou da mesma maneira que Weber. Mudanças no princípio de legitimação certamente não resultam de uma "silenciosa metamorfose do Estado" nem se devem à "conversão dos governantes à 'objetividade'" (Breuer, 1998, p. 162). Elas são o resultado de protesto político.[11]

C — Nação e direito

> Tomar a Bastilha, guilhotinar Luís XVI e fazer incontáveis revoluções – para terminar na impossibilidade de julgar um homem segundo o Código – que ironia!
>
> Clemenceau, *Contre la justice*

---

[11] Não há dúvidas de que, nas reflexões sobre Estado e natureza de Estado (*statehood*) em *Elemente und Ursprünge totaler Herrschaft*, existem passagens que enfatizam a história estrutural na alteração do princípio de legitimação. É perfeitamente possível que isso se deva ao tópico central do livro, que é a gênese e a alteração das formas de domínio, ou que isto seja uma expressão da influência exercida pelas ideias de Weber em seu pensamento. Contudo, se examinarmos este problema no contexto de sua obra como um todo, seria um erro ver Arendt subscrever inteiramente a tradição weberiana descrita aqui. Muito além do fato de tal interpretação ser de difícil conciliação com o conceito arendtiano de político, há lugares em muitos de seus escritos em que a autora enfatiza especificamente a importância do protesto para a reformulação de leis (ver aqui também Maxwell, 2012). Por exemplo, em *Desobediência civil*, Arendt escreve: "Toda a substância da legislação trabalhista – o direito ao acordo salarial, o direito de se organizar e fazer greve – foi precedida por décadas de desobediência, às vezes violenta, às leis que no fim das contas se mostraram obsoletas". (DC, p. 73).

i. A indefinição do direito

Parece haver uma inconsistência na interpretação arendtiana da Revolução Francesa quando a autora reconhece as conquistas da Revolução, mas identifica a ideia de soberania popular como o momento diametralmente oposto às novas garantias legais. Isso porque, de acordo com Arendt, a ideia de soberania popular dá continuidade à tradição absolutista de uma *potestas legibus soluta*, o que solapa a autonomia que o direito tinha acabado de alcançar.

O ponto de partida da crítica feita por Arendt em termos de Filosofia do Direito à soberania popular coincide com o aspecto moral e legitimador daquilo que ela diz a respeito da igualdade de todos diante da lei. Ela escreve:

> Por isso, quando os homens da Revolução Francesa colocaram o povo no lugar do rei, era quase natural que vissem no povo [...] não só a fonte e o *locus* de todo o poder, mas também a origem de todas as leis. (SR, p. 206).[12]

Ao colocar o povo no lugar do rei, a Revolução Francesa deu continuidade à tradição da ideia de soberania. O estabelecimento do soberano como base para o direito, algo expresso em tudo o que se diz sobre a monarquia absoluta, é inerente à ideia de soberania. Olhando historicamente, argumenta Arendt, a vontade do rei representa a vontade de Deus na terra e, assim, simboliza tanto a fonte da lei quanto a do poder. Dessa suposta origem divina, a monarquia absoluta deriva a reivindicação de ser uma *potestas legibus soluta* – um poder que não está sujeito a lei nenhuma. O fim da soberania monárquica estatal e sua substituição pela soberania popular não representam, de maneira nenhuma, o fim da própria ideia de soberania. De fato, o discurso sobre a soberania popular marca o fim da supressão política do povo pelo monarca e garante participação política de todos os cidadãos nas tomadas de decisão. Em suma, o povo se torna a fonte de todo poder legítimo. No entanto, o fato de, ao mesmo tempo, o povo também reivindicar ser a "origem

[12] Em sua tradução para o alemão, Arendt enfatiza o papel da vontade em termos ainda mais claros ao escrever: "Quando os homens da Revolução Francesa sentaram o povo no lugar do rei, seguiu-se para eles não apenas que a fonte de todo o poder legítimo está no povo [...] mas que *a vontade do povo deve constituir a origem da lei*". (ÜR, p. 204 – ênfase minha).

de todas as leis" significa que a Revolução Francesa se filia, segundo Arendt, à tradição absolutista da teoria do Estado e estabelece a vontade do povo além de todas as fronteiras legais. O resultado é paradoxal: se, por um lado, a Revolução sacudiu o jugo feudal e, sobretudo, tornou possível a juridificação completa do domínio, por outro lado ela localizou a vontade do povo acima do direito, liberando-a, por assim dizer, de se vincular a uma Constituição. Mas a afirmação de que a *volonté générale* tem o direito de "se colocar acima da lei" solapa precisamente "a confiança no direito e na justiça" (ÜR, p. 115). A *volonté générale* estava autorizada a fazê-lo no mundo das ideias precisamente porque, graças a seu conteúdo moral universal, ela mesma marcava um novo absolutismo (cf., a esse respeito, o capítulo 2). Essa característica da soberania popular pode ser encontrada mais claramente na afirmação de Rousseau de que "é contra a natureza do corpo político o soberano se impor uma lei que não possa infringir" (Rousseau, [1762] 2012, p. 52). É espantoso o quanto a estrutura convencional do Estado, o que inclui seu desenho hierárquico, já se tornou segunda natureza para Rousseau, e como essa estrutura o força a clamar por um soberano que esteja acima da lei.[13] Por outro lado, o filósofo genebrino só poderia argumentar dessa maneira porque a vontade geral é, em sua visão, "sempre [...] boa" (Rousseau, [1762] 2012, p. 60), o que justifica a prioridade da política sobre o direito.

A questão decisiva agora, questão que nos conduz ao centro da crítica feita por Arendt em termos de Filosofia do Direito à soberania popular, é a seguinte: de que maneira essa reivindicação da vontade geral em ser uma *potestas legibus soluta* pode ser implementada legalmente? Como demonstrarei em seguida, Arendt argumenta que a compreensão do político expressa pela *volonté générale* de Rousseau não pode ser reconciliada a uma esfera legal autônoma. Isso porque, no direito, a reivindicação de soberania da vontade geral só pode ser estabelecida e realizada por meio da formulação de cláusulas gerais no interior do direito. Portanto, um direito que tem sua origem na

---

[13] Ao questionar a estrutura do Estado em sua crítica à soberania popular, Arendt se distancia implicitamente de todos os pensadores que, como Weber ou Ziegler, a inspiraram em inúmeras passagens de sua obra. Pois precisamente este tipo de crítica da soberania popular se coloca contra a tradição de pensamento sobre o Estado continental europeu, tradição de que não se exclui Rousseau, Weber nem Ziegler.

vontade nacional não é confiável nem verificável. Sob o domínio da vontade geral, o direito se torna irracional.

Como delineado acima, lidamos com uma concepção irracional do direito quando problemas legais são decididos "sem que se faça referências a normas gerais" (Freund, 1978, p. 329). Em julgamentos feitos por um cádi ou por um oráculo, por exemplo, os motivos da decisão não podem ser compreendidos precisamente porque a decisão foi tomada de acordo com emoções pessoais, uma inspiração obscura ou uma interpretação opaca. Algo muito similar se passa quando a *volonté générale* se torna a fonte do direito. Para Rousseau, "a vontade geral sempre é o que deve ser simplesmente porque ela *é*" (ver Rousseau, [1762] 2012, p. 52). Para Sieyès, não importa "qual é a vontade da nação, basta que esta tenha uma vontade. Todas as formas são boas e sua vontade é sempre a lei mais elevada" (Sieyès, [1789] 1988, p. 83). Este "é" e este "deve ser", identificados por Rousseau e Sieyès, assim como a caracterização da *volonté générale* como uma *potestas legibus soluta*, expressam a característica irracional: a própria existência da vontade justifica o que ela deve ser. Em outras palavras, a simples referência à existência da vontade justifica a decisão. Assim, a atenção de nosso exame deve se deslocar brevemente para a vontade, sobretudo para a maneira pela qual é formada.

As observações no capítulo dois mostraram que a formação da *volonté générale* ocorre em um lugar escondido e que não pode ser partilhado com os outros: o coração puro. Essa forma de internalização do político tem consequências tremendas para o ato de julgar pessoas, grupos sociais ou constelações políticas: o certo e o errado, o justo e o injusto surgem de uma projeção muito emocional e idiossincrática – que é, por sua vez, o pré-requisito para uma *aliénation totale* eficaz (ver SR, p. 112 e ss). A vontade geral de Rousseau se revela assim como uma vontade emocional.[14] Bom e mau, justo e injusto não

[14] Segundo as reflexões de Arendt sobre a vontade, o mesmo se aplica, em seus efeitos, tanto a Rousseau quanto a Kant. A autora escreve o seguinte a este respeito: "O único grande pensador nesses séculos que seria verdadeiramente irrelevante em nosso contexto é Kant. Sua Vontade não é uma capacidade *especial* do espírito distinta do pensamento, mas sim uma razão prática, um *Vernunftwille*" (VE/Q, p. 299) É dessa maneira que me refiro à vontade em Rousseau como uma "vontade emocional". Portanto, é importante ser bastante cuidadoso, sobretudo ao discutir vontade. Arendt não considera a *volonté générale*

resultam de uma justificação racional, de um debate livre ou de uma decisão compreensível e passível de ser verificada segundo normas. Uma compreensão

---

como vontade em sentido próprio. Em seu livro sobre a vontade, que é a segunda parte de *A vida do espírito*, Rousseau e a *volonté générale* não são mencionados nenhuma vez. Para Arendt, a *volonté générale* é uma vontade emocional, o caráter subjetivo, efêmero que resulta da formação afetiva. A *volonté générale* não descreve uma capacidade individual ou intelectual. Ainda que aceitemos a definição rousseauísta da comunidade como uma "pessoa pública" (Rousseau, [1762] 2012, p. 50), para Arendt a vontade dessa pessoa não é causa de si mesma, que é o que constitui o cerne da vontade como atividade espiritual. Antes, a percepção irracional da realidade de uma comunidade formada junto às linhas de uma *volonté générale* é o resultado de uma conclusão precipitada e muito emocional: a renúncia à própria posição e aos próprios interesses – ou seja, a *aliénation totale* – só é possível por meio de uma solidariedade afetiva com o suposto bem absoluto. O problema central com Rousseau, segundo Arendt, é menos a vontade e mais a formação da vontade. Todos os problemas da vontade resultam dessa formação. Ao mesmo tempo, no entanto, Arendt critica a tradição de pensamento político que toma a vontade como o centro energético do político. Mas a crítica de Arendt a essa tradição não se dirige à vontade, e sim à ideia de ação soberana e à "[substituição] da ação pela fabricação" (CH, p. 274), tomadas como suposto centro do político e que acompanham a transferência conceitual da vontade para o político. Pode-se compreender isto a partir, por exemplo, do fato de Arendt considerar que a origem dessa ideia de ação soberana está em Platão, ainda que, devido ao conceito de tempo na Antiguidade, não houvesse nesse autor algo como uma vontade no sentido próprio da palavra – ou seja, como faculdade pela qual uma pessoa decide ou inicia uma ação (ver VE/Q, p. 195-201). Segundo Arendt, a vontade, ou melhor, o problema da vontade livre foi descoberto apenas com o apóstolo Paulo e a cristandade. Foi a partir daí que a metáfora da vontade encontrou seu caminho no jargão político e passou a denotar uma unidade soberana e autodeterminada que organiza o mundo de acordo com suas ideias. Contudo, na visão de Arendt, quem aplica a metáfora da vontade a uma comunidade política é constantemente suspeito de querer conjurar uma unidade que não existe, descrever um impulso unânime à ação (impulso que pode servir como suposto ponto arquimediano), postular o fim da pluralidade, ao menos no curto prazo, e apresentar um conhecimento a respeito de si mesmo, do outro e das consequências da ação política, conhecimento que ninguém é capaz de ter. Em contextos muito diferentes, Jürgen Förster e Patchen Markell chamaram atenção, em termos de filosofia política, para essa crítica da soberania que acompanha a metáfora da vontade (cf. Förster, 2009; e Markell, 2003).

do direito, ou um conceito de direito capaz de ser harmonizado a uma tal compreensão do político está necessariamente desprovida de determinação objetiva. E é precisamente essa não determinação do critério de julgamento que conduz Arendt a concluir que, com a *volonté générale* de Rousseau, "as próprias leis eram compreendidas como mandamentos" (SR, p. 245).

A expressão "lei como mandamento" pode ser remetida a Hegel[15] e, a esse respeito, Arendt efetivamente o segue. Em sua Filosofia do Direito, Hegel exige que "a lei, para ser uma lei e não um mero mandamento [...], deve ser determinada em si". A falta de determinação de um mandamento se expressa em formulações como "não matarás" ou "deves cuidar do teu bem-estar e do de tua família" etc. Segundo Hegel, nenhuma lei pode ser formada com uma generalidade indistinta como a que é revelada pelos mandamentos mencionados. Pois uma lei se caracteriza precisamente pela limitação determinada e objetiva, que permite a determinação do que é e do que não é crime. Quando nos damos conta do que, segundo Hegel, se infiltra em tais determinações, parece até que se trata de uma antecipação da crítica arendtiana à qualidade legal da vontade geral de Rousseau:

> É o mesmo que acontece quando o querer se encerra no bem abstrato, se suprime toda a determinação válida em si e para si do bem e do mal, do justo e do injusto, e ao sentimento, à representação, às esferas individuais se atribui o encargo de fazer essa determinação. (Hegel, [1821] 1986, p. 272, § 140).

No caso do pensamento de Arendt, o indivíduo de que fala Hegel e que deve definir o que é bom – e, assim, o que deve ser a lei – é a pessoa pública de Rousseau, ([1762] 2012, p. 50). As categorias indefinidas com as quais a pessoa pública deve julgar o certo e o errado transformam a lei em um mandamento e, assim, impedem toda a verificabilidade e a confiabilidade. O direito se torna irracional. O que é ou não é crime – para ficar no exemplo de Hegel – se define novamente caso a caso, a partir do sentimento ou do agrado. Ele escreve que "a opinião subjetiva" se converte na "norma do direito" (Hegel, [1821] 1986, p. 272, § 140), seguindo aqui o mesmo caminho de Arendt,

[15] Gostaria de me remeter aqui a um ensaio de Henrique Otten (2001) que teve influência decisiva sobre minha visão a esse respeito.

para quem, com a *volonté générale*, um "estado de espírito subjetivo" (SR, p. 207) decide o que é certo e o que não é, "pisoteia a justiça e atropela as leis" (SR, p. 129).[16]

É possível argumentar que tal conceito de direito não pode se conciliar com a *volonté générale* de Rousseau. Afinal, o filósofo genebrino enfatizou explicitamente que o "objeto das leis é sempre geral" (Rousseau, [1762] 2012, p. 67). No entanto, o problema decisivo na compreensão de Rousseau a respeito do direito é que ele identifica o direito ao "interesse público": "Chamo, pois, de República todo Estado regido por leis [...] porque então somente o interesse público governa". (Rousseau, [1762] 2012, p. 67). Se, de fato, se deseja transformar o interesse público no único critério da lei, ou seja, se se deseja permitir que ele governe, a consequência para a implementação legal específica é a necessidade de estabelecer, não uma lei, mas cláusulas gerais cujo conteúdo é definido. Por que e em que medida, segundo Arendt, a soberania da vontade geral é acompanhada de cláusulas gerais? Se a vontade política geral é sempre o que deve ser simplesmente porque a vontade é (Rousseau); se a vontade é sempre a "lei mais elevada" (Sieyès), então nenhuma lei pode ou deve se fazer cumprir contra ela (ver Rousseau, [1762] 2012, p. 52). Tal reivindicação de primazia da política e da vontade geral, no entanto, só pode ser implementada em um sistema legal com a ajuda de cláusulas gerais. Como isso acontece exatamente?

Segundo Franz Neumann, a característica definidora da cláusula geral é que ela mantém o critério de generalidade do direito moderno. *De facto*, no entanto, cláusulas gerais representam "apenas um véu [...] com o qual medidas individuais são encobertas"[17] e que, portanto, minam a igualdade de todos

---

[16] O texto de Arendt diz "*make light of laws*", que literalmente é algo como tornar as leis leves, sem peso, sem seriedade, sem importância. [N.T.]

[17] Neumann, 1970, p. 14. Graças ao avanço da cláusula geral, Schmitt já celebrou o canto de cisne do positivismo legal e escreveu: "Tão logo termos como *lealdade e fé*, *boas maneiras* etc. se referirem ao interesse de todo o povo, e não aos interesses individuais da sociedade de trocas burguesa, todo o direito se alterará de fato, sem que uma única lei 'positiva' precise ser alterada". (Schmitt, [1934] 1993, p. 49). Referindo-se ao cerne desse processo de formular cláusulas gerais no interior do direito, Schmitt escreve que elas podem estabelecer, "na medida em que suspendem toda segurança *positiva* [...], conceitos indefinidos de toda sorte, referências a padrões extra jurídicos e ideias como

diante da lei. Como argumenta Neumann, onde quer que "princípios fundamentais ou elementos importantes do sistema legal estejam sob o domínio destas cláusulas gerais", não se pode mais falar de um "domínio de leis gerais" (Neumann, 1970, p. 14). Qualquer coisa pode ganhar uma forma legal em um sistema como esse, de modo que o direito perde completamente sua autonomia. Em nosso contexto, isso significa que as reivindicações de soberania por parte da vontade geral só podem ser integradas no sistema legal se os postulados de determinação e definição de um domínio legal forem solapados. Esse postulado de definição é solapado ou sofre infiltração ao incorporar um domínio legal que é deliberadamente mantido na completa indeterminação, ou seja, como cláusula geral. Na prática, tal infiltração se faz pela incorporação de uma provisão adicional e completamente indefinida na lei – como motivos de ordem e segurança pública – ao lado de um número de critérios definidos, que em uma lei de residência de estrangeiros, por exemplo, poderiam ser conhecimento do idioma, garantia de subsistência independente, nenhuma condenação anterior etc. Com isso em mente, Arendt, no decurso de sua crítica à nacionalização do direito durante o período entreguerras, destaca o fato de que, no caso de certos problemas jurídicos e de certas decisões legais, foram usadas algumas "formulações legalmente intangíveis", tais como "grave violação das obrigações de um cidadão belga", "comportamento indigno da cidadania italiana" ou "interesses [...] contrários à França e sua segurança" (OT, p. 312; ver também ETH, p. 586). Com a ajuda das cláusulas gerais, a indeterminação do conteúdo e a reivindicação de soberania por parte da vontade geral são traduzíveis em códigos legais. Por esses meios, a vontade geral também ganha acesso exclusivo ao lugar em que a justiça é administrada. Se nenhuma cláusula geral como estas for instalada, reivindicações legais também devem ser – quando todos os demais critérios forem preenchidos – afirmadas contra o suposto interesse público. No entanto, como isso não é conciliável com a reivindicação de soberania por parte da vontade geral, e como ao mesmo tempo uma ordem legal é naturalmente indispensável, cláusulas gerais são incorporadas. O direito se torna assim um brinquedo dos interesses políticos, e a ideia de justiça se degenera em simples comando do soberano.

---

bons modos, lealdade e fé, razoabilidade e irrazoabilidade, razão importante etc." em vez do direito racionalmente definido.

Para não deixar dúvidas: é evidente que há várias cláusulas gerais em cada sistema legal – por razões diversas e, muitas vezes, boas. O problema é que uma compreensão do político cujo cerne é marcado pela soberania da vontade geral e que postula o domínio do interesse público é compatível apenas com um direito que consiste substancialmente em cláusulas gerais e proposições legais indefinidas e indeterminadas.

Além disso, essas passagens ajudam a ilustrar a extensão do entrelaçamento de direito e política na visão de Arendt. Não é nada muito original afirmar que Arendt condena a ideia rousseauísta de *volonté générale*. A novidade aqui está em destacar as considerações sistemáticas de Teoria do Direito e de teoria constitucional inseridas na crítica: o paradigma prevalecente de política, ou seja, a maneira pela qual a opinião política e a tomada de decisão são compreendidas e percebidas no interior de uma comunidade política tem enorme influência sobre a possibilidade de manter a racionalidade legal. A leitura arendtiana de Rousseau revela a conexão interna entre a manutenção da função estabilizadora do direito e a estrutura que configura o conceito de política. A democracia de cunho radical formulada por Rousseau – a primazia da política – ameaça não apenas as reivindicações legais individuais, como afirma também a interpretação clássica; antes, sob o ditame da reivindicação de soberania pela vontade geral, o sistema legal como um todo apodrece. Para que o direito contribua para uma ordem política estável, é preciso abandonar a reivindicação de primazia da política e desenvolver uma compreensão da política que acomode o direito e seja completamente diferente.

ii. Arendt e a suspensão do direito durante a Revolução Francesa

Não é apenas em suas observações sobre leis de desnaturalização do período entreguerras que Arendt aponta para o solapamento do domínio do direito, realizado pela nacionalização do direito.[18] A relação entre a nação e o direito é abordada também nas reflexões sobre o domínio jacobino. Para a autora, em resumo, o problema da nação e do direito é tão antigo quando a própria *nação*-Estado. Embora os escritos de Arendt sobre a Revolução Francesa enfatizem que, "comparada aos imensos sofrimentos da imensa maioria do povo, a impar-

[18] Cf. a esse respeito o capítulo 1 *supra*.

cialidade da justiça e da lei, a aplicação das mesmas regras aos que dormiam em palácios e aos que dormiam sob as pontes de Paris, parecia uma farsa" (SR, p. 129-130), ela enxerga na ideia de vontade nacional uma suspensão do direito que é identificada em primeira instância na aplicação de um critério completamente indefinido.

O primeiro exemplo que se pode encontrar em *Sobre a revolução* está na condenação do rei Luís XVI. Arendt não contesta que ele deveria ser condenado; no entanto, não concorda, de forma alguma, com o tipo de acusação, que o condenou como traidor, e não como um tirano, que é como a pensadora o enxergava (ver SR, p. 130). Enquanto um tirano se caracteriza pelo fato de passar leis às quais ele não está sujeito e, além disso, costuma reprimir seu próprio povo pelos meios mais cruéis, a traição tem um lugar muito diferente do ponto de vista moral e tende a se referir a uma ofensa dissimulada contra a comunidade. O tirano é um opressor que não reconhecerá que uma ordem política legítima só pode se fundar no consenso dos cidadãos – e, pelo menos, com o reconhecimento dos direitos e liberdades fundamentais. Além disso, a acusação de traição para Luís XVI se baseou em sua renúncia à suposta vontade comum da nação a outros interesses. Uma acusação comprovável e compreensível segundo a qual ele teria rejeitado direitos fundamentais e mantido violentamente uma forma repressiva de governo se transformou na infração de um *éthos* nacional supostamente insuficiente. Em vez de um critério convincente para julgar o caso, aplicou-se uma categoria formulada aleatoriamente e mal definida.

O exemplo seguinte de Arendt vai na mesma direção: sua crítica às "leis de Ventôse de 1794" (SR, p. 81). Essas leis sobre o confisco da propriedade talvez possam ser justificáveis como resposta à situação humanitária devastadora na França ao fim do século XVIII – no entanto, aqueles que defenderam o confisco da propriedade eram exatamente as mesmas pessoas que pouco tempo antes tinham declarado o direito à propriedade como direito humano. Arendt considera problemático também que, afora a Igreja e os expatriados, "suspeitos" (SR, p. 81) tiveram suas propriedades retiradas e entregues aos "desafortunados". Acontece que, no contexto da Revolução Francesa, suspeitos eram todos aqueles a quem faltava o *éthos* supostamente correto.

Nos dois casos, o critério de julgamento se refere a uma atitude interna insuficiente. A consequência, uma vez mais, é a perda de determinação e definição legais. Isso não é coincidência no contexto da Revolução Francesa: uma visão política do mundo para a qual a ideia de *volonté générale* é especialmente importante considera que a pureza do coração é a prova, para o indivíduo, de que ele representa a causa comum. A reinterpretação do conceito de virtude, que, segundo Arendt, era a consequência necessária da *volonté générale* como um novo paradigma do político, conduziu a uma internalização do político. Na visão de Arendt, foi precisamente esse conceito de virtude, realocado para a interioridade do ser do homem, a razão pela qual os revolucionários franceses repetidamente se remetiam à metáfora da máscara, que deveria ser arrancada das faces dos supostos traidores a fim de revelar ao público sua depravação interna. Mas Arendt acredita que, dessa maneira, eles dissolveram o conceito de pessoa jurídica – um princípio fundamental de todo domínio pela lei (ver SR, p. 148).

A dupla função da máscara foi expressa pela primeira vez em sua dimensão político-jurídica quando o termo latino *persona*, que originalmente denotava a máscara usada pelos atores no palco na Antiguidade, se tornou um termo jurídico fixo (cf. a este respeito também Manthe, 2003). Em Roma, a diferença entre um cidadão e uma pessoa privada era que o cidadão era considerado uma pessoa jurídica. Isso significa que o direito lhe garantia uma "máscara". Essa máscara do direito permitia ao cidadão aparecer em público sem ter que renunciar seu ser interior, sua subjetividade. A máscara servia como um meio que escondia a face, mas que ao mesmo tempo era construída de tal maneira que sua própria voz pudesse ressoar através da máscara:

> O ponto da questão era que 'não é o Eu natural que entra num tribunal. É uma pessoa portadora de direitos e deveres, criada pela lei, que comparece diante da lei'. Sem sua *persona*, seria um indivíduo sem direitos e deveres, talvez um 'homem natural' – isto é, um ser humano ou *homo* na acepção original do termo, indicando alguém fora do âmbito da lei e do corpo político dos cidadãos, como por exemplo um escravo –, mas com toda certeza um ser sem qualquer relação com a esfera política. (SR, p. 148-149).

O que Arendt está tentando dizer ao refletir sobre a máscara e o conceito de *persona* parece ser o seguinte: como não se serviram de fatos, mas exclusivamente do *éthos*, da atitude e das crenças fundamentais para estabelecer critérios de julgamentos em questões legais, os jacobinos dispensaram a ideia de pessoa legal. A maneira pela qual usam os termos "suspeitos" e "traidores" revela isso. Direitos e deveres não eram garantidos à pessoa, mas exclusivamente àqueles com o *éthos* correto. Aquele que não partilhava do *éthos* correto – ou melhor, aquele de quem se suspeitava não partilhar o *éthos* correto – não tinha direitos. Isso era acompanhado pela inversão da presunção de inocência – segundo Arendt, "a grande máxima de todos os sistemas legais civilizados". O acusador não precisava mais produzir evidência de culpa, mas, antes, exigia-se do acusado que provasse a própria inocência. No entanto, como inocência significava possuir um coração puro e incorruptível e submeter-se completamente à *volonté générale*, a prova de inocência era impossível. Isso porque um coração puro "não pode ser provado e deve ser aceito em fé" (SR, p. 125); e, no entanto, confissões feitas na atmosfera de desconfiança sempre são suspeitas de ser pura mentira.[19]

[19] Questões de *éthos* ainda têm, naturalmente, um papel na administração moderna da justiça. No entanto, elas nunca se separam da infração efetivamente cometida e necessariamente considerada no julgamento. Ignorar as ações efetivas de uma pessoa e acreditar que é possível tomar sua constituição interna como critério de julgamento conduz a uma reinterpretação implícita do que é um crime, pois o crime se transforma em um vício: "Há uma diferença fundamental entre o crime e o vício, ao qual a sociedade assimila o crime. Crimes são cometidos por homens livres que podem ser responsabilizados por seus atos. Vícios são impostos sobre pessoas por uma disposição fatal, natural. Por isto as atitudes moralizantes e de mente estreita, que são tão frequentes e que em tempos antigos julgavam e condenavam vícios como se fossem crimes, sem nada da assim chamada *compreensão psicológica*, demonstram tanto respeito pelo ser humano, pela liberdade das pessoas quanto a *compreensão* humana dos psicólogos modernos, que rebaixa as pessoas a um mecanismo que funciona automaticamente de acordo com leis" (ETH, p. 203 e ss). Ao falar de um crime, reconhece-se que o criminoso é uma pessoa que poderia ter agido de outra maneira, ao passo que falar de vício indica uma "fatalidade natural, como um pé torto ou uma corcunda" (ETH, p. 204).

iii. Da internalização do político à sua etnicização

Em seu ensaio *Estrangeiros para nós mesmos*, Julia Kristeva chama atenção para o aspecto indubitavelmente desconcertante e trágico da Revolução Francesa, que no início das guerras revolucionárias tomou como suspeitos, em primeiro lugar, os estrangeiros (ver Kristeva, 1991, p. 154-163). Kristeva retraça o desenvolvimento que conduziu à solicitação, feita pelo Comitê de Segurança Pública, em 18 de março de 1793, para que fosse aprovada uma lei permitindo a perseguição criminal dos estrangeiros, e para que todos os estrangeiros fossem banidos da República. Robespierre se juntaria à solicitação e, por sua parte, pediria ainda a expulsão de todos os generais estrangeiros que até aquele momento tinham conduzido o exército francês (ver Kristeva, 1991, p. 157). Ao mesmo tempo, o Comitê de Segurança Pública clamou: "Expulsemos os ingleses de nosso território!"; ao que os representantes, segundo Kristeva, gritaram "Todos eles! Todos eles!" (Kristeva, 1991, p. 158). Pouco tempo depois, a Convenção Nacional aprovou uma lei que serviria de base para prisão e confisco da propriedade de todos os estrangeiros oriundos de países com os quais a República estava em guerra, e que não residiam na França antes de 14 de julho de 1789 (ver Kristeva, 1991, p. 158). Essa lei aparece como uma paródia ruim da lei de naturalização de abril de 1790, presente no Artigo III da segunda parte da Constituição de 1791. Isso porque, nessa lei, a naturalização foi definida da seguinte forma:

> Todos aqueles que, nascidos fora do reino e de pais estrangeiros, estejam estabelecidos na França serão considerados franceses e, tendo feito o juramento cívico, serão admitidos no exercício dos direitos de cidadão ativo depois de cinco anos de domicílio no reino, se também tiverem adquirido imóveis ou se casado com uma francesa, ou aberto estabelecimentos comerciais ou recebido cartas de cidadania de algumas cidades, não obstante todos os regulamentos contrários, que estão agora revogados. (apud Kristeva, 1991, p. 155).

Como foi possível que, em poucos anos, a atitude com relação aos estrangeiros expressa na constituição de 1791, que representava o espírito da *Déclaration des Droits de l'Homme*, tenha se transformado em uma disposição que colocava todos os estrangeiros sob suspeição generalizada?

Embora o ensaio de Kristeva tenha trazido à tona essa questão, sua resposta é relativamente vaga: para ela, o universalismo ingênuo e mal compreendido do Iluminismo é incapaz de integrar os estrangeiros. Em vez de ser integrado, aquilo que há de estrangeiro no outro é suprimido e pode, novamente, irromper com uma compleição hostil em tempos de crise. O que se expressa aqui, segundo Kristeva, é "a violência e o insólito da face subjetiva do cosmopolitismo" (1991, p. 142). A partir disto, Kristeva formula sua teoria segundo a qual a afirmação cosmopolita e emancipatória da Revolução só pode ter alguma chance de realização se o estrangeiro for reconhecido em nós mesmos. Por meio de uma "ética da psicanálise" (Kristeva, 1991, p. 192), ela busca assentar uma nova fundação política para o tratamento do estrangeiro. Embora a análise de Kristeva forneça *insights* valiosos sobre a face de Janus do Iluminismo, parece-me haver aqui uma psicologização do político que identifica a pluralidade mundana à pluralidade emocional. O tratamento do estrangeiro no interior de si é ainda o tratamento do estrangeiro "em mim", ao passo que o estrangeiro na comunidade política e social é realmente um outro.[20] Há diferenças entre economia psicológica e eventos políticos ou sociais, diferenças que surgem da lógica intrínseca a cada esfera e que não podem ser superadas simplesmente pela terminologia. Além disso, Kristeva não tem resposta para a pergunta sobre o porquê de apenas os estrangeiros se tornarem suspeitos, considerando que, segundo sua linha de argumento, meu vizinho – da mesma naturalidade – muito dificilmente será menos estrangeiro para mim. No fim das contas, Kristeva é capaz apenas de indicar que estrangeiros se tornaram suspeitos, o que ela explica – retrospectivamente – por meio de sua estrangeiridade aparentemente suspeita.

[20] Refiro-me aqui ao silogismo pelo qual Kristeva conclui, sobre o pano de fundo do estrangeiro em mim, que somos todos estrangeiros. Kristeva parece prometer que, se simplesmente reconhecermos este estrangeiro em nós, não haveria mais estrangeiros, pois, quando todos são estrangeiros, ninguém é estrangeiro (ver Kristeva, 1991, p. 192). Em vez de um exame político da pluralidade conflituosa das formas humanas de existência, ela faz uma grande defesa da tolerância. Pelo menos é assim que eu compreendo a demanda de Kristeva para que se reconheça "nossa inquietante estranheza" (Kristeva, 1991, p. 192).

Portanto, para explicar com Arendt essa mudança drástica ocorrida nos primeiros anos da Revolução, devo trilhar um caminho diferente.[21] Em um primeiro passo, introduzo os "certificados de hospitalidade" (apud Kristeva, 1991, p. 158), de 1793, que pretendiam libertar os estrangeiros da suspeita geral seguindo um exame detalhado de seu *éthos* civil. Uma braçadeira com o nome do país de origem e a palavra "hospitalidade" tornava esse estrangeiro visível a todos. Encontramos aqui uma vez mais o interesse descrito acima de colocar no centro da atenção o *éthos*, a atitude interna – não os atos. Dessa vez, no entanto, o teste de *éthos* era evidentemente solicitado apenas aos que não eram franceses de origem. Isso nos leva a perguntar se a etnicização do político pode estar de alguma forma conectada à internalização do político. Parece-me ser precisamente essa a afirmação de Arendt.

Com a Revolução Francesa, a ideia de bom cidadão foi conduzida para o ser interior da pessoa. Para a nação, patriotismo é patriotismo do coração: o decisivo para julgar a qualidade de um cidadão não está tanto nos atos, mas na pureza interna do indivíduo. Isso porque a possibilidade justificada de uma identificação apaixonada com a vontade da nação só pode surgir a partir da pureza. A brecha entre, de um lado, a exigência de uma pureza emocional do indivíduo e, de outro, a ênfase sobre a linhagem comum é preenchida pelo fato de que a linhagem comum oferece ao patriotismo do coração a oportunidade de ter uma forma externa, mundana, e, ao mesmo tempo, abordar as especificações de suas configurações, ou seja, enfatizar uma interioridade homogênea e similar. Como se pode compreender esse processo? Da mesma forma que o patriotismo do coração, também a linhagem comum retira de

[21] O fato de Arendt também ter em mente essa mudança fica evidente por esta passagem: "Um grande entusiasmo pelo *novo exemplar do gênero humano* (Herder) também conduziu os homens da Revolução Francesa, que não estavam preocupados apenas com a libertação da nação francesa, pois nutriam ainda a esperança de libertar, sob as cores da *tricolore*, todos os povos fazendo deles nações. É isto o que significa a *fraternité*, que deve ser estendida para toda a Terra, pois *La raison est de tous les climats* (La Bruyère). E, no entanto, é precisamente neste século, que liberou a nação e se entusiasmou com a ideia de humanidade, que encontramos as primeiras sementes do conceito de raça, conceito que destruiu as nações e aniquilou a ideia de humanidade nascida da nação" (ETH, p. 358).

algo interior e oculto a sua força para formar uma comunidade. Mas esse aspecto oculto está agora reificado, por assim dizer, pelo nascimento, e pode, portanto, ser transferido para o mundo tangível. Com uma linhagem comum, assume-se um vínculo interno, intangível e pré-político, que ao mesmo tempo também se manifesta no mundo pelo fato do nascimento.

Essa mudança que leva da vontade nacional geral para a linhagem nacional pode ser convincentemente explicada por meio das ideias de Renan a respeito da natureza da nação. Em seu famoso discurso a respeito da pergunta *O que é uma nação?*, o autor francês destaca o plebiscito diário como uma característica da nação: "A existência de uma nação é (perdoem-me esta metáfora) um plebiscito cotidiano, assim como a existência do indivíduo é uma afirmação contínua da vida" (Renan, [1882] 1996, p. 35).

Não se pode acusar Renan de ser defensor deliberado de um conceito de nação com conotação étnica. Muito pelo contrário: na questão do *status* da Alsácia-Lorena em particular, ele apresentou sua ideia da nação como uma unidade de vontade contra a visão cultural-nacionalista do jornalista alemão David Friedrich Strauss (ver Renan, [1882] 1995). É, portanto, intrigante que, quando perseguimos a questão relativa aos pré-requisitos da formação da vontade, encontramos em Renan uma definição da nação como uma família, o que indica linhagem:

> Uma nação é um princípio espiritual resultante das complexidades profundas da história; é uma família espiritual, não um grupo determinado pela configuração do solo. [...] Uma nação é uma alma, um princípio espiritual. [...] Por um lado, é a posse comum de um rico legado de memórias; por outro, é o consentimento presente, o desejo de viver junto, a vontade de continuar a fazer valer a herança indivisa que recebemos. (Renan, [1882] 1996, p. 33 e ss).

Aparentemente, alma, vontade e família formam o cerne da concepção de Renan a respeito da nação: a precondição para a vontade comum não está nela mesma, mas na alma, que a guia e motiva. Essa alma, que é moldada a partir das glórias comuns do passado e da história vivida, se incorpora na família, na comunidade ancestral. Embora esta seja uma família que põe à frente a vontade consciente – estabelecendo-se fundamentalmente ao largo das ideias de nação tribais – a alma, como precondição dessa vontade, se molda pela história e está, portanto, um tanto distante do alcance do indivíduo. Se esse tipo muito especial de alma tem um lugar anterior à vontade, então é necessário, acima de tudo, carregá-la dentro de si, caso se queira contribuir para dar forma à vontade da nação. Se, baseados nessas considerações da análise de Renan a respeito da nação, voltarmos à questão levantada anteriormente a respeito do motivo de os estrangeiros, em particular, terem de provar que tinham o *éthos* correto e serem os primeiros a levantar suspeitas, então exatamente a alma, como precondição da vontade nacional e comum, fornece a chave da resposta: acredita-se que a atitude "de alma e de caráter" (ETH, p. 204) exigida e que a identificação com a alma nacional eram mantidas por aqueles que viveram essa história comum e pelos filhos que eles tiveram. É também dessa maneira que a decisão da Convenção de expulsar todos os estrangeiros estabelecidos na França em 1789 deve ser compreendida. Quando filiações políticas são alimentadas por uma força que em sua maior parte é interna e oculta, há o desejo de simbolizar de alguma maneira essa força interna e oculta. Assim, a nação como uma família que viveu uma história muito específica funciona como símbolo. A entrada de outras pessoas nessa família não está vedada por princípio – pode-se filiar-se a ela – mas a família certamente sabe quem pertence a seu círculo mais estreito e quem não pertence. Em outras palavras, cada forma de internalização do político e identificação da alma como origem da vontade é acompanhada pelo perigo de etnicizar questões políticas.

Escrevi acima que a compreensão de Renan a respeito da nação como uma família localiza a vontade no primeiro plano e, assim, se estabelece fundamentalmente à distância da ideia tribal de nação. Esse adendo tem importância fundamental, pois ele permite a diferenciação completa entre "nacionalismo ocidental" – mesmo em sua "forma pervertida, o chauvinismo" – e o "nacionalismo *völkisch*" (tribal) (ETH, p. 481). Pois nem mesmo a expressão chauvinista do nacionalismo ocidental, que é o nacionalismo francês representado pelo *nationalisme intégral* (ETH, p. 481) de Maurras e Barrès, declara como francesas, apenas devido às "qualidades misteriosas de seu *sangue*" (ETH, p. 481), pessoas que, embora possam ter ancestrais franceses, nasceram e cresceram em um país diferente sem qualquer conhecimento da língua, história ou cultura francesas. Embora a vontade deva suas origens à alma comum, que por sua vez tem na família nacional a sua morada, a expressão da vontade é indispensável, pois é precisamente ela que torna claro para o mundo exterior o que distingue os indivíduos entre si. No nacionalismo tribal, *völkisch*, uma expressão exterior e visível da vontade era (e é) completamente supérflua. Nele, a alma não é produto de uma história verificada e orientada por eventos passados, mas, antes, uma "qualidade nacional" (ETH, p. 482) que em última instância resulta do sangue:

> [A] diferença entre o mais maluco chauvinismo [do nacionalismo ocidental] e este nacionalismo tribal (*völkisch*) [está] ainda no fato de que o primeiro pelo menos lida com o mundo e suas realidades tangíveis, com as realizações presentes e factuais de uma nação em todas as áreas, ao passo que o tribal, mesmo em sua forma mais inofensiva (como no movimento da juventude alemã), se volta para dentro e começa a ver a alma humana como uma *incorporação* de características gerais da tribo [...]. A megalomania chauvinista sempre aponta para algo que realmente existiu no passado e procura elevar estas realidades nacionais a um reino pseudomístico situado além do controle humano; a consciência tribal étnica, por outro lado, se vincula desde o início a ideias inexistentes e fingidas que ela sequer tenta comprovar no passado, mas propõe realizá-las no futuro. [...] Pode-se sempre reconhecer o nacionalismo tribal pelo fato de ele basicamente medir e condenar, a partir desses padrões fictícios de *sangue*, tudo o que pertence à existência visível de sua própria nação, suas tradições, suas instituições políticas, sua cultura. (ETH, p. 482).

Para Arendt, a diferença entre as concepções ocidental e tribal de nação é a mais relevante de todas. Apenas um nacionalismo tribal poderia, baseado nas condições de sua constituição, desenvolver ódio racial como o que liberou aquele potencial inédito de aniquilação. A "trindade formada por povo, Estado e território" (ETH, p. 107 e ss), que forma a fundação da concepção ocidental de nação, é posta em dúvida pelo nacionalismo tribal.[22] Isso pode ser visto no sim-

[22] Arendt não coloca distinções apenas entre nacionalismo ocidental e nacionalismo tribal, mas também entre o nacionalismo tribal e o pensamento racial. O Nacional Socialismo transformou o nacionalismo – que sempre teve posição dominante na Alemanha, bem como no leste e no sudeste da Europa – em pensamento racial. Arendt destaca o fato de que tudo o que é racial é sempre tribal, mas nem tudo o que é tribal é sempre racial. O

ples fato de a ideia de comunidade de sangue transcender os limites territoriais e transformar o povo, unidade formada historicamente, em uma comunidade tribal. Em contraste, o conceito ocidental de nação se conecta diretamente ao Estado e a suas instituições. As observações sobre a relação entre direito e nação mostraram que a Revolução Francesa contribuiu para a prevalência do Estado moderno justamente porque removeu completamente o feudalismo e, assim, impulsionou ainda mais a juridificação do Estado. Além disso, com a Revolução, a igualdade de todos diante da lei – que é, assim, uma expansão qualitativa da igualdade de todos diante do Estado – comanda a agenda política. Parece, portanto, paradoxal que a relação entre nação e direito ganhe esse aspecto diferente, aspecto que solapa tanto a recém-conquistada racionalidade do direito quanto a legalidade da ação política. Arendt, refletindo sobre a intrigante situação de conflito que está na base do Estado-nação, escreve:

> Não há dúvidas de que este desenvolvimento da conquista do Estado pela nação sempre foi um perigo específico para o Estado-nação. Era também perigoso para esta forma de governo – e este perigo se mostrou fatal – o fato de ela significar o estabelecimento de governos constitucionais e se basear essencialmente no domínio da lei contra a administração arbitrariamente despótica. (ETH, p. 575).

Essa tensão na estrutura básica do Estado-nação leva Arendt a falar de um "equilíbrio precário entre nação e Estado, entre vontade do povo e direito, entre interesse nacional e instituições legais" (ETH, p. 575 e ss). Vimos como

---

grande perigo do tribal está em sua carência de mundo e em sua tendência especulativa. O pensamento racial imediatamente exagera isto com uma escala de valores que divide o mundo em raças superiores e inferiores. Isso instantaneamente transforma o pensamento racial em político. A comunicação entre entidades políticas, como contida na ideia de nação, é impossível se baseada no pensamento racial. Nessa direção, Arendt fala de um "pensamento racial anti-nacional" e assume que o racismo "é em toda parte contrário ao nacionalismo e mina tanto o nacionalismo quanto qualquer forma de patriotismo". Ideologias raciais são as únicas que, "junto com o nacionalismo, realmente atingem o coração do Estado-nação ao recusar o princípio de igualdade e a solidariedade das nações, garantidos pela ideia de humanidade" (ETH, p. 357).

esse equilíbrio precário se perde no período entreguerras e transforma o Estado, um "aparato legislador e instituição para a proteção de direitos", em um "instrumento da nação": "A nação toma o lugar do direito" (ETH, p. 488).

Na seção III deste capítulo, a crítica de Arendt à soberania popular será apresentada como crítica à composição estrutural do Estado continental europeu. Meu argumento é o de que Arendt também detecta, na estrutura do Estado moderno, características que ameaçam a ordem. A análise mostrará, entre outras coisas, que o Estado corre o risco de ser dominado pela nação precisamente porque a ideia de nação fornece a única maneira de gerar identidade e solidariedade entre os cidadãos no Estado moderno. Uma das críticas será, portanto, a de que a conversão ao nacional é também uma reação ao fato de o Estado moderno não ter desenvolvido ou permitido nenhuma instituição política no interior da qual poderia ter surgido uma cultura e uma mentalidade políticas a partir do processo discursivo democrático. No entanto, se nos recordarmos das ideias de Max Weber, lembraremos que precisamente essa composição estrutural hierárquica foi uma precondição para o domínio da lei racional. Agora, ao questionar a composição estrutural do Estado continental europeu, o conceito de direito se torna o centro da crítica. Enquanto a crítica feita em termos de Filosofia do Direito à soberania popular se converte por fim em uma crítica à maneira de compreender o político, a crítica da composição estrutural e institucional do Estado questiona por fim o conceito de direito. Não se trata de nenhuma brincadeira dialética, mas, antes, de uma referência à conexão interna entre política e direito.

III – Soberania popular e política

> Adelbert Reif: De qual conceito de Estado você parte?
>
> Hannah Arendt: Na verdade, eu realmente não parto de nenhum conceito novo de Estado, eu apenas vejo a necessidade de mudar este conceito de Estado.
>
> Hannah Arendt, em uma entrevista a Adelbert Reif, 1970

O problema central do Estado continental europeu está na determinação do lugar do poder político e na descrição de sua natureza. Ambas são diretamente dependentes entre si. No que se refere à natureza do poder, o Estado continental europeu estabelece institucionalmente uma convicção que desde Platão é lugar comum no pensamento político: a identificação entre poder e violência. Por essa via, a "efetividade do comando" (SV, p. 32) se torna uma característica fundamental do poder, e o domínio (*Herrschaft*) se torna a categoria fundamental para todas as considerações a respeito da comunidade política. Isso porque domínio significa, em primeiro lugar, uma condição que garante que a vontade do governante ou dos governantes – ou seja, do comando – pode ser imposta permanentemente sobre os governados. É nesse sentido que o conceito de dominação é um pilar fundamental da conhecida definição do Estado feita por Max Weber, que descreve o Estado como "uma relação de homens dominando homens, uma relação apoiada sobre meios de violência legítimos (isto é, considerados legítimos)" (PaB, p. 507). Se assumirmos que poder e violência são idênticos e que o domínio representa a essência de cada Estado, então apenas um Estado em que a vontade ordenadora é indivisa e os recursos para sua aplicação são centralizados e monopolizados pode ser descrito como poderoso. Em suma: onde o poder está concentrado em um único lugar. Essa ideia a respeito do lugar e da natureza do poder leva Arendt a falar – no que se refere à composição estrutural do Estado continental europeu – de um "absolutismo de Estado" (ÜR, p. 203), que ganhou corpo e memória por séculos na imagem do rei como soberano. Com a Revolução Francesa, essa composição estrutural do Estado se torna o problema central. Embora a questão da legitimação tenha sido posta novamente pela Revolução e a suposta origem divina do governante absoluto tenha sido declarada inválida, um nó bastante apertado na concepção tradicional de Estado foi mantido. O povo se colocou no trono do rei. Isso produziu uma dificuldade a respeito da maneira pela qual o domínio do povo, recentemente postulado, poderia se adequar à composição estrutural do Estado. Segundo Arendt, no nível da legitimação, "um meio muito engenhoso" foi encontrado nas ideias de Rousseau a respeito da *volonté générale*, a saber, "colocar uma multidão no lugar de uma só pessoa; com efeito, a vontade geral era nada mais, nada menos do que o elemento que convertia o múltiplo em um" (SR, p. 114). Em sua visão, contudo, isso não responde à questão a respeito da maneira pela qual essa suposta vontade geral deve ser formada e definida. Ou seja, ela não responde à questão: como o domínio do povo deve ser implantado política e institucionalmente?

Para Arendt, o sistema parlamentar de partidos é, "até o momento, a única forma [...] pela qual a soberania popular pode ter validade em um Estado-nação" (NuD). No entanto, como mostrarei em seguida, essa forma político-institucional desenvolve patologias políticas nas modernas democracias de massa, o que se pode perceber no comportamento dos cidadãos. Para Arendt, essas patologias resultam de uma *Praxisentzug* (suspensão da ação) (SV, p. 59) e de uma *Machtfremdheit* (estranheza com o poder) (ETH, p. 540), que são consequências centrais da estrutura política do Estado moderno. Deve-se concluir, portanto, que a crítica de Arendt aos partidos e ao parlamento é também uma crítica ao Estado, no sentido de que ela coloca o problema da posição do poder no interior do Estado e o problema da relação dos cidadãos com esse poder.[23] Mas isso não é tudo: o conceito formal-racio-

[23] A ideia de que a crítica de Arendt aos partidos e ao parlamento é também uma crítica ao Estado é fortalecida pelo fato de que os sistemas políticos do Reino Unido e dos EUA estão, de modo geral, excluídos desta crítica. Mais ainda: a crítica aos partidos e ao parlamento se inicia precisamente no contraste entre o sistema anglo-saxão e o continental europeu. Observando o período entreguerras europeu, Arendt afirma que, embora a Grã-Bretanha tenha uma "tradição imperialista bastante acentuada" (ETH, p. 530) e as consequências da sociedade de massas possam ser percebidas mais prontamente lá do que na Alemanha ou na França, nenhum movimento de massas jamais foi capaz de exercer influência política verdadeira por lá. Portanto, a questão decisiva para Arendt é saber em que medida as "condições da sociedade de massas" também levaram à "formação de movimentos de massa" (SR, p. 338). Enquanto o sistema bipartidário britânico pôde se conservar sem nenhuma mudança decisiva nas "instituições políticas" (OT, p. 284), os movimentos de massa encontraram um "solo muito mais fértil" (ETH, p. 540) no sistema multipartidário do continente. Segundo Arendt, esse solo mais fértil consistia no fato de haver, por trás desta formação de sistema representativo, uma compreensão diferente do Estado. Enquanto na composição vertical do Estado continental europeu todo poder está centralizado no topo, o sistema bipartidário se baseia em uma estrutura estatal horizontal que se associa a um "conceito radicalmente diferente de poder" (SR, p. 335). Implementado institucionalmente no sistema político, esse outro princípio de poder se expressa – primeiro – no fato de o partido que está governando a Grã-Bretanha

nal de direito precisa exatamente dessa composição estrutural para desenvolver seu potencial de ordenação no interior de uma comunidade. Argumento abaixo que a crítica de Arendt ao sistema partidário, ao parlamento e ao Estado não apenas questiona radicalmente as condições básicas e tradicionais para a formação do direito racional, mas também desafia fundamentalmente a essência do próprio conceito de direito.

Para explicar esta tese, devo primeiro apresentar a compreensão arendtiana da sociedade de massas e examinar sua relação com o sistema representativo continental europeu. Ao fazê-lo, abordo a acusação de Arendt segundo a qual a democracia parlamentar, em vez de tentar romper a massificação na esfera da política, conduz a uma "massificação gigantesca" (OT, p. 366) dos cidadãos. Para Arendt, a massificação se expressa na mentalidade, presente em toda a sociedade, segundo a qual o indivíduo é politicamente insignificante. Em seguida, ilustro como esse sentimento de insignificância política se transforma em desconfiança contra todas as instituições políticas do Estado. O problema central dessa desconfiança está em que a *Legalitätsglauben* (crença na legalidade) (WuG, p. 19; ver também EaS, p. 37), pilar central da ordem democrática, é posta em questão. Juntas, a insignificância e a desconfiança

---

não apenas ser idêntico ao governo, mas, "temporariamente, [...] se tornar idêntico ao Estado" (OT, p. 285). A consequência é que todos os ramos da administração são orientados a essa identificação entre partido e Estado e não podem ser conduzidos de maneira não partidária. No sistema partidário continental, ao contrário, cada partido é apenas uma parte do todo, a nação, que por sua vez é representada pelo Estado. Enquanto na teoria a ideia é a de que todos os partidos formem esse conjunto, na realidade esse conjunto imaginado é composto por uma unidade feita de ministros e outras unidades estatais de administração que certamente podem, portanto, se opor aos partidos em particular ou mesmo confrontar o governo. Nesse caso, o poder do Estado está no aparato administrativo (ver OT, p. 285 e ss). Estreitamente conectado a isto – segundo – está o fato de a oposição na própria Grã-Bretanha ser reconhecida como uma espécie de "instituição do governo" (SR, p. 335) que incorpora o poder e sobre a qual recai a tarefa de assegurar a "integridade do todo" (OT, p. 285). A "diferença essencial entre governo e Estado" (OT, p. 285), isto é, essencial para o Estado continental europeu, é dessa forma omitida. Além disso – terceiro – por causa da "função do partido no corpo político como um todo" e sua "relação com o poder", o "poder, bem como o Estado, permanecem ao alcance dos cidadãos organizados em partidos" (OT, p. 285).

são capazes de ameaçar a ordem democrática no sentido de que engatilham a ascensão de movimentos de massa antidemocráticos, como a última seção do capítulo deve mostrar. O que se torna evidente aqui é que a "progressiva perda de autoridade corresponde a uma ameaça igualmente progressiva à liberdade".[24] Pois a mentalidade apolítica dos cidadãos, como consequência da insignificância e da desconfiança, ameaça se transformar em uma atitude antidemocrática. Em resumo, o Estado continental europeu produz formas patológicas e desestabilizadoras de comportamento político.

A — Política na sociedade de massas

Não há dúvidas de que o problema das massas e das patologias de uma sociedade de massas tem importância central no pensamento de Arendt. No entanto, o tema exige análise cuidadosa. Sem pretender cobrir todas as dimensões do conceito arendtiano de massas, discutirei o termo de três maneiras diferentes. Primeiro, quando Arendt fala de uma sociedade de massas, ela aponta – de maneira mais ou menos neutra – para a afirmação sociológica segundo a qual, depois de uma simples olhada para as sociedades modernas e para a dissolução das estruturas de classe, não se pode mais falar em uma sociedade de classes. O termo "sociedade de massas" pretende, portanto, capturar a mutação das condições sociais, culturais e socioeconômicas por meio da qual os padrões tradicionais de identidade e valores começam a se dissolver no tempo. Consequentemente, atitudes, interesses e planos de vida já não podem mais ser compreendidos na moldura habitual que era fornecida pela sociedade de classes (ver SR, p. 338 e ss). Além desse uso sociológico, há também, em segundo lugar, o conceito de massas modernas. Esse conceito se refere ao altruísmo e ao isolamento das pessoas modernas, que se sentem cada vez mais

[24] Arendt, [1956] 2000b, p. 162. Essa frase e todo o parágrafo em que Arendt reflete sobre a conexão entre autoridade e liberdade está ausente da versão em inglês de *O que é autoridade?*. A autora conclui esse parágrafo com uma frase que se opõe a qualquer interpretação de seu pensamento que vá na direção de uma democracia radical: "Nossa questão – *O que é autoridade?* – assume que não há mais nenhuma verdadeira autoridade no campo político e corresponderia à questão que já não conseguimos mais discutir, a saber: o que é, efetivamente, liberdade sob condições modernas?" (Arendt, [1956] 2000b, p. 163).

supérfluas diante da modernização econômica e social. O acesso ao conceito de massas modernas não apenas se encaixa à crítica clássica à modernidade, predominante entre muitos intelectuais da primeira metade do século XX, mas também sublinha o forte impacto normativo do conceito arendtiano de massas. Altruísmo e isolamento descrevem a "psicologia do homem de massas da Europa" (OT, p. 365) Para reforçar a relevância social dessa mentalidade, Arendt fala, em algumas passagens de sua obra, de sociedade de massa – não tanto em sentido sociológico, mas antes vista como uma sociedade de homens de massa modernos. Indicarei claramente, por meio de itálicos, o que isso quer dizer em cada caso. Em terceiro lugar, a análise arendtiana das massas está diretamente vinculada a suas ideias a respeito da "arquitetura do mundo moderno" (Volk, 2005, p. 60). Nesse contexto, desenvolve-se uma "mentalidade da era moderna"[25] específica a partir da posição predominante conferida ao processo vital. Nessa mentalidade da era moderna, o raciocínio lógico assume uma posição muito importante. Ele garante que o indivíduo perceba, projete e avalie seu entorno apenas a partir da perspectiva de suas necessidades subjetivas. Em suma, Arendt também discute o tema das massas do ponto de vista de sua "mentalidade específica". Essa diferenciação terminológica é necessária porque a autora usa essas três versões do termo "massas", cada uma delas como um argumento contra o sistema de representação democrático-parlamentar.[26]

Com o desaparecimento da sociedade de classes, que sempre teve uma face de Janus[27] para o Estado-nação moderno, o Estado moderno se viu confrontado com dificuldades políticas inteiramente novas. Essas dificuldades

---

[25] Em meu trabalho *Urteilen in dunklen Zeiten* [Julgamentos em tempos sombrios], falo de uma *arquitetura da modernidade* que pode ser desenvolvida a partir das ideias de Arendt. Essa mentalidade tem papel decisivo na estrutura arquitetônica da modernidade (ver Volk, 2005, p. 92-113).

[26] Nesta seção, apenas a primeira e a última versões do termo têm alguma relevância. A mentalidade da sociedade de massas será tema da seção seguinte, III.B.

[27] Por um lado, a sociedade de classes garante "a única estratificação social e política dos Estados-nação europeus" (OT, p. 362), facilitando assim um mínimo de liberdade democrática. Por outro lado, o pertencimento rígido a uma classe impediu, por longos períodos do século XIX, o desenvolvimento de algo como uma consciência política de responsabi-

resultaram, acima de tudo, do fenômeno das massas modernas e do "problema da solidão" (ETH, p. 682), que a acompanha. Solidão, segundo Arendt, é um fenômeno da era moderna em geral e resulta em primeiro lugar da pressão competitiva das sociedades capitalistas. A pensadora argumenta que a solidão já pode ser percebida como um estado de espírito social em uma sociedade competitiva organizada em classes, embora nela a solidão possa ser canalizada e limitada pela estrutura social. A solidão só se infiltra como corrente com a desintegração da sociedade de classes. Mas por que a solidão é um problema e o que torna o problema da solidão um problema político?

Para Arendt, solidão não significa apenas o estar só ou a individualização estrita, no sentido de ser abandonado pelos outros. O termo "solidão" aponta para uma condição em que, "estando a sós, o meu próprio eu me abandona". (OT, p. 529). O cerne da solidão, e consequentemente da mentalidade específica das massas modernas, está neste abandono de si, ao qual Arendt se refere como altruísmo.[28] Dessa mentalidade surgem a crença de "não ser importante [e] o sentimento de ser dispensável" (OT, p. 365). A mentalidade segundo a qual se é "supérfluo" (OT, p. 528) se reflete politicamente em uma ausência específica de interesse e de mundo que é diametralmente oposta ao princípio de representação do sistema parlamentar. Nessa direção e referindo-se ao período entreguerras, Arendt escreve o seguinte, no capítulo dedicado às massas em *Elemente und Ursprünge totaler Herrschaft*:

> Estas pessoas não podem mais ser convencidas a realizar ações políticas ou revolucionárias pela afirmação de que não têm nada a perder, a não ser os seus grilhões; elas já perderam muito mais do que os grilhões da miséria e da exploração quando o interesse por si mesmo lhes foi arrancado das mãos. *Sua miséria material era em geral tolerável graças à segurança social dos Estados modernos, mas isto não lhes devolveu a relaçao com um mundo comum que havia sido perdida. Com a perda do mundo comum, os indivíduos massificados perderam a fonte de todas as angústias e preocupações que não apenas perturbam a vida humana no mundo, mas também a guiam e dirigem.* Eles não eram

lidade pelo Estado como um todo – em certas passagens, Arendt chega a falar na latência de "guerra civil permanente" (OT, p. 261) como resultado das diferenças de classes.

[28] Cf. as notas do tradutor sobre o termo "altruísmo", no capítulo 2-III-B.

> de fato *materialistas* e já não reagiam mais com argumentos materialistas, pois mesmo as vantagens puramente materiais perderam boa parte de seu sentido na situação em que estavam. Se comparados a esta falta de mundo, até os monges cristãos aparecem como bastante presos ao mundo e muito interessados pelos assuntos mundanos. (ETH, p. 679 – ênfase minha).

Arendt deixa claro como o sentimento de ser supérfluo para os assuntos do mundo, para a coexistência social e política das pessoas no aqui e agora se reflete na ausência geral de interesse. Essa falta de interesse por parte das massas modernas conduz à falta de mundo e se torna um problema político porque os partidos tradicionais não são mais capazes de integrar politicamente as massas modernas. Na Europa continental, os partidos, como organizações para a representação de interesses políticos, e o sistema representativo como um todo tinham suas origens históricas em uma sociedade que oferecia perfis de interesse definidos, "mais ou menos honestos e objetivos" (ETH, p. 667), passíveis de serem deduzidos da posição social e representados programaticamente pelos partidos relevantes. O argumento de Arendt parece ser o de que, em uma sociedade de massas, em que os interesses não podem mais ser discernidos, a ideia de representação de interesses perdeu sua base.[29] Não há dúvidas de que Arendt comete aqui um erro ao definir representação exclusivamente como identidade ou representação de interesses. A autora não enxerga a dimensão político-configurativa da representação, ou seja, "o caráter constitutivo da representação para a formação de alternativas políticas" (Thaa, 2011a, p. 143).[30] Tendo dito isto, se assumirmos que a função central de uma democracia parlamentar é a formação da vontade e, assim, a geração

[29] Ver ETH, p. 676, onde Arendt enfatiza que exatamente "o pertencimento a uma classe e as formas de representação desenvolvidas neste sistema" garantiram até certo ponto a estabilidade política e social.

[30] Para uma crítica balanceada e prudente da compreensão arendtiana da representação como apresentação de identidade, ver também Thaa (2011b). Embora Winfried Thaa censure Hannah Arendt por sua crítica à representação ser orientada para a ação, é a própria Arendt, ao mesmo tempo, quem guia e centraliza a visão de Thaa quanto à nova versão de representação política como "condição de possibilidade para a liberdade política" (Thaa, 2008, p. 619).

de legitimidade, então o déficit de representação nas sociedades modernas de massas irradia por toda a forma de governo a ela correspondente. Arendt conclui, portanto que sob

> condições de uma sociedade de *massas* [...] as instituições democráticas, como as liberdades democráticas, [perdem] seu sentido; elas não podem funcionar porque a maioria das pessoas não está representada nelas, e elas se tornam francamente perigosas quando a parte não representada do povo, que é de fato a verdadeira maioria, levanta-se contra o governo de uma suposta maioria. (ETH, p. 672 – ênfase minha).

Deixando temporariamente de lado a questão a respeito de onde exatamente Arendt vê os perigos que uma "gigantesca massificação de indivíduos" (OT, p. 366) representa para o sistema parlamentar, e, em vez disso, concentrando-se nas condições sob as quais a massificação ocorreu, o próprio sistema parlamentar do Estado continental europeu se torna objeto de crítica. Para Arendt, massificação não é a consequência apenas da estrutura capitalista das sociedades modernas. A autora também notou tendências no próprio sistema representativo que dá suporte político à *massificação* e cimenta institucionalmente o sentimento de superfluidade espalhado pela sociedade. Arendt argumenta que, mesmo onde "a comunicação entre votantes e eleitos" (ÜR, p. 356) ainda funciona em princípio – ela se refere aqui ao sistema bipartidário anglo-saxão –, não se pode falar, de maneira alguma, em diálogo entre iguais. Toda democracia representativa perpetua o confronto entre dominantes e dominados. Ainda que as revoluções da era moderna tenham incluído na esfera política institucionalizada aquelas pessoas que – devido ao gênero, nascimento ou posses – anteriormente estavam excluídas, a "relação entre uma elite dirigente e o povo" (SR, p. 346) permaneceu a mesma. Mais do que isso, essa relação tem sido a pedra fundamental da composição estrutural de qualquer política democrática até o momento. A população permanece, assim, em condição passiva e com a consciência de que sua opinião concreta é politicamente irrelevante. É por essa via que o sistema representativo fortalece a massificação de indivíduos na esfera política, em vez de "dividir *os muitos* em assembleias, onde cada um contasse no conjunto e o conjunto contasse com cada um" (SR, p. 319). O argumento de Arendt é, portanto, o seguinte:

por um lado, na sociedade de massas o princípio representativo não encontra mais aqueles pré-requisitos que podem garantir a coesão contínua da comunidade do Estado; por outro, a própria democracia representativa encoraja, por meios políticos, o fenômeno da massificação, facilitando a disseminação de uma mentalidade apolítica. Sem dúvidas, o problema da ausência de interesse e de materialidade não resulta inteiramente da falta de oportunidades para participar politicamente no Estado moderno. Mas Arendt certamente acredita que a participação política ativa pode atuar contra a superfluidade e a falta de sentido individuais quando se trata de questões políticas importantes para a época.[31]

Uma democracia parlamentar não precisa necessariamente mergulhar em crise devido a uma forma de mentalidade mantida por parte ampla da sociedade. No entanto, o sistema se confronta com o problema da legitimação: por um lado, a mentalidade revela o fato de que parcelas da comunidade não se consideram mais como parte do *demos* e, assim, contrariam a autodescrição da democracia parlamentar. A prática do poder pelas elites políticas, por outro lado, tende a perder gradualmente a fundação normativa, o que a conduz a um déficit de legitimação. Mais ainda, se se argumenta, como faz Arendt, que o próprio sistema representativo promove ou mantém a mentalidade acima delineada, então um recurso importante de legitimação se torna pelo menos questionável nessa forma de parlamentarismo. No capítulo 1, a respeito dos paradoxos do Estado-nação, sugeri que a questão da legitimação, sobretudo nas formas democráticas de governo, pode se tornar uma questão relativa à estabilidade política. A atrofia da legitimação é comumente acompanhada pela perda do poder de convencimento de parte das elites da democracia parlamentar junto a amplos setores da sociedade ao longo da

[31] O conteúdo do argumento de Arendt é similar ao de Hirschman, que no ensaio *Shifting Involvements* [Participações variáveis] também detecta uma fonte de frustração na "subparticipação forçada" pelas instituições, bem como na "superparticipação" (Hirschman, 1982, p. 103). Em contraste com Hirschman, no entanto, Arendt não confere atenção àqueles "fatores impulsionadores" (Hirschman, 1982, p. 5) da ação política que poderiam conduzir, especificamente, ao descontentamento e ao desencanto político – e que são discutidos longamente por Hirschman. Para Arendt, a ação política em si serve como um ponto de referência normativo; qualquer potencial interno de decepção deve ser suportado.

batalha política para explicar, interpretar e avaliar os eventos e desenvolvimentos – uma circunstância que sempre colocou água no moinho de todos os tipos de populistas.

A crítica de Arendt ao Estado continental europeu e suas instituições é estimulada ainda mais pelo fato de uma sociedade de massas também conter uma gama ampla de diferentes planos de vida, valores, ideais e identidades. Portanto, em sua visão (e devido a uma compreensão inexequível de representação), torna-se cada vez mais impossível em uma sociedade de massas representar de uma maneira meticulosa, abrangente e permanente os interesses de pessoas muito diferentes. Essa é uma das razões pelas quais o estabelecimento de locais para tomada de decisões discursivo-democráticas é uma necessidade política à qual se associa a busca por "uma nova forma de governo que permitisse a cada membro da sociedade igualitária moderna se tornar um *participante* nos assuntos públicos". (SR, p. 331).

B — Desconfiança e autoridade

Arendt considera que, além de preservar a falta de sentido e a mentalidade da superfluidade individual, a composição estrutural do Estado parlamentar moderno também é responsável pelo desenvolvimento gradual de uma "desconfiança contra todas as instituições que representam o povo" (ETH, p. 532). Essa desconfiança arruína a pedra fundamental do Estado continental europeu moderno: a "crença na legalidade" (WuG, p. 19) por parte dos cidadãos. Mas o que exatamente significa esta crença na legalidade?

O termo "crença na legalidade" vem de Max Weber, que dele se serve para indicar que, embora o monopólio da violência física esteja, como *ultima ratio*, no centro do direito e da administração do Estado moderno, nenhum Estado moderno pode funcionar apenas e exclusivamente baseado nesse monopólio. Em contraste preciso contra as formas tradicionais e carismáticas de dominação, esta crença na legalidade é o que leva os cidadãos a obedecer a resoluções, leis e decisões. Weber concebe a crença na legalidade como compreendendo

> crença na validez de um estatuto legal e de uma *competência* positiva, fundada em regras racionalmente estabelecidas ou, em outros termos, a autoridade

> fundada na obediência, que reconhece obrigações conformes ao estatuto estabelecido. Tal é o poder, como o exerce o *servidor do Estado* em nossos dias e como o exercem todos os detentores do poder que dele se aproximam sob esse aspecto. (PaB, p. 507).

Segundo Weber, a submissão dos cidadãos ao direito repousa sobre a crença de que as decisões e resoluções são "formalmente corretas [...], foram tomadas da maneira habitual" (EaS, p. 37) e são, portanto, compatíveis com a ordem básica da comunidade, pois não foram formuladas como resultado de corrupção ou nepotismo. A crença na legalidade expressa assim a confiança de que os meios estatais são empregados de modo imparcial e independente dos interesses da elite dominante, ou seja, apenas no sentido do interesse comum. Essa imparcialidade e independência se manifestam e se personalizam na burocracia estatal.

Arendt argumenta que a perda de reputação sofrida pelos partidos e pelo parlamento junto a amplos setores da sociedade também pode se estender às demais instituições do Estado. Dessa forma, o Estado em sociedades modernas enfrenta o perigo de uma perda crescente de autoridade e consentimento. A razão dessa perda de reputação e dessa desconfiança contra os partidos se deve a seu tipo de organização. Ao longo do tempo, os partidos, como organizações de representação, se tornaram uma "organização de representantes [...] que aborda o povo a partir de fora e de cima". (SR, p. 312). A esse respeito, Arendt escreve:

> Seja como for, nem o povo em geral nem os cientistas políticos em particular deixam muitas dúvidas de que os partidos, devido a seu monopólio das indicações, não podem ser vistos como órgãos populares, sendo, muito pelo contrário, instrumentos muito eficientes para restringir e controlar o poder do povo. (SR, p. 337).

O desenvolvimento dos partidos em uma organização de representantes se deve, acima de tudo, às exigências sistêmicas de uma diferenciação interna dessa forma de organização. A tarefa de representar interesses politicamente deve ser realizada com recursos limitados – o que também conduz a uma racionalização interna dos partidos. Do ponto de vista da organização sociológica, os partidos se transformam em burocracias partidárias, cuja tarefa primária é "recrutar dentre elas mesmas suas próprias elites" (SR, p. 346). Segundo Arendt, essas elites são elites partidárias, e isso revela o fato de que os partidos modernos não são mais um órgão popular, e que apenas os membros do partido que se submetem ao "espírito de guilda" (PuR, p. 348) podem ter a esperança de serem admitidos na carreira política. Além do impulso à racionalização interna nesse tipo de organização política, Arendt – alinhada a Weber – aponta também para o fato de que o espírito de guilda e a disciplina partidária poderiam também ser uma consequência da "política negativa"[32] à qual os partidos estão condenados nas operações cotidianas do parlamento moderno. Essa política negativa seria, portanto, o resultado de uma mudança que levou o poder político do legislativo para o executivo. De todo modo, nesse contexto, o talento político verdadeiro muito raramente tem a oportunidade de se desenvolver, segundo Arendt, pois é frequentemente esmagado pelas "pequenas manobras dos partidos políticos" (ÜR, p. 357). Assim, o recrutamento é conduzido exclusivamente segundo a capacidade que se tem de provar, convincentemente, sua adesão ao partido. O fato de ser tão óbvio que a "política passou a ser uma profissão e uma carreira" (SR, p. 347) significa que está perdida qualquer crença ou confiança de que o mundo estabelecido da política possa envolver, para além da lógica do "comprar e vender" (ÜR, p. 356), algo como solidariedade, comunidade e coesão. Quanto menor é a crença, por amplas parcelas do público, de que líderes políticos podem conduzir a política segundo os interesses da nação e do bem comum quando assumirem o governo, maior é o declínio da confiança na imparcialidade e na independência do Estado e de seus servidores. Numa época em que, politicamente, acredita-se de modo generalizado que apenas interesses particulares e privados estão sendo perseguidos, é difícil a qualquer grupo de pessoas ou profissões convencer os demais de que operam com neutralidade de interesses e imparcialidade nos assuntos políticos cotidianos. Arendt conclui que a autoridade do Estado democrático constitucional está, portanto, em declínio quando ganha terreno "a convicção geral" segundo a qual "funcionários

[32] PuR (p. 351). Segundo Weber, política negativa significa que os partidos estão apenas em condição de exercer "crítica, reclamação, conselho, alteração e execução de rascunhos de governo", e não têm a competência de introduzir submissões estatutárias no parlamento.

públicos são pagos, não pelo Estado, mas pelas classes dominantes" (OT, p. 183) e são, portanto, tão corruptos quanto os demais.

Mas não é apenas o aparato político, na forma dos partidos, parlamento e burocracia, que está no foco da crítica de Arendt, pois ela mira também, e particularmente, a visão transfigurada que os cidadãos têm dessas instituições. Pois o que significa estar convencido de que os servidores públicos não seguem suas obrigações junto ao Estado? O que um cidadão normal de um Estado parlamentar consideraria como atitude indicativa de adesão ao Estado? Ao pôr em questão a convicção geral de muitos cidadãos, Arendt penetra nas patologias constitutivas do Estado continental que podem ser vistas em seus cidadãos: ela argumenta que o "isolamento e a falta de relações sociais normais" (OT, p. 367) do cidadão no sistema político, ou seja, as oportunidades insuficientes de se envolver de maneira política efetiva, conduzem à permanência no isolamento dos interesses particulares. A consequência é a formação de certa mentalidade política para a qual nem a solidariedade nem a lealdade têm relevância imediata. Inserido na lógica do processo vital da sociedade de massas moderna, o mundo se revela ao indivíduo apenas do ponto de vista de sua própria necessidade subjetiva. Esse indivíduo, no máximo, categoriza a conversa sobre solidariedade e comunidade como não mundana, mas ele normalmente acredita ver mentira e hipocrisia atrás de tudo isso.[33] Paradoxalmente, por outro lado, "patriotismo consistia no abandono dos interesses partidários e parciais do homem em favor dos interesses do governo e da nação" (OT, p. 287). Solidariedade e um *éthos* cívico são equiparados a uma renúncia aos próprios interesses. Medidos de acordo com esse padrão, todos os negócios políticos do dia a dia

---

[33] Há uma contradição quase inconciliável entre a mentalidade da modernidade e as ideias arendtianas a respeito da pluralidade de interesses e valores em uma sociedade de massas. Como se sabe, essa mentalidade conduz à submissão do indivíduo ao próprio processo vital, que por sua vez equaliza tudo. Do ponto de vista desta maneira de pensar, também Arendt considera uma impertinência que o indivíduo massificado "diga eu" (Adorno, [1951] 1997b, p. 55). O recrutamento para o partido político se torna, assim, uma "técnica publicitária" (ÜR, p. 356). Esse termo, evidentemente, é o exato oposto de uma pluralidade de valores e interesses – e, assim, indica algo que pode ser melhor controlado por uma máquina administrativa. A única saída que Arendt parece enxergar é a indicação de que este processo vital inteiro não é, de fato, tão total quanto ela descreve em outras passagens.

necessariamente falham. A "desproporção" (Hirschman, 1982, p. 96)[34] entre a expectativa e a experiência se torna fonte de desapontamento. Enquanto da perspectiva e da mentalidade do indivíduo em uma sociedade de massas não é possível que exista solidariedade na esfera política, da perspectiva analítica a solidariedade é vinculada a critérios que jamais podem ser cumpridos na política cotidiana. Ao avaliar debates políticos, esse falso padrão normativo posto pelos cidadãos de modernas democracias de massa conduz à assim chamada profecia autorrealizável: as elites políticas já estão interessadas exclusivamente em seu próprio bem-estar e, portanto, são desacreditadas antes mesmo de começarem a agir. O resultado é o contínuo desapontamento com o aparato político, que confirma os preconceitos e atitudes dos cidadãos de sociedades modernas. Essa dupla articulação estabelece o terreno ideal para o desencanto e a desconfiança com relação à política.

Segundo Arendt, a desconfiança e essa forma específica de percepção surgem da falta de experiência política por parte dos cidadãos nas democracias representativas modernas. Isso acontece porque esses cidadãos nunca tiveram a possibilidade de testar suas visões e interesses no diálogo político, discutindo-os com outros pontos de vista e, assim, transformando-os em uma opinião política.[35] Não há lugar em que possam adquirir a experiência prá-

---

[34] "Desapontamento", segundo Hirschman, "surge da desproporção entre expectativas de atividade prazerosa e a experiência de fato" (Hirschman, 1982, p. 96).

[35] Seyla Benhabib indicou a diferença entre a ênfase de Arendt sobre o espaço público e as ideias de Habermas a respeito da *Mudança estrutural da esfera pública*. "Há uma mudança de um público *ocular* para um auditivo; o público não é mais pensado como um grupo de humanos vendo uns aos outros, como é o caso dos *demos* unidos. Antes, o público é cada vez mais formado por meios impessoais de comunicação, como a imprensa, boletins, romances, revistas científicas e literárias" (Benhabib, 2003, p. 200). Soma-se a isso a mudança de uma esfera pública tomada como descrição topográfica para uma "comunidade virtual de leitores" (Benhabib, 2003, p. 200). Benhabib certamente apresenta um argumento válido no que se refere às diferentes visões mantidas por Arendt e Habermas. No entanto, mostrarei, no capítulo 5, que Arendt efetivamente dá este passo em direção a uma transformação estrutural da esfera pública em sua análise das modernas democracias de massa. Sua tese do declínio do espaço público, por outro lado, defendida de modo normativo, considera fenômenos como massificação, desconfiança e falta de sentido rotulando-os como consequência da suspensão política da ação.

tica que os permitiria conhecer a essência da política democrática como um conflito justificado entre interesses contraditórios, como uma luta a respeito de problemas, questões e posições específicos que podem ser vistos e discutidos de inúmeras maneiras diferentes. O cidadão das democracias de massa parlamentares sofre de "*Praxisentzug*, suspensão da ação" (MuG, p. 80), que conduz à situação de olhar para os partidos políticos e para o trabalho parlamentar "sempre a partir de fora", sempre a partir de uma posição extra-política, cautelosa e cheia de desconfiança. Desencanto com a política e com os políticos é (também) consequência de um "nível de expectativa" (Hirschman, 1982, p. 10) irreal. Do ponto de vista do isolamento com relação à própria subjetividade, o mundo político aparece como uma fraude em que a elite faz passar seus interesses às expensas das necessidades dos cidadãos. Se olharmos para esse fenômeno a partir de um ponto de vista radicalmente oposto, que é o do altruísmo como critério para um tipo de política realmente orientado ao bem comum, todas as formas de representação de interesses se tornam traição. De ambas as perspectivas, a palavra "interesses" é compreendida em termos absolutos – absolutamente divinizada ou absolutamente condenada – em vez de ser compreendida como um significante para a posição de cada pessoa que fala. Tal posicionamento é um pré-requisito para que o processo de negociação política seja ancorado nas condições específicas e concretas de existência. As patologias da democracia moderna, parlamentar e de massas se manifestam na inconsistência do "nível de expectativas"[36] dos cidadãos.

Se considerarmos as duas formas de interesses absolutos sobre o pano de fundo formado pelas observações a respeito da *volonté générale*, torna-se

[36] Encontramos aqui uma abordagem metodológica do pensamento de Arendt bastante conhecida: análise do conteúdo do conceito. Como exemplificado no primeiro capítulo com o conceito de minoria, no segundo capítulo com o conceito de virtude e no terceiro capítulo com o conceito de direito, encontramos aqui, com o conceito de interesse, uma análise de cada definição do conteúdo conceitual. Não é tanto o caso, como argumenta Benhabib, de assumir um conteúdo conceitual fixo e criticar qualquer desvio (ver Benhabib, 1995a, p. 100). Trata-se, antes, de que cada definição de conteúdo forma um novo ponto de partida para a reflexão teórico-política de Arendt. O metro da crítica arendtiana não é o desvio com relação à origem, mas antes a questão das consequências que esses desvios fazem surgir para o conviver político.

claro o quão estreita é a conexão entre elas: pois somente a absoluta ausência de interesse privado, a *aliénation totale*, em benefício da absoluta *union sacré* – na forma de nação, por exemplo – parece ser capaz de empurrar o indivíduo isolado para fora de sua subjetividade. Apenas por meio de uma condenação absoluta da presença de qualquer interesse privado na ação política, o indivíduo pode ser trazido e mobilizado, junto com os demais cidadãos isolados, para uma ação política. Dessa forma, o anseio dos cidadãos de uma sociedade moderna por solidariedade e pertencimento pode ser ouvido a partir do apelo à renúncia a todos os interesses privados. No entanto, devido à falta de oportunidades para participar, esse anseio só aparece na forma de uma renúncia não-mundana de todos os interesses. O fato de a renúncia total ao próprio interesse ser tomado como a fundação do patriotismo, e a *aliénation* ou o altruísmo ser uma virtude cardinal significa que o sentimento da comunidade assim criada perde todo contato com a situação de vida efetiva das pessoas e com as condições políticas específicas. Esse sentimento de comunidade pode rapidamente tomar a forma de um "nacionalismo fanático e chauvinista", que então se tornaria um simples "meio de conexão" (ETH, p. 682) entre pessoas das sociedades de massas modernas. Uma reviravolta assim abrupta, da subjetividade radical para a *aliénation totale*, resulta do fato de a maioria dos cidadãos jamais ter tomado parte em qualquer processo de negociação política que tenha exigido, de maneira responsiva, formulação e discussão de interesses no interior de uma comunidade. Quase incapazes, como "empregados" (VA, p. 410), de tomar o ponto de vista do outro como legítimo e digno de consideração, em tempos de crise eles buscam, incondicionalmente e sem reflexão, solidariedade com o maior número, ou seja, com a massa nacional; falam em "disposição do povo para o autossacrifício" e se permitem ser mobilizados até o extremo pela excitação das "paixões nacionalistas" (ETH, p. 539; ver tb. OT, p. 287). Arendt torna claro, por essa via, que nacionalismo também é uma consequência do "caráter não político da forma Estado-nação de governo",[37] uma vez que essa forma apresenta o altruísmo como a única maneira de produzir sentimento de comunidade dentre os cidadãos.

[37] ETH, p. 676. Na versão em inglês, por outro lado, Arendt fala em um "caráter apolítico das populações do Estado-nação" (OT, p. 364), o que é uma diferença importante com relação ao texto da versão alemã.

Se voltarmos à questão da desconfiança, torna-se claro o quanto a perda da reputação e da autoridade resultam tanto da forma específica de instituições chave do Estado moderno quanto da estrutura hierárquica do Estado. Pois essa estrutura hierárquica é responsável pela suspensão da ação (*Praxisentzug*) dos cidadãos, uma vez que "em nenhum lugar fora das burocracias do partido há um espaço ao qual as pessoas têm acesso" (ÜR, p. 357). Ao explicar a desconfiança como resultante da ausência de ação, Arendt rompe fundamentalmente com Weber, e até mesmo se opõe inteiramente a ele. Por que e de que maneira?

Weber assume que, ao longo do processo de racionalização e de implementação da ideia de soberania, a "dominação efetiva" (WuG, p. 825) recai sobre as mãos dos funcionários públicos. Pois, como se sabe, o Estado moderno é um "Estado burocrático que julga e administra segundo uma racionalidade transformada em leis e regulações racionalmente concebidas". (PuR, p. 322). Para Weber, criação e aplicação racionais do direito equivalem à tomada de posição de um ponto de vista objetivo que, além de toda influência e acima de todo partidarismo político, aplica regras formalmente corretas baseadas em competência puramente objetiva. Essa racionalidade de governo e dominação, que não é nada além do domínio do direito formal-racional, é garantido precisamente pela integridade dos funcionários públicos, suas especialidades, sua competência e seu "orgulho [...] de proteger a imparcialidade" (WuG, p. 854), que assim entrega aos cidadãos as bases para a crença na legalidade.[38] Embora Arendt admita a ideia de que a igualdade de todos diante da lei seja expressa na racionalidade do direito, ela duvida que esse conteúdo normativo, ou a confiabilidade da ordem política possam se realizar permanentemente, como prevê Weber. Arendt considera que, como o processo de criação de leis permanece impenetrável aos cidadãos no *Estado de Direito* – devido à ideia de soberania e à estrutura hierárquica do Estado – os cidadãos tomam o direito legalizado racionalmente como uma "violência [...] necessária à execução do direito" (ETH, p. 540) e externa, o que amplia a desconfiança contra todo o

[38] Embora Weber chame atenção para o irracional contra-movimento de racionalização da dominação, isto não muda sua ideia a respeito de como um Estado moderno deveria ser estruturado. Sua "democracia de chefe com máquina" (PaB, p. 544) também se adequa à estrutura do Estado continental europeu.

aparato do Estado e suas elites. O ponto de vista oposto de Arendt se baseia, assim, em uma consideração de teoria política: ela delineia as consequências que a racionalidade legal descrita por Weber teria para a cultura política e para a mentalidade dos cidadãos. Ela deduz que esse tipo (weberiano) de racionalidade legal e de crença na legitimidade minimiza a participação dos cidadãos nos processos políticos de tomada de decisão. Além disso, o decurso da justiça e a criação de leis devem ser completamente distanciados da opinião pública e devem permanecer como preocupação exclusiva das elites legais. Arendt duvida fundamentalmente que tal concepção da justiça seja capaz de produzir uma crença na legalidade entre os cidadãos em grau suficiente para estabilizar a ordem política. Antes, tal compreensão da racionalidade legal conduz à juridicização da vida pública e política (ver OT, p. 364); ela mina o sentido político dos espaços públicos e dos debates em que os cidadãos se unem e se engajam em um processo de formação de opinião. Em outras palavras, a desconfiança política é precisamente a consequência daquilo que, supunha Weber, a crença na legalidade por parte dos cidadãos deveria ter produzido. Arendt procura elaborar as causas das dúvidas dos cidadãos em relação à existência de uma imparcialidade na esfera da política – e, embora essa dúvida seja justificada, a autora aponta ao mesmo tempo para o quanto a forma patológica que essa dúvida assume resulta, por sua vez, da composição do próprio Estado moderno.

Quanto à nossa discussão a respeito da relação entre direito e política, torna-se claro nesse ponto, uma vez mais, o quanto o direito racional também depende do político. Existe uma conexão interna entre direito e política. A exigência de que o direito seja racional no Estado continental europeu conduz ao fato de que a legitimidade do direito é questionada pelos próprios cidadãos. Também Weber notou uma conexão entre direito e política, o que se pode ver no fato de ele ter vinculado a dominação do próprio direito formal-racional aos pré-requisitos do sistema fornecidos pela composição estrutural do Estado moderno institucional. Esses pré-requisitos sistemáticos são, em si mesmos, expressão de uma compreensão muito particular do político, que, na seção III. A deste capítulo, denominei paradigma formal-racional do político. O decisivo agora é que Weber não tira consequências dessa conexão interna para sua compreensão do direito e da política; conceitualmente, ele não alcança essa conexão. O resultado é que a abordagem weberiana dá continuidade à dicotomia entre direito e política e, posto que seus conceitos de direito e política são incompatíveis entre si, resume-se a apelar para uma "democracia de chefe com uma máquina" (PaB, p. 544). Para Weber, política significa dominação. Idealmente, em uma democracia de chefe, predomina a expressão substancializada de uma vontade, que é formada pela arte superior das razões de Estado. Ao mesmo tempo, no entanto, a "máquina" também deve dominar e produzir o direito racional, que é idealmente a expressão substancializada da vontade de uma elite judicial independente, imparcial, objetiva e competente. O direito conquista sua confiabilidade e verificabilidade pela adesão exclusiva à lógica da esfera legal. Weber sabe que a lógica no interior da esfera legal é bastante diferente da que opera na política. O resultado destas reflexões a respeito do direito e da política é o de duas expressões substancializadas da vontade, e com "dignidade qualitativa diferente" (WuG, p. 397), diretamente opostas uma à outra. O resultado dessa dicotomia entre direito e política no pensamento de Weber é a materialização do direito ou a formalização da política. Na visão de Arendt, ambas são prejudiciais à estabilidade e à permanência da ordem política.

A análise acima se dedicou à materialização do direito, e agora me concentrarei na formalização da política: com Weber, o domínio da lei exige, precisamente, que o postulado material da esfera pública e política, ou a "opinião pública" (WuG, p. 565 e ss), seja mantida à distância do direito (ver WuG, p. 507). Mas isso só pode acontecer se os cidadãos permanecerem privados do acesso ativo à criação e aplicação de leis, e é precisamente essa privação, ou seja, o pré-requisito do direito racional, o que força a falta de experiência política, contribui para a massificação e incita à desconfiança contra o mundo político como um todo. O fato de as condições do direito racional conduzirem, por esta via, ao questionamento da autoridade do direito significa que o próprio conceito de direito se torna questionável. Mais precisamente, é questionável se o direito pode ser racional caso seja exclusivamente a expressão da vontade substancializada e formada por uma elite judicial por meios técnicos-legais. Esse ceticismo se amplia quando, como mostrarei na seção seguinte, essa desconfiança contra elites políticas ameaça se converter repentinamente em uma atitude antidemocrática. Nessa linha, mostrarei no quinto capítulo que, para Arendt, direito racional – no sentido de uma esfera legal imparcial – exige não apenas de uma compreensão do político nova e diferente, mas exige também de uma compreensão diferente do direito, precisamente uma compreensão que não siga nenhuma lógica antipolítica e não possa se materializar contra o político. Podemos concluir, com Arendt, que o direito (ou certa compreensão do direito) que impede o desdobramento de uma vida política e pública vibrante não pode ser racional, pois ele exige condições que conduzem ao solapamento da mesma ordem que o direito racional pretende preservar.

C — Movimento de massas e poder

Segundo Arendt, as massas, por seu sentimento de serem supérfluas, por sua desconfiança contra as instituições do Estado e por ausência de sentido político, representam um perigo para a ordem democrática básica, na medida em que encorajam a ascensão de movimentos de massa antidemocráticos.[39] Para Arendt, uma característica essencial dos movimentos modernos de massa – que não devem ser confundidos com movimentos políticos democráticos, como o de direitos civis americano – está em sua "propaganda de poder" (ETH, p. 540; ver também OT, p. 389), que consiste em afirmações e promessas de usar exclusivamente segundo interesse geral o poder político que o apoio social concedeu ao movimento. Na visão de Arendt, a retórica comum aos movimentos de massas, os slogans segundo os quais eles estão "acima dos partidos", seu "apelo a homens de todos os partidos" e a bazófia de que eles estariam "'bem longe das lutas partidárias' e representarem 'somente um objetivo nacional'" (OT, p. 282) sempre tiveram boas chances de sucesso. Por quê? Qual é a conexão entre as patologias políticas de uma democracia de massas e a propaganda de poder de movimentos de massa?

---

[39] Movimentos de massa devem sua atração efetiva à "suspeita e hostilidade do povo em relação ao sistema partidário vigente e à representação dominante no Parlamento" (SR, p. 338) entre outras coisas. Nem todo protesto político de massas é um movimento de massas. Com o termo "movimento de massas", Arendt indica, em primeiro lugar, uma forma de organização específica que, como mostrarei em seguida, pode ser caracterizada por seu próprio tipo de propaganda e de ação política. Embora Arendt distinga entre três formas diferentes de movimento – partidos acima dos partidos, movimento de unificação (*pan-movements*) e movimentos de massa totalitários – ela detecta a infraestrutura ideológica do movimento dos estudantes alemães como um elemento típico dos movimentos de massa.

Sem explicar em detalhes as condições para a emergência de movimentos populistas, as análises arendtianas dos movimentos de massa serão examinadas apenas no contexto de sua crítica ao Estado. Suas observações certamente não são complexas o suficiente para nada além disso, ou seja, para uma análise abrangente e satisfatória dos movimentos de massa.[40] No entanto, se nos concentrarmos na teoria política contida em suas ideias, uma outra crítica à composição estrutural do Estado moderno pode ser detectada. Segundo Arendt, a propaganda de poder dos movimentos encontra solo fértil nas modernas democracias de massas porque a ausência de ação política e a falta de experiência política são acompanhadas por uma "*Machtfremdheit* (estranhamento com o poder) que, apesar da democratização, constituiu a forma de vida política nos Estados continentais" (ETH, p. 540). Segundo Arendt, essa não familiaridade com o poder se expressa de duas maneiras diferentes: primeiro, como estranhamento com o fenômeno do poder político; segundo, como alienação com relação ao processo político de formação de poder. Embora ambos os aspectos da *Machfremdheit* estejam estreitamente conectados com as patologias abordadas acima, sua confrontação com a propaganda de poder feita pelos movimentos de massa abre outra visão sobre as democracias modernas.

O estranhamento com o fenômeno do poder se assenta no fato de que a maioria dos cidadãos não tem a menor ideia de como o poder político surge, o que o constitui e qual é o papel desempenhado pelo interesse no processo de formação do poder. Alguém se entrega, em privado, a "especulações a respeito do Poder" (OT, p. 285), compreende o poder político como uma substância localizada "fora do alcance humano", como "entidades metafísicas independentes da vontade e da ação do cidadão" (OT, p. 285) e, assim, se convence de que a implantação do poder para o bem comum deve ser sempre livre de interesses. Esta inexperiência com as condições que criam poder conduz à situação em que as frases vazias dos discursos populistas – que buscam meramente disfarçar o fato de que esses populistas desejam apenas

[40] Uma análise dos movimentos de massa teria que operar em muitos campos científicos diferentes e abordar não apenas o político, mas também questões sócio-psicológicas, culturais-psicológicas, sócio-econômicas e sócio-culturais. Nada disso é feito por Arendt. Sua visão está restrita à esfera teórico-política.

"promover um interesse particular até subjugar todos os outros, e fazer com que um grupo particular se apossasse da máquina do Estado" (OT, p. 289) – não sejam expostas. Ao contrário, essas frases são colocadas contra propostas de reformas sérias feitas por partidos políticos. Os partidos políticos normalmente não são capazes de prevalecer nessa batalha desigual, uma vez que sua integração no trabalho parlamentar impõe que sua disputa seja feita dentro das linhas de um programa específico e, assim, não possa se reduzir a um momento específico da mobilização de propaganda dos movimentos de massa.[41] É aqui, nesse momento específico da mobilização, que o outro lado da *Machtfremdheit* se revela: a alienação do cidadão com relação ao processo político de formação de poder.

Os movimentos de massa usam a propaganda em resposta a um vazio característico da vida política cotidiana nas modernas democracias de massas: a atribuição de sentido. O que encontra recepção tão favorável junto às massas em discursos e apelos à "disposição geral e ao vago sentimento de pertencimento" (ETH, p. 547) é a mensagem ideológica contida nesta (potencial) participação em um projeto com significado histórico. Para esse fim, líderes populistas se lançam deliberadamente aos "slogans mais abstratos, que correspondem apenas ao momento histórico *geral*, mas não correspondem a nenhuma situação política específica" (ETH, p. 675). Diferentemente de propostas planejadas de reformas, linhas mestras adotadas ou programas detalhados – que são ferramentas do parlamento moderno – os "slogans mais abstratos" procuram atrapalhar qualquer possibilidade de os cidadãos relacionarem suas condições específicas de vida na estrutura social às consequências reais desses *slogans* políticos. Pois

[41] Arendt aponta, no entanto, para o fato de que certo fanatismo no confronto político e a transformação de questões políticas em questões ideológicas poderiam surgir nos partidos em reação à disseminação de movimentos de massa. Isso resulta dos esforços dos partidos tentarem desviar a atenção da particularidade de seus interesses apresentando-os como interesses efetivos de todos os verdadeiros patriotas, das pessoas razoáveis, dos cidadãos responsáveis e assim por diante. Segundo Arendt, eles acreditam que só podem ganhar apoio para suas políticas afirmando-as em termos absolutos. Eles, portanto, preenchem essas exigências para mobilizar o indivíduo de massa moderno, mas ao mesmo tempo submetem-se às regras dos movimentos – e minam, por esta via, o sistema parlamentar. (Ver a este respeito ETH, p. 537 e ss; ou 676 e ss).

cada proposta específica de reforma envolve o perigo de que a atenção política possa se deslocar para o nível das necessidades que podem ser atendidas pelo processo vital da sociedade de massas, o que causaria a permanência dos cidadãos no isolamento de sua esfera privada e seu fechamento para a mobilização política. Naturalmente, da perspectiva do movimento de massas e seus líderes populistas, isso é algo a ser evitado, e é por isso que suas agitações se servem da linguagem do absoluto, da totalidade e da completude, na tentativa de produzir no cidadão o pré-requisito emocional necessário para sua *aliénation totale* – única maneira de motivar o cidadão moderno a engajar-se na ação política. Assim como a propaganda de poder, este tipo de retórica, que Arendt chama de "mistificação ideológica do poder",

> só prospera onde os cidadãos estão de fato separados do poder, de modo que [...], assim como no Estado de Direito, o poder se opõe a eles como a violência necessária à execução de leis e, precisamente por esta razão, deve permanecer imparcial e distanciado do alcance da experiência ativa do *cidadão*. (ETH, p. 540; ver também OT, p. 280 e p. 289).

Para Arendt, a própria ascensão dos diferentes movimentos de massas em democracias modernas mostra como o estranhamento dos cidadãos com o poder político – compreendido tanto no sentido de não familiaridade com as condições em que o poder é criado quanto no sentido de uma alienação com relação ao processo político – encontra expressão em um comportamento que questiona a estabilidade da ordem. À primeira vista, Arendt parece seguir Weber, que descreveu a "fuga [das massas] rumo a irracionalidades e ao emocionalismo apolítico" (WuG, p. 362) como um contramovimento à burocratização total.[42] A racionalidade do Estado constitucional moderno – na citação acima, Arendt parece apontar explicitamente para essa racionalidade quando usa o adjetivo "imparcial" – se converte repentinamente

---

[42] Weber sempre se recusou a relacionar a irracionalidade à nação e ao nacionalismo. Neste contexto, Andreas Anter indica o fato de que Weber "não quer vincular a nação, seu *último valor*, ao mero irracionalismo" (Anter, 1995, p. 208). Ziegler aborda o assunto de outra maneira: ele argumenta que foi "o processo de racionalização da sociedade" que "libertou o novo mito da nação" (Ziegler, 1931, p. 258).

no comportamento irracional das pessoas. Nesse contexto, Weber declara, em suas reflexões sobre o parlamentarismo, que a procura por uma forma de organização política capaz de "restringir e efetivamente controlar" (PuR, p. 333) o "avanço do burocratismo" (PuR, p. 321) é a questão vital de seu tempo. O aspecto inovador dessa reflexão é que sua crítica ao sistema parlamentar da República de Weimar reclama das condições insuficientes para o desenvolvimento das qualidades de liderança e de personalidades carismáticas de liderança política. Portanto Weber não exige participação política do povo; seu objetivo é, antes, a "democracia de chefe plebiscitária".[43] O carisma do chefe democrático deve evitar a mudança para a irracionalidade, que resulta da burocratização total, e deve fazê-lo por meio do trato, da assimilação e da estabilização das emoções que foram negligenciadas no processo de racionalização do domínio (ver PuR, p. 382-406; PzB, p. 514-551).

Arendt, por seu turno, coloca o dedo na ferida aberta indicando a falta de possibilidades de participação e a falta envolvimento dos cidadãos no processo de tomada de decisões políticas. Pois o que torna o movimento de massas tão atraente como forma nova de organização política – uma forma organizacional diametralmente oposta aos partidos – é precisamente seu apelo ao estabelecimento das massas como um poder acima do Estado (ver OT, p. 289 e ss). De maneira pseudoativa – por exemplo, transformando a assembleia ou a manifestação em um evento – esta organização produz sentido na esfera e nas relações políticas satisfazendo a necessidade de pertencimento e comunidade, que é exatamente o que o cidadão espera, em vão, receber de uma democracia parlamentar de massas. Em suma, movimentos de massas são exitosos porque mantém a possibilidade do fim da passividade e do isolamento. Em suas inúmeras ideias a respeito da natureza dos movimentos de massas, Arendt não deixa dúvidas de que esta promessa é uma *falsches Glück*, uma felicidade falsa (ver Benjamin, [1936] 1980, p. 506): líderes populistas possibilitam pessoas desenraizadas e sem conexões se expressarem nas ruas – que é a razão

[43] WuG (p. 157). Em *Política como vocação*, Weber conclui que as alternativas só podem ser "ou uma democracia admite como dirigente um verdadeiro chefe e, por consequência, aceita a existência da *máquina* ou renega os chefes e cai sob o domínio dos *políticos profissionais*, sem vocação, privados das qualidades carismáticas que produzem os chefes" (PaB, p. 544).

para sua popularidade frequentemente alta – mas sem garantir-lhes o direito de uma participação política ativa nos espaços discursivo-democráticos.[44] Pois também é verdade, evidentemente, que nos movimentos de massa a opinião individual não conta; em um movimento de massas, cada um age "pelo outro",[45] precisamente para que o poder se baseie sobre a natureza de

[44] A referência de Weber à democracia de chefe também pode ser abordada a partir de uma perspectiva teórico-constitucional. O que emerge dessa perspectiva é a crença de que, para garantir a "integridade do todo" (OT, p. 285), é necessário que uma pessoa ou instituição possa se estabelecer à frente do Estado, necessariamente desafiando os pequenos conflitos partidários e se interessando apenas pela preservação do Estado e seu poder. Essas ideias aparecem em *O guardião da constituição*, de Carl Schmitt. Nesse texto, Schmitt argumenta que, em casos excepcionais, o presidente do Reich pode intervir pelo *interesse do Estado* por meio de uma "decisão estatal cuja imparcialidade está baseada exclusivamente na unidade política e na totalidade" (Schmitt, [1931] 1996, p. 148). Quase todos os elementos discutidos acima reaparecem nesta passagem: fala-se de uma totalidade, há a ideia de uma imparcialidade e de um interesse do Estado que, distante do discurso, baseia-se em "outros poderes de um povo" (Schmitt, [1931] 1996, p. 148 e ss). Arendt responde a estas ideias em sua crítica do Estado, precisamente no momento em que se refere ao fato de que é "mais fácil a uma ditadura unipartidária assenhorear-se da máquina estatal em países onde o Estado está acima dos partidos, e, portanto, acima dos cidadãos" (OT, p. 288), do que em países onde o Estado, por meio de instituições relevantes, está nas mãos de cidadãos politicamente organizados e o poder permanece "ao alcance dos cidadãos" (OT, p. 285). Nesse contexto, Arendt indica o sistema bipartidário britânico, em que geralmente se fala de um "governo de partido" (Rohe, 1998, p. 239), o que implica que o partido que governa se torna temporariamente o Estado e que até mesmo a oposição é "uma espécie de instituição governamental" (ÜR, p. 345). Um aspecto fundamental de seu pensamento é o de que o exército, como garantidor final do monopólio da violência por parte do Estado, não fica imune à perda de autoridade do Estado resultante da massificação, da ausência de sentido, da desconfiança e do estranhamento com o poder. Não foi apenas a República de Weimar que teve seu *status* crescentemente desafiado por organizações paramilitares que não estavam apenas armadas, mas também uniformizadas. Para Arendt, observar a França ou a história das revoluções basta para perceber a existência de uma conexão interna entre a confiança dos cidadãos no Estado e o exercício do monopólio da violência.

[45] VA, p. 220. Em *Vita activa/ A condição humana*, Arendt diferencia três formas de ação: "agir um com o outro" está em oposição tanto a "agir um pelo outro" quanto a "agir um

massa que há no povo. No entanto, isso não muda o fato de que movimentos de massas certamente estão em posição de ameaçar a ordem democrática.

Se integrarmos as reflexões de Arendt a respeito dos espaços discursivo-democráticos ao contexto de sua crítica ao Estado, salta aos olhos, uma vez mais, que a sua crítica ao Estado moderno, que inclui a crítica à soberania popular, é formulada como crítica específica à influência e às consequências políticas dessa reivindicação de soberania. Torna-se claro aqui que Arendt também atribui ao político uma dimensão de sentido – mas isso não significa que a participação política seja a única capaz de conferir sentido à vida humana. Pode-se chegar a essa conclusão equivocada a partir de uma interpretação unilateral, exclusiva e exagerada de *Vita activa/ A condição humana*. Embora Arendt realmente exija muito do conceito de participação,[46] essa dimensão de sentido do político não é posta *a priori*. Essa dimensão de sentido não resulta de um conceito normativo ontológico ou antropológico de política. Em vez disso, a convicção arendtiana de que o político também tem uma dimensão de sentido é derivada da análise teórico-política dos movimentos de massa antidemocráticos – ou seja, da análise fundamental dos fenômenos políticos cotidianos. A meu juízo, a assim chamada interpretação ontológico-normativa do pensamento de Arendt é uma enorme falácia histórico-intelectual. O pensamento de Arendt não tem sua origem normativa em Atenas, mas na queda da ordem europeia baseada no Estado-nação, no colapso da República de Weimar e na ascensão do nacional-socialismo. O início de sua reflexão em teoria política não está na obra de Aristóteles, mas no abismo e no "que resta de Auschwitz" (cf. Agamben, 1999). Além do fato de uma interpretação normativo-ontológica de sua obra, como aquela oferecida por Tsao, Taminiaux ou Hammer, não resistir a uma interpretação filosófico-política minuciosa, seu maior déficit está no fato de ela não levar a sério as reflexões de Arendt sobre fenômenos políticos reais, tais como partidos, movimentos

---

contra o outro". (Cf. a seção dedicada às "Formas de consenso e modos de ação no político", no capítulo 5).

[46] No capítulo 5, mostrarei que Arendt considera, além do conceito de participação, também a estrutura institucional como garantidora de ordem. No entanto, permanece ainda sua crítica segundo a qual a falta de participação política é um risco à ordem nas modernas democracias de massa.

de massa, constituições, parlamentos etc. Essas interpretações veem apenas o cidadão da *polis* por trás das críticas, o que rouba do pensamento de Arendt sua perspectiva teórico-crítica e o reduz a essencialmente uma narração, à maneira de conto de fadas, da alienação e do declínio.

Contudo, o que se revelou pela reconstrução de sua crítica ao Estado, parlamento e partidos, e o que é decisivo para o restante de nossas ideias a respeito do direito e da política, é que o direito supostamente racional não é capaz de manter sua função ordenadora. O próprio Estado continental europeu moderno, e consequentemente a garantia de que o direito possa ser racional na tradição de pensamento político continental europeia desencadeia a suspensão da ação política, o estranhamento com o poder e a falta de experiência política de seus cidadãos. Essa alienação política (não a *aliénation*) serve a todas as formas de movimentos de massas antidemocráticos como um solo fértil ideal e é, portanto, um risco fundamental à estabilidade e à ordem política. O direito que se pretende racional deve, portanto, ser de natureza muito distinta, pois deve ser capaz de permitir a participação política e respeitar as necessidades de uma esfera pública democrática e ativa.

– 5 –

A ordem da liberdade: sobre a desierarquização da relação entre direito e política

> Nenhuma civilização – o artefato humano para abrigar gerações sucessivas – teria jamais sido possível sem uma estrutura de estabilidade que proporcionasse o cenário para o fluxo de mudança. Entre os fatores estabilizantes vêm em primeiro lugar os sistemas legais que regulam nossa vida no mundo e nossas questões diárias uns com os outros, e são mais duradouros que modas, costumes e tradições.
>
> Hannah Arendt, *Desobediência civil*

I – Introdução

A questão a respeito da relação adequada entre direito e política em uma comunidade democrática é tema de inúmeros debates, que se lançam repetidamente sobre as possíveis respostas a duas "patologias complementares" (Gerstenberg, 1997, p. 11) dos sistemas legais modernos: por um lado, priorizar a política pode conduzir à subsunção dos indivíduos a objetivos coletivos e sociais de qualquer tipo; por outro lado, o perigo de priorizar o direito está em deixar que as decisões sociais e políticas importantes sejam tomadas por uma elite jurídico-administrativa, em vez de serem tomadas por cidadãos ativos.[1] Muitos autores se envolveram no debate a respeito da relação entre política e direito, e a maioria deles provavelmente concorda, em princípio, com o *dictum* de Frank Michelman segundo o qual "ninguém que participa seriamente de discussões constitucionais [pode] deixar de notar ou fingir que não percebe, a longo termo, um dos dois pontos de vista; o do domínio do povo ou o do domínio da lei" (Michelman, 1994, p. 61). Contudo, é possível estabelecer uma distinção um tanto simples entre três linhas de argumentação. A primeira, em que estão autores como Wolin, Mouffe ou Rancière, argumenta, em maior ou menor grau, em favor de uma versão democrática radical do político e da "primazia ontológica da política" (Laclau, 1996, p. 62). Em contraste, Ronald Dworkin defende a supremacia do direito sobre a política. Ao seu argumento em defesa de uma *Justiça de toga* (Dworkin, 2006), associam-se de maneiras distintas autores como John Ely (2002) e Bruce Ackerman – pelo menos "durante períodos de política normal" (Ackerman, 1989, p. 94). Uma terceira maneira é proposta por autores como Michelman, com seu conceito de "política jurisgenerativa" (ver Michelman, 1988; 1994), ou Jürgen Habermas e sua tese da cooriginariedade (FuG, p. 135). Segundo a abordagem de Habermas, uma comunidade democrática se baseia (no nível dos fatos) e deveria ser baseada (no nível normativo) em uma relação sem prioridades entre jurisprudência e legislação, constituição e democracia, autonomia pública e privada, direito e política.

A questão a respeito da relação adequada entre direito e política – como tentei mostrar ao longo deste livro – é também uma preocupação central do pensamento de Arendt. Angelica Bernal está correta quando afirma que "Arendt permaneceu por muito tempo ignorada como pensadora constitucional" (Bernal, 2009, p. 4). O ponto de partida de Arendt é o declínio da ordem europeia de Estados-nacionais no período entreguerras. O primeiro capítulo mostrou como, para Arendt, "o declínio do Estado-nação" (OT, p. 300) equivale ao declínio da ordem legal e política, bem como à anulação do domínio da lei. Em sua análise dos problemas dos refugiados e das minorias do período entreguerras europeu, ela revela como as ações dos governos "solapam a legalidade nas relações internas dos Estados afetados e suas rela-

---

[1] Ver a esse respeito: Gerstenberg (1997, p. 13 e ss); Frankenberg (2003, p. 13); Preuß (1994, p. 117; 1990, p. 76).

ções internacionais" (ETH, p. 592); a autora diagnostica a disseminação da ilegalidade na sociedade e o "desafio à autoridade das leis", que são um "sinal explícito da instabilidade e vulnerabilidade internas dos governos existentes e dos sistemas legais" (Arendt, 1972a, p. 69). A consequência é uma dinâmica formada pela inabilidade de cada um dos Estados para agir, pelos conflitos étnicos no interior dos Estados, pelo declínio do "espírito não organizado de solidariedade e concórdia" (OT, p. 312) entre Estados e pela perda de autoridade por parte de uma forma democrática de governo. Mais do que isso, com o "colapso do sistema de Estados-nação" (OT, p. 42) como forma de governo, padrões e valores morais começam a desaparecer da vida pública. Em suma: a estabilidade, segurança e confiabilidade da ordem política não pode mais ser garantida.

A descrição arendtiana do período entreguerras europeu trouxe à baila a questão da relação entre os elementos que formam a tríade do constitucionalismo – direito, política e ordem. Inspirado nessa descrição, desenvolvi dois discursos teórico-políticos presentes em sua obra, mostrando de maneira mais sistemática a impropriedade tanto da(s) compreensão(ões) de política quanto da(s) compreensão(ões) de direito que – embora sejam incompatíveis entre si – se tornaram paradigmáticas para o Estado-nação europeu. O propósito deste esforço é apontar a relação interna entre direito e política no pensamento de Arendt.

Para Arendt, o conteúdo normativo do direito racional não pode se tornar real se não houver conexão com o político. Esta é a quintessência de seu confronto com Weber e com a posição que defende um domínio do direito sobre a política. Torna-se claro assim que Arendt tem apreço pela verificabilidade e pela independência política do direito racional, que ela toma como contribuição importante para uma ordem política confiável. Mas este é apenas um dos lados da moeda. Arendt duvida que a confiabilidade da ordem política possa ser permanentemente efetiva por meio desta noção (weberiana) de racionalização do direito. Se domínio da lei significa que o envolvimento dos cidadãos nos processos políticos de formação de opinião e tomada de decisão deve ser restrito em benefício da racionalidade dos resultados; se esse conceito de direito e de compreensão do domínio da lei exige que a criação e a aplicação de leis sejam separadas dos processos de formação pública e política de opinião e permanecem exclusivamente nas mãos de uma elite jurídica e administrativa; então esse conceito de direito é questionável para Arendt. Ele se torna questionável porque a pensadora está convencida de que o direito assim compreendido não é capaz de atingir seu propósito na comunidade política: salvaguardar a ordem. Tal conceito de direito conduz à burocratização e à juridicização da vida pública. Ambas estão acompanhadas diretamente pela suspensão da ação política, pelo estranhamento com o poder político e pela falta de uma experiência política por parte dos cidadãos. As consequências são um sentimento de falta de sentido político, bem como uma ascensão da desconfiança, por parte de grandes parcelas da sociedade, contra a elite legal e política. Segundo Arendt, isso conduz à apatia política ou serve como solo fértil para movimentos de massas antidemocráticos. Nenhum deles contribui para a estabilidade da ordem democrática, mas, ao contrário, mina a crença dos cidadãos na legitimidade, o que significa que o projeto weberiano de derivar a legitimação a partir da legalidade está condenado ao fracasso.

Como se sabe, Weber esperava absorver essas ameaçadoras irracionalidades oriundas da formalização da política por meio de uma democracia de chefes plebiscitária; o carisma do chefe deveria adicionar um elemento vital à racionalidade fria da máquina. Se ignorarmos o fato de que, da perspectiva arendtiana, ele julga mal o cerne efetivo do impulso irracional da massa (ver capítulo 4, seção C), a "democracia de chefe com *máquina*" (PaB, p. 544) perpetua a tradição de uma relação dicotômica e sem mediação entre direito e política, pois, ou o líder democrático ignora os postulados formais de sua elite jurídica e administrativa relativos aos imperativos materiais da *raison d'État*, ou os representantes parlamentares, sob o ditame das tensões e conflitos sociais, questionam fundamentalmente o *formalismo do direito* por meio de "postulados morais e patéticos (*justiça, dignidade humana*)" (WuG, p. 507). Ao aparentemente aprovar a materialização do direito no primeiro caso, mas rejeitá-la terminantemente no segundo, Weber mostra suas preferências políticas. Além disso, também se torna claro que para o sociólogo alemão a política só pode manter sua autonomia às custas do direito e vice-versa. Ambas as esferas, com suas diferentes formas de racionalidade, estão diretamente opostas entre si.[2]

---

[2] O problema dessa forma de materialização do direito foi descrito no capítulo 3: o direito se torna "direito situacional" (Schmitt, [1922] 2004, p. 19). Sua verificabilidade e esta-

Contudo, a crítica de Arendt se direciona também à posição que – como a versão de democracia radical apresentada por Rousseau – exige a primazia do político sobre o direito. A crítica convencional não está apenas em que essa posição ameaça os direitos individuais, mas em que todo o sistema legal se torna frágil sob o ditame da reivindicação de soberania feita pela vontade geral. Isso porque essa reivindicação de soberania só pode ser expressa legalmente se o direito se converter em um mandamento e se partes centrais, ou princípios fundamentais do sistema legal, forem compostas por cláusulas gerais. (Arendt exemplifica com as leis de asilo, minorias e imigrantes). Se este for o caso, e os elementos centrais do sistema legal forem cobertos por cláusulas gerais, então a confiabilidade, a previsibilidade e a estabilidade do sistema se perdem. Como afirma Arendt, esse processo "pisoteia a justiça e atropela as leis" (SR, p. 129). Tal compreensão do político é incompatível com uma esfera legal autônoma.

Para Arendt, direito e política são inter-relacionados e, assim, se referem internamente um ao outro. Consequentemente, tanto a esfera legal quanto a esfera política devem levar em consideração as exigências uma da outra e incluir suas necessidades. Do contrário, caso uma esfera receba primazia sobre a outra, ou seja, se houver soberania do direito ou soberania do povo, e se a dicotomia entre direito e política se mantiver, a estabilidade de toda a ordem política está posta em risco. Portanto, mostrarei neste capítulo que Arendt argumenta em favor de uma desierarquização[3] da relação entre direito e política. Essa desierarquização marca o cerne político-normativo do pensamento teórico-constitucional de Arendt.

---

bilidade são substituídas pela imposição arbitrária do poder soberano. Em seu projeto *Homo Sacer*, Giorgio Agamben examina este tipo de crítica às democracias modernas. O campo de concentração, segundo a teoria de Agamben, se torna o "paradigma do espaço político da modernidade" (Agamben, 1999, p. 123) porque o direito é traçado a partir de um estado de emergência (ver Agamben, 2005, p. 1-31).

3 Kupka, 1998, p. 265. Kupka argumenta neste ensaio em favor de uma compreensão da política democrática que se esforce para abandonar qualquer remanescente da lei natural. Na última seção, analisando Aristóteles, Kant e Habermas, ele aborda as possibilidades de desieraquização na relação entre direito e política.

Para desenvolver, explicar e sustentar esta tese em detalhes, dividi o capítulo em duas grandes seções. A primeira se ocupa da ideia arendtiana de uma prática política bem-sucedida. Nesta seção, em suma, devo evidenciar a compreensão arendtiana do político. Meu argumento é que, onde quer que Arendt fale de prática política bem-sucedida, isto é, nas passagens de sua obra que elogiam as seções e as sociedades populares da Revolução Francesa, que estimam os encontros nas câmaras municipais (*town halls*) na América do Norte ou o sistema de conselhos da Revolução Húngara etc., a autora se refere à "política estruturada" (Waldron, 2005, p. 210). Os princípios estruturais ali expressos – Arendt se refere a "sintaxe e gramática" (ver SR, p. 226) da ação política – não são apenas produto do "agir em conjunto" (ver CH, p. 225) mas também seu pré-requisito. Acompanhando os exemplos de prática política bem-sucedida fornecidos por Arendt, e desenvolvendo seus princípios estruturais, mostrarei como o direito ganha espaço na sua compreensão do político e até que ponto essa compreensão contribui para a desierarquização da relação entre direito e política. A segunda seção se ocupa então da compreensão arendtiana do direito. Em contraste com a tradição de Filosofia do Direito (Hobbes, Bentham, Austin etc.), que defende uma "concepção imperativa da lei" (SV, p. 33), Arendt dessubstancializa o conceito de direito e o concebe como um conceito relacional. Partindo dessa mudança fundamental de perspectiva, recoloca-se a questão da legitimidade do direito. Minha resposta, que derivo do pensamento de Arendt, é que o direito é legítimo quando permite e possibilita a ação política. Dessa maneira, Arendt tenta conceder, em sua compreensão do direito legítimo, um lugar constitutivo para as exigências de um público ativo e democrático. Em sua visão, a tarefa do direito é garantir e preservar as regras de uma esfera política pública intacta. Mostrarei, no entanto, que uma série de armadilhas podem ser encontradas neste ponto de vista e que, no fim das contas, permanece obscuro no argumento arendtiano como exatamente o direito deveria servir às necessidades do político. Uma futura teoria constitucionalista, inspirada pela sua perspectiva e enraizada em suas ideias, deveria se iniciar aqui e se desenvolver a partir deste ponto.

No início do capítulo, me refiro ao teorema habermasiano da cooriginariedade, que inevitavelmente vem à mente quando abordamos a desierarquização do direito e da política como teorema constitucional. A crítica de

Habermas à dicotomia entre direito e política também se origina em uma análise de Weber. Em suas *Tanner Lectures*, o filósofo alemão formula – tomando uma perspectiva de filosofia moral – três críticas à compreensão weberiana do direito. Em primeiro lugar, Weber compreende mal as implicações morais dos processos de criação e aplicação de leis descritos por ele. De acordo com Habermas, as reflexões de Weber neste caso padecem de má interpretação das propriedades formais do direito. Habermas explica os motivos da falha de Weber desta maneira: "Weber não reconheceu o cerne moral do direito formal civil como tal porque compreendeu as ideias morais como orientações de valor subjetivas; os valores eram considerados conteúdos que não são mais racionalizáveis e são incompatíveis com o caráter formal do direito". (FuG, p. 549) Em segundo lugar, Habermas nota, além deste déficit na interpretação, que os procedimentos são racionais apenas quando baseados em princípios morais. Nesse caso, Habermas almeja à crítica do conceito weberiano de racionalidade. Em contraste com a argumentação funcionalista de Weber, as leis podem "ser justificadas como racionais apenas à luz destes princípios morais substanciais" (FuG, p. 548). Em terceiro lugar, Habermas formula uma crítica tendo como pano de fundo as demandas democráticas por legitimação. Nas modernas democracias de massa, os processos legais constitucionais devem estar baseados em princípios morais se quiserem reivindicar qualquer legitimação. Aqui, Weber é criticado por conceber erroneamente as exigências democráticas das sociedades modernas. As três críticas conduzem à afirmação de que a "legalidade só pode derivar sua legitimidade de uma racionalidade processual moralmente substancial" (FuG, p. 542). Weber acertou ao reconhecer que só é possível considerar a salvo a "autonomia do direito" (FuG, p. 573) sob "a consideração da racionalidade intrínseca à forma do próprio direito"; "contudo, como o direito está internamente relacionado à política e à moralidade, a racionalidade do direito não é uma questão exclusivamente jurídica" (FuG, p. 580). Baseando-se nessa restrição necessária do direito, da política e da moral, Habermas recapitula a história do Estado e do direito e chega por esta via a uma nova interpretação da ideia de contrato social. No decurso dessa interpretação, o filósofo alemão se distancia de Rousseau e Kant, na medida em que rompe com as raízes fincadas na tradição de uma filosofia da consciência (*Bewusstsein*) e compõe uma teoria da razão comunicativa. Além disso, a vontade popular não é concebida de maneira concretista, mas é liquefeita em "formas de comunicação sem sujeito" (FuG, p. 365). No entanto, Habermas procura preservar a racionalidade procedimental inserida nas versões rousseauísta e kantiana da teoria do contrato social. Mais do que isso, esse empenho forma o ponto de partida de sua teoria discursiva do direito e de sua afirmação a respeito da "cooriginariedade da autonomia pública e privada" (FuG, p. 135). Torna-se evidente assim em que medida seu pensamento está enraizado na tradição kantiana e é, acima de tudo, um grande projeto filosófico para estabelecer a política (e a democracia) em fundamentos filosófico-morais.

Em contraste com isso, o teorema arendtiano da desierarquização representa uma abordagem diferente e formula – para além da primazia do direito ou da política – uma alternativa à cooriginariedade de Habermas.[4] Arendt conhecia muito bem a filosofia de Kant, o que se percebe não apenas pelos cadernos dedicados a Kant do *Denktagebuch* (ver DT, p. 807-824) ou pelas inúmeras referências e análises em sua obra publicada, mas também por uma olhada em sua biblioteca pessoal no Bard College.[5] É precisamente por isso que alguns leitores acham tão surpreendente que ela não aborde, em nenhum momento, aquilo que Habermas chama de formalismo ético[6] da filosofia moral de Kant e sobre o qual ele desenvolveu sua teoria discursiva do direito. Na visão de Arendt, questões morais são questões de consciência (*Gewissen*) – e, assim, impossíveis

[4] Além desta, há objeções levantadas de vários lados contra Habermas afirmando que sua teoria da cooriginariedade representa, em princípio, a primazia do direito. Ver, a esse respeito, a seção III.B.ii.a deste capítulo.

[5] Dentre as muitas impressões duradouras de minha visita à coleção de Arendt e Blücher no Bard College estão os comentários à mão feitos por Arendt em várias edições das obras de Kant – e sua correções, por vezes presunçosas, de edições em inglês.

[6] FuG (p. 549). Habermas escreve o seguinte em *Eine genealogische Betrachtung zum kognitiven Gehalt der Moral* [Uma observação genealógica sobre o conteúdo cognitivo da moral]: "O imperativo categórico se direciona, não por acaso, a uma segunda pessoa do singular, e com isto cria a impressão de que cada um poderia realizar, *in foro interno*, o teste de normas requerido. Contudo, o uso reflexivo do teste de generalização exige de fato uma forma de deliberação em que cada um é compelido a adotar a perspectiva de todos os demais a fim de pôr à prova a possibilidade de uma norma ser desejada por todos *a partir da perspectiva de cada um*. Esta é a situação de um *discurso racional* orientado à compreensão e em que todos os participantes estão envolvidos". (Habermas, 1999a, p. 48).

de serem generalizadas ou universalizadas.[7] No entanto, como devo elaborar ao longo das reflexões a respeito do conceito arendtiano de política, é possível discernir um modo de ação política que segue os princípios capazes de salvaguardar o reconhecimento do outro e o respeito por sua opinião. Essa exigência de reconhecimento não tem origem no formalismo ético e, portanto, não pode reivindicar validade universal no estilo de uma fundamentação filosófico-moral. Argumento que, em vez disto, o reconhecimento do outro é o substrato de uma "ética do poder desenvolvida a partir da força juízo",[8] como a autora escreve em seu diário intelectual (*Denktagebuch*). No entanto, se alguém questiona por que o outro deve ser reconhecido na esfera política, encontra-se apenas um argumento político: a exclusão gera impotência – e, a curto ou longo prazo, a impotência é a causa central do declínio de uma ordem política. Refiro-me a essas ideias de Arendt como o "teorema da estabilidade", e abaixo explicarei em detalhes esse teorema, na seção II.A.iii. O que se torna óbvio a partir destas considerações, contudo, é que a durabilidade e a estabilidade da ordem política formam o ponto de referência de Arendt – diferentemente da tradição filosófico-moral kantiana, para a qual a referência é o indivíduo humano como "um fim em si mesmo" (Kant, [1785] 1999b, p. 53). Segundo Arendt, no entanto, essa ordem durável e estável só pode ser uma ordem livre, ou seja, uma ordem em que todos podem ter a experiência da ação política. Mas é importante notar que a justificativa de Arendt se baseia apenas em uma narrativa histórica que busca aprovação. Enquanto Habermas funda uma teoria da democracia em premissas filosófico-morais, poder e ordem – duas categorias políticas chave – marcam o cerne da teoria política de Arendt. Isso caracteriza de modo essencial a diferença entre esses dois pensadores e seus focos distintos: de um lado, razão

---

7 Cf. a esse respeito os comentários de Saavedra (2002, p. 153-189). Arendt enfatiza repetidamente em diferentes passagens que o problema da moralidade reside no fato de ser uma questão de consciência e que tudo o que não posso suportar para poder continuar a viver comigo mesmo pode certamente ser suportado por outros. (ver Arendt [1975] 2003c).

8 DT (p. 818). O texto alemão diz: *Die Frage ist: Lässt sich eine Ethik der Macht aus der Urteilskraft entwickeln.* [A questão é: uma ética do poder se deixa desenvolver a partir do juízo.]

prática, conhecimento e função epistêmica do discurso democrático; do outro, juízo político, experiência e ênfase nas dimensões de sentido da ação política.[9]

II – A compreensão arendtiana do político

> Em toda a filosofia política, o discurso dominante sobre a democracia supõe esta liberdade como poder, como faculdade, como capacidade de fazer ou, em resumo, como força de fazer o que quiser, como energia da vontade intencional e decisória. Vê-se mal, portanto, e sobre isto ainda falta pensar, de que maneira uma outra experiência de liberdade poderá fundar, de modo imediato, contínuo e consequente, isto que chamaríamos ainda de uma política demo*crática* ou uma filosofia política demo*crática*.
>
> Jacques Derrida, *Voyous*

Examino nesta seção a compreensão arendtiana do político. O interesse está em demonstrar o apreço de Arendt pelos exemplos de prática política bem-sucedida que ela apresenta porque neles um modo bastante específico de ação política se torna realidade de maneira precisa. Para explicar essa tese em detalhes, recapitularei a distinção feita por Arendt entre poder e violência e, ao fazê-lo, revelarei a infraestrutura normativa de sua compreensão do político. Muitos autores questionam criticamente como Arendt justifica o respeito ao outro em sua alteridade. Quais são os fundamentos da justificação teórica do pensamento político de Arendt? Qual é, no que se refere ao seu postulado da pluralidade, sua resposta à *quaestio juris* de Kant? Sustento que se pode encontrar na obra da pensadora apenas uma justificativa política para o tratamento da pluralidade humana. Mas não considero isto um déficit, e sim a prova explícita de que ela é muito mais uma pensadora política do que uma filósofa política. Nesse sentido, desdobrarei uma normatividade política inerente ao seu pensamento, uma normatividade que se realiza na formação da faculdade política do juízo. Para Arendt, o julgar é uma cifra para um tipo distintivo de racionalidade política, um tipo fundamentalmente diferente da *raison d'État*, da barganha, da escolha racional ou da orientação de consenso. Ela desenvolve e detalha em termos concretos esse tipo novo de racionali-

[9] Para uma crítica similar, ver Zerilli (2005, p. 160).

dade política em sua análise da república americana. Esta "racionalidade do juízo" (Vollrath, 1987, p. 253) é formada por regras procedimentais atuantes no interior de instituições, entre instituições e entre o sistema político e a esfera pública. As ideias de Arendt a respeito da (fundação da) república americana são particularmente significativas na medida em que fornecem um *insight* para o tratamento da tensão entre o ideal e o real. Assim como o estado constitucional da República Federativa representou o pano de fundo real contra o qual Habermas pôde desenvolver suas ideias normativas, em *Direito e democracia*, a análise arendtiana da república americana é central para o nascimento de sua compreensão do direito e da política.

A — Arendt e a normatividade do político

i. Poder e violência – uma nova ênfase

Segundo Arendt, toda comunidade política se funda no poder. "Poder", ela argumenta, "é parte da essência de todas as comunidades estatais, na verdade de todos os grupos organizados de alguma maneira".[10] Cada Estado, cada comunidade política e cada grupo organizado "é essencialmente poder organizado e institucionalizado" (SV, p. 41). Partindo desse ponto, Arendt se opõe a uma linha tradicional do pensamento político segundo a qual a essência do político está na violência ou, para ser mais preciso, na aplicação violenta da vontade. De Platão a Maquiavel, passando por Hobbes e Marx, e chegando a Weber e Schmitt, o poder tem sido associado à violência e concebido como a fundação de todas as formas de domínio político. Essa equiparação entre poder e violência se inicia com a antiga equiparação entre formas de Estado e formas de domínio, está refletida na ideia judaico-cristã de "caráter imperativo das leis" e, por fim, ganha seu impulso decisivo a partir do século XVII com a formação da formação do Estado (*statehood*) moderna. Segundo Arendt, no entanto, poder e violência não têm nada em comum. A violência é sempre instrumental e desprovida de comunicação. Nessa linha, ela escreve:

[10] MuG (p. 52). A frase "na verdade de todos os grupos organizados de alguma maneira" foi omitida da versão em inglês.

> Politicamente falando, é insuficiente dizer que poder e violência não são o mesmo. Poder e violência são opostos; onde um domina absolutamente, o outro está ausente. A violência aparece onde o poder está em risco, mas, deixada a seu próprio curso, ela conduz à desaparição do poder. Isto implica ser incorreto pensar o oposto da violência como a não violência; falar de um poder não violento é de fato redundante. A violência pode destruir o poder; ela é absolutamente incapaz de criá-lo. (SV, p. 44).

Mas o que é poder? Para Arendt, "*poder* corresponde à habilidade humana não apenas para agir, mas para agir em concerto" (SV, p. 36). Poder é produzido pelas ações comuns de muitos; ele desaparece tão logo aqueles que constituem este "muitos" se separam e seguem seus caminhos. Em contraste com a violência, assim, o poder nunca é mantido por um indivíduo, mas apenas por um grupo. Como a violência, por sua vez, se apoia em ferramentas, Arendt crê que (na maioria das vezes) ela não é dependente do número de seus apoiadores.

Faz-se necessário, no entanto, ser cuidadoso aqui para não interpretar a distinção arendtiana entre poder e violência como uma condenação moral da violência.[11] Mais do que isto, Arendt fala de certa "racionalidade da violência" (ver SV, p. 49-50), e explica ainda que a violência é por vezes necessária e até mesmo justificada como meio para chamar atenção para condições políticas, sociais ou econômicas intoleráveis (ver SV, p. 50). Em vez de concebê-la em termos de condenação, a distinção entre as características conceituais do poder e da violência é um passo que prepara a afirmação de que "[J]amais existiu governo exclusivamente baseado nos meios de violência" (SV, p. 40).

---

[11] McGowan interpreta essa distinção em termos morais e, consequentemente, fala de uma "visão utópica de Arendt" (McGowan, 1997, p. 264). Keith Breen afirma, equivocadamente, que Arendt concebe a violência a partir de razões morais, e acredita poder detectar no seu conceito de poder uma defesa da amizade e do amor (ver Breen, 2007, p. 343). Segundo Breen, no entanto, a história do século XX mostra que não se pode dispensar a violência como mal menor a fim de evitar um mal ainda maior (Breen, 2007, p. 348). Minha análise mostrará que essa distinção entre violência e poder não pode ser compreendida como condenação moral da violência.

Segundo Arendt, a tradição de pensamento político se baseia – com algumas exceções – em uma falácia: poder é a essência do político.

Antes de abordar em detalhes o conceito arendtiano de poder, devemos permanecer um momento ainda com a própria distinção: o que levou Arendt ao esforço de perturbar essa fortaleza fundamental de uma tradição de pensamento político que durou mais de dois mil anos? A desconstrução dessa tradição deve ser interpretada como uma reação à "ruptura da civilização" (Diner, 1988). O que Arendt procura desenvolver é uma nova compreensão do político que reflita a experiência do terror e da violência e que rejeite qualquer captura instrumental. Para tanto, sua busca toma duas direções diferentes, uma que eu gostaria de chamar de filosófico-política, e outra que é teórico–política: a primeira se expressa no recurso filosófico de Arendt às raízes de nossas considerações a respeito do político. No primeiro plano aqui estão as análises dos autores antigos e da experiência real na democracia ateniense. O cerne de sua crítica é que a análise filosófica retrospectiva da *polis* traz à tona um conceito – domínio – que é contrário ao da experiência real, substantiva.[12] Esse movimento exploratório se reflete em *Vita activa/ A condição humana*, obra filosófico-política de Arendt, bem como em inúmeras reflexões de *Between Past and Future*. Em 2007, Jerome Kohn publicou dois ensaios do espólio de Arendt na revista *Social Research* sob o título *The Great Tradition* [A grande tradição], o que novamente ilustrou esta crítica. Aqui, Arendt se apoia nos relatos de Heródoto e Tucídides, que foram baseados em experiências, contra a interpretação filosófico–política da *polis* fornecida por Platão e Aristóteles:

> Que toda a organização da vida na *polis* impedia a distinção entre governantes e governados é algo manifesto na conhecida discussão de Heródoto a respeito das formas de governo, quando o defensor da *polis* grega, depois de ser derrotado em uma disputa, pediu por fim a permissão de se retirar

[12] Tomando a perspectiva da história da filosofia, o julgamento de Sócrates é decisivo aqui. Arendt escreve, como exemplo, que "o hiato entre filosofia e política foi aberto historicamente pelo julgamento e pela condenação de Sócrates, que na história do pensamento político têm o mesmo papel de ponto de inflexão que o julgamento e a condenação de Jesus têm na história da religião" (Arendt, [1954] 1990, p. 73).

> inteiramente da vida política, pois não queria dominar nem ser dominado. O fato era, evidentemente, que a vida da *polis* grega não conhecia esta divisão entre cidadãos. O domínio sobre o qual se baseava, como Aristóteles indicou mais de uma vez, era experimentado primeiramente, não no âmbito público-político, mas na esfera estritamente privada da casa, onde o cabeça tinha domínio sobre sua família e seus escravos. (Arendt, [1953] 2007b, p. 943).

A reinterpretação filosófico-política do político foi amplamente endossada e é hoje considerada – graças ao excelente trabalho de Tsao, Taminiaux, Hammer etc. – como uma desconstrução do período helenístico e também da interpretação aristotélica da democracia ateniense – e não sua afirmação, como acreditava O'Sullivan (ver, a este respeito, O'Sullivan, 1975).

Sua pesquisa teórico-política, por outro lado, toma a rica experiência das revoluções da era moderna como fonte para uma reinterpretação do político. São precisamente as revoluções dos últimos duzentos anos que fortalecem a visão de Arendt segundo a qual o poder político só pode estar relacionado a consentimento e apoio. Isso porque as revoluções só acontecem, afinal, quando a velha ordem e sua autoridade não encontram mais consentimento e apoio. Por essa razão, segundo Arendt, revoluções normalmente não são sangrentas em suas etapas iniciais, que apenas revelam a massiva perda de legitimação por parte do *Ancien Régime* (ver SV, p. 38 e ss). Arendt descreve de modo vívido o momento em que se torna incontornavelmente claro, na França, que não se tratava de uma simples revolta, mas de uma revolução. "Dizem que o rei exclamou, *C'est une révolte!*, e Liancourt corrigiu: *Non, Sire, c'est une révolution*". (SR, p. 79). Uma revolta enfatiza explicitamente que os meios de violência ainda estão nas mãos do Estado e lhe são disponíveis. No entanto, porque os soldados não obedeciam às ordens para atirar – como na cena descrita entre Louis XVI e Liancourt –, tornou-se mais que evidente que nem mesmo o último trunfo da velha ordem, o canhão, iria prevalecer. A polícia, o exército etc. não obedeciam mais às ordens porque os instrumentos de autoridade não funcionavam mais. Desta maneira, Arendt chega ao seu *insight* essencial:

> Onde os comandos não são mais obedecidos, os meios da violência são inúteis; e a questão desta obediência não é decidida pela relação de mando

> e obediência, mas pela opinião e, por certo, pelo número daqueles que a compartilham. *Tudo depende do poder por trás da violência.* A ruptura súbita e dramática do poder que anuncia as revoluções revela em um instante o quanto a obediência civil – às leis, aos dominantes, às instituições – nada mais é do que a manifestação extensa do apoio e do consentimento. (SV, p. 39 – ênfase minha).

A revolução deixa claro que, em caso de dúvidas, tudo depende do poder.[13] Essas linhas quase podem ser lidas como uma paródia do *dictum* da *Teologia política* de Schmitt segundo o qual o "normal" não prova nada e "a exceção prova tudo" (Schmitt, [1922] 2004, p. 21). Se – diz Arendt, quase como uma réplica a Schmitt – voltarmos nossa atenção ao verdadeiro estado de emergência, que é o "fenômeno da revolução" (SV, p. 38), logo notaremos o quão pouco convincente é a redução do político à violência – à violenta aplicação da vontade. A perda da autoridade da velha ordem aos olhos dos cidadãos contagia também a polícia e o exército. Tanto a desconstrução do pensar filosófico-político quanto a análise das revoluções podem ser consideradas como fontes importantes para a afirmação arendtiana de que o poder é a característica essencial do político. Mas isso é apenas o ponto de partida na relocalização do pensar político. Até este ponto, nada foi dito a respeito do que é o poder, de como ele se forma, como é preservado e como ele se relaciona aos demais conceitos do pensamento de Arendt.

[13] As ideias de Arendt a respeito do poder e da violência parecem por vezes inconsistentes. É possível ler aqui ou ali, por exemplo, que a violência pode destruir o poder, mas é incapaz de produzi-lo (ver SV, p. 44). Pode-se argumentar que, se a violência é capaz de destruir o poder, então ela é a mais importante no fim das contas. No entanto, se essa passagem for interpretada no contexto do esforço arendtiano de estabelecer uma distinção conceitual, torna-se claro que a preocupação dela aqui é mostrar que violência e poder são fenômenos fundamentalmente diferentes. Sempre há poder atrás do exercício da violência, ou seja, sempre há consentimento e apoio a pessoas segurando armas. O que destrói a violência é o poder do grupo oposto e, assim, a totalidade possível de poder no interior de uma comunidade.

ii. Formas de consenso e modos de ação

Poder se baseia em consentimento e apoio, e, portanto, corresponde a dois tipos de atividade identificadas como paradigmáticas da política; falar e agir. Se o poder é a essência do político, então falar e agir não são pouco significantes. Como agir em apoio implica consentimento, para Arendt o poder está baseado no consentimento. Mas para Arendt – diferentemente de Habermas – consentimento não significa nada primariamente racional: "O consentimento implica o reconhecimento de que nenhum homem pode agir sozinho, de que os homens, querendo realizar algo no mundo, devem agir em concerto" (VE/Q, p. 336). Isto não diz nada a respeito do conteúdo e da maneira do consenso; antes, a "forma do consenso [...] pode constituir-se de diferentes modos" (VE/Q, p. 336). Para dar alguns exemplos: Arendt explica, por meio da Revolução Francesa e da cena do Juramento da Sala do Jogo de Pela, como o consentimento foi expresso por gritos, assovios, berros inarticulados, "emoções exaltadas" e "aplausos selvagens" (SR, p. 164). Nas democracias, o nível de consentimento costuma ser determinado por meio de eleições. Segundo Arendt, o domínio totalitário tem nos campos e no terror da polícia os seus meios decisivos de dominação, mas até mesmo essa forma de domínio "precisa de uma base de poder", que nesse caso é criada pela "polícia secreta e sua rede de informantes".[14] Esses poucos exemplos são suficientes para ilustrar claramente que, para Arendt, o conceito de poder é em si mesmo indefinido quanto ao

[14] SV, p. 40. Neste ponto, Arendt se mostra contraditória uma vez mais. Por um lado, ela afirma que o domínio totalitário precisa de uma base de poder; por outro, afirma que em dado momento, quando o terror chega ao auge, o "poder desaparece inteiramente" (SV, p. 44). Considerada seriamente, essa afirmação só é verdade se tomada a partir de uma única perspectiva, à qual me referi em outro lugar como a "dimensão ética da Shoah" (Volk, 2007, p. 71). Isso significa que os campos de concentração nazistas tinham como objetivo principal a eliminação de humanos enquanto humanos; eles pretendiam mudar a própria natureza do humano; o muçulmano representava o protótipo dessa forma de dominação, representava o "modelo de cidadão de um Estado totalitário" (ETH, p. 936). Como neste caso a personalidade (*self*) era eliminada do humano, o sentido de conceitos como consentimento e apoio se dissolve. É certo que se pode tentar interpretar afirmando que, no sistema totalitário, o poder deixou o país de maneira menos dramática. Pode-se afirmar, por exemplo, que o terror conduz à "atomização social" (SV, p. 43) por meio de

conteúdo concreto e que, portanto, o poder não é "absolutamente positivo",[15] "emancipatório" (Meints-Stender, 2012, p. 199),[16] "radicalmente normativo" (Göhler, 2009, p. 32) ou tão "intrinsecamente e normativamente positivo" (Allen, 2010, p. 143) como acreditam muitos autores. Muito ao contrário: Arendt chega a se referir a constelações de poder, ou seja, formas de consentimento que minam as categorias fundamentais de seu pensamento político:

> Uma democracia [...], ou seja, um governo de maioria simples baseado apenas no poder pode reprimir minorias de maneira terrível e efetivamente sufocar opiniões divergentes sem qualquer violência. Poder não dividido e não controlado pode produzir uma uniformidade de opinião quase tão *imperiosa* quanto a supressão violenta. Isto não significa, no entanto, que violência e poder sejam a mesma coisa. (MuG, p. 43; ver também SV, p. 34-35).

Embora seja uma controvérsia acadêmica a questão de como se dá o reconhecimento da pluralidade e do outro na obra de Arendt – retornarei a esse ponto ao fim deste capítulo – está estabelecido que Arendt "*ampliou* o mundo usando uma palavra: a palavra *pluralidade*" (Canovan, 1992, p. 281). A questão central é, portanto, a de uma forma de consenso ou de constelação de poder que também reflita e torne possível a pluralidade. Se toda forma de consenso e constelação de poder surge do falar e do agir, a questão urgente é como o agir político deve ser conduzido a fim de fazer surgir formas de consentimento e apoio capazes de realizar politicamente a pluralidade. As ideias de Arendt a respeito do poder sugerem que a qualidade político-normativa de uma constelação de poder não depende tanto do agir e do falar enquanto tais, mas sim da maneira, dos modos pelos quais o agir e o falar são conduzidos.[17]

---

seu "cinturão de ferro" (OT, p. 526). No entanto, para manter esse aparato, é preciso o apoio da polícia secreta e seus informantes – e esse apoio é de poucos.

[15] Anter (2012, p. 97). Ver também Young-Bruhel (2006, p. 92).

[16] Ver também Parekh (1981, p. 160) e Luban (1979, p. 82).

[17] Um comentário sobre modos de ação e suas relações com o político: como, segundo Arendt, o político se baseia no poder, segue-se – na medida em que a pluralidade humana é um pré-requisito básico para nossa vida em conjunto na Terra – que o político é sempre e apenas falar e agir. Pode-se, seguindo o espírito filosófico, traçar o político à maneira da

Nessa direção, Arendt distingue diferentes formas de ação em *A condição humana* e chega a falar em "forma[s] pervertida[s] de *agir em conjunto*" (CH, p. 253). Ela estabelece um contraste entre agir com um outro, agir para um outro e agir contra um outro quando escreve que "a qualidade reveladora do discurso e da ação passa a um primeiro plano quando as pessoas *com* as outras, nem *pró* nem *contra* elas" (CH, p. 225 – ênfase minha). Embora os três modos de ação conduzam ao desenvolvimento do poder, eles invocam diferenças fundamentais em termos de conteúdo normativo:

> Sem o desvelamento do agente no ato, a ação perde seu caráter específico e torna-se um feito como outro qualquer. [...] Isso ocorre sempre que se perde o estar junto dos homens, isto é, quando as pessoas são meramente *pró* ou *contra* as outras, como acontece, por exemplo, na guerra moderna, quando os homens entram em ação e empregam meios violentos para alcançar determinados objetivos em proveito de seu lado contra o inimigo. Nessas circunstâncias [...] o discurso transforma-se, de fato, em *mera conversa* [...] quer iludindo o inimigo, quer ofuscando a todos com propaganda. [...] Em tais situações, a ação perde a qualidade por meio da qual transcende a mera atividade produtiva. (CH, p. 225).

Ao agir pró ou contra um outro, o ato de falar perde seu sentido, pois ele não fornece nenhuma informação real a respeito da pessoa que fala, e isso torna irrelevante a pessoa que age. Arendt se refere à bondade como exemplo de *agir para um outro*, remontando à linhagem tradicional cristã que, pelo menos no que se refere a seu modo de ação,[18] conquistou um lugar na era moderna por meio da filosofia moral. Isso porque as ideias de Rousseau, em particular a *volonté générale*, derivam seu pretenso conteúdo moral do fato de que o indivíduo abandona todos os seus interesses pessoais e se devota ao bem da comunidade, ou seja, se entrega para outros. A internalização do

---

fabricação, como a filosofia política faz desde Platão, e tentar substituir a ação por uma "atividade ao modo da fabricação" (VA, p. 279). Na visão de Arendt, no entanto, isto fracassará na prática enquanto houver pluralidade humana. A eliminação da ação como a quintessência do político é precedida pela eliminação *de facto* da pluralidade humana.

[18] Ver WiP (p. 61f). Cf., a este respeito, Kalyvas (2004, p. 327).

político no decurso da Revolução Francesa e o nascimento da nação recebem um feitio cristão por meio desse modo de ação postulado.

No político, o agir contra um outro vem à tona mais claramente no espírito agonal dos gregos, em especial na figura de Aquiles. A guerra e o agir contra um outro se tornou um meio de "autorrevelação às expensas de todos os demais fatores" (CH, p. 242-243). À exceção de Aquiles – que fornece a famosa exceção à regra – esse tipo de autorrevelação sempre é exclusivamente estratégico e direcionado apenas ao oponente.[19] Capturado nesse modo de ação, não é possível "correr o risco de se revelar" (CH, p. 225) e revelar "o *quem*, a identidade única e distinta do agente" (CH, p. 225). Esse modo de ação também perde o "objetivo efetivo da ação"; e "este conceito de ação é acentuadamente individualista" (VA, p. 243; ver também CH, p. 242-243). Se o poder político for criado em um modo de agir para um outro ou um modo de agir contra um outro, então o critério da intersubjetividade, derivado do princípio da pluralidade como condição para a ação humana, não se realiza. O momento da subjetividade, da percepção individual do mundo, é dissolvido ou hipostasiado. Ou se considera como politicamente virtuosa a pessoa que abandona seus interesses e se ergue apaixonadamente e altruisticamente pelos outros, ou a autorrevelação se torna um fim em si mesmo. A contrapartida da hipostasia da autorrevelação é que a relação com o outro, ou seja, a intersubjetividade, assume um caráter puramente instrumental. No modo de ação político concebido como um agir contra um outro, o "nós" que age é constituído pela oposição e pela luta contra um "eles" imaginado ou construído. Nesse cenário, objeções e sugestões dos adversários políticos não são levadas em consideração, ainda que sejam legítimas ou justificadas. Essa articulação e formação do poder de um "nós" gerado desse modo tem sempre natureza estratégica e aponta fundamentalmente para o oponente. Isso é muito parecido com a formação do poder político fundada no modo de agir para um outro: quando cada pessoa se identifica com o princípio do

[19] O que há de especial em Aquiles aos olhos de Arendt é que ele foi a única pessoa envolvida no agir contra um outro que "põe nas mãos do narrador o pleno significado do seu feito, de sorte que é como se ele houvesse não apenas encenado, mas também *feito*, a estória de sua vida". (CH, p. 242). Aquiles, em outras palavras, é a exceção à regra que determina que ninguém sabe quem é de fato revelado quando age.

para um outro e se sacrifica completamente para o grupo ou a comunidade, o espaço entre indivíduos se dissolve e a diversidade de opiniões é sacrificada em benefício do princípio unificador. Perde-se assim o momento da *inter*subjetividade, do qual se espera a garantia de pluralidade na esfera do político.[20]

Para Arendt, o poder não é por si um conceito "positivo intrinsecamente e normativamente" (Allen, 2010, p. 143), "radicalmente normativo" (Göhler, 2009, p. 32) ou "emancipatório" (Meints-Stender, 2012, p. 119), como se afirma em geral.[21] Para Arendt, há apenas uma forma de ação política – a saber, agir com um outro – capaz de conduzir à formação de um conceito normativo e substancial de poder. Quando o poder é produzido no modo de ação do agir com um outro, as pessoas se reúnem livremente, aparecem em pessoa, representam seus pontos de vista a respeito de um tópico específico, têm o direito de tornar públicas as suas visões e se permitem ouvir e ser desafiadas por outras visões. Agir com um outro não significa ação racional orientada a um consenso razoável. Agir com um outro está relacionado, antes, com ouvir e ser ouvido, com esclarecimento a respeito de alternativas políticas, com responsividade e expressividade em um discurso sério e com o debate intenso entre opiniões conflitantes ou mesmo incompatíveis. Agir com um outro quer dizer integrar as posições dos outros em um processo político de formação de opinião com o objetivo de fortalecer o poder político do juízo de todos os envolvidos e contribuir para a formação da consciência política por meio do discurso público, de modo que assim – possivelmente – sejam estabelecidas "ilhas de convicção" (Deitelhoff, 2007, p. 32) em um mar de incerteza. Agir com um outro significa concordar a respeito de temas do conflito político em que o consenso não é provável nem buscado como um ponto de fuga normativo. Concordância também pode significar concordar que discordamos, pois o que está no centro

---

[20] Ao longo de sua obra, Arendt dá inúmeros exemplos de constelações de poder geradas nos modos do agir para um outro ou agir contra um outro. Vale a pena mencionar os movimentos de massa antidemocráticos, pan-germânicos e nacionalistas da república de Weimar, o domínio jacobino, o movimento dos Panteras Negras ou o movimento ideológico dos estudantes alemães.

[21] Procurei oferecer uma análise abrangente e geral do conceito arendtiano de poder, em Volk (2013a; 2015).

dessa concordância política não é o outro, "mas, antes, o mundo comum tal como aparece para o outro" (DT, p. 451).

Portanto, embora agir para um outro e agir contra um outro surjam repetidas vezes na esfera política gerando consenso e, assim, gerando poder, segundo Arendt apenas o agir com um outro é capaz de produzir uma forma de poder em que a pluralidade pode ser politicamente realizada. Na visão da autora, ser livre significa estar apto a participar desse agir com um outro. O decisivo, contudo, é que esse agir com um outro indica que a pluralidade e a possibilidade de liberdade política só podem ser preservadas se estiverem baseadas em um modo ou procedimento específico de condução da ação política. Somente abordando e cumprindo certos princípios em sua performance – ou seja, na ação – o agir com um outro assegura a pluralidade na esfera do político. Em seus últimos escritos, Arendt conecta esse modo de agir ao conceito de juízo, pois o primeiro é necessário para que o juízo seja capaz de se manifestar a respeito de temas público-políticos (em *A condição humana*/*Vita activa*, no entanto, o juízo não tem papel efetivo e sequer aparece no *index*): agir com um outro é uma ação baseada no juízo. Em seu *Denktagebuch*, ela fala de uma "ética do poder desenvolvida a partir do juízo" (DT, p. 818). Isso significa especificamente que o "procedimento metódico" (Vollrath, 1987, p. 271)[22] do juízo se aplica ao falar e ao agir, e significa também que uma racionalidade especificamente política se forma por essa via. O que torna essa racionalidade política – a "racionalidade do juízo" (Vollrath, 1987, p. 253) – normativa e substancial é que ela procura realizar tanto a "individualidade do indivíduo" (Meints-Stender, 2012, p. 120), quanto a experiência política da liberdade. Abordarei isto em detalhes em seguida, e apresentarei o juízo como um conceito político de prudência pensado, em primeiro lugar, no nível do indivíduo. Argumentarei, no entanto, que a faculdade política do juízo é o "procedimento metódico" (Vollrath, 1987, p. 271) de uma forma de racionalidade cujos princípios podem ser encontrados, como normas procedimentais, nas instituições que, segundo Arendt, permitem a pluralidade na vida política. Antes disso, no entanto, voltarei à questão a respeito do porquê a pluralidade deve ser reconhecida no político. De que maneira o

[22] Ver também o trabalho bem-informado de Meints-Stender (2011).

reconhecimento do outro, que caracteriza o agir com um outro como modo de ação política defendido por Arendt, pode ser justificado?

iii. O reconhecimento do outro: uma tentativa de resposta política à *lacuna normativa*

No campo de pesquisas sobre Arendt, existe uma ampla discussão sobre a fundamentação do reconhecimento da pluralidade. Não é surpreendente que esse debate tenha se inflamado inicialmente no tema da garantia dos direitos humanos. De um lado, autores como Canovan, Kateb, Villa, Lefort e Benhabib argumentam que há uma "lacuna normativa" (Benhabib, 2003, p. 193) no pensamento de Arendt. Benhabib afirma que falta à obra de Arendt uma fundação filosófica relativa ao modo como é possível passar da pluralidade como condição humana para a "igualdade moral e política dos seres humanos em uma comunidade de reconhecimento recíproco". Para responder à questão acerca da base e o motivo para se preocupar com o outro, Arendt recorre a uma "descrição aparentemente factual da condição humana" (Benhabib, 2003, p. 193).[23] O preço que ela paga por isso, segundo Benhabib, é um déficit de legitimação. Embora existam diferenças fundamentais entre Benhabib e Villa na interpretação do conjunto da obra, Villa também considera que Arendt "presta pouca atenção à tradição liberal e à teoria de direitos que anima" (Villa, 1999, p. 199) os discursos sobre os direitos humanos. Claude Lefort formula dúvidas similares (Lefort, 1988, p. 54).

De outro lado, autores como Birmingham, Bernstein, Parekh, Michelman e Hansen acreditam ser possível identificar na obra de Arendt argumentos

---

[23] Em *Another Universalism: On the Unity and Diversity of Human Rights* [Um outro universalismo: sobre a unidade e a diversidade dos direitos humanos], Benhabib descreve da seguinte maneira a resposta discursivo-teórica à questão do reconhecimento do outro: "Por contraste, no modelo discursivo argumentamos que o reconhecimento do *seu* direito a ter direitos é, acima de tudo, a própria precondição para você ser capaz de contestar ou aceitar *minha* reivindicação a direitos. *Minhas* necessidades específicas como agente só podem servir como justificativa para *você* se eu pressupuser que as *suas* necessidades específicas como agente podem igualmente servir como justificativa para *mim*. Isto significa que eu e você admitimos mutuamente o direito a ter direitos". (Benhabib, 2007, p. 16).

ontológicos, antropológicos, morais ou éticos para o reconhecimento do outro e para a realização política da pluralidade. Em seu *Hannah Arendt and Human Rights* [Hannah Arendt e os direitos humanos], publicado em 2006, Birmingham afirma que a maioria dos leitores de Arendt "não entendeu que uma de suas preocupações fundamentais, a começar por *As origens do totalitarismo*, é o desenvolvimento de uma fundação teórica para a reformulação da noção moderna de direitos humanos" (Birmingham, 2006, p. 3). Essa "reformulação" assume o "princípio da humanidade comum" oriundo do "anárquico e imprevisível evento da natalidade" (Birmingham, 2006, p. 3). Assim, uma fundamentação ontológica para os direitos humanos pode ser extraída do princípio de natalidade. Richard Bernstein assume que, sem o reconhecimento do outro e sem a oportunidade de participar dos eventos políticos, nenhuma "vida plenamente humana" (Bernstein, 2005, p. 58) pode ser vivida. Segundo Serena Parekh, a compreensão arendtiana dos direitos humanos se enraíza diretamente em "nossa própria natureza enquanto seres políticos" (Parekh, 2004, p. 49), que pode ser derivada de nossas ações. Argumento similar é apresentado por Frank Michelman, para quem Arendt acreditou na "humanidade como sua última grande esperança" (Michelman, 1996, p. 207) de garantia dos direitos humanos. Philip Hansen, em contraste, alega que o reconhecimento do outro é precisamente, não uma "característica contingente da existência humana", mas um "elemento essencial em nossa existência como seres plurais" (Hansen, 2004, p. 10).

O problema dos esforços anteriores de fundamentação é, a meu juízo, bem exemplificado pela própria Birmingham:

> Ao fornecer um novo princípio de humanidade, Arendt se mostra capaz de distinguir entre formas legítimas e ilegítimas de poder e de ação política sem precisar invocar a ética. Poder, que é sinônimo de agir politicamente com outros, deve ser inspirado pelo imperativo categórico do político: o princípio da pluralidade nos fornece uma nova lei de humanidade, exigindo que cada agente, em virtude do próprio evento da natalidade, tenha o direito de aparecer para outros, de agir e falar no interior do espaço político. (Birmingham, 2006, p. 60).

Embora eu concorde com Birmingham de que o cumprimento da pluralidade deve ser o teste decisivo de qualquer constelação de poder, permanece obscuro até que ponto sua justificativa para garantir os direitos humanos responde ao problema político de sua não realização tal qual delineado por Arendt. Não há dúvidas de que a história da filosofia contém inúmeras contribuições sólidas que fornecem razões e procuram justificar por que o outro deve ser reconhecido em sua alteridade.[24] Mais ainda, como mostram minhas observações no primeiro capítulo, eu concordo com a avaliação de Birmingham segundo a qual "Arendt coloca a responsabilidade dos campos de morte diretamente aos pés de uma noção filosoficamente inválida e politicamente impotente de direitos humanos" (Birmingham, 2007, p. 270). Contudo, não vejo como a fundamentação de Birmingham por meio do conceito de natalidade é capaz de fornecer aos direitos humanos o peso político que lhes falta. Assim como Wellmer corretamente afirma em outro contexto, é para o "problema da aplicação" – e não exatamente para o "problema da fundamentação" (Wellmer, 1986, p. 137) – que Arendt chama a atenção em seu discurso sobre os direitos humanos. Na minha visão, a justificativa ontológica dos direitos humanos feita por Birmingham se encaixa sem remendos na tradição da noção politicamente impotente de direitos humanos. Em uma passagem central de seu livro, por exemplo, ela se refere a uma expressão grega frequentemente usada por Arendt: "onde quer que você esteja, você será uma *polis*" (VA, p. 192). Birmingham interpreta essa frase afirmando que "onde quer que se vá, tem-se o direito de pertencer ao espaço político [...]. Isto é assim porque cada ser humano é uma aparência que, para aparecer verdadeiramente, exige um espaço público" (Birmingham, 2006, p. 59).

Como disse anteriormente, não recuso o fato de que a filosofia é capaz de oferecer boas razões para assegurar um lugar no mundo para o outro. A questão fundamental é até que ponto ela pode fazê-lo com a força argumentativa e a força política necessárias. Pois, como se sabe, todo conhecimento se transforma em opinião quando entra no político. Considero as reflexões de Birmingham a respeito de início e generosidade, a estrutura dual da natalidade, muito inspiradoras como contribuição filosófica, mas permanece obs-

---

[24] Por exemplo, Benhabib fala de um "universalismo essencialista" do XVIII, em que se expressava a convicção de que há uma "natureza humana fundamental ou uma essência humana que define quem somos nós enquanto humanos" (Benhabib, 2007, p. 11). Mas há também esforços da perspectiva do universalismo moral clássico ou do universalismo racional para responder à *quaestio juris* de Kant (ver Benhabib, 2007, p. 11 e ss).

curo até que ponto essa justificativa pode ser politicamente mais potente do que a justificativa filosófico-moral existente. Mais ainda, ao sobrecarregar as descrições ontológicas da condição humana feitas por Arendt com a exigência de servir de critério de legitimação, seu pensamento é involuntariamente conduzido ao plano da metafísica. Assim como em *Ser e tempo*, de Heidegger, a hipóstase da ontologia torna idênticas a essência e a existência humanas. Em contraste com Heidegger, contudo, Arendt justamente evita definir o "sentido do ser" (Heidegger, [1927] 2001, p. 17) por meio de suas reflexões ontológicas; ela procura, antes, evidenciar as condições às quais estão expostas a existência e a ação política.[25] Responder à *quaestio juris* com sua descrição ontológica; portanto, transforma o pensamento político de Arendt em metafísica política – um esforço que, como a própria Birmingham corretamente afirma, é diametralmente oposto ao pensamento da autora.[26] À pergunta "com que direito algo deve ser como é? (ou é tratado como é?)", responde-se simplesmente afirmando que aquilo é. Dessa maneira, no entanto, transforma-se uma descrição da condição em uma afirmação normativa.

a. O teorema da estabilidade e a questão da justificação

Na obra de Arendt, é inútil procurar por modos de argumentação em que, na linha do universalismo fundacional da filosofia moral, o reconhecimento dos outros derive de uma linguagem de reciprocidade. Concordo com a observação de Benhabib a este respeito. Contudo, é possível encontrar, com certeza, um teorema específico percorrendo toda a obra de Arendt e sugerindo o reconhecimento do outro e da pluralidade – justificando não é exatamente a palavra. A durabilidade e a estabilidade da ordem política, ou seja, a constelação de poder, desempenha um papel central nesse teorema. Ou, colocando de outra forma: Arendt faz afirmações gerais a respeito da "inevitável perda de poder" (CH, p. 277), da "ruptura súbita e dramática do poder" (SV, p. 39) ou da "impotência" (ÜR, p. 113). Esse teorema, que chamo de "teorema da estabilidade" diz o seguinte: exclusão gera impotên-

[25] Cf. a esse respeito, a crítica de Arendt a Heidegger, em Arendt ([1948] 1990a, p. 31; [1954] 1994e, p. 436 e ss).

[26] Ver Birmingham (2007, p. 269). Ver também Vollrath (1979a, p. 19).

cia, impotência leva ao colapso da ordem política a curto ou longo prazo. A pluralidade é um "fato" (WiP, p. 9) e uma constelação estável de poder não pode deixar de reconhecer esse fato e operar com ele. O teorema arendtiano da estabilidade indica essa normatividade política que, assim formulada, é constituída de maneira inteiramente distinta da *quaestio juris* kantiana e sua demanda por fundamentações morais. Esse teorema é o ponto de partida para as considerações de Arendt a respeito de questões político-históricas e para a posição teórica a partir da qual ela aborda as questões sociais norte-americanas contemporâneas e as questões fundamentais da história intelectual. Em todas essas considerações e contextos, Arendt identifica e delineia as consequências negativas de uma ordem política que surge de uma política de exclusão e de não reconhecimento.

O teorema da estabilidade está inserido em sua narrativa histórica dos eventos políticos e dos acontecimentos do século XX. Como vimos no primeiro capítulo – por exemplo, na análise arendtiana do período entreguerras europeu – as políticas dos Estados-nação europeus relativas aos refugiados e às minorias não apenas conduziram os próprios refugiados a uma situação humanitária precária, mas esta política de efetiva exclusão também teve efeitos negativos para a estabilidade da ordem legal dos próprios Estados-nação. Arendt fala de um "declínio do Estado-nação" (OT, p. 300) ou de um "colapso do sistema de Estados-nação" (OT, p. 42), com o que se refere à maneira pela qual as medidas políticas tomadas para garantir a segurança solaparam a ordem legal e constitucional dos Estados-nação democráticos e envenenaram as relações internacionais. As políticas de exclusão afetam negativamente a ordem constitucional, contradizem normas e valores fundamentais, ou mesmo essenciais, de uma ordem política legal e democrática, e podem ainda se desdobrar em outras consequências negativas, sobretudo em um mundo globalizado (ver Volk 2010, p. 27-67). Em suma: a narrativa política de Arendt é a de que precisamente essa política de exclusão não levou a uma ordem durável e estável, mas, antes, a sua decomposição.

De uma perspectiva filosófico-política, o teorema da estabilidade é encontrado nas ideias de Arendt a respeito do significado político da pluralidade. O ponto de partida conceitual aqui é, como Patchen Markell indicou, a "existência de outros – como outros ainda indeterminados, não especificados – [que] transforma a imprevisibilidade e a falta de controle em condições incontornáveis do agir humano" (Markell, 2003, p. 180). Segue-se dessa imprevisibilidade e dessa falta de controle que, tanto a inabilidade individual ou estrutural quanto a indisposição para levar em conta as opiniões e os pontos de vista políticos dos outros geram "as sementes de sua própria destruição" (CH, p. 253)[27] no interior da coexistência política. Essa decomposição se materializa de duas maneiras: primeiro, forma-se uma constelação de poder que de forma alguma se baseia – estruturalmente – em inclusão e consentimento, mas, ao contrário, na exclusão do outro. Para Arendt, é mais do que questionável se esta forma de ordem política encontrará aprovação, mesmo que tácita, por parte dos marginalizados. A curto ou longo prazo, os outros marginalizados criarão maneiras radicais para resistir à ordem política corrente. Em segundo lugar, a recusa política da pluralidade retira de todos os que estão na sociedade a oportunidade de levar em conta a realidade do mundo. Esse sistema fortalece a própria e limitada perspectiva para o mundo, perspectiva que corresponde exclusivamente às próprias idiossincrasias e não leva em conta a multiplicidade de pontos de vista e opiniões que de fato constituem a sociedade. Como resultado, tem-se o fracasso completo em reconhecer o potencial de conflito até que seja tarde demais.

Em termos de história intelectual, Arendt localiza o teorema da estabilidade em Montesquieu: segundo sua interpretação do filósofo francês, ele estava convencido de que a tirania – em contraste com a monarquia – é apoiada apenas por um pequeno número de pessoas. Assim, embora a tirania seja a forma de governo mais violenta, ela é, segundo Montesquieu, a mais impotente.[28] Partindo de sua interpretação de Montesquieu, Arendt afirma que uma política de exclusão "preparam o caminho para uma inevitável perda de poder, embora o verdadeiro desastre possa ocorrer em futuro relativamente distante". (CH, p. 277). E, como "robôs soldados" (SV, p. 40) não substituem humanos – uma de suas objeções – e o mundo não foi transformado em um campo de concentração, uma ordem durável e estável só pode ser baseada no reconhecimento da pluralidade.

Considerado em contraposição ao perfil de exigências da *quaestio juris* kantiana e à fundamentação filosófico-moral dos direitos, esse teorema da esta-

---

27 Ver também Young (2002, p. 267).

28 A esse respeito, ver Montesquieu ([1748] 1992, p. 104-116).

bilidade não é realmente satisfatório. (Além disso, é significativo que as referências de Arendt a esse respeito sejam Montesquieu e Maquiavel – e não Kant).[29] A estabilidade e "grande durabilidade", que ela considera ser a "promessa" (SR, p. 285)[30] da forma republicana de governo, são os critérios de Arendt para a avaliação de uma ordem política. Mas em uma sociedade marcada pela pluralidade de perspectivas conflitantes, apenas uma constelação de poder que emana do agir com um outro pode permitir a experiência de uma liberdade política e oferecer uma esperança justificada de que a durabilidade e a estabilidade serão preservadas. Assim, o que permite a liberdade política é politicamente racional. Nesse espírito, Ernst Vollrath descreveu o princípio dessa compreensão da política da seguinte maneira: "Aja de tal maneira que suas ações e as de todas as pessoas (*Menschen*) permaneçam possíveis, ou seja, que um mundo humano (*Menschen*) seja preservado". (Vollrath, 1977, p. 215).

Essas reflexões não formulam nenhuma reivindicação de verdade e, evidentemente, não têm qualquer "conotação epistêmica" (Habermas, 1999b, p. 85). Ao mesmo tempo, no entanto, a lacuna fundacional e teórica no pensar de Arendt indica que ela opta, para o seu tipo de teoria política, por um ponto de partida diferente daquele usado por quem segue a tradição da fundamentação filosófico-moral. Pode-se concluir disto que, se a justiça é a questão primeira da filosofia política, então a liberdade – e as maneiras para ordená-la e institucionalizá-la – é a questão primeira da teoria política. Nesse sentido, Arendt deve ser considerada uma teórica política.

---

29 É notável aqui que Arendt não se refere às ideias de Kant a respeito da liberdade política, mas sim às de Maquiavel: "Para Maquiavel, a questão não era tanto saber se alguém amava mais Deus do que o mundo, mas sim de saber se alguém era capaz de amar mais o mundo do que a si mesmo. Esta sempre foi a questão central para aqueles que são, de fato, políticos. As objeções de Maquiavel à religião se dirigiam geralmente aos que amam a si mesmos, ou seja, amam sua própria salvação mais do que o mundo; elas não se dirigem, ou em geral não se dirigem àqueles que realmente amam a Deus mais do que o mundo ou a si mesmos". ÜR, p. 366. Cf. a esse respeito também Bluhm (2011, p. 198 e ss), Förster (2009, p. 61-63) e Baluch (2014).

30 Arendt escreve: "Assim, a forma republicana de governo se afigurava desejável aos pensadores políticos pré-revolucionários, não por causa de seu caráter igualitário [...] e sim devido à sua promessa de grande durabilidade". (SR, p. 285).

b. Um prognóstico cauteloso: o cosmopolitismo republicano

Segundo Arendt, a pluralidade humana é um "fato" (WiP, p. 9), e os agentes políticos se confrontam com esse fato – queiram eles ou não, reajam a ele ou não, devam reagir a ele ou não. Em uma era globalizada, essa pluralidade se expressa em uma série de problemas e conflitos políticos que não terminam nas fronteiras do Estado, são bastante capazes de afetar a ordem política e legal de outros Estados e preocupar a humanidade como um todo. Ao pensar a respeito dos problemas dos refugiados e das minorias, dos conflitos Israel-Palestina, da Guerra Fria (Vietnã, Camboja, Hungria) etc., Arendt reflete também sobre essa realidade política do século XX. Mas a humanidade só se torna um conceito político quando são criadas estruturas políticas em que essa realidade possa ser expressa. Dentre os exemplos específicos, certamente podemos mencionar suas reflexões a respeito do estabelecimento de uma Corte Criminal Internacional (EJ, p. 292-293), de uma confederação europeia,[31] do direito a ter direitos e da institucionalização de uma ordem econômica justa e não exploradora.[32]

Sua contribuição mais importante, no entanto, é certamente a reinterpretação do próprio político, que está diretamente vinculada à experiência da fundação da república americana. Arendt está convencida de que a fundação dos Estados Unidos contém "de fato uma instrução para a organização política da humanidade".[33] A soberania do Estado-nação é substituída por uma rede federal dotada de diferentes centros de poder no interior da qual todas as comunidades permanecem relacionadas umas às outras em todos os momentos

[31] Cf. também a esse respeito seus comentários nos seguintes textos publicados em *Compreender*: "As relações exteriores na imprensa em língua estrangeira" (Arendt, [1944] 1994b, p. 100-104), "A política do poder triunfa" (Arendt, [1945] 1994c, p. 156f) e a "Palestra na Rand School" (Arendt, [1948/1949] 1994d, p. 222f).

[32] Ver ESJS (p. 699-736) e os comentários de Birmingham (2006, p. 141 e ss).

[33] DT, p. 131. Eu discordo da visão de Stefan Ahrens, segundo a qual a experiência da fundação não pode, para Arendt, ser generalizada teoricamente (ver Ahrens, 2005, p. 262). Na fundação dos Estados Unidos e de sua república, Arendt não se limita a identificar um novo tipo de racionalidade política em contraposição às versões *raison d'État* ou de partidos político do Estado-nação europeu.

e em todas as questões políticas.[34] Tal federação, "cuja estrutura interna predeterminava sua forma [...] a uma ampliação constante, cujo princípio não era o expansionismo nem a conquista, e sim a combinação continuada de poderes" (SR, p. 220), estabelece o direito a ter direitos ao mesmo tempo localmente e globalmente. Localmente porque é onde o direito a ter direitos ganha sua forma e seu conteúdo específicos. Globalmente porque esse direito é uma expressão do fato de que o poder e a racionalidade de toda a ordem estão baseados na possibilidade de cada pessoa falar dentro dela. Isso coloca um fim à nacionalização da cidadania, incluindo suas construções correspondentes de identidade e solidariedade. Nessa organização política da humanidade, o direito a ter direitos se tornou a condição de possibilidade da liberdade política. Sob tais condições, a promessa dos direitos humanos, ou seja, a garantia de um lugar neste mundo para cada pessoa, não mais seria contrária às estruturas políticas estabelecidas, e passaria a ser, ao contrário, sua expressão genuína. Ao mesmo tempo, o conceito de direitos humanos se altera: o indivíduo não é mais protegido como um ser humano abstrato e individual, mas como cidadão do mundo. Os direitos humanos se tornam direitos de cidadãos do mundo, o que contém, por definição, a "pluralidade dos próprios seres humanos".[35] Esse é o cerne do republicanismo cosmopolita de Arendt. Ela não traz nenhum argumento moral com validade universal a respeito de qual direito deve-se ter para que se possa exigir tal organização política da humanidade. Em vez disso, a autora se baseia em uma narrativa política que pretende tornar claro e dar sustentação à afirmação de que a exclusão produz impotência. Na seção seguinte, olharemos mais de perto para o tipo de racionalidade política que Arendt considera existir na estrutura sistêmica da república norte-americana. Ao mesmo tempo e por esta via, serão produzidas mais evidências para sustentar a tese segundo a qual, para Arendt, uma prática política bem-sucedida significa um tipo de política estruturada.

[34] Não deve haver confusão entre isto e o ceticismo de Arendt com relação a um governo mundial. Ela inclui a ideia de um governo mundial na tradição do pensamento dedicado ao Estado constitucional continental europeu. Em sua visão, a ideia de um governo mundial completa o conceito de estrutura hierárquica da comunidade política. Em um mundo organizado de tal maneira, segundo o cenário de horror concebido por Arendt, todo o poder e a violência seriam monopolizados e todos os meios para escapar seriam bloqueados.

[35] ETH (p. 604).

B — Do juízo às regras procedimentais do político

A condição de possibilidade do juízo é a presença do outro, o público.
Hannah Arendt, *Denktagebuch*, agosto de 1957

A fundação teórica da compreensão arendtiana de racionalidade política é fornecida pelo conceito de "mentalidade alargada" (Kant, 2001, p. 158), retirada da *Crítica do juízo*, de Kant. A "mentalidade alargada" dos "juízos reflexivos" (Kant, 2001, p. 294) descreve uma forma de racionalidade que difere tanto da racionalidade material do governante weberiano quanto da racionalidade formal da elite jurídica. Apesar das diferenças entre a racionalidade formal – que exige do servidor público weberiano apenas a identificação correta do tema a ser negociado – e o governante – que, em contraste, recorre ao "juízo determinante" (Kant, 2001, p. 293) para estabelecer a relação entre a situação específica e o cânone racional da *raison d'État* – as duas atividades do espírito recebem uma regra geral sob a qual subsumem o caso específico a ser julgado.[36] Não existe tal regra geral no caso do juízo reflexivo. A validade do veredito não pode ser determinada por um ponto de vista supostamente imparcial e localizado fora do debate político, mas apenas por um ponto de vista formado por todos os demais pontos de vista em relação uns com os outros. Segundo Kant, para alcançar o juízo, e à medida que se permanece no nível individual, é preciso convocar certa disposição, certa abertura a esta

[36] Weber concebe os funcionários públicos do judiciário como uma "máquina de parágrafos" (PuR, p. 323). Deixando completamente de lado o aspecto antiquado dessa afirmação, sobra a exigência de que o servidor público do judiciário weberiano tenha "raciocínio lógico" (CH, p. 214), que seja capaz de colocar no primeiro plano a identificação correta. Em contraste, o governante deve demonstrar aquilo que, segundo Kant, se chama "juízo determinante". Diferentemente do raciocínio lógico, juízos determinantes sempre operam em um espaço sem peso, pois as relações a serem estabelecidas entre o geral e o particular não são de modo algum óbvias para o juízo determinante. É precisamente por isto que a responsabilidade do governante é não apenas maior que a dos funcionários públicos, mas é também de natureza completamente diferente. O erro procedimental é o outro lado do erro do juízo político. As ideias de Arendt a respeito do político, em contraste, se distanciam da *raison d'État* e, assim, se distanciam também de qualquer ideia de objetividade geral em política.

"operação de reflexão" (LFPK, p. 88) – Kant chamava essa disposição de "satisfação inativa" (*untätiges Wohlgefallen*) (Kant citado segundo LFPK, p. 23). Assim, essa "operação de reflexão" garante um tipo de "imparcialidade" (LFPK, p. 88) diferente da proposta por Weber. Imparcialidade com relação a eventos e ocorrências na esfera política significa, portanto, que se aspira a uma posição resultante do contexto desses próprios eventos e ocorrências (cf. Vollrath, 1979b, p. 62 e ss; 1979c, p. 103 e ss).

Em sua interpretação da teoria kantiana do juízo, Arendt desenvolve um tipo novo e diferente de racionalidade política. Neste capítulo, mostrarei que, na visão de Arendt, esse outro tipo de imparcialidade e de racionalidade na esfera política é realizada precisamente no (e pelo) agir político institucionalizado. Instituições políticas podem contribuir para a difusão deste novo tipo de racionalidade política sempre que seus procedimentos internos estiverem estruturados no sentido da operação de reflexão.[37]

Contudo, se permanecermos por um momento no nível individual e desenvolvermos em detalhes esses procedimentos internos, veremos que a imparcialidade é alcançada quando se permite que os pontos de vista dos outros fluam para dentro da opinião que se tem. Pessoas que julgam se libertam da concentração em si mesmas, da concentração em suas condições privadas de vida e consideram outras possíveis visões a respeito do mesmo tema. Para ser capaz de visualizar – pelo menos mentalmente – as outras perspectivas, é preciso uma operação de imaginação: tornar presente aquilo que está ausente. Para chegar ao juízo, é preciso também, ao lado da operação de imaginação, uma operação de reflexão, que se divide em duas fases. No início do processo de julgar, os "sentidos internos" (LFPK, p. 85), que são o âmago da subjetividade, fazem uma distinção: isto me agrada ou não. O sentido interno que conduz a essa distinção se chama gosto. Mas é possível aprovar ou desaprovar o gosto ou desgosto sentido, ou seja, o próprio gosto

[37] Embora Ernst Vollrath não dê o passo que aqui sugiro, ou seja, não localize as regras de procedimento dentro das próprias instituições políticas, mas, ao contrário, desenvolva o julgar apenas como um conceito (individual) de sabedoria prática, ele claramente enfatiza o caráter procedimental do julgar (ver Vollrath, 1987, p. 279) e assim me serve como fonte de inspiração neste caso.

está submetido à aprovação ou à desaprovação.[38] Mas como se pode decidir entre aprovação e desaprovação em matéria de gosto? O critério para aprovação ou desaprovação é sua "comunicabilidade" (LFPK, p. 53). Deve-se oferecer um relato – não uma prova —, deve-se ser capaz de dizer por que se chegou àquela opinião. A medida da comunicabilidade é o *sensus communis*:

> É a este *sensus communis* que o juízo apela em cada um, e é esse apelo possível que confere ao juízo sua validade especial. O *isto me agrada ou desagrada* que, na qualidade de sentimento, parece ser totalmente privado e incomunicável, está na verdade enraizado nesse senso comunitário e, portanto, aberto à comunicação uma vez que tenha sido transformado pela reflexão, que leva em consideração todos os outros e seus sentimentos. Esses juízos nunca têm a validade das proposições cognitivas ou científicas, que, propriamente falando, não são juízos. (LFPK, p. 93).

Ao julgar, abandona-se o egoísmo do gosto e leva-se em consideração os sentimentos, opiniões etc. das outras pessoas. Encontramos assim algo não subjetivo no meio do sentido que é aparentemente sempre privado e mais subjetivo, o sentido do gosto, que torna possível alcançar um juízo compreensível e aceitável para os outros. Embora cada juízo retenha seu conteúdo subjetivo, supera-se, em nome do outro, o viés puramente subjetivo do gosto toda vez que se considera os possíveis juízos dos outros (ver LFPK, p. 88 e ss).

Embora imaginar esse processo do julgar possa ser suficiente para questões estéticas, este certamente não é o caso em questões políticas. A separação entre sujeito e objeto – aqui o juiz; ali a imagem – não pode ser garantida em questões de coexistência humana. Sem a confrontação com a opinião específica do outro, o objeto das reflexões políticas perde sua consistência. Nessa linha, Arendt escreve: "Pois a realidade em que vivemos precisa da linguagem para que sua influência sobre nós sobreviva ao momento da experiência vital; ela precisa de discurso e revelação, de comunicação com os outros para que

[38] Segundo Arendt, esta é a diferença entre gosto e juízo, ou seja, entre as afirmações "isto me agrada" e "isto é belo". Quando não é possível dar os motivos pelos quais se gosta de algo, este algo permanece agradável, mas não belo – o adjetivo "belo" já indica uma convocação do acordo do outro.

prevaleça como realidade" (DUR, p. 35 – ênfase minha).[39] Para formar juízos em questões políticas, é preciso abordar opiniões concretas dos outros. A variedade de perspectivas é necessária para que seja possível a concordância a respeito do que é o mundo enquanto tecido humano de relações (geral) e do que é a esfera pública (particular). Arendt argumenta que a realidade é condicionada por duas coisas: sem a diversidade de perspectivas de pessoas diferentes, não é possível, de modo algum, concordar a respeito do que é o mundo; além disso, é necessário que o indivíduo represente seu ponto de vista no mundo – se as pessoas permanecerem em silêncio, a realidade permanece desprovida de mundo. Quando referida à esfera política, as afirmações a respeito da realidade sugerem a necessidade de um espaço institucionalizado em que a aparência das pessoas seja garantida. Esses espaços devem ser desenhados de tal maneira que, no processo de formação de opinião, eles acolham precisamente aqueles princípios que caracterizam a "racionalidade do juízo" (Vollrath, 1987, p. 253).

Arendt viu essa racionalidade de uma "política do juízo" (Howard, 2001, p. 25)[40] ser efetivada em espaços discursivo-democráticos, tais como os conselhos, seções, sociedades populares e câmaras municipais (*town halls*). Contudo, se medirmos todas as ações políticas exclusivamente pelo ideal de participação direta dos cidadãos nesses espaços – deixando de lado qualquer restrição existente em seu interior – não será necessário sequer fazer uma análise crítica das ações políticas das democracias contemporâneas (caso haja a

39 Nos juízos individuais, vagueia-se mentalmente procurando pensar a respeito da posição dos outros. Arendt argumenta que isto é aconselhável sempre que se quiser compreender a "realidade do mundo" (CH, p. 61) de modo geral. Apenas aquelas coisas que "são vistas por muitos sem perder sua identidade" são capazes de nos informar a respeito da "realidade do mundo" (VA, p. 72). O discurso verdadeiro é essencial para a existência contínua desta realidade e, assim, para o debate político dentro dela. Cf. também Curtis (1999, p. 23-65).

40 Por meio de uma análise decidida da fundação dos Estados Unidos, Howard procura mostrar que "uma nova maneira [...] de pensar a respeito da experiência política" (Howard, 2001, p. 25) se formou nas instituições da república americana. Alinhado a Howard, eu também não equiparo o juízo ao "poder de tomar decisões conferido à Suprema Corte ou a alguma outra instituição de governo" (Howard, 2001, p. 25), embora considere haver, no primeiro caso, um tipo diferente de racionalidade política.

esperança de extrair da crítica algum valor institucional adicional). Nenhuma democracia parlamentar moderna jamais será capaz de sequer chegar perto de atingir o ideal de racionalidade descrito por Arendt em suas reflexões a respeito dos conselhos e dos encontros nas câmaras municipais (*town halls*). Sob tais premissas, o resultado é claro antes mesmo de a análise se iniciar. A intervenção crítica nas questões políticas cotidianas seria estranhamente alienada do mundo, já que não refletiria sobre as condições.[41] Arendt jamais trilhou esse caminho. O critério de qualidade em seu pensamento político é sua "presentidade". Isso se torna evidente em sua análise do sistema político dos Estados Unidos, pois ela não é uma mera comparação simples entre ideal e realidade. Muito pelo contrário: Arendt certamente vê esta racionalidade de uma política do juízo estabelecida nas instituições da república americana, como o senado, a suprema corte ou as convenções (*caucuses*), e também na estrutura do sistema político – o princípio do federalismo, a divisão de poderes e o papel do judiciário. É precisamente essa racionalidade que Arendt considera ameaçada pelos deslocamentos no sistema, pelo abalo e pela perda do poder e da autoridade por parte das instituições políticas. Em outras palavras, a sua análise critica ao mesmo tempo que afirma a política e a revolução americanas. Ela é afirmativa no sentido de que a análise da república americana é a força que está por trás do desenvolvimento de um novo tipo de racionalidade, uma racionalidade que Arendt opõe à concepção dominante de política e formação do Estado (*statehood*) na Europa continental. A autora é crítica no sentido de que mostra onde e em que medida os Estados Unidos abandonaram essa racionalidade. Mostrarei em seguida que esse novo tipo efetivamente se refere também à racionalidade do juízo – até o momento, apenas afirmei que é assim. Mostrarei ainda que Arendt identifica procedimentos de

---

[41] Este também é o teor da crítica certeira de Wellmer a Villa: a interpretação heideggeriana do conceito arendtiano de política que reduz a política ao evento em momentos revolucionários conduz, segundo Wellmer, à "despolitização do conceito arendtiano de político". Pois esse conceito perderia assim toda "conexão reconhecível com as experiências e possibilidades inerentes à vida cotidiana de sociedades democráticas complexas: a política se tornaria o *outro* do político tal qual conhecemos" (Wellmer, 2005, p. 226 e ss). Os resultados certamente seriam muito similares se conselhos e as câmaras municipais (*town halls*) fossem as únicas formas verdadeiras do político.

interação política nos três níveis[42] – no interior das instituições democrático--discursivas, entre instituições do sistema político e entre o sistema político e a sociedade civil/esfera pública – em que se realiza o conteúdo racional do juízo precisamente devido a suas regras e normas subjacentes.

i. Racionalidade política no interior das instituições

Na visão de Arendt, os conselhos e as sociedades populares são as instituições paradigmáticas dos espaços discursivo-democráticos: Arendt é favorável a esses espaços de troca de visões políticas e de formação de juízos precisamente porque é neles que se encontra a maior aproximação com o ideal da racionalidade política do juízo. Isso se torna claro quando olhamos para suas reflexões a respeito da Revolução Húngara. Da maneira hiperbólica que lhe é própria, Arendt afirma que, nos diferentes conselhos da Revolução Húngara, "a voz do povo" foi ouvida "sem a adulteração promovida pelos gritos da ralé e pela discussão dos fanáticos" (DUR, p. 46). Por quê? Como esse tipo de purificação é possível? Ela só é possível quando certas regras forem seguidas durante a formação da opinião, regras que garantem uma troca de opiniões abrangente. Em *Sobre a revolução* Arendt afirma, nessa linha, que "uma formação *razoável* de opinião" (ÜR, p. 303 – ênfase minha) pode ocorrer apenas onde pessoas podem se juntar livremente, onde podem aparecer em pessoa, defender seus pontos de vista a respeito de um tópico específico e ter o direito de tornar públicas as suas visões.[43] Apenas quando as pessoas podem testar suas opiniões e estão abertas às de outros é que se pode falar em genuína formação política de opinião e de juízo (ver ÜR, p. 290 e ss)

---

[42] Na verdade, Arendt indica quatro níveis: ela argumenta que a peculiaridade da Revolução Americana está no fato de ela ter tanto convertido tratados de política exterior em leis domésticas quanto apelado ao "tribunal mundial para justificar" (ÜR, p. 166) suas decisões. Na minha visão, não é exatamente claro o que Arendt pretende dizer nesta segunda parte, sobretudo porque as decisões judiciais tomadas pelas mais altas cortes estrangeiras são desprezadas pela tradição legal americana. Outras cortes supremas certamente justificam vereditos referindo-se à prática legal internacional.

[43] Ver Arendt ([1964] 2000e, p. 350) e também as reflexões a respeito da "verdade subjetiva" (Arendt, [1964] 2000e, p. 352).

Jeremy Waldron apontou para o fato de que tal modo de ação política nunca pode funcionar sem certas regras, o que efetivamente estabelece a diferença entre política estruturada e todas as formas de "erupção indiferenciada de opinião de massa em um contexto extraparlamentar que tanto perturbou Arendt". Por esse motivo, afirma Waldron, ela também deve estar preocupada com essas "regras básicas do procedimento político" que determinam, por exemplo

> como debates são iniciados e concluídos; quem tem o direito de falar, com que frequência e por quanto tempo; quem pode interromper, quem pode exigir resposta a uma pergunta, quem tem direito a réplica; como um senso comum de prioridades pode ser mantido; como a deliberação se relaciona aos poderes de resolução e ação na comunidade. (Waldron, 2005, p. 210).

Apenas um processo político de formação de opinião baseado em regras desse tipo permite e garante igualdade no processo político de negociação. Se olharmos para a obra de Arendt a partir dessa perspectiva, fica claro que é precisamente esse aspecto da auto-organização política que ela enfatiza por meio dos conselhos revolucionários, das sociedades populares etc. Por exemplo, ela se refere ao fato de que, na fase inicial da Revolução Francesa, era possível ver claramente "nos estatutos de uma das seções de Paris [...] *como* as pessoas se organizavam". Neles, os compromissos do "presidente e do vice-presidente [são regulados] (quatro secretários, oito censores, o tesoureiro e o arquivista)". A "frequência das seções" é determinada e as mudanças no gabinete são monitoradas. Os estatutos estipulam que cada opinião será "conscienciosamente respeitada" e que a pessoa que está falando "não pode ser interrompida sob nenhum pretexto": se "ela divaga ou se torna enfadonha, os ouvintes se levantam. Uma vez que seis pessoas tenham se erguido, o presidente deve consultar a assembleia" (UR, p. 311; ver também SR, p. 306). Em todos estes espaços discursivo-democráticos, questões relativas à implementação concreta da "liberdade, igualdade, unidade e indivisibilidade da república" foram abordados. Havia um interesse constante em "discutir as leis a serem promulgadas, obter esclarecimento a respeito das leis existentes, fiscalizar o serviço público". Membros deveriam "esclarecer seus concidadãos a respeito dos verdadeiros princípios da constituição e colocar a constituição sob a luz do público" (ÜR, p. 307). Essas normas procedimentais só podem ser consideradas seguras se baseadas em uma ordem legal; na verdade, elas já implicam tal ordem. Esse é o motivo pelo qual Arendt afirma que os participantes das sociedades populares e das seções sempre se referiam à "constituição imperecível" e – algo muito singular na França – chamavam a constituição de "sagrada" (ÜR, p. 312).

Arendt não se esforçou muito para desenvolver extensamente essas normas procedimentais que uma formação razoável de opinião deveria manter. A principal razão para isso é provavelmente o fato de a maior parte de suas reflexões a respeito do juízo estarem direcionadas à pessoa, ao indivíduo. Para Arendt, o julgar é acima de tudo um conceito de prudência.[44] Uma parte significativa de seu pensamento político está baseado na ideia de que pessoas judiciosas se juntem livremente em pequenos grupos, como conselhos, seções, sociedades populares ou câmaras municipais (*town halls*), e, baseando-se em discurso direto e imediato entre elas – *quase que por conta própria* –, observem essas regras que permitem uma discussão expressa de "maneira justa, completa e pacífica" (SR, p. 297). Por essa via, a racionalidade política resulta de indivíduos judiciosos, não de instituições.

Arendt afirma, no entanto, que os americanos falharam na institucionalização constitucional desses conselhos de vilas e cidades. Na visão de Arendt, os americanos perderam assim o pilar central do "espírito da revolução" (ÜR, p. 277). Na era das sociedades modernas de massa, essa perda se traduz em conformismo ou massificação política. Arendt cria a expressão "estranhamento com o poder" (*Machtfremdheit*) para indicar esse fenômeno, enfatizando assim que o juízo dos cidadãos se baseia em experiência e pode rapidamente se esgotar caso não existam as possibilidades correspondentes de participação política. Segundo Arendt, massificação e conformismo

---

[44] Vollrath afirma que, em uma conversa com ele, Arendt disse que o juízo é uma "antiga prudência" (Vollrath, 1987, p. 257) que deve ser simplesmente reconstruída. Hoje está claro para Vollrath que o juízo representa um novo início devido a sua natureza radical e, assim, ele agora a chama de "nova prudência" (Vollrath, 1987, p. 256). Helgard Mahrdt, em seu recente *Phronesis bei Aristoteles und Hannah Arendt* [*Prudência em Aristóteles e Hannah Arendt*], também acredita que a "solução [está] na *atitude*" da pessoa (Mahrdt, 2007, p. 598). Tenho dúvidas, contudo, quanto à possibilidade de sentir a força do juízo para o político caso o tomemos apenas como conceito de prudência.

são perigosos porque guardam "elementos e tendências totalitárias" (ETH, p. 530) e, portanto, podem solapar a estabilidade e a ordem da comunidade.

Com a mesma frequência que detectamos ideias que enfatizam as possibilidades de participação direta, encontramos também comentários que enfatizam precisamente a composição estrutural de uma comunidade bem-sucedida. Por exemplo, uma ideia chave no pensamento de Arendt a respeito do totalitarismo é a de que se deve à "estrutura política" (ETH, p. 533) o fato de que nenhum movimento de massas antidemocrático tenha se estabelecido com significado político efetivo nos Estados Unidos ou no Reino Unido – ao contrário da Europa continental. Isso ilustra claramente que a racionalidade política específica da república americana não pode ser encontrada apenas ao nível da participação pequena e direta dos cidadãos, e que o juízo também é produzido pela composição estrutural e institucional do sistema político.

O problema é que Arendt, em seus comentários e referências ao juízo, não distingue adequadamente entre o juízo de um indivíduo, o juízo de conselhos e seções, os processos de formação de opinião e de juízo nas arenas de tomada de decisão parlamentares – tradicionalmente conhecidos como fazer política democrática – ou os juízos do judiciário. Por que se pode falar em julgar e juízo em todos esses casos? Permanece completamente aberta a questão a respeito do que a racionalidade do juízo individual tem em comum com a do pequeno grupo, a do parlamento e a da suprema corte. Esta passagem ilustra bem o quão obscuro e inconsistente é o uso dos termos "opinião" e "juízo" por Arendt:

> Neste esquema, é evidente que a opinião e o julgamento fazem parte das faculdades da razão, mas o cerne da questão é que essas duas faculdades racionais, as mais importantes em termos políticos, tinham sido negligenciadas quase por completo na tradição do pensamento político e do pensamento filosófico. É claro que não foi um interesse filosófico ou teórico que levou os homens da revolução a tomar consciência da importância dessas duas faculdades. [...] O que permitiu aos Pais Fundadores ir além do quadro estreito e tradicionalista de seus conceitos gerais foi o desejo premente de assegurar estabilidade à sua nova criação e de estabilizar todos os fatores da vida política dentro de uma "instituição duradoura". (SR, p. 291 e ss – ênfase minha).

No contexto de nossa discussão, essa passagem é reveladora por dois motivos: primeiro, ela sublinha o fato de que a República Americana foi capaz de estabelecer o juízo institucionalmente, ou seja, no sistema político. A racionalidade do juízo deixa de ser uma questão apenas para indivíduos ou conselhos locais. Em segundo lugar, contudo, a forma de separar opinião e juízo é confusa. Na minha visão, essa separação expressa o fato de que os diferentes fios que percorrem toda a obra de Arendt e formam uma política do juízo não foram unidos. Pois, embora essa separação entre opinião e juízo reflita algo central – a saber, a distinção entre as esferas do político e do direito – ela não faz sentido quando consideramos que "não podemos nos mover na esfera política sem julgar, pois o pensamento político se baseia essencialmente no juízo" (WiP, p. 19). As inúmeras críticas e controvérsias presentes na literatura secundária começam com essa contradição entre juízo jurídico, que sempre julga uma questão retrospectivamente, e juízo político, que olha para o futuro. Essa contradição surge porque a reflexão filosófica de Arendt – começando com a ideia de participação direta do indivíduo – concebe o juízo primeiramente como um conceito de prudência. Até certo ponto, seu pensamento filosófico a respeito do juízo claudica por trás da natureza radical de seu pensamento político, uma vez que na concepção de juízo Arendt presta mais atenção para a pessoa judiciosa do que para aquilo que acontece entre as pessoas. Caso tivesse colocado maior ênfase sobre o procedimento metodológico e seus princípios, em vez de focar na atitude pessoal de quem julga, ela não teria terminado nesse beco sem saída formado por juízos retrospectivos e prospectivos.[45] Pois cabe apenas a esses princípios procedimentais reivindicar que o processo de formação de opinião – no indivíduo, nos conselhos, no parlamento ou na suprema corte – forme a racionalidade política do juízo. Não há dúvidas de que os procedimentos sejam executados de maneiras diferentes nos diferentes níveis.[46] E, no entanto, apenas

---

[45] Para esse debate, ver Beiner (1985, p. 176). Posições distintas são formuladas por Hermenau (1999), Saavedra (2002) e Opstaele (1999) dentre outros. Para um panorama, ver Volk (2005, p. 79 e p. 112).

[46] Ao nível do indivíduo, assim, é apropriado falar de princípios procedimentais quando se elabora um juízo, pois o termo "princípio" já contém uma referência à maneira pela qual o indivíduo aborda ou inicia seu juízo. Ao nível em que diferentes pessoas se unem e julgam juntas, pode-se falar em normas procedimentais que são seguidas na formação do juízo.

o processo político de formação de opinião que se orienta pelo "princípio" do "procedimento metódico" (Vollrath, 1987, p. 271) do juízo chega perto do ideal de uma "mentalidade alargada".

Nos conselhos, seções e sociedades populares descritos por Arendt, essa racionalidade política é desenvolvida de tal forma que o conteúdo da operação da imaginação garante que cada pessoa nesses espaços políticos institucionalizados possa ter voz, expressar sua opinião livremente e informalmente, e ouvir outras opiniões. A presença de outros e a obrigação de justificar imposta por essa presença fazem com que cada pessoa esteja obrigada a explicar sua posição com razões verossímeis e, por esses meios, convencer. As opiniões são orientadas pelo critério da comunicabilidade, e, como a medida da comunicabilidade é o *sensus communis*, essas opiniões devem ser capazes de ser aceitas por uma maioria e não devem questionar as regras gerais da troca de opiniões. Em suma: politicamente, *sensus communis* quer dizer habilidade para alcançar uma maioria em conformidade com a constituição – e não apenas em comunidades pré-políticas como aquelas que vêm à mente quando se pensa em associações locais e conselhos de vila ou de cidades. A imparcialidade do juízo, ou seja, a aspiração de que o juízo represente a posição assumida por todas as demais posições em relação umas às outras, se realiza por meio deste modo de agir e falar segundo o princípio. Em outras palavras, a imparcialidade é o espírito que prevalece nesses espaços discursivo-democráticos e que devem garantir ao juízo a possibilidade de reivindicar "validade geral subjetiva" (Kant, 2001, p. 63) – ou, como sugere Benhabib, "validade intersubjetiva" (Benhabib, 1995b, p. 146).

Os espaços formados segundo os princípios do juízo racional garantem formação razoável de opinião, mas são evidentemente dependentes da formação de juízos no interior da comunidade.[47] Por esse motivo, Arendt

Se um grupo, uma seção ou um conselho foi estabelecido, pode-se falar em regras procedimentais. Dentro de uma comunidade e ao nível de cada instituição política, essas regras procedimentais são garantidas legalmente, ou seja, se tornaram normas legais e agora se encontram legalmente positivadas nos estatutos concretos e nas provisões procedimentais.

[47] Em *Kultur und Politik* [*Crise na cultura*, na edição brasileira], Arendt reflete sobre a relação entre uma cena cultural intacta (música, arte etc.) e a formação do juízo. Ver, a este respeito,

também descreve esses espaços discursivo-democráticos como uma "escola do povo" (ÜR, p. 302).[48] Ao participar desses espaços, o indivíduo desenvolve sua capacidade individual de julgar e pratica o pensamento político – como o julgar não pode ser aprendido, mas apenas praticado, o termo "escola" vinculado ao juízo é um tanto infeliz (ver Kant, [1781] 1998, p. 236 e ss). Os maiores riscos a estes processos de formação de opinião e juízo nas sociedades capitalistas modernas são a massificação e o conformismo. Indubitavelmente, o engajamento político de cada indivíduo é uma arma poderosa contra isto (ver, a este respeito, Tocqueville, [1835] 2002, p. 489-492). Por mais que a política discursivo-democrática dependa da cultura política, essa cultura política não está separada das estruturas político-jurídicas na formação de opiniões e julgamentos. Arendt enfatiza, nessa linha, que os espaços políticos institucionalizados são parcialmente (não inteiramente) dependentes da capacidade individual do juízo. Devido aos seus estatutos, instituições político-democráticas asseguram procedimentos pelos quais a racionalidade do juízo pode ser formada. Isto mostra claramente por que Arendt considera os conselhos, as sociedades populares, as seções etc. como "órgãos da ordem" (SR, p. 329).[49] Pois uma ordem política se caracteriza precisamente por estar conectada à vida concreta dentro da sociedade e, ao mesmo tempo, desenvolver estruturas que ajudam a regular a vida política emancipando-a – parcialmente – de humores, visões etc. Nessa linha, Arendt escreve:

> Caso se tivesse tomado nota da história dos conselhos, os velhos ditados sobre as tendências anárquicas e sem lei do povo teriam rapidamente chegado ao fim, pois sempre que os conselhos apareceram em cena, e sobretudo na

---

o que a autora escreve sobre "socialização da cultura na cultura de massas" (Arendt, [1958] 2000d, p. 278). Em *Die Krise der Erziehung* [*A crise da educação*], ela reflete sobre a relação entre sentimentos políticos de responsabilidade e o tipo de educação. Em sua visão, esta crise na educação não é nada menos que uma crise no senso comum (Arendt, [1958] 2000c, p. 259 e ss).

48 Cf. a este respeito as ideias de Tocqueville acerca do sistema comunal nos Estados Unidos (Tocqueville, [1835] 2002, p. 57).

49 Karl-Heinz Breier enfatiza o aspecto da ordem no pensamento de Arendt, mas o aborda unilateralmente – não dialeticamente – na direção de "experiência, atitude e [...] hábitos cotidianos" (Breier, 2001, p. 132).

> Revolução Húngara, eles prontamente se preocuparam com a reorganização da vida política e econômica; e nada era-lhes mais distante do que saudar o caos, nada estava mais junto ao coração do que estabelecer o mais rapidamente possível *uma nova ordem política*. (ÜR, p. 349 – ênfase minha; ver também SR, p. 339).

Assim, os conselhos, as sociedades populares etc. descrevem a "fisionomia do único sistema democrático" (DUR, p. 46), mas descrevem também um procedimento para a formação de opinião e juízo. Embora a "trágica omissão" (SR, p. 298) da Revolução Americana esteja no fato de as câmaras municipais (*town halls*) não terem sido constitucionalmente institucionalizadas como arenas de ação política, o modo de formação razoável de opinião sobre o qual elas se baseiam não desapareceu do sistema político como um todo. Seja nas convenções (*caucuses*), seja como membro do júri no tribunal – o "último vestígio de participação cidadã ativa na república" (SHA, p. 140) – permanece para o *cidadão normal* a oportunidade de tomar parte, de influenciar ativamente e diretamente – não apenas na privacidade da cabine eleitoral – a vida política do país, ainda que no nível mais baixo do sistema. Essas duas formas apontam para a racionalidade da ação e do discurso políticos no sentido do juízo (ver PRPI, p. 104).

Apesar dessas formas importantes, mas bastante periféricas, Arendt está convencida de que o senado e a suprema corte são as "instituições americanas da liberdade" (Arendt, [1964] 2003e, p. 260). O que torna essas instituições tão especiais para o processo político é que elas evitam um "caos das opiniões sem representação e sem purificação" (SR, p. 289). Isso só pode ser alcançado com base nas regras procedimentais que prevalecem em ambas as instituições. Essa forma de produzir racionalidade pode ser vista muito bem na sua descrição do Senado. Para mediar suas diferenças e conflitos, a variedade de opiniões dominantes na arena política é levada à mediação de um corpo de homens, o senado.

> Não é que estes representantes de opinião – os senadores – sejam, eles próprios, tomados como indivíduos, *sábios* ou mais sábios que seus concidadãos, mas eles foram eleitos e reunidos e uma instituição cujo sentido é o de assegurar na vida política um lugar para a *sabedoria possível em assuntos políticos;*

> *e a própria instituição leva em conta as condições impostas pelo caráter falho e questionável da sabedoria humana.* (ÜR, p. 293 – ênfase minha).

Dois aspectos dessa citação interessam para nossa discussão. O primeiro é que Arendt fala em uma "sabedoria", não em equilíbrio de interesses. Sabedoria, contudo, expressa uma racionalidade política cuja realização é o "sentido" de toda a instituição. Na esfera política, sabedoria não pode significar outra coisa que não seja juízo. Contudo, e em segundo lugar, esse juízo não está vinculado às pessoas no interior da instituição, os senadores, mas à própria instituição. Acontece que a afirmação de que o juízo está vinculado à instituição só tem sentido se a troca política de opiniões no interior dessas instituições estiver baseada nas normas procedimentais necessárias ao desenvolvimento da racionalidade do juízo. Do contrário, todo o processo político dependeria de fato apenas da integridade dos representantes. Em outras palavras, para Arendt a racionalidade política do juízo também se realiza em alguma medida ao nível das instituições do sistema político dos Estados Unidos. As regras no processo político garantem a troca de opiniões diferentes e evitam que as leis sejam criadas por uma "opinião pública histérica e unânime [...] que significaria a morte de todas as opiniões":

> Tecnicamente falando, a alternativa a uma diversidade purificada e representada de opiniões é o plebiscito, que de fato corresponde muito de perto ao domínio da opinião pública. E assim como a opinião pública é, na verdade, a morte de todas as opiniões e da formação de toda opinião, também o plebiscito é a morte do direito ao voto, que confere aos cidadãos pelo menos o direito de escolher e controlar o governo. (ÜR, p. 294; ver SR, p. 289).

Para Arendt, tanto o ideal dos espaços discursivo-democráticos quanto o do parlamentarismo americano se revertem por fim no princípio da maioria (ver SR, p. 214). Da sua perspectiva, isso não é uma desvantagem nem um déficit do processo político, mas, antes, a realização da igualdade política e da democracia: *Uma pessoa, um voto!* Contudo, deve-se garantir – e aqui vemos a atitude antipartidária, mas não antiparlamentarista, de Arendt (ver DUR, p. 42) – que a maioria seja formada novamente a cada tema; disto resulta que a formação da opinião não pode ser determinada por qualquer forma de coerção partidária, e que não deve ser possível à maioria remover antecipadamente certas opiniões da futura troca política de opiniões. Também aqui a questão está em postulados procedimentais, que só podem ser alcançados com base em regras (legalmente asseguradas). Mas a importância determinante do princípio da maioria para a decisão faz com que, ao mesmo tempo, a "política do juízo" não possa ser completamente independente do juízo político individual do cidadão. Apesar da enorme e definitiva importância das regras procedimentais democráticas para tornar real uma política do juízo, a formação de opinião e juízo razoáveis também depende da cultura política da comunidade.

ii. Racionalidade política entre instituições

Segundo Arendt, a racionalidade da ação política não se realiza apenas nas instituições acima mencionadas, mas também na relação entre as instituições. Como pretendo examinar especificamente a relação entre a esfera da lei e a da política, concentrarei meus breves comentários primeiramente nos poderes legislativo e executivo.

Idealmente, Arendt imagina uma estrutura sistêmica em que os diferentes espaços discursivo-democráticos estejam "em relação um ao outro [...] e elejam do seu meio representantes para órgãos governamentais mais altos [...] até o conselho nacional supremo, que é de alguma forma similar ao governo do Estado" (DUR, p. 46). Ao lado da convicção de que apenas a participação é capaz de reverter as consequências negativas da massificação política, encontramos a ideia de que a racionalidade política deve ser garantida por estas relações entrelaçadas. Arendt delineia a gênese dessa racionalidade em uma entrevista concedida a Adelbert Reif:

> Mas também pode acontecer uma *formação razoável de opinião* por meio de uma troca de opiniões com apenas dez pessoas sentadas à mesa, cada uma dando sua opinião e ouvindo a das demais. Da discussão pode também surgir quem de nós é mais adequado para levar nossa opinião ao conselho imediatamente superior, onde então nossa opinião, sob influência das demais opiniões, se esclarecerá ainda mais, se reformulará ou se revelará equivocada. (Arendt, [1970] 1998e, p. 132 e ss – ênfase minha).

Se nos esforçarmos um tanto para abordar o ponto argumentativo mais forte dessa passagem e deixar de lado a ideia romantizada de um círculo de dez homens,[50] veremos que existe aqui um processo de reflexão em três etapas. Em um primeiro nível, visões e atitudes individuais são transformadas em opiniões por meio da troca com os outros. Arendt omitiu esse passo na citação acima. Em seus escritos, no entanto, é óbvio que ela distingue entre uma opinião individual não discutida – a disposição, a visão ou a atitude – e uma opinião refletida e discutida. Nesse ponto a autora se concentra na formação razoável de opinião dentro do espaço discursivo-democrático, que é o segundo nível, por assim dizer. Essa troca de opiniões só pode reivindicar razoabilidade se for conduzida de acordo com os princípios discutidos em detalhe acima. No terceiro nível, a potencial racionalidade de cada espaço discursivo-democrático é agora ampliada pela mediação com outros espaços político-democráticos (seções, conselhos etc.), pois nele a opinião é esclarecida, reformulada e rejeitada como falsa, como indiferenciada, como não conforme com a constituição ou algo deste tipo. É bastante provável que o esclarecimento, a reformulação ou a rejeição de uma opinião na instância imediatamente superior deste sistema político só sejam aceitos pelo nível anterior se as regras do debate razoável e da formação de opinião tiverem sido seguidas e respeitadas também ali.

Isso que Arendt descreve aqui como uma estrutura de vários estágios na relação entrelaçada dos espaços discursivo-democráticos também pode ser encontrado, uma vez mais, nas reflexões a respeito do federalismo americano. Também nesse caso o "poder central" não elimina o poder dos estados federados, mas está, antes, em relação com eles. As dependências e interdependências dos diferentes níveis do sistema político americano não apenas criam um "conceito de poder radicalmente diferente" (SR, p. 335), que é

[50] Cf., a este respeito, a crítica de Bhikhu Parekh, segundo a qual a avaliação arendtiana das elites revolucionárias nos sistemas de conselhos é "romântica e até mesmo ingênua" (Parekh, 1981, p. 170). Canovan afirma que a ideia de conselhos em Arendt exclui do processo político especificamente os velhos, os doentes, os trabalhadores e os incapazes de se articular (Canovan, 1978, p. 19). Uma defesa da ideia de conselhos é fornecida por Heuer (1992, p. 332). Ao concentrar minha interpretação dos conselhos no aspecto da racionalidade, retiro, ao menos parcialmente, a ideia arendtiana dos conselhos da linha de fogo formada por essa crítica justificada.

diametralmente oposto ao da Europa continental, mas também um tipo diferente de racionalidade política. É crucial que Arendt, em seus escritos dos anos 1960 e 1970 a respeito da situação política nos Estados Unidos, se refira repetidamente às consequências que o "enorme crescimento do poder federal em detrimento dos direitos dos estados" (DC, p. 69) tem para a racionalidade das decisões políticas. A autora acusa os EUA de estarem se aproximando do centralismo contido no modelo europeu de Estado-nação e, portanto, se comprometendo com a ideia de soberania. Da sua perspectiva, essa ideia é questionável por uma série de motivos. Em *Desobediência civil*, por exemplo, ela se preocupa com o fato de a suprema corte estar condenada ao silêncio pela assim chamada "doutrina da questão política" (DC, p. 88), e que as leis e os decretos debatidos não possam ter sua constitucionalidade examinada.

Há ainda outro aspecto de importância decisiva para nossa discussão: Arendt alerta para mudanças no interior do sistema político que indicam o início da penetração de certo tipo de racionalidade nas operações políticas – uma racionalidade nova nos EUA, mas bem conhecida na Europa continental: a "doutrina da razão de Estado" (DC, p. 88). Sob as condições de uma sociedade capitalista moderna, afirma Arendt, essa racionalidade nova – mas muito antiga em certos aspectos – inevitavelmente conduzirá a uma política irracional. Esse aviso é dado de modo mais urgente nas reflexões a respeito dos *Pentagon Papers*: como a imagem de um governo ou de um político ganhou importância muito central nas sociedades modernas, os assim chamados "encarregados (*managers*) das relações públicas" e "resolvedores de problemas" (MnP, p. 19) exercem influência crescente em decisões políticas. Estas "formas modernas da arte de mentir" solapam um processo político de formação razoável de juízo porque criam uma "atmosfera de Alice no país das maravilhas" (MnP, p. 27). Por causa das imagens, as próprias mentiras ameaçam formar a base de decisões políticas, com o resultado de que se aterrissa, por fim, no âmbito de uma política completamente irracional, uma vez que exclui a realidade. Embora a política em sociedades modernas sempre esteja diante desse perigo, os procedimentos entre diferentes níveis do sistema político e diferentes órgãos e instituições políticas ao menos mantém certa racionalidade e ampliam as chances de que as operações políticas não sejam completamente absorvidas por essas práticas vinculadas a imagens. Caso esses procedimentos sejam contornados ou desativados por mudanças no interior do sistema político, corre-se o risco da irracionalização da política.[51] Em suas reflexões a respeito dos *Pentagon Papers*, Arendt afirma que o presidente (e com ele todo o poder executivo) se tornou "uma vítima ideal da manipulação completa" e da pressão por uma imagem exercida por gerentes de relações públicas. Ela afirma que isso deriva do corte que o poder executivo fez em suas relações com o poder legislativo do congresso. Para Arendt, "é o resultado lógico no nosso sistema de governo em que o senado está sendo privado, ou reluta em exercer, seus poderes de participação e assessoramento" (MnP, p. 18 – ênfase minha) no processo de tomada de decisões. A troca procedimental entre os diferentes órgãos do Estado é inibida, do que resulta que a racionalidade da decisão política afunda e o *embuste* se torna crônico (DC, p. 83).

Nesse contexto de fenômenos que ameaçam a ordem, tais como massificação política e conformismo, a república americana perdeu muito de seu potencial racional. Nem o federalismo, nem a qualidade do resultado político democrático são capazes de compensar essa perda. Esse é o "espinho de Arendt", que está cravado em toda democracia moderna capitalista e torna evidente que o seu pensamento é um pensamento de crise. Surge aqui, de modo claro, uma diferença entre sua filosofia política e a de Jürgen Habermas, que inevitavelmente vem à mente quando se fala em procedimentos e regras procedimentais. O filósofo alemão adota fundamentalmente uma perspectiva de legitimação teórica quando realiza suas análises da vida política cotidiana de sociedades democráticas complexas. Isso quer dizer que ele examina – e, quando necessário, critica – decisões políticas quanto à sua validade (moral).

[51] O exemplo mais urgente da irracionalização das decisões políticas fornecido por Arendt ao longo das análises dos *Pentagon Papers* talvez seja o *status* e a importância conferidos à teoria do dominó nas decisões políticas. Embora poucas pessoas na CIA e na administração tenham visto na teoria do dominó algo mais que uma simples teoria, ela se transformou em uma diretriz para ações políticas. O motivo, diz Arendt, é que ela condensa circunstâncias políticas complexas a tal ponto que se torna capaz de convencer uma massa ampla de cidadãos desinteressados por política. O problema, no entanto, é que sua mudança sistemática e o fortalecimento do executivo fazem com que essa teoria substitua a realidade política também para aqueles que têm que tomar as decisões. Arendt escreve que: "Segundo *Os Documentos do Pentágono*, 'somente a Junta de Comando, o sr. [Walt W] Rostow e o general [Maxwell] Taylor parecem ter aceito a teoria do dominó em seu sentido literal', mas o caso é que mesmo os que não a aceitaram, usaram-na, e não somente em declarações públicas, mas também como parte de suas próprias premissas" (MnP, p. 30).

Ou seja, ele está preocupado sobretudo com a normatividade moral das decisões político-democráticas. Arendt, em contraste, não está realmente engajada no escrutínio da validade moral das decisões políticas, mas, antes, na questão da durabilidade e da estabilidade da ordem política. No entanto, por considerar que a estabilidade política está ameaçada tanto pelas mudanças sistemáticas que favorecem o fortalecimento do poder central quanto pela falta de oportunidades participativas para os cidadãos, ela mostra que a durabilidade da ordem política está necessariamente conectada à viabilização e à realização da pluralidade no processo de formação da opinião e do juízo. Pode-se dizer, em suma, que Arendt está preocupada com a normatividade política das decisões político-democráticas.

iii. A racionalidade política entre o sistema político e a esfera pública

Arendt lamenta que tanto a transformação de visões em opiniões quanto o processo de formação razoável de opinião tenham sido insuficientemente garantidos depois do desaparecimento (ou da perda) do significado político das câmaras municipais (*town halls*). Opiniões só se formam a partir de uma "vívida troca de opiniões", só acontecem "em um processo de discussão pública": "Onde não há espaço para esta troca de opiniões, é certo que há humores de todos os tipos [...] mas não há nenhuma opinião" (ÜR, p. 346). Na verdade, Arendt verifica uma "mudança estrutural na esfera pública", na medida em que identifica a imprensa como o "único órgão público" nas democracias modernas de massa em que acontece pelo menos "algum tipo de representação de opinião". Em sua visão, a imprensa é corretamente chamada de "um tipo de quarto poder, quase igual aos poderes executivo, legislativo e judiciário" (ÜR, p. 346). A mídia não é mais que um substituto insuficiente para a falta de espaços discursivo-democráticos institucionalizados – insuficiente não apenas por sua pressão sistemática, mas também porque ela não é capaz de substituir o desaparecimento da participação concreta. As tarefas da imprensa incluem "selecionar opiniões, eliminar o arbitrário ou o que é condicionado de modo puramente individual, e levar ao público apenas opiniões que possam reivindicar alguma validade". (ÜR, p. 292). Muito alinhada à operação da imaginação, a imprensa entrega um *pot pourri* de diferentes opiniões refletidas a respeito de assuntos que exigem regulamentação. O parlamento recolhe indiretamente algumas dessas opiniões e testa sua plausibilidade política em seus comitês e painéis. As opiniões ou decisões representadas no parlamento ou pelos parlamentares são discutidas uma vez mais pela imprensa e devem se mostrar capazes de representar o *sensus communis*. (Quando este não é o caso, a acusação de inconstitucionalidade é possível). A comunicação pública também se inicia desta maneira, o que produz "atenção e sensibilidade para a importância" (Thiel, 2012, p. 204) das questões políticas.

Em seus escritos dedicados à situação do sistema político americano, Arendt critica com frequência o fato de o processo imanente e sistemático de mediação, comunicação e reflexão estar suspenso ou desviado. Em suas reflexões sobre os *Pentagon Papers*, ela enfatiza bastante a "integridade e o poder da imprensa" (MnP, p. 46) – uma imprensa que ela avaliou de modo muito diferente durante a controvérsia de Eichmann; no entanto, e especialmente contra o pano de fundo da Guerra do Vietnã, a autora duvida que o direito à opinião não manipulada pode ser garantido por apenas um artigo constitucional (ver MnP, p. 46). É por esse motivo que ela apoia cada vez mais os protestos políticos da sociedade civil.

Jean Cohen acusou Arendt de ignorar os agentes da sociedade civil. Cohen acreditou ter identificado um "*déficit* sociológico" no seu pensamento, déficit que se expressa particularmente no fato de que ela poderia ter dado uma "descrição satisfatória da fonte dos direitos básicos ou *fundamentais*" (Cohen, 1996, p. 164 e ss). Este *déficit* sociológico é a "grande lacuna" (Cohen, 1996, p. 180)[52] no pensamento de Arendt:

> Diferentemente da sociedade política, a sociedade civil tem um papel importante na afirmação e proteção de direitos porque ela é o *locus* do desenvolvimento espontâneo da livre associação, de públicos civis e de poderes ao lado de instituições e estruturas políticas. No sentido da sociedade civil, o social é distinto do político, mas é politicamente relevante. É difícil reduzir a vida social em uma sociedade civil moderna à carência de mundo, ao atomismo ou à expansão não natural do natural. Ao contrário, a sociedade civil estabelece conexões e relações, como mostra a proliferação, atualmente em níveis nacional e internacional, de uma gama ampla e muito articu-

[52] Em suas reflexões mais recentes a respeito de Arendt, Cohen revisa seu elogio à sociedade civil e anuncia que seu "otimismo se foi e as coisas estão muito diferentes" (Cohen, 2007, p. 292).

> lada de associações, organizações não governamentais, comitês, públicos interconectados e testemunhas de movimentos sociais. Isto pode produzir reconhecimento e confiança por meio da criação de contextos em que os indivíduos podem agir em concerto como pares, trocar opiniões e desenvolver a competência cívica necessária para exercer influência sobre entidades políticas, corpos administrativos e cortes, tanto em nível nacional quanto internacional. (Cohen, 1996, p. 180 e ss).

Mas Cohen ignora um texto central e que certamente pode ser considerado como pedra fundamental das ideias de Arendt a respeito disto que hoje chamamos de sociedade civil: o ensaio *Desobediência civil.* Nesse texto, Arendt vai muito além de uma forma de articulação política que escolhe transgredir a lei para dar destaques a queixas. Esse processo pode ser delineado a partir de apenas três características importantes de sua abordagem: primeiro, Arendt inclui na expressão "desobediência civil" assuntos que hoje podem ser atribuídas sem hesitação à sociedade civil – como o movimento americano por direitos civis. Além disso, Arendt se refere à resistência ao serviço militar obrigatório, que, junto com o movimento antiguerras, é considerado, sobretudo nas sociedades europeias do pós-guerra, como o começo da atividade civil. Isso é ainda mais marcado quando ela se refere aos direitos tarifários, de greve e de organização, que em sua visão eram todos resultantes da desobediência civil. Atualmente esses direitos pertencem ao inventário de debates sobre políticas sociais e de emprego, e dão munição à negociação de sindicatos como agentes da sociedade civil (ver DC, p. 80). Em segundo lugar, Arendt afirma que a desobediência civil é voluntária, não é motivada pelo Estado e nem pela economia, e sempre se forma quando "um número significativo de cidadãos" (DC, p. 68) se une em movimentos ou grupos devido à abordagem falha ou insuficiente do parlamento a respeito de determinados assuntos. Mas é precisamente o "desenvolvimento espontâneo da livre associação, de públicos civis e de poderes ao lado de instituições e estruturas políticas" que, segundo Cohen, Arendt julga mal. Arendt conclui que esses agentes da sociedade civil ganham importância cada vez maior em democracias modernas e que essas democracias não são mais concebíveis sem elas. Embora os movimentos civis, isto é, as "associações voluntárias [...] tenham sido o remédio especificamente americano para o fracasso das instituições, para a inidoneidade dos homens e para incerta natureza do futuro" (DC, p. 90), Arendt afirma que um fundo legal é também necessário nesse caso. É precisamente neste ponto que fica claro como suas ideias extrapolam a definição estreita de desobediência civil. Isso porque, e em terceiro lugar, ela defende que se conceda a estes grupos oportunidades de se encaixar no sistema político, que se dê a eles o mesmo reconhecimento conferido aos lobistas dos "grupos de pressão" (DC, p. 89). Evidentemente, é discutível se faz sentido distinguir, em uma discussão sobre o conceito de sociedade civil, entre agentes motivados politicamente e lobistas de corporações. Mas a preocupação essencial de Arendt nesta defesa do "estabelecimento da desobediência civil entre nossas instituições políticas" (DC, p. 89) é a de que esses agentes recebam o direito legalmente garantido de "estabelecer-se como um poder que não fosse somente *visto de longe* durante passeatas [...] mas que estivesse sempre presente e fosse considerado nos negócios diários do governo". (DC, p. 89). Isto claramente ultrapassa o protesto espontâneo, desorganizado e anti-institucional. Em contraste com suas ideias a respeito dos espaços discursivo-democráticos com formato de conselhos, que são sistemicamente concebidos a partir de dentro e aos quais são garantidas competências para tomar decisões,[53] os agentes da sociedade civil se alvoroçam pelos corredores e saguões de entrada do parlamento. Eles tentam ali, usando "modos de persuasão, opinião qualificada e o número de eleitores", que são as ferramentas dos agentes da sociedade civil em democracias modernas, "influenciar e *auxiliar* o Congresso" (DC, p. 89). Ou tentam mobilizar um público político por meio de assembleias, manifestações etc. No entanto, em todos os casos, o poder político de tomar decisões permanece reservado à representação parlamentar.

A razoabilidade da opinião formada no interior dos diferentes grupos ou movimentos da sociedade civil varia de agente para agente e de tema para tema.[54] Independentemente disso, a contribuição da sociedade civil reside no fato de ela defender "mudanças necessárias e desejadas, [a] preservação ou restauração necessária e desejada do *status quo*" (DC, p. 69) e, assim, expõe

---

[53] Albrecht Wellmer ignora esta diferença entre conselhos e sociedade civil. Ele argumenta, ao contrário, que a defesa arendtiana dos conselhos só faz sentido se a interpretarmos como uma contribuição para o fortalecimento da sociedade civil – "em *contraste* com as instituições políticas de fato" (Wellmer, 1999, p. 131). As ideias de Arendt sobre os conselhos são, em vez disto, a expressão de uma racionalidade institucional específica.

[54] Arendt se refere aqui a Tocquevile, que enfatizou o "controle tirânico" (DC, p. 86) exercido por estas sociedades em suas relações internas.

ao público as reclamações. Para Arendt, a sociedade civil é parte essencial do público político. Esta interdependência entre sistema político, sociedade civil e esfera pública resulta em um grau maior de racionalidade política para a comunidade. Quanto ao problema da corrupção, Arendt descreve a importância de um público intacto da seguinte maneira:

> Os únicos remédios contra o abuso do poder público por parte de indivíduos privados estão na própria esfera pública, na luz que ilumina cada ato realizado dentro de seus limites, na visibilidade que confere a todos os que ingressam nela. (SR, p. 317).

Agentes da sociedade civil chamam a atenção para o comportamento efetivo dos agentes políticos. Em outras palavras: eles examinam a comunicabilidade de certas práticas políticas e as confrontam com o *sensus communis* de uma comunidade. Esse *sensus communis* não se reflete apenas na constituição ou em algumas de suas partes, mas também na cultura política. Com o objetivo de deslegitimar estas práticas, recorre-se a procedimentos para culpá-las e envergonhá-las marcando-as publicamente como práticas políticas (supostamente) incompatíveis com a cultura pública dominante. Em sua obra, Arendt aborda o potencial político da sociedade civil na seção de *Crises da república* que cobre o escândalo Watergate, os *Pentagon Papers*, os levantes estudantis e raciais e a guerra do Vietnã.

Para concluir, a ética do poder desenvolvida a partir do juízo criada por Arendt significa implantar o procedimento metódico do juízo no interior das instituições políticas, entre as instituições políticas e entre o sistema político institucionalizado e o público. Dessa maneira, chegamos a uma compreensão da racionalidade política que é fundamentalmente diferente da compreensão tradicional. Para Arendt, racionalidade política se realiza quando as instituições e a ação políticas tanto possibilitam quanto estabilizam o outro no sentido de uma ordem de liberdade. O critério essencial para a racionalidade política é a preservação de uma ordem da liberdade. Por essa via, torna-se possível ter uma visão diferente do conceito arendtiano de político e delinear de modo aproximado como esse conceito poderia contribuir para a desierarquização da relação entre direito e política. Na seção III deste capítulo, me atentarei ao direito.

III – A teoria arendtiana do direito

Desenvolvemos até agora a relação interna entre o agir e o poder no pensamento de Arendt. Explicamos dessa forma como a compreensão arendtiana da política está internamente vinculada à preservação e à viabilização da lógica do direito – ou, para ser mais preciso, como regras procedimentais asseguradas legalmente conduzem a uma condição acomodatícia de prática política bem-sucedida e a um vital público democrático, além de marcar a *conditio sine qua non* de uma ordem política durável, estável e livre. Deixando a explicação dessa descoberta para depois, a questão que prevalece neste capítulo é como o conceito de direito precisa ser reconceitualizado a fim de ser aplicável a uma teoria constitucional baseada no critério da desierarquização.

Em primeiro lugar, examinarei como Arendt desvia da "teoria do *comando* do direito comum e estatutário" (Dewey, [1927] 1985, p. 269). Ao se colocar na tradição romana, ela procura desubstancializar o conceito de direito, enfatizar sua dimensão criadora de relações e conceber o direito como um conceito relacional. Em um segundo passo, examino como esta mudança de perspectiva filosófico-legal relativa à essência do direito almeja superar a dicotomia entre direito e política e conduz a um tipo diferente de legitimação. Argumento que direito legítimo é aquele que viabiliza a ação política de um público democrático. No entanto, e apesar da frutífera reconceitualização do direito, permanece obscuro como Arendt traduz esta concepção filosófico-legal em uma compreensão adequada e correspondente de jurisdição, e quais são as consequências teórico-legais da afirmação de que o sistema legal deve ajudar a preservar a sintaxe e a gramática de uma esfera público-política ativa. O que isto significa para a prática da jurisdição – o curso e a determinação da justiça legal – e para o *status* (possível) da revisão judicial no interior da ordem política? Quais são os contornos de uma teoria legal compatível com uma versão de constitucionalismo para a qual o teorema da desierarquização está no centro? Quais são os contornos de uma teoria legal compatível com as exigências da esfera pública e política? Respostas a essas questões estão mais ou menos ausentes. Mas elas são necessárias para uma corroboração da perspectiva crítica de Arendt sobre, no plano geral, a relação interna entre direito e política e, em particular, sobre o teorema da desierarquização como seu ponto de fuga.

A — O conceito de direito: relação *versus* substância

A conexão interna entre direito e política, o teorema constitucional da desierarquização derivado desta conexão e a recusa de Arendt em identificar política e domínio tornam necessário repensar também o conceito de direito. Um primeiro passo neste processo de reconsideração é aplicar ao direito suas ideias a respeito da natureza do poder político e assim considerar "uma ilusão" (SV, p. 75) a suposta vontade de dominar subjacente ao direito. O motivo disso está em que o poder, como natureza e essência de toda comunidade política, se refere a algum tipo de consenso entre pessoas; ele indica, em suma, reciprocidade. As revoluções, em particular, revelaram a Arendt que, em última instância, tudo depende do poder. Em sua visão, o colapso do poder que ocorre nas revoluções mostra o quanto a esperada obediência às leis está condicionada pela opinião pública e é uma expressão de apoio positivo e aprovação geral (ver SV, p. 35 e ss). Essa mudança na perspectiva torna claro que o direito não é expressão de um comando, nem vontade legalmente alcançada de governante(s), mas é antes a descrição, o registro e a regulação da relação existente entre as pessoas em uma comunidade política.[55] Sobre o pano de fundo da interpretação arendtiana do político, cada lei no interior de uma comunidade é a expressão legalmente formalizada das relações existentes de consentimento. O direito não se torna uma expressão do poder, e certamente não se identifica ao poder, mas fornece *insights* para a constelação de poder subjacente a uma comunidade.[56] Meu argumento de que Arendt concebe o direito como um conceito relacional, que estabelece relações e elucida a constelação de poder existente, também pode se basear nas suas ideias sobre os criminosos ou rebeldes. Na visão de Arendt, o poder de polícia nas questões domésticas e no combate ao crime

> sempre funciona como meio extremo de poder contra criminosos ou rebeldes, ou seja, contra indivíduos ou pequenas minorias que se recusam a deixar-se esmagar pela opinião consensual da maioria. Normalmente é o poder esma-

[55] John Dewey oferece descrição similar (Dewey [1927] 1985, p. 269 e ss).

[56] Nesta linha, Dworking se refere ao direito como uma "instituição que revela o social" (Dworkin, 1994, p. 11).

> gador dessa maioria e de sua *opinião* que instrui ou autoriza a polícia a usar a força contra aqueles que escapam de sua reivindicação ao poder. (MuG, p. 52; ver também SV, p. 40).

Todos os outros, que cumprem a lei, conferem-lhe seu consentimento implícito, quer concordem com ela ou não. Eles reconhecem que a relação entre eles é regulada da maneira inscrita no direito. Para Arendt, obediência a ordens e a leis sempre significa, politicamente, consentimento.[57]

Assim, as teorias de contrato social formuladas por Kant e Rousseau ficam no meio do caminho. Não há dúvidas de que Arendt assume partes essenciais das ideias contratualistas desses autores, pois o que confere ao contrato sua convincente plausibilidade é que ele busca constituir uma comunidade política com base na relação entre os cidadãos e, assim, dispensa todas as formas de dominação exterior. Esse é o âmago emancipatório e democrático da ideia contratual representada por Kant e Rousseau. No entanto, o problema de ambas é que recaem na tradição que identifica política e domínio. Isso significa que a teoria contratual procura desesperadamente por um novo sujeito dominante, que é concebido ora no direito ora na política. Como se deve compreender isso? Kant e Rousseau reconsideraram a forma do domínio no político, mas a equação entre política e domínio permaneceu intocada por ambos. Isso confere à ideia contratual exatamente a mesma dicotomia que Arendt almeja evitar. Assim, a única preocupação na versão liberal (kantiana) do contrato é saber se o governo em questão cumpre as leis (republicano) ou não (despótico) – independentemente de quantos participam da autoridade dominante. Em *A paz perpétua*, Kant distingue entre "forma de dominação" (*forma imprerii*) e "forma de governo" (*forma regiminis*) (Kant, [1795] 1999a, p. 13). Enquanto no primeiro o domínio pode ser feito por um, alguns ou todos, no segundo só pode haver sistemas despóticos ou republicanos. Kant não deixa dúvidas de que o republicanismo é a única forma sensata de governo. No entanto, para essa forma de governo não é realmente importante saber quantas pessoas dominam – embora Kant afirme sua preferência pelo governo de poucos (ver Kant, [1795] 1999a, p. 14 e ss).

---

57 Ver Arendt ([1964] 2003e, p. 43 e ss). Todo o discurso de Eichmann fornece um exemplo disto. Ver, a este respeito, Volk (2005, p. 16-46; p. 81-91; p. 113-138).

A teoria contratual alternativa é apresentada pelo republicanismo de Rousseau, em que o domínio da comunidade não pode nem deve estar vinculado a qualquer direito do mundo (ver Rousseau, [1762] 2012, p. 52).[58] Enquanto Kant confere prioridade ao direito, em Rousseau a prioridade é conferida à política. A potencial ameaça de ambos à ordem é bem conhecida. No que diz respeito à nossa discussão, em ambos os casos o direito é concebido e substancializado a partir da perspectiva da vontade, pois ambos dão continuidade à tradição da ideia de política como dominação: seja com Kant, por meio da vontade individual (ou arbitrariedade individual e a correspondente dissociação de reivindicações de liberdade), seja com Rousseau, como expressão da vontade geral (ver Kant, [1797] 1977, p. 337; Rousseau, [1762] 2012, p. 67).

Na visão de Arendt, apenas Montesquieu reconheceu que o direito não é uma substância da vontade de domínio, mas antes uma expressão da relação existente entre as pessoas em um sistema de governo. Montesquieu fez avançar este *insight* porque todo o seu pensamento político estava enraizado na tradição romana. Suas reflexões sobre a lei (*la Loi*), estão inteiramente alinhadas com o pensamento legal romano e sua ideia de *lex*, mas não com a tradição grega de *nomos*. A diferença entre *lex* e *nomos* é crucial para desenvolver as ideias de Arendt sobre Filosofia do Direito:[59] enquanto o *nomos* grego expressa a ideia de demarcação, a *lex* romana significa relação:

---

[58] A própria Arendt fala frequentemente em *domínio da lei* em uma república; no entanto, como demonstrarei abaixo, até mesmo isto se torna um tanto ambíguo a partir de sua perspectiva teórico-política. Muito provavelmente ela quer dizer que a ação política deveria seguir certa gramática e deveria incorporar o espírito dos princípios constitucionais fundamentais. Ela se une à tradição do domínio da lei. Ao mesmo tempo, contudo, o domínio da lei também pode naturalmente significar um domínio judiciário, indicando um Estado dominado por uma elite administrativa e judicial, o que também foi tema de crítica no capítulo anterior. O pensamento político de Arendt deve ser lido e compreendido, antes, como um esforço para se afastar do conceito de dominação.

[59] Ao interpretar o pensamento legal de Arendt como uma mudança de *nomos* para *lex*, afasto-me da leitura feita por Hans Lindahl. Lindahl está convencido de que, para Arendt, "o *nomos* merece prioridade conceitual e política sobre as outras concepções de lei, que são derivadas" (Lindahl, 2006, p. 884). Isso porque, segundo ele, Arendt faz "forte reivindicação de que o fechamento do espaço é constitutivo para a comunidade

> Pois a *lex* romana, que era muito diferente e até mesmo oposta ao que os gregos compreendiam por *nomos*, significa efetivamente *vínculo duradouro*, e muito rapidamente passou a significar *contrato*, tanto entre cidadãos privados quanto em tratados entre nações. Consequentemente, *uma lei é algo que vincula seres humanos uns aos outros e que não vem a ser por meio de um ditado ou por um ato de força, mas, antes, por meio de acordo mútuo*. [...] Para os gregos, a lei não é um acordo nem um contrato; ela certamente não surge entre os homens em uma troca mútua de palavras e ações. [...] [Os gregos buscam] estabelecer limites à ação por meio do *nomos* e interpretar o direito não como um elo e uma relação, mas antes como um fechamento de bordas que ninguém deve cruzar. (Arendt, [1950] 2007c, p. 184 – ênfase minha).

Arendt contrapõe ao *nomos* grego as experiências políticas dos romanos, que estão imersas em seu conceito de *lex*. A *lex* romana, por enfatizar a noção de acordo mútuo como característica crucial da lei, evidencia a dimensão criadora-de-relações da lei. Assim, Arendt fala explicitamente de um "caráter contratual da lei" e caracteriza o conceito romano como "um conceito político de lei" (ÜR, p. 244). Para não haver dúvidas: o que torna o conceito romano de lei um conceito político é seu caráter criador-de-relações. Essa concepção de lei se adequa perfeitamente a uma noção do político que enfatize a ação em concerto. O propósito e a racionalidade do sistema legal, em sua visão, é preservar a sintaxe e a gramática do agir político democrático e manter as regras de uma esfera público-política ativa.

Embora Arendt esteja convencida de que o conceito grego de lei é pré-político – no sentido de que as leis, quando elaboradas pelo legislador, estão ali sobretudo para estabelecer, tal como os muros de uma cidade, o âmbito político, no interior do qual a ação política e a interação podem ter lugar – é importante enfatizar que, para ela, a dimensão criadora-de-relações da lei tam-

política enquanto tal". (Lindahl, 2006, p. 884). A meu juízo, Lindahl não erra apenas acerca do fato de que Arendt argumenta em favor de um conceito relacional de direito, mas também de que ela compreende o espaço em termos de espaço relacional – noção que corresponde ao seu conceito de político – e, portanto, se afasta do conceito de uma comunidade política ainda enraizado em uma concepção de espaço limitado e com forte ênfase nas fronteiras.

bém está presente na ideia de *nomos*. Em contraste com o conceito romano, no entanto, essa dimensão não é nada óbvia no conceito grego; antes, ela só se torna perceptível por meio dos escritos pré-filosóficos das cidades-Estado gregas, de acordo com os quais a motivação das pessoas para se engajar em questões públicas era a busca da imortalidade. Isto explica a função significativa dos poetas e historiadores nas cidades-Estado gregas, mas as leis não eram de importância menor nessa busca:

> A grande vantagem da organização da vida política na *polis* é que esta, devido à força estabilizadora de seu muro legal, era capaz de conferir às relações humanas uma solidez que a ação humana em si, com sua futilidade intrínseca e sua dependência do elogio imortalizador dos poetas, jamais pode ter. Porque se cerca com um muro permanente de leis, a *polis* enquanto unidade pode afirmar a garantia de que nada do que aconteceu ou foi feito dentro dela irá perecer com a vida de quem agiu ou sofreu ação, mas viverá na memória das gerações futuras. (Arendt, [1953] 2007a, p. 716).

O conceito grego de lei era incapaz de estabelecer relações entre as cidades-Estado. É isso o que o distingue da *lex* romana. No entanto, graças à sua "força estabilizadora" e ao "muro permanente", o *nomos* grego garantia que os agentes políticos permaneceriam "na memória das gerações futuras"; ao fazê-lo, e dentro dos padrões do pensamento político grego, as leis contribuíam para o estabelecimento de uma relação entre os cidadãos da *polis*. Portanto, assim como na *lex* romana, também podemos encontrar uma dimensão criadora-de-relações no interior da noção grega de *nomos*. Mas isso nos força a reconsiderar a ideia de demarcação e a noção de fronteira, que atribuímos principalmente à concepção grega de lei. Essa reconsideração torna aparente o fato de que até mesmo a *lex* romana é ambivalente no que se refere a fronteira e demarcação. Para ilustrar essa ambivalência, Arendt toma a antiga Cartago como exemplo. Do ponto de vista da força militar, Cartago estava em pé de igualdade com Roma "e simultaneamente incorporava um princípio oposto ao de Roma" (Arendt, [1950] 2007c, p. 181). O que a história dos dois impérios revela é que o princípio político do contrato romano e a relação entre parceiros não podia ser aplicada em todos os lugares. Portanto, conclui Arendt:

> O preço pago pelos gregos por esta força produtora de seu *nomos* foi sua incapacidade de formar um império, e não há dúvidas de que, no fim das contas, toda a Hélade pereceu devido ao *nomos* das *poleis*, devido às leis das cidades-Estado que se multiplicaram bastante por meio da colonização, mas não foram capazes de se unificar e se associar em um vínculo permanente. Mas é possível dizer com a mesma justiça que também os romanos foram vítimas de sua lei, sua *lex*, que realmente lhes permitiu criar vínculos e cooperações duradouros onde quer que chegassem, mas era em si mesma ilimitada e, muito contra a própria vontade e sem qualquer vontade de poder ou desejo de dominar, forçou-os a dominar todo o globo, o que, uma vez alcançado, só poderia entrar em colapso novamente. (Arendt, [1950] 2007c, p. 187).

Essa passagem enfatiza que o horizonte das experiências políticas e o padrão de ideias políticas se manifestam no interior dos respectivos conceitos de lei e, ao fazê-lo, indicam a relação interna entre direito e política. Ao mesmo tempo, o respectivo paradigma de político está estreitamente conectado à cultura, religião, sociedade e assim por diante. Portanto, a compreensão e a noção de lei entre os romanos buscavam estabelecer uma "relação entre parceiros", e não tinha, como aponta Arendt, "qualquer vontade de poder ou desejo de dominar" (Arendt, [1950] 2007c, p. 186). Cartago, no entanto, não estava disposta a entrar nessa relação e, por isso, se tornou aos olhos de Roma um *Estado trapaceiro* que devia ser destruído.[60]

No artigo "*Law beyond Command?*" [Direito além do comando?], Keith Breen aborda esse problema e pergunta se a passagem arendtiana de *nomos* para *lex* "de fato liberou o direito dos problemas da soberania" (Breen, 2012, p. 16). Breen reconhece o esforço de Arendt em conceber o direito

---

[60] Ulrich Preuß descreve esse perigo, inerente à ideia de uma juridicização global, como o "tendão de Aquiles de um projeto que é efetivamente simpático" (Preuß, 2007, p. 332). Esse perigo coloca em destaque o fato de que, embora o direito não deva necessariamente ser a expressão do domínio, não existe direito neutro. Todo direito, independentemente de seu tipo, carrega consigo sua própria versão do que é uma boa vida – e, embora se possa encontrar boas razões para não fazê-lo, deve-se por fim aceitar que sua aplicação não é possível "sem ambivalência e com consciência completamente clara" (Wellmer, 1998, p. 288) em outros círculos culturais.

"simultaneamente em termos de fronteiras e relações" e libertar a política e o direito das algemas do domínio e da coerção. Em sua visão, no entanto, Arendt fracassa. Embora Breen concorde com a pensadora em que nem política nem direito podem ser reduzidos a relações de comando e obediência, ele afirma que nenhum dos dois pode ser completamente divorciado dessas relações. Breen argumenta convincentemente que, "à medida que procura separá-los, Arendt se esquiva de afirmar claramente as implicações desconcertantes de *nomos* e *lex*, descreve erroneamente o curso dos eventos históricos e esconde realidades que precisam – na verdade devem – ser reconhecidas" (Breen, 2012, p. 32).

Embora eu concorde com Breen e considere que Arendt nos dá poucos detalhes a respeito de como sua concepção de direito poderia fundar uma teoria legal, não precisamos seguir Breen na suposição de que o direito como um todo precisa estar baseado em comando e obediência. Um contra-argumento importante é o de que o remate da reflexão teórico-política de Arendt está na afirmação de que obediência é um termo que devemos banir de nosso vocabulário político. Para ela, o colapso da autoridade pública no momento das revoluções revela o fato de que, no fim, a esperada obediência ao direito depende da opinião pública e do consentimento geral. Isso a leva a concluir que o direito não deve ser visto como a expressão de um comando ou como uma vontade legal do soberano, mas antes como uma descrição, uma revelação e um arranjo das relações existentes entre as pessoas no interior de uma comunidade política. Essa é a razão pela qual Arendt compara o direito a regras de um jogo que estabelece relações entre as pessoas. Nesse contexto, as leis são a expressão de acordos legalmente formalizada – ou, pelo menos, consentimento tácito (ver Volk, 2010, p. 775 e ss).

Além dessa referência à ideia geral do projeto arendtiano, há ainda um contra-argumento mais pesado. Como estabeleceu Stefanie Rosenmüller (ver Rosenmüller, 2013a, p. 158; ou Rosenmüller, 2013b, p. 410 e ss) existe um terceiro conceito de direito na obra de Arendt, o *rapport*. Esse conceito busca combinar a função defensiva do *nomos* com a dimensão viabilizadora da *lex*, algo que Breen desconsidera ou ignora. Pode-se remeter a Montesquieu o direito como *rapport*. Segundo o Montesquieu de Arendt, *rapport* significa "a relação subsistente entre dois entes". Isso estabelece a fundação de um conceito de direito "relativo por definição" (Arendt, [1950] 2007c, p. 183).[61] Segundo Arendt, Montesquieu chegou a esta conclusão porque ele distingue a liberdade filosófica da liberdade política. Enquanto a primeira está baseada em um "eu quero" individual, a segunda se refere a um "eu posso", ou seja, a um empoderamento pelos outros. Assim, segundo Montesquieu, só é possível ser politicamente "livre" onde "não se pode ser coagido a realizar um ato não prescrito pela lei" (Montesquieu, [1748] 1992, p. 232). Apenas onde as pessoas estão reciprocamente empoderadas para agir e onde as "leis civis" (Montesquieu, [1748] 1992b, p. 232) regulam a vida, é que se pode falar em liberdade política. Estar reciprocamente empoderados para agir significa enxergar-se mutuamente como pessoas políticas. Segundo Arendt, a palavra *persona* tem origem na linguagem do teatro e denota a máscara do ator. Como tal, ela sempre tem duas funções. Por um lado, a máscara tem que esconder a face natural do ator – ou, antes, substituí-la; por outro lado, contudo, a máscara deve ser projetada de tal modo que a voz natural possa ser ouvida (SR, p. 148). Assim, o *status* que sujeitos se garantem mutualmente permite simultaneamente a participação e a proteção. De um lado, ele protege a área da subjetividade, da posse, da origem cultural, das preferências privadas etc.; de outro, por meio da máscara, este *status* permite que se fale como igual diante de outros iguais (Volk, 2010, p. 264-279).

[61] Logo no início do primeiro livro de *O espírito das leis*, Montesquieu descreve direitos como relações: "As leis, em seu significado mais extenso, são as relações necessárias que derivam da natureza das coisas". (Montesquieu [1748] 1992, p. 9) Montesquieu também fala em "um *Criador e Conservador* do universo", do "estado de natureza" e do "direito natural", pelo que ele compreende as "leis da natureza" (ÜR, p. 243). Mas para Arendt essas leis descrevem, na visão dele, apenas "as referências entre o criador e a criação, ou também entre humanos em seu estado natural". O que as leis revelam, na interpretação arendtiana de Montesquieu, são as "*regras* ou *règles* que determinam o governo do mundo e sem as quais um mundo sequer existiria" (SR, p. 244).

B — O que é direito legítimo

i. Nem fundação nem promessa

Embora o caráter relacional da concepção arendtiana de direito esteja baseado na ideia bastante ambivalente de relação entre parceiros, e, portanto, demande uma contraparte disposta a cooperar, ficou claro que para Arendt o direito é algo relativo, ou seja, algo que se ocupa de "relações que existem e preservam diferentes esferas do ser" (SR, p. 244). Contudo, ainda não se disse nada de substancial a respeito de uma das questões fundamentais de todo este capítulo, a saber, a legitimidade do direito. Essa questão surge não apenas do contexto da legislação parlamentar e de uma esfera pública política, mas também da base do direito criminal moderno (ver DT, p. 244).[62] Apresentei anteriormente o argumento de que o direito legítimo para Arendt é aquele que torna possível a ação política. Para explicar esta afirmação passo a passo, devo me voltar para duas outras concepções.

Em seu *Die Gründung der Freiheit* [A fundação da liberdade], Stefan Ahrens argumenta que, com Arendt, a legitimidade resulta da possibilidade de ação política experimentada no ato de fundação. No momento da fundação, exprime-se a "gramática elementar da ação política como tal" (Ahrens, 2005, p. 261), o que para Ahrens significa a vontade de iniciar e sua espontaneidade criativa. Apenas essa ação política é capaz de "garantir legitimidade [...]. Ela não é legalmente nem institucionalmente definível, e é imprevisível" (Ahrens, 2005, p. 261). Ela sempre traz consigo o "perigo de retração do que se ganhou com a racionalização" (Ahrens, 2005, p. 270 e ss), e, portanto, Arendt não poderia indicar nenhuma "barreira contra a influência dos movimentos sociais indesejados" (Ahrens, 2005, p. 271).

---

[62] Em *Macht und Gewalt* [versão alemã de *On Violence*], Arendt aponta para a questão da legitimidade do direito quando escreve: "Se a essência do poder consiste na efetividade do comando, então não existe de fato poder maior que aquele que vem *do cano de uma arma*, e a única dificuldade para esta questão estaria na impossibilidade de dizer *qual é a diferença entre o comando da polícia e o comando de um criminoso armado*" (MuG, p. 38). Mas qual é a diferença se concebermos o direito de outra forma? O que constitui o direito legítimo?

Mas a análise de Ahrens se perde em contradições: por um lado, ele assume que a liberdade política e a ação são os únicos pontos de referência de toda política legítima e, como tal, não podem ser fundamentalmente limitadas. Por outro lado, no entanto, ele enfatiza que a "pluralidade e a referência à fundação" representaram "grandes limitações" (Ahrens, 2005, p. 271). para Arendt, e destaca a importância do juízo. Se ignorarmos o fato de que não fica claro se Ahrens acredita que a ação política pode ou não pode ser limitada, então a referência necessária à fundação e o cuidado com a pluralidade dificilmente podem ser alcançados pela vontade. Isto porque, ao menos na terminologia de Arendt, a vontade é livre ou não é nada (ver LotM/W, p. 140 e ss). O conceito de vontade se caracteriza em Arendt precisamente pelo fato de ela não se permitir estar vinculada ou obrigada de maneira nenhuma, independentemente de quão livre tenha sido o ato de fundação. Com Ahrens também não fica clara que forma deveria ter a relação entre a vontade e o juízo. No horizonte conceitual arendtiano, uma compreensão do político baseada no livre arbítrio tem caráter inteiramente distinto de uma compreensão que se refira à pluralidade e ao juízo. Arendt nunca deixa de enfatizar as diferenças entre política da vontade e política do juízo.[63] Pode-se, portanto, dizer que Stefan Ahrens não aborda o conteúdo teórico do postulado arendtiano da pluralidade para o político. Caso tivesse abordado, ele teria levado em conta que a realização da pluralidade exige uma ordem institucional. Em vez disso, contudo, ele assume que na "teoria arendtiana do ato de fundação ... o ponto de inflexão decisivo não reside na criação de instituições" (Ahrens, 2005, p. 261).

Em seu *Die Sorge um die Welt und die Freiheit des Handelns* [O cuidado com o mundo e a liberdade de ação], Jürgen Förster aborda esse ponto e atribui esta inconsistência das reflexões de Ahrens à fixação em estabelecer a vontade como fonte da liberdade política. Contra Ahrens, Förster afirma que se

---

[63] Ver, a esse respeito, *inter alia* FuP (2016); ÜR (p. 96); VLG (p. 425 e ss); WiP (p. 48-53). Ahrens conhece essas passagens e, portanto, destaca que a vontade é um dos "termos mais dúbios" (Ahrens, 2005, p. 77) para o político. Contudo, ele estranhamente não tira as consequências desse fato. Um tratamento similar da vontade também pode ser encontrado em Kalyvas (2004).

> a vontade [fosse] o único órgão da liberdade, as pessoas estariam irremediavelmente entregues ao mar de incertezas sem limites e a política seria impossível. Mas a liberdade política não é idêntica à contingência. Por meio da fundação de *ilhas no mar da incerteza*, a política procura conter esta liberdade, que é quase pré-política e não pode ser vivida em seu absoluto. (Förster, 2009, p. 317).[64]

Segundo Förster, um olhar para a Revolução Americana torna claro que, ao contrário do que acredita Ahrens, o início americano não foi baseado "em *archein*, aqui no sentido de *dominar*, e também não em *archestai*, aqui no sentido de obediência do dominado tal qual imposta pelo dominante". Segundo Förster, um tal novo início é "possível apenas à medida que há um início não motivado por um ato de vontade" (Förster, 2009, p. 318).

Em vez de reduzir e estreitar a fundação americana à vontade de iniciar e à espontaneidade, Förster usa uma terminologia completamente distinta em sua interpretação da leitura arendtiana da fundação americana. O cerne da experiência americana de fundação reside na descoberta da faculdade de prometer como uma "instituição que é, por excelência, formadora de mundo" (Förster, 2009, p. 480) e criadora de ordem. A história da fundação americana encoraja Arendt a considerar a faculdade de prometer como a instituição formadora de mundo *par excellence*, e a ver na promessa a fundação "do político e também do direito" (Förster, 2009, p. 480). Para Förster, toda reivindicação de legitimidade no interior da comunidade se origina na promessa. Ao substituir a vontade pela promessa, Förster é capaz de ver

[64] Cf. também os comentários de Canovan, que também vê na faculdade de prometer uma garantia de "previsibilidade" (Canovan, 1992, p. 192; Calhoun, 1997, p. 246). Alan Keenan também aborda as ideias de Arendt a respeito do poder da promessa. Ele defende o argumento de que a liberdade política *inevitavelmente* se perde com a fundação, a promessa e a ordem legal. Ele considera a faculdade de fazer promessas e a fundação como "atividades não políticas" (Keenan, 1994, p. 299). Com isso em mente, argumenta que uma constituição "pode efetivamente estabelecer um direito de liberdade apenas por meio da violação deste mesmo direito" (Keenan, 2003, p. 89; muito similar também: Honig, 1991, p. 111). Essa afirmação expressa o fato de que Keenan não reconhece a natureza política da promessa nem foi capaz de se libertar da clássica dicotomia entre direito e política.

a reciprocidade entre política e direito. Em contraste com a natureza de comando da vontade, a promessa está alinhada com a teoria arendtiana do "caráter contratual da lei". Nesse sentido, a autora assume que "a teoria do contrato é uma teoria da promessa" (DT, p. 338).

Deve-se estar ciente, contudo, que para Arendt todo o direito significa relação – do que decorre que a teoria do comando não expressa nenhuma verdade a respeito da essência do direito, mas é, antes, uma falácia filosófico-legal. Não importa como as leis foram estabelecidas, "manter as leis [...] corresponde a manter a promessa" (DT, p. 338). É precisamente este o ponto da afirmação de que o suposto dilema entre direito natural e positivismo legal se baseia em uma ilusão:

> O dilema ordinário – ou a lei é absolutamente válida e, portanto, sua legitimidade depende de um legislador imortal e divino, ou a lei é simplesmente uma ordem, e nada há por trás dela senão o monopólio da violência – é uma ilusão. Todas as leis são "mais *diretivas* do que *imperativas*". Elas dirigem o relacionamento humano como as regras dirigem o jogo. E a garantia decisiva de sua validade está contida na velha máxima romana: *Pacta sunt servanda*. (SV, p. 75).

Assim, embora a referência de Förster ao conceito de promessa traga à tona tanto o caráter criador–de–relações do direito quanto a conexão interna entre direito e política, o conceito de promessa não fornece qualquer critério que tornaria possível uma diferenciação entre certo e errado, ou entre leis justas e injustas.[65] Se refletirmos sobre as ideias de Förster a respeito da promessa sob a luz dos comentários da seção II acima, a ausência de uma subestrutura político–normativa se torna clara. A promessa só pode afirmar qualidades criadoras de ordem e formadoras de mundo se ela se der de maneira muito específica, de modo muito particular, e se a observância desse modo também for esperada para a ação política futura. Em outras palavras, se a promessa não se der de maneira a realizar os princípios do juízo, ela pode muito bem ser uma promessa, mas não pode reivindicar qualidades criadoras de ordem nem formadoras de mundo no sentido livre, democrático e arendtiano. Para

---

[65] Arendt volta repetidamente, em vários momentos, à questão da "injustiça das leis" (DC, p. 57), mas jamais oferece uma resposta clara.

ilustrar esse ponto, não é necessário tomar o exemplo extremo da promessa coletiva feita no Comício de Nuremberg organizado pelo partido nazista: "O *Führer* ordena! Nós seguimos!". Basta a comparação arendtiana da redação das constituições francesa e americana, que é efetivamente uma comparação de formas de consenso e promessa. Porque essa comparação só faz sentido se o próprio modo de promessa for analisado novamente, uma vez que é só então que os gritos e assovios presentes na redação da constituição francesa soam "como escárnio" diante "dos extensos debates na assembleia do povo que precederam a ratificação da Constituição nos Estados Unidos" (ÜR, p. 161; ver também ÜR, p. 154). O que diferencia a *union sacrée* francesa do *de pluribus unum* americano não é a promessa em si – a menos que o conceito de promessa esteja fundado ou já tenha sido preparado em termos normativos. Em suma, apenas o tipo de promessa que é precedido por um processo livre de formação de opiniões e juízos, e do qual se espera a observância dessas regras no futuro é que pode reivindicar o estabelecimento de um direito legítimo.[66] Apenas essa promessa reflete a ideia central que emerge

---

[66] Também para Rousseau a submissão completa à vontade geral só é possível caso tenha havido uma "convenção prévia" (Rousseau, [1776] 2012, p. 49); Rousseau a chamou, como se sabe, de "primeira convenção" (Rousseau, [1762] 2012, p. 48). A primeira convenção significa que as pessoas prometem umas às outras seguir a vontade geral. Também aqui são cumpridas as características centrais da promessa, como reciprocidade, igualdade, afiliação e comprometimento. Não discuto o fato de Arendt ter contribuído para a confusão relativa à natureza e ao poder político da promessa: ela nunca se deu inteiramente conta do fundamento normativo de seu conceito de promessa; ou melhor, nunca o expressou claramente. Isso pode ser visto, por exemplo, no fato de ela por vezes interpretar a teoria rousseauísta do contrato social na tradição das teorias da promessa (DT, p. 135, p. 338) e outras vezes não (DC, p. 84). A estrutura normativa de todo o conceito se torna clara sempre que Arendt discute o caráter de promessa de certas formas de contrato social. As análises do capítulo 2, em particular, procuram fazer justiça à profundidade do que ela diz sobre Rousseau. O estudo torna claro a complexidade do argumento de Arendt e sublinha o fato de a diferenciação de Arendt – aqui, promessa; ali, não – ser precedida de um sólido trabalho teórico e conceitual. Fica claro no trabalho de Förster que ele gira em torno do âmago normativo do conceito de promessa, sempre se referindo a princípios de ação ou ao juízo. Em seu último capítulo, ele defende a racionalidade do juízo: "O juízo", ele escreve, "garante às decisões políticas um senso de proporção e plausibilidade" (Förster, 2009,

da experiência americana de fundação: a desierarquização da relação entre o direito e o agir em conjunto político.

ii. Ampliação e preservação: a compreensão arendtiana de ordem política

Arendt ilustra esta relação desierarquizada entre política e direito com suas ideias a respeito dos colonizadores, que "descobrir[am], quase inadvertidamente, *a gramática elementar da ação política e sua sintaxe mais complicada, cujas regras determinam a ascensãoe a queda do poder humano*" (SR, p. 226 – ênfase minha). Deve-se notar, em primeiro lugar, que aqui Arendt escapa da falsa trilha aberta pelo verbo "descobrir". Como mostrou Michael Walzer, o termo "descoberta" significa implicitamente "revelar Deus" nos campos da filosofia moral e da Filosofia do Direito, bem como na discussão sobre a fundação na teoria política. Deus revelou as leis morais a Moisés, que então as trouxe ao povo. A filosofia política, que argumenta por meio dos termos da descoberta, sempre almejou a revelação, diz Walzer:

> A moralidade religiosa costuma tomar a forma de um texto escrito, de um livro sagrado, e, portanto, exige interpretação. Mas nossa primeira experiência com a moralidade se dá por meio da descoberta. O mundo moral é como um novo continente, e o líder religioso (servo de Deus) é como um explorador que traz a boa nova de sua existência e o primeiro mapa de sua forma. (Walzer, 1993, p. 4).[67]

Embora Arendt assuma que essa gramática e sintaxe da ação política digam respeito a "poucas verdades elementares" (SR, p. 226),[68] essa abor-

---

p. 483). Contudo, a relação entre juízo e promessa permanece obscura, o que talvez se deva ao fato de também ele considerar o juízo, no fim das contas, como um conceito de prudência e não como uma norma procedimental materializada nas próprias instituições políticas.

[67] Em *Three Paths in Moral Philosophy* [Três trilhas na filosofia moral], Walzer distingue as maneiras de justificar normas morais conforme se descobre, inventa ou interpreta essas normas a partir do contexto social.

[68] Arendt explica em uma passagem do *Denktagebuch* o que exatamente ela entende por verdade elementar: "No político, só a opinião pode dominar; nele, só há perspectivas! É

dagem clássica e jusnaturalista é incompatível com o pensamento dela em vários aspectos. Em primeiro lugar, *Sobre a revolução* pode ser lido como uma exploração das fontes da coexistência política para além do absoluto divino. Além disso, em *Elemente.../ Origens...* ela enfatiza que "as medidas absolutas e transcendentes da religião ou da lei natural perdem sua autoridade" (OT, p. 332), de modo que os direitos humanos não podem ser justificados com base nelas. Contudo, é provável que o argumento mais importante neste contexto seja, em terceiro lugar, que a referência do direito natural a Deus como a autoridade máxima dá continuidade à tradição do pensamento político a respeito das ideias de dominação, e precisamente por esta razão ela é incompatível com as ideias acima delineadas a respeito do direito como uma relação. Entretanto, a justificativa jusnaturalista do direito prevalece sobre o positivismo legal na autorização de certa indisponibilidade, na sacralização do direito. Embora Arendt afirme que esta indisponibilidade e sua proteção contra a arbitrariedade já não podem ser mantidas no político por meio do recurso a Deus, à razão ou à natureza, esta característica do direito natural ainda mantém certa sedução sobre o pensamento dela. Essa atratividade se reflete em expressões como "gramática elementar" ou "poucas verdades elementares" (SR, p. 226) O que torna o direito natural atraente do ponto de vista arendtiano é ele delinear uma maneira de ação política que seja pré-legal, no sentido do direito positivo, mas não desvinculada do direito (natural).

Mas a gramática, a sintaxe e as verdades elementares da ação política não foram descobertas pelos colonizadores – isso implicaria a existência de um autor do direito situado para além da política e cujo imperativo se tornaria efetivo no político. Elas também não foram "inventadas" (ver Walzer, 1993, p. 11), como afirma Walzer no contexto da teoria discursiva de Habermas. Arendt afirma que "nem gramática nem sintaxe eram totalmente novas na história da civilização ocidental". A novidade na experiência americana da fundação se situa, antes, no fato de a gramática e a sintaxe terem sido experimentadas na execução do agir e falar uns com os outros:

---

exatamente esta a sua 'verdade'" (DT, p. 375). O texto alemão diz: "*Im Politischen kann nur die Meinung herrschen; in ihr gibt es nur Perspektivisches! Gerade das ist ihre 'Wahrheit'*".

> Os Estados Unidos devem sua origem à Revolução Americana, que trazia dentro de si um *novo conceito de lei, nunca completamente enunciado*, que não era resultado de teorias, mas fora *formado pelas experiências extraordinárias* dos primeiros colonos. (DC, p. 75 – ênfase minha).

Essa passagem sublinha não apenas que a experiência dos colonizadores foi relevante como novo modo de compreender a ação política, mas sublinha também que a maneira de agir significou, ao mesmo tempo, que uma nova compreensão de direito tinha encontrado uma expressão. Esta experiência de uma simultaneidade do direito e da política – ou seja, o *insight* de que a ação só pode conduzir a uma constelação durável e estável de poder quando certa gramática e sintaxe, quando certo modo de ação é levado em conta na execução – descreve a visão de Arendt a respeito do traço característico da experiência americana de fundação e o cerne normativo expresso pela versão republicana da política (cf. Canovan, 1992, p. 201). Para desdobrar as consequências teórico-políticas e sistemáticas desta interpretação, precisamos distinguir o pensamento político-constitucional de Arendt das premissas teórico-discursivas e das premissas de democracia radical.

a. Desierarquização, cooriginariedade e a questão da liberdade política

Em contraste com a teoria habermasiana da cooriginariedade, a ideia de desierarquização não serve para Arendt como a medida da política legítima, ou seja, essa ideia não é inspirada por uma filosofia moral, mas, antes, surge da experiência de que o poder perece se sua gramática e sintaxe não forem mantidas. Enquanto Habermas constrói – ou inventa, nos termos de Walzer – a cooriginariedade por acreditar que as decisões democráticas não devem ser independentes de afirmações morais de validade, Arendt está interessada na questão das condições sobre as quais o poder político está sustentado.[69]

---

[69] Segundo Habermas, o poder legitimador da formação discursiva da opinião e da vontade resulta precisamente do fato de "o inexprimível poder de vínculo presente na prática do discurso orientada ao acordo ser usado para unir razão e vontade – e chegar a convicções com as quais cada indivíduo pode concordar sem coações". (FuG, p. 134). Sob as condições da democracia moderna, a legitimidade do direito está baseada (apenas)

Se examinarmos dessa perspectiva a interpretação arendtiana da experiência pré-colonial e pré-revolucionária, rapidamente se torna claro que a gramática elementar de toda ação política e a complicada sintaxe significam precisamente a estrutura da ordem que viabiliza o agir um com o outro. Arendt explica como esta "experiência pré-revolucionária, e até mesmo pré-colonial", dos princípios da racionalidade política foi capaz de se desenvolver em séculos de autoadministração, dando forma assim ao "caráter essencial do espírito revolucionário" que mais tarde se refletiria – positivado legalmente – na constituição americana.[70] Em sua visão, a lição chave é a de que a ação política e o discurso exercem seu "efeito equilibrante" (ÜR, p. 225) quando sua execução segue certa gramática e sintaxe – ou seja, quando apenas o esforço conjunto conta na ação política; quando a ação envolve os muitos, deixando de lado questões de motivação (se são, por exemplo, uma turba indesejável) e desconsiderando a uniformidade de motivos, passado e origem:

> O esforço conjunto equilibra as diferenças de origem, como a personalidade, *de maneira muito efetiva; nele, todos são realmente iguais*. É nesta confiança depositada no efeito equilibrante da própria ação que pode ser encontrada a raiz do realismo, tão frequentemente e corretamente admirado, que os Pais Fundadores tinham em relação à natureza humana. Eles puderam simplesmente ignorar a esperança que os revolucionários franceses tinham em encontrar *o bom homem* fora da sociedade e em um estado de natureza imaginado – e esta era, afinal, a esperança do Iluminismo, ao qual todos pertenciam. Em outras palavras, eles puderam se dar ao luxo de não ter ilusões e de ser pessimistas em sua estima pelos homens como indivíduos, pois se fiaram na ideia de que uma comunidade de *pecadores*, caso tenha sido constituída *segundo os princípios corretos*, não precisa necessariamente refletir o lado pecaminoso da natureza humana. (ÜR, p. 225 – ênfase minha).

no "arranjo comunicativo: como participantes do discurso racional, os parceiros legais devem ser capazes de verificar se uma norma controversa encontra ou poderia encontrar a aprovação de todos aqueles que podem ser afetados".

70 Ao mesmo tempo, contudo, Arendt fala em uma "falha do pensamento pós-revolucionário em lembrar o espírito revolucionário e entendê-lo conceitualmente" (SR, p. 293-294).

A equalização muito efetiva depende dos princípios corretos que determinam a estrutura interna do espaço do político e formam "um âmbito político *que gozava de poder e podia reivindicar direitos sem possuir ou reivindicar soberania*" (ÜR, p. 218; ver também SR, p. 220). Ao fazer convergir poder e direitos, Arendt procura superar a dicotomia entre direito e política, que se expressa negativamente tanto na materialização do direito quanto na formalização da política. Se no primeiro caso garantias que se acreditava estarem a salvo se tornam questionáveis, no segundo caso os empenhos políticos, que estão tão distantes do cidadão, produzem apatia política, desencantamento, desengajamento, desconfiança e a ruína da crença na legitimidade.

Além das abordagens diferentes para a questão da cooriginariedade ou desierarquização, há ainda outro ponto a ser considerado nesta discussão. Thomas Kupka mostrou em seu confronto com Habermas que o postulado da cooriginariedade confere predominância ao direito e – pelo menos em alguma medida – é paternalista em relação à ação política. A filosofia moral de Habermas formula direitos morais básicos, que ele chama de "direitos não saturados" (FuG, p. 159; cf. também Kupka, 1998, p. 259). Além de estabelecer os pontos de referência de cada processo político em sua busca pela legitimidade democrática, esses direitos não saturados também devem ser transformados em direitos fundamentais de política democrática (ver Habermas, 1998, p. 159 e ss). Por essa via, segundo a crítica de Kupka, o direito é informado pela moralidade em vez de apenas representar um "'acréscimo estabilizador de expectativas à moralidade'" (FuG, p. 151; cf. também Kupka, 1998, p. 259). Pois se os cidadãos desejam viver sob um direito legítimo, devem reconhecer precisamente os direitos básicos esboçados no sistema habermasiano de direitos (ver Kupka, 1998, p. 258). Se este for o caso, não se pode mais falar em cooriginariedade, já que a relação entre política e normas morais e legais claramente se inclina em favor da primazia do direito e da moralidade. Essa interpretação de Habermas é sem dúvida exagerada e certamente não aprecia de modo adequado a contingência que reside entre o postulado filosófico-moral e a materialização do direito (cf. Günther, 1994, p. 478). No contexto de nossa discussão, no entanto, essa interpretação ajuda a ilustrar o teorema constitucional de desierarquização de Arendt e seu conceito de ordem política. A ideia arendtiana de ordem não é estática no tempo nem no espaço. "Sintaxe" e "gramática" não representam normas morais ou pré-políticas, nem direitos básicos que deveriam ser simplesmente interpretados e desenvolvidos ora de uma maneira, ora de outra. Por sintaxe e gramática da ação política, Arendt entende normas que surgem primeiro na ação política e só por meio dela são vividas; elas só podem ser compreendidas por meio da ação política em todo o seu significado como condição para a liberdade política. Em contraste com a afirmação de Habermas, falta-lhes toda conotação epistêmica porque elas só fazem sentido onde o poder político é gerado. Richard Bellamy resumiu essa ideia da seguinte maneira em suas reflexões a respeito de uma "noção pré-soberana de política democrática":

> Sendo essencialmente um argumento oriundo da democracia, é certo que [esta noção] deve se apoiar tanto em um conjunto de direitos democráticos constitucionais quanto em um *demos*. Mas as normas não precedem ou emolduram de maneira alguma a prática do diálogo; elas são intrínsecas a ele e só surgem em seu interior. Assim, não há consenso pré-existente a respeito de direitos. (Bellamy, 2006, p. 184).

Nesse mesmo sentido, Arendt se ocupa com o ter a experiência de – não com o descobrir ou o inventar – normas e direitos no decurso da ação política. Isto nos oferece um *insight* agudo para a sua ideia de ordem. Para Arendt, uma ordem política durável e estável se caracteriza por sua dialética entre ampliação e preservação. Só há preservação por meio da expansão, ou seja, por meio da ação política que impulsiona ao futuro. Isto porque é apenas no momento do agir que se experimenta o sentido e o impacto que aquilo que deve ser preservado tem na vida de alguém em termos concretos. Em suma, a manutenção de uma política democrática só é possível por meio da experiência da ação política. Apenas agindo politicamente com um outro é possível experimentar o sentido político da constituição e das regras da esfera pública democrática. A ampliação só é possível quando se está consciente, durante a ampliação, da constelação do poder político, que se forma no momento da ação entre pessoas e se desintegra tão logo as regras de sua criação deixam de ser observadas. Olhando dessa perspectiva, Arendt procura integrar, simultaneamente, as necessidades de ampliação e preservação. Essa abordagem integradora reproduz a ideia fundamental de um constitucionalismo arendtiano, no qual a relação entre direito e política se torna desierarquizada, e no qual constituição e democracia, preservação e ampliação estão relacionados internamente no momento da ação.

Como argumentei, Arendt está preocupada com o ter a experiência, não com o inventar ou construir normas e direitos. Neste ponto, portanto, minha leitura da sua obra também se diferencia da de Jeremy Waldron, que interpreta a reivindicação arendtiana de regras, procedimentos e garantia de direitos individuais sob uma luz construtivista, ou seja, regras e direitos como a pré-condição para constituir o poder político. Assim como Habermas, e também como a "liberdade como não dominação" neo-republicana de Pettit (1999, p. 21),[71] Waldron tacitamente dá continuidade à tradição da dualidade entre liberdade positiva e liberdade negativa (ver Berlin, 2006; e Taylor 2008), na medida em que falha em reconhecer o argumento principal de Arendt a respeito da "coincidência entre política e liberdade" (Arendt, [1961] 2006b, p. 147): apenas

[71] Fundamentalmente, a diferença entre a liberdade como não dominação de Pettit e minha leitura da visão arendtiana de liberdade política pode ser reduzida ao fato de que se deve ter a experiência do poder que torna possível a ordem política; não é suficiente que ela seja legalmente codificada em um sentido meramente protetor. Pode-se objetar que Pettit sequer contesta isso. Por exemplo, em suas considerações sobre teoria da democracia ele argumenta que é necessário ir além da democracia eleitoral e estabelecer uma democracia contestatória, caracterizada precisamente pelo fato de que as possibilidades de ação são apresentadas tanto a indivíduos quanto a grupos (Pettit, 2000). Mas isso ainda guarda a visão liberal clássica: Pettit precisa (ao menos potencialmente) deste momento de ação política a fim de garantir que o poder arbitrário seja descoberto e que uma distinção entre a condição de hegemonia benigna e uma condição da maior liberdade possível seja feita (ver a este ponto a crítica de Patchen Markell, 2008 e a de Thorsten Thiel, 2013). Isso significa, no entanto, que a ação política é, por um lado, restringida de maneira instrumental: o republicanismo neorromano precisa de ação política apenas para descobrir o poder arbitrário. O fato de a democracia ser um todo e um modo de vida distinto não é considerado. Por outro lado – e muito mais importante – Pettit fracassa na compreensão teórica e conceitual das pré-condições do agir político em uma democracia contestatória. Ele não aborda a questão relativa às condições sob as quais a ação política ocorre, ou sob as quais as várias formas diferentes de poder arbitrário podem efetivamente ser descobertas. Pettit olha apenas para o que torna possível a ação política, que pode ocorrer ou não. No entanto, o desafio central das democracias modernas, bem como o problema central da liberdade política residem precisamente nesta brecha entre tornar possível e ocorrer.

tendo a experiência do agir político manteremos nossa consciência do fato de que a possibilidade legalmente garantida é a *conditio sine qua non* de qualquer liberdade. Essa perspectiva arendtiana sobre a coincidência entre política e liberdade desafia a dualidade liberdade negativa/liberdade positiva, pois mostra que o declínio de uma cidadania ativa, a ascensão da despolitização da vida público-política e a perda da experiência do agir politicamente em concerto em uma comunidade conduzem a um declínio de nossa liberdade em geral e desencadeiam tanto a degeneração da cultura política democrática quanto processos de desintegração – ainda que a ordem legal e constitucional permaneça intacta (por um tempo). O que Arendt indica neste ponto é o problema da – para usar os termos de Rahel Jaeggi – ossificação das instituições políticas e a negação do elemento de prática política no interior de suas dinâmicas (Jaeggi, 2009, p. 542). Ambos os desenvolvimentos conduzem à situação em que direitos e instituições que deveriam tornar possível a ação se tornam estranhas aos cidadãos e são percebidas como tendo surgido sem sua participação.

b. O teorema constitucional da desierarquização e a tradição da democracia radical

O pensamento político de Arendt não deve ser distanciado apenas dos fragmentos de direito natural contidos no teorema habermasiano da cooriginariedade, mas também da agenda da "democracia radical" (ver Laclau e Mouffe, 2001). Da perspectiva da democracia radical, a política (real) não é uma prática cotidiana (ver Rancière 2002, p. 29), mas apenas um modo de agir que surge em momentos "fugazes" (Wolin, 1994, p. 11).[72] Para autores

[72] Sem pretender fazer justiça à amplitude do pensamento da democracia radical, parece-me possível caracterizá-lo por três componentes centrais de teoria democrática. Em primeiro lugar, uma "dinamização" (Buchstein e Jörke, 2003, p. 490), isto é, uma ênfase na ação política conflituosa e agonística. O segundo componente é a "irredutibilidade do antagonismo" (Mouffe, 2005, p. 12), que conduz à consideração do político a partir da perspectiva do "sem partilha" (Rancière, 2002, p. 24); terceiro, política como a política das identidades coletivas. Contudo, diante das consequências teórico-políticas que os autores mencionados derivam destes componentes, pode-se identificar um grau amplo de heterogeneidade. Assim, a relação entre instituições e política, por exemplo, é tratada

como Abensour, Rancière ou Mouffe, a política democrática exige que a velha ordem seja "interrompida por uma liberdade que modernize a igualdade sobre a qual se assenta toda ordem social" (Rancière, 2002, p. 29). Na mesma linha, autores como Ronald Beiner, Dana Villa, Andreas Kalyvas, Sheldon Wolin ou Bonnie Honig, que pesquisaram intensamente sobre Arendt, apontam para passagens de sua obra que parecem enfatizar a importância da "liberação" (Kalyvas, 2004, p. 340), da "ação iniciadora e agonística" para a qual o que mais importa é a "habilidade de brilhar, de ser glorioso" (Villa, 1996, p. 55); apontam para passagens que parecem elogiar a "ruptura radical com nossas expectativas comuns" (Neiner, 1984, p. 355) e que parecem sustentar que "o momento da intervenção é [...] o momento da política". (Honig, 1991, p. 111).[73] Embora esta leitura encontre algumas evidências textuais, ela negligencia os aspectos de preservação da ordem na obra de Arendt e também falha em pensá-los conceitualmente ou integrá-los argumentativamente. O pensamento político de Arendt vai além da agenda democrática radical.

Por inspiradora que a perspectiva da democracia radical possa ser ao detectar elementos de despolitização no interior dos sistemas políticos modernos, ela também é problemática.[74] A partir de minha leitura de Arendt duas objeções maiores podem ser levantadas contra a democracia radical – ambas capazes de ajudar a especificar o sentido da abordagem teórico-constitucional de Arendt para a teorização política. A primeira objeção aborda o modo da ação política subjacente à teoria da democracia radical; a segunda questiona a percepção da ordem política e introduz uma compreensão alternativa da politização.

c. A crítica de Arendt à compreensão agonística da ação política

A perspectiva da democracia radical alega a necessidade e a facticidade de um antagonismo político nos termos da distinção nós-eles. Um "nós"

---

de maneira muito diferente pelos pensadores da democracia radical. Enquanto um compromisso com procedimentos democráticos institucionalizados pode ser encontrado em Mouffe – não, contudo, refletido em termos de teoria democrática – autores como Žižek localizam o ato revolucionário no centro.

73 Bonnie Honig reviu sua posição em alguma medida. Ver Honig (2007, p. 14).

74 Ver, por exemplo, Mouffe (2005) ou Rancière (2002).

contra a ordem estabelecida, um "nós" contra os poderes hegemônicos. Nessa leitura, toda ordem política é concebida acima de tudo como uma ordem de dominação; as leis são vistas primeiramente como expressão de comando e de um poder hegemônico estabelecido. Portanto, o propósito de todo e qualquer momento democrático é romper com essa ordem tradicional e realizar "a transformação profunda das relações de poder existentes e o estabelecimento de uma nova hegemonia" (Mouffe, 2005, p. 52). Isso resulta em uma espiral sem fim de ordem e destruição. A durabilidade não é o objetivo. Portanto, a ênfase da democracia radical no antagonismo e na distinção "nós-eles" faz referência a um modo de agir que pode ser descrito adequadamente como agir um contra o outro.

Como vimos acima, o problema com este modo de agir é que o "nós" é constituído apenas por uma inimizade contra alguém ou algo. Preso nessa racionalidade instrumental, o "caráter revelatório do discurso e da ação", que só "surge quando pessoas estão *com* outras, e não *por* nem *contra* elas" (CH, p. 225), desaparece. Além disso, é muito provável que esse *nós* ignore até mesmo as objeções, propostas ou críticas justificadas que venham do "eles". Muito além do fato de essa posição teórica não ser capaz de explicar o que mantém uma comunidade unida, essa mentalidade política enfatiza a assertividade, a rigidez e certo grau de ignorância, e não o espírito público e cívico ou senso de solidariedade acompanhado de juízo político. Esse pensamento contribui, portanto, para a perda de responsividade que na visão de Patchen Markell representava para Arendt "a ameaça mais fundamental à atividade política democrática" e fazia avançar "a erosão dos contextos nos quais a ação tem sentido" (Markell, 2006, p. 12).

Para Arendt, em contraste, política democrática significa uma orientação à compreensão e o envolvimento do outro no processo político de formação de opinião e julgamento. Consequentemente, Arendt rejeita de modo decisivo a compreensão agonal do político, pois nele "o caráter comum do mundo político não [é] visto ou experimentado nas relações entre cidadãos":

> Neste espírito agonal, que no fim traria ruína às cidades-Estados gregas porque ele tornava inteiramente impossíveis as alianças e envenenava a vida doméstica dos cidadãos com invejas e ódio mútuo (inveja era o vício nacional da Grécia antiga), a comunidade estava sob constante ameaça. *Como o cará-*

> *ter comum do mundo político era constituído apenas pelos muros da cidade e pelos limites de suas leis, ele não era visto nem experimentado nas relações entre os cidadãos*, nem estava no mundo que se situava *entre* eles, que era comum a todos eles, ainda que se abrindo de maneiras diferentes para cada homem. (Arendt, [1954] 1990b, p. 82 – ênfase minha).

Se aplicarmos essas ideias à questão a respeito da base de legitimidade da constituição (americana) – questão discutida com Ahrens e Förster na seção III.b.i acima – o resultado é o seguinte: a fonte de legitimação da constituição (americana) reside menos na fundação e na promessa do que na viabilização de um "agir com um outro" que se desenvolve na execução do juízo. O conteúdo da promessa recíproca – o pré-colonial, o pré-revolucionário e o constituinte – era o reconhecimento formal da gramática e da sintaxe do agir com um outro, ou seja, eram os princípios do juízo e, assim, sua simultânea transformação em normas legais. A racionalidade do juízo, por sua vez, não resulta de modo algum de sua competência em resolver problemas – embora Arendt, em relações políticas, confie mais nele do que em qualquer outro tipo de racionalidade. Seu potencial racional vem do fato de ele se referir a um agir com um outro em que a liberdade política pode se tornar realidade, preservando assim uma ordem política durável e estável. Se o "sentido da política é a liberdade" (WiP, p. 28), se só é possível ter a experiência da liberdade política na execução do agir com um outro, então o juízo é a condição de possibilidade dessa liberdade. Para Arendt, apoiar-se apenas em uma cultura política intacta e acreditar que os cidadãos não vão exagerar com a política agonística não é, de forma alguma, suficiente para a realização da liberdade política. Antes, os princípios do juízo devem ser integrados à constituição como normas legais e devem inspirar a formação de instituições políticas, preservando assim aquele contexto em que agir com um outro pode ser experimentado.

A conexão delineada acima marca o âmago de uma passagem – provavelmente uma das mais centrais de toda a obra de Arendt – de *Freiheit und Politik*[75] em que ela discute a distinção feita por Montesquieu entre

[75] *Freiheit und Politik* [*O que é liberdade?*, na edição brasileira] difere fundamentalmente da versão *What is Freedom?*, que foi publicada em *Entre passado e futuro* e é apenas uma versão anterior das ideias de Arendt a respeito da conexão entre liberdade e política. *Freiheit und*

liberdade política e filosófica. Ao longo da discussão, Arendt se concentra nas afirmações de Montesquieu segundo as quais "a liberdade política consiste na segurança" (*la liberté politique consiste dans la sûreté*) (Montesquieu, [1748] 2002, p. 188); a liberdade política não é presente a todo tempo e em todo lugar, mas apenas em comunidades políticas que foram definidas por leis; que sem essa segurança não há liberdade política, do que decorre que a liberdade "só pode consistir em ter o poder de fazer o que se deve querer" (*la liberté ne peut consister qu'à pouvoir faire ce que l'on doit vouloir*) (Montesquieu, [1748] 2002, p. 155). Para compreender adequadamente essas afirmações, que à primeira vista soam como Hobbes e como uma manutenção da tradição filosófica da liberdade da vontade, e revelar a "intenção real" (FuP, p. 216) de Montesquieu, Arendt argumenta que precisamos "ler estas frases de modo a *não* enfatizar o *poder* (*pouvoir*) – deve-se ter o *poder* de fazer o que se quer ou se deve querer – mas o *fazer* (*faire*)" (FuP, p. 216 – ênfase minha). Precisamos, além disso, afirmar que "fazer", neste contexto, significa muito mais do que meramente executar a vontade. Dessa forma, chegamos a uma compreensão de liberdade política completamente diferente da que nos é fornecida pela tradição filosófica. Arendt escreve:

> *Ser livre é inerente ao agir, e o poder para fazê-lo é garantido pelos demais como uma segurança.* A liberdade não consiste em um *eu quero*, que, de acordo com o caso, pode significar ou contradizer um *eu posso*, sem que isto questione a liberdade humana; ser livre só se manifesta na ação, de modo que não ter o poder para agir é o mesmo que não ser livre, ainda que a liberdade (filosófica) da vontade permaneça intacta. Em outras palavras, a liberdade política não é idêntica à *liberdade interior* [...]; [a liberdade política] depende do fato de uma nação livre garantir o espaço dentro do qual o agir possa ter um impacto e se tornar visível. (FuP, p. 216 – minha ênfase).

Politik é uma versão revisada de uma palestra proferida pela autora, em maio de 1958, em Zurique. A passagem a que me refiro aqui não consta de *What is Freedom?* (Arendt, [1962] 2006b) nem de *Freedom and Politics: A Lecture*, publicada na *Chicago Review*. Para a história desse texto, ver as convincentes afirmações de Ursula Ludz (FuP, p. 410).

Indiquei em outro lugar que não partilho da interpretação ontológico-normativa e antropologizante do conceito arendtiano de política, segundo a qual uma pessoa só é livre quando efetivamente age. Ser livre começa com o fato de uma pessoa receber dos outros membros da comunidade a garantia constitucional de que ele pode agir – se quiser; não ser livre, em termos políticos, significa que uma pessoa tem seu poder de agir negado pelos outros membros da comunidade, mas isto não quer dizer que a pessoa não age. Se uma pessoa não age, ela não tem a experiência de todo o conteúdo da liberdade política, e essa falta de experiência política produz consequências negativas a longo prazo. Uma ordem livre, durável e estável depende precisamente de um público ativo e democrático – não apenas por isso, mas também porque por esses meios as pessoas aprendem o significado e o impacto dos direitos políticos básicos para suas próprias vidas.

A segurança resultante do direito reside no fato de que a possibilidade de agir é garantida a cada pessoa; quando necessário, essa garantia também se dá por meio de coerção externa contra aqueles que desejam negar este direito. Quando o direito é compreendido dessa maneira, a demanda por pluralidade nas relações políticas toma uma forma concreta no tempo e no espaço. Ernst Vollrath afirma, nesta linha, que a "coerção legítima" – em contraste com a ilegítima – serve "à viabilização do estar apto a agir". As leis "não são barreiras [...], mas razões que viabilizam" (Vollrath, 1977, p. 211): "Todas as leis individuais de tal constituição, referidas à lei fundamental, abrem espaço para a ação". (Vollrath, 1977, p. 215). Em outras palavras: o direito legítimo viabiliza um espaço em que o agir com um outro pode ser realizado.

d. Ordem e politização

Essas últimas observações apontam para outra diferença chave entre Arendt e a tradição da democracia radical: a percepção da ordem política. Da perspectiva arendtiana, a teoria da democracia radical não leva em conta o caráter viabilizador da ordem democrática legal. Na visão dos democratas radicais, direitos e leis são pensados apenas como limitações para a ação e liberdade políticas. As leis e a ordem legal são interpretadas apenas como uma expressão de hegemonia. Pode-se encontrar um exemplo em Sheldon Wolin:

"Assim, ao estabelecer limites à política, uma constituição também coloca limites à democracia, constituindo-a de maneiras compatíveis com os grupos de poder dominantes na sociedade, que são assim legitimados" (Wolin, 1994, p. 14). Diante dessa avaliação do direito e da ordem legal e política, teóricos da democracia radical argumentam em favor de uma "interrupção da ordem" e da "primazia ontológica da política" (Laclau, 1996, p. 62).

Assim como Arendt, considero exagerada e implausível essa avaliação do direito e da ordem política. Um dos traços cruciais das comunidades político-democráticas é que sua ordem constitucional também busca preservar "contextos" (Markell, 2006, p. 12) políticos duráveis e confiáveis dentro dos quais o agir com um outro pode acontecer. Nesse sentido, o direito salvaguarda parte das condições que permitem uma cidadania ativa. Por conta disso, protestos e resistências em democracias não precisam necessariamente ser grandes atos heroicos nem questões de vida ou morte. Mas é precisamente isto que protestos e resistência são em regimes ditatoriais, autoritários ou mesmo totalitários, que esmagam com violência e terror qualquer forma de protesto (EJ, p. 242). Pensando nisso, Michael Greven fala da "possibilidade de politizar" (ver Greven, 2010, p. 68) garantida pela ordem democrática como a característica distintiva dessa ordem.

A possibilidade de politizar é o outro lado da moeda de uma ordem política democrática, e revela tanto a impossibilidade de simplesmente identificar uma ordem legal democrática à hegemonia quanto a implausibilidade de reduzir o direito a seu aspecto restritivo e imperativo. Precisamos, antes, reconhecer a dimensão viabilizadora de uma ordem democrática legal como *conditio sine qua non* da experiência da liberdade política. Nas ordens políticas democráticas, o direito *também* estabelece um espaço viabilizador onde se pode lidar com os choques políticos e onde a pluralidade conflitiva pode aparecer. Os pensadores da democracia radical podem reconhecer esse aspecto, mas falham conceitualmente ao abordar a dimensão viabilizadora da ordem – especialmente quanto à questão de como preservar a consciência do significado desta ordem legal democrática. Ou, para usar as palavras de Claude Lefort, falta a alguns pensadores da democracia radical um senso correto a respeito da dívida que eles e suas ideias contraíram junto à "experiência democrática" (Lefort, 1986, p. 20).

Em contraste com a crítica fundamental da democracia radical à ordem política, a possibilidade de politizar marca o traço distintivo de uma ordem política livre e confiável em sentido arendtiano. Temas, fatos ou regulações existentes são vistas como politizadas quando podem ser rastreadas e referidas a opiniões discutidas e confrontadas publicamente. Nesse sentido, politização é a atualização constante de diferenças, é conversa com outros, é discurso sobre diferenças e semelhanças (Thiel, 2012, p. 204). A dinâmica performativa que surge do processo de politização mantém o debate e a luta política, e não apenas "evita o fechamento do sistema político" (Thiel, 2012, p. 179), mas também encoraja a reflexão. Essa concepção de politização deve ser colocada contra a burocratização, a informalização, a economização e a judicialização do processo político de tomada de decisões; contra o jargão gerencial e a conversa ancorada em necessidade-e-funcionalidade na apresentação de programas políticos; contra uma paisagem midiática que descreve e ajuda a produzir cidadãos como consumidores "monádicos" e fundamentalmente desinteressados pela política; e, por fim, contra uma cultura política que ignora não apenas os elementos expressivos e criativos da liberdade política, mas também o desejo do público por esses elementos. Todos esses fatores contribuem para a despolitização da democracia, pois fortalecem a impressão de que não há mais nada de contingente no processo político, de que não há mais nada que possa ser mudado pelos meios democráticos de engajamento político.

Além disso, o objetivo da politização não é formar uma vontade geral, mas, antes, iniciar processos de consciência pública que criem atenção, um sentimento de importância das questões políticas e que, em seu decurso, procurem reverter o desencantamento político em setores amplos da sociedade. Essa concepção de politização modelada em um sentido arendtiano é, portanto, fundamentalmente diferente da noção liberal de politização, que reduz (e esvazia) seu sentido em *lobby* firme e meros interesses políticos; mas ela também é diferente da variação radical democrática, que equipara politização e genuína reconstrução da moldura social e política (Žižek, 2009, p. 48). Em contraste com a versão radical democrática da politização, Arendt não concebe a ordem constitucional político-democrática como algo oposto à politização, e, portanto, a politização não é compreendida como um processo que se refere a algo que reside além ou fora da ordem existente. Ao contrário, é a própria ordem democrática, baseada em princípios normativos abstratos, tais como igualdade política, liberdade política, alternatividade visível e conflituosidade, que viabilizam a politização como seu princípio inerente. Na medida em que uma ordem constitucional democrática esteja baseada nesses princípios abstratos, entra em promessas que devem ser realizadas no interior de sua estrutura. O traço distintivo dessa ordem é, portanto, que essas promessas possam ser reivindicadas e que esses princípios possam ser interpretados de maneiras novas e diferentes no decurso dos conflitos políticos.

e. Arendt e a fonte da autoridade da constituição

Além disso, apenas essa viabilização confere à constituição a sua autoridade – o que por sua vez indica outra diferença importante com relação ao pensamento de Habermas: Arendt toma um caminho diferente se comparado à abordagem teórico-discursiva do filósofo alemão, segundo a qual a autoridade da constituição está enraizada no fato de estar baseada em princípios aos quais, em tese, todos devem ser capazes de consentir. A constituição simboliza uma espécie de consenso de determinada comunidade. Esse consenso não está baseado apenas nos valores generalizados e nos princípios de um modo de vida político, mas na história do diálogo republicano e político de que se tem lembrança, que é apresentado e narrado como tal (cf. Michelman, 1988, p. 1513). Essa maneira de lembrar e narrar transforma a história em nossa história. A autoridade, Arendt argumenta agora, é reconhecida "onde quer que alguém sinta dever sua existência a um outro (autor, fundador, gerador, propagador)" (DT, p. 299). Contudo, é precisamente por essa razão que Arendt, em seus escritos sobre a situação política americana nos anos 1960 e 1970, estava convencida de que a batalha da população negra por direitos iguais é e deve ser uma batalha contra a constituição. Na visão da autora, o "crime original" cometido pela fundaçao da república americana é ter "tacitamente excluído" a população negra "do consenso *tácito*" (DC, p. 81 e ss) Todos os imigrantes eram bem-vindos, exceto os negros. Como a população negra não tinha alternativa política a esta batalha por direitos iguais, a autoridade da constituição era questionada integralmente e a república entrou em crise. A possível saída esboçada por Arendt é característica de sua compreensão de autoridade: a segregação racial deve ser suspensa e banida imediatamente em todos os níveis da vida pública e política. Ao mesmo tempo, contudo, Arendt não acredita que a solução possa ser encontrada exclusivamente por meio da extensão em retrospecto do *consensus universalis* à população negra, como sugerem a décima quarta e décima quinta emendas. A suprema corte apresentou interpretações diferentes da constituição inúmeras vezes, como mostra Arendt referindo-se ao caso *Dred Scott vs. Sandford* em 1857, de cujo veredito cita um trecho que afirma de modo explícito que "Os negros não são e não podem ser cidadãos no sentido da constituição federal" (DC, p. 81). A única coisa que poderia contribuir, na visão de Arendt, seria uma "emenda constitucional explícita" que "abordasse especificamente a questão do povo negro nos Estados Unidos", admitisse e condenasse francamente as injustiças e desumanidades passadas e, ao fazê-lo, sublinhasse e garantisse a "grande mudança" (DC, p. 81).[76] Apenas dessa forma a Constituição pode se tornar a expressão simbólica de um novo consenso comum, um consenso que inclui aqueles que foram formalmente excluídos e se desenvolve assim em uma história que também faz sentido àqueles que foram anteriormente excluídos. O que confere autoridade à constituição, na visão de Arendt, não é tanto o suposto potencial de universalização de seus princípios, mas o grau em que a constituição como um todo simboliza uma experiência histórica comum e significativa, e empodera cada pessoa para agir politicamente.

C — O exigente conceito arendtiano de viabilização política

i. Sobre a dialética entre direitos subjetivos e objetivos

O que significa exatamente a viabilização da participação política? Se ignorarmos o fato de que a questão do direito na obra de Arendt foi negligenciada por bastante tempo, temos que seu pensamento é classificado como republicano. Os estudos até então parecem corresponder a essa imagem, na medida em que chegam à conclusão de que uma constituição é legítima

---

[76] Ver também as reflexões de Bell e Bansal (1997). Pode-se também estabelecer certos paralelos com os debates iniciados pelo livro *We the People* [Nós, o povo] de Ackermann. A questão que surge é se os movimentos por direitos civis constituem ou não um "momento constitucional" (ver Ackerman, 1998; McMahon, 2003; Graham, 1990; Smith, 1999).

quando salvaguarda as condições de possibilidade da liberdade política. Para Arendt, contudo, a liberdade política não está segura quando são garantidos os direitos objetivos, como os de participação, mas apenas quando os direitos fundamentais subjetivos também podem ser considerados garantidos. O conceito arendtiano de viabilização é exigente, como se pode ver claramente pelo fato de ela descrever o âmbito político, sobre o qual se assenta a liberdade política, como um âmbito que "detinha o poder e a capacidade de reivindicar direitos sem possuir ou reivindicar soberania" (ÜR, p. 218; ver também SR, p. 220). O poder se baseia no consentimento e no apoio, e, portanto, depende dos direitos clássicos de participação republicana. Nessa tradição, para a qual Rousseau é um marco, a participação recebe prioridade em relação aos direitos fundamentais. Um exemplo disso é a *aliénation totale* de Rousseau.

Referindo-se à experiência americana de fundação, Arendt fala explicitamente de uma igualdade que desconsidera qualquer tipo de subjetividade (ver SR, p. 226). Na ação, os agentes garantem mutuamente o *status* de sujeitos legais, ou seja, eles se reconhecem mutuamente como pessoas. Como indiquei acima, o conceito de pessoa tem origem na linguagem do teatro e se refere às máscaras dos atores. A máscara sempre teve uma função dupla: esconder o rosto do próprio ator, mas tornar possível que a voz desse mesmo ator ressoe (ver SR, p. 151). Assim, o *status* de sujeito legal que os agentes se garantem mutuamente viabiliza ao mesmo tempo a participação e a proteção. Por um lado, ele protege a área da subjetividade, da propriedade privada, da origem cultural, das preferências pessoais etc. e, por outro, garante pela máscara a liberdade para falar de igual para igual. Sem que se proteja aquilo que se esconde atrás da máscara e caracteriza a subjetividade, nenhum som emitido por alguém alcança o outro.

Se tentarmos especificar esses direitos subjetivos, a primeira coisa a mencionar seria a proteção da esfera privada. Nesse contexto, Arendt fala de forma geral a respeito do fato de que ninguém pode se expor ao olhar público o tempo todo. O recuo à esfera privada é uma condição elementar para a participação política.[77] A proteção da esfera privada é a condição para a inte-

[77] Ver *inter alia* ÜR, p. 121, bem como o trabalho de Moruzzi sobre o significado da máscara no pensamento de Arendt (Moruzzi, 2000, p. 137 e ss) e as reflexões de van der Walt a respeito do direito e do espaço de aparências (Walt, 2012, p. 63-66).

gridade pessoal e assim assegura o "sentimento inato e natural de identidade com o que somos pelo acaso do nascimento" (RsLR, p. 262). Na coexistência social, a integridade pessoal do indivíduo não é apenas ameaçada pela conformidade social, mas também fica permanentemente exposta ao potencial de discriminação social. Arendt acredita que o fenômeno da discriminação, em particular, é típico da esfera social e é explicado pelo simples fato de que as pessoas se separam umas das outras na forma de grupos diferentes, formados pelos mais diferentes motivos, às vezes por simples prazer:

> De qualquer modo, a discriminação é um direito social tão indispensável quanto a igualdade é um direito político. A questão não é como abolir a discriminação, mas como mantê-la confinada dentro da esfera social, quando é legítima, e impedir que passe para a esfera política e pessoal, quando é destrutiva. (RsLR, p. 274).

Arendt argumenta que a discriminação social contra outros grupos só deve ser condenada e legalmente proibida quando ocorrer na esfera pública e moldar os "serviços públicos todos precisam para realizar os seus negócios e orientar a sua vida" (RsLR, p. 275). Os exemplos de Arendt são o transporte público, praças, mercados, hotéis e restaurantes. Seu exemplo de discriminação discutido em *Reflexões sobre Little Rock* é a proibição do casamento misto, que se estende à esfera privada e é criticado veementemente pela autora (ver LoLR, p. 275).

Mas essa proibição de discriminação delineada aqui de forma puramente negativa não é suficiente como condição para a participação na vida política. Como Arendt deixa claro por meio do exemplo da pobreza, requer-se não apenas proteção negativa contra a discriminação, mas também direitos positivos e viabilizadores. Ela escreve:

> Quando falamos em igualdade, a questão sempre é: quanto temos para mudar a vida privada dos pobres? Em outras palavras, quanto dinheiro temos que dar a eles para torná-los capazes de gozar da felicidade pública? Educação é muito bom, mas o que importa é dinheiro. Apenas quando eles puderem gozar da vontade pública estarão dispostos e serão capazes de fazer sacrifícios pelo bem público. Pedir sacrifícios de indivíduos que ainda não

são cidadãos é pedir-lhes um idealismo que, diante da urgência do processo vital, eles não têm e não podem ter. *Antes de pedir idealismo aos pobres, devemos primeiro torná-los cidadãos, e isto envolve mudar as circunstâncias de suas vidas privadas de tal maneira que eles se tornem capazes de gozar do 'público'.* (PRPI, p. 106 e ss – ênfase minha).[78]

A última frase dessa passagem torna particularmente claro que igualdade e direitos civis devem estar diretamente acompanhados pela liberação com relação à pobreza. Direitos civis só podem ser plenamente usados sobre a base de direitos sociais. Participação só é possível onde a pobreza tiver sido eliminada. Por outro lado, contudo, direitos subjetivos só podem ser considerados assegurados quando se tem o direito de fazer campanha publicamente por sua manutenção. Segundo Arendt, esses direitos civis fundamentais nunca são "efetivados se o direito à participação ativa nos assuntos públicos não estiver garantida aos cidadãos" (ÜR, p. 281).[79] Isto se dirige tanto contra o republicanismo – pelo menos em sua versão rousseauísta – quanto contra o liberalismo. Tentei deixar claro no quarto capítulo como a *internalização do político* substitui o conceito de *persona* por meio do rousseauísmo da Revolução Francesa, e como ideias de moralidade e virtude tomam o lugar do direito acabando com a determinação do direito. Na visão de Arendt, contudo, a redução liberal da política à garantia de liberdade negativa não é menos perigosa. Não apenas por conduzir à autonomia autodeclarada da esfera político-estatal, que sob os auspícios da modernidade desenvolve uma lógica que aos poucos absorve liberdades negativas que antes se acreditava seguras; mais do que isto, porque essa abordagem liberal desencadeia a despolitização da vida pública e a perda da experiência do agir político. Isso

---

[78] Isto já não tem nada a ver com um conceito elitista de esfera pública, na medida em que Arendt também refletiu sobre os pré-requisitos sociais para o engajamento político, por assim dizer. (Mas cf. Brunkhorst, 2005, p. 178; 1994, p. 153).

[79] John Sitton não percebeu a fusão entre direitos participativos e fundamentais ao refletir sobre os conselhos democráticos em Arendt. Ele concluiu, portanto, que Arendt "falhou ao não reconhecer distinções entre liberdades negativas e, por conseguinte, subestimar a importância de certas liberdades civis para a manutenção da possibilidade de participação" (Sitton, 1987, p. 93).

resulta em um processo de desintegração e degeneração da cultura político-democrática com impactos negativos na estabilidade da própria ordem legal. Participação política não pode ser assegurada sem o direito à proteção e ao retirar-se; direitos fundamentais sem direitos participativos são uma quimera.

ii. Sobre a referência interna entre constituição e política democrática

O postulado da desierarquização não torna idênticos o direito e a política; ao contrário, eles continuam a fluir em suas lógicas próprias de funcionamento. A viabilização da liberdade política não representa a própria liberdade política. A viabilização tampouco é garantia de liberdade política. Arendt argumenta que não pode haver garantia de liberdade política porque a implementação dessas supostas garantias asfixiaria os últimos resquícios da "imprevisibilidade inerente ao próprio conceito de liberdade" (Arendt, [1954] 1994s, p. 420).[80] Política é negociação, concessão, disputa, retórica e, evidentemente, organização de maiorias. Uma cultura de debates e a ocorrência de discussões políticas não são incondicionais nem condições em si mesmas. Arendt torna explicitamente claro que o consentimento a procedimentos de debate político não se estende a "leis específicas ou políticas específicas, mesmo que sejam resultado de decisões majoritárias" (DC, p. 79). Política e liberdade política não são resolvidas por meio de lei e legislação (cf. também Heuer, 1992, p. 339). O mesmo se dá no sentido inverso. A "grandeza do procedimento da corte" resulta precisamente do fato de ela

---

[80] Albrecht Wellmer localiza este ponto de modo bastante incisivo quando enfatiza que a liberdade política inclui "momentos de desejo, experiência, juízo e circunstâncias felizes [...] que não podem – como a demanda por direitos gerais e iguais – ser universalizados por um princípio normativo" (Wellmer, 1999, p. 141). Incluindo uma distinção entre viabilizar e garantir, concordo com a observação de Wellmer, mas uma objeção que faço a sua interpretação é a de que ele critica esta garantia de modo tão radical que termina perdendo sua aderência ao postulado arendtiano da viabilização. (Cf., a este respeito, também Heuer, 1992, p. 331). A consequência é a de que, para que haja esperança de que a ação política possa minimamente acontecer, sobra a Wellmer apenas a referência ao suposto "universalismo fundado antropologicamente" (Wellmer, 1999, p. 130) de Arendt. O que falta à sua interpretação é a dimensão viabilizadora do próprio direito.

"estar sujeita a adjudicar para um indivíduo e ficar alheia a tudo mais – ao *Zeitgeist* ou às opiniões que o réu talvez compartilhe com outros e tenta apresentar à corte" (DC, p. 87). Uma parte considerável da integridade dos julgamentos se funda, portanto, nas normas do processo da corte e nos meios legais usados para interpretar a constituição e resolver questões legais.[81] Em outras palavras, a racionalidade do direito *também* é garantida pela independência e autonomia do próprio direito e por uma compreensão jurídica dele (ver também Rosenmüller, 2013a, p. 358-393).[82]

Do ponto de vista arendtiano, contudo, política e direito são interrelacionados. Essa relação interna tem consequências maiores para a fundação normativa da sua noção de constitucionalismo. Em contraste com Weber, a racionalidade não tem origem exclusiva no próprio Direito.[83] Parte essencial da racionalidade de ambas as esferas depende da troca e da conexão mútuas em cada caso: ao judiciário só cabe examinar minuciosamente a legislação e, quando aplicável, declarar sua incompatibilidade com os princípios constitucionais; mas ele jamais pode sugerir ou modificar leis. O direito tem apenas autoridade, não poder (ver ÜR, p. 229 e ss). Além disso, decisões legais devem sempre ser feitas com base na constituição, cuja autoridade, como desenvolvido acima, deriva de seu caráter viabilizador de liberdade política. Arendt afirma que as "decisões da Corte Suprema são interpretações da Constituição" (DC, p. 81). Essa referência direta à constituição resulta na legitimidade das decisões judiciais para o processo político. Em sentido inverso, Arendt afirma que as decisões do legislativo

[81] Arendt insinua essa racionalidade do direito ao relatar, em carta a Jaspers, sua atividade como jurada em tribunal: "O determinante é sempre a lei apropriada, que o juiz esclarece ao júri, e aquilo que os fatos dizem. O juiz sempre repete: 'Se a lei não te agrada, não há o que fazer como jurado; ainda assim você deve decidir segundo ela. Como *cidadão*, você pode mudar a lei, mas não agora, não quando se é jurado'" (Arendt e Jaspers, p. 701).

[82] No livro sobre Eichmann, em particular, Arendt defende a corte de Jerusalém contra todas as demandas feitas pela esfera política. Uma documentação fechada, seja sobre o sistema nacional-socialista, seja sobre a história judaica, não pode ser objeto dos procedimentos; a função do tribunal é, antes, "fazer justiça, e nada mais". (EJ, p. 275).

[83] Referindo-se ao livro sobre Eichmann, Linda Maxwell elaborou a "afirmação arendtiana da dependência do direito em relação à ação política" (Maxwell, 2012, p. 104). Concordo com essa afirmação, mas procuro demonstrar que a política também é dependente do direito no pensamento de Arendt.

e do executivo também devem estar relacionadas à constituição – do contrário, as pessoas perderão sua "confiança [...] nos processos constitucionais, quer dizer, a retirada do consentimento" (DC, p. 80). A autora fala da constitucionalidade das ações políticas como critério de legitimidade, apontando assim novamente para a conexão interna entre direito e política.

Pode-se perceber a seriedade com que Arendt exige constitucionalidade de toda ação política na discussão central de suas "Reflexões sobre Little Rock": nelas, ela desenvolve um argumento usado pelos "liberais" (RsLR, p. 277) segundo o qual o recurso dos estados confederados a suas competências legislativas constitucionalmente garantidas é um "subterfúgio pouco original" (RsLR, p. 277). As competências legislativas de cada estado devem se curvar à força das competências de Washington, de modo que se possa colocar um fim no racismo legalizado dos estados confederados. Arendt também considera que o racismo legal nos estados confederados é insustentável. Contra os liberais, no entanto, ela sustenta que essa mudança no interior do sistema político só pode ser justificada, se é que pode, "apenas com base no argumento legal e na história constitucional" (RsLR, p. 278). Tais argumentos não são abstrusos nem subterfúgios, mas "baseados num princípio que era realmente predominante na mente dos fundadores da república" (RsLR, p. 278): as ações políticas governamentais são legítimas apenas quando compatíveis com as regras de formação de opinião e tomada de decisão definidas na constituição. *Mutatis mutandis*, essas medidas só podem ser legalmente legitimadas se for possível apresentar argumentos constitucionais sólidos. Do contrário, elas enfraquecem o federalismo liberal e fortalecem de modo perigoso o já crescente poder do nível federal.

Contudo, para revelar o elemento de teoria constitucional contido em seu pensamento, devemos considerar também os fragmentos da "política extraordinária constitucionalizada" (Kalyvas, 2004, p. 15) de Arendt e sua "compreensão agonística do direito" – "uma compreensão que retrata a contestação das proposições legais e retrata também as restrições como viabilizadoras, não como debilitantes, da autoridade e da capacidade de resposta da lei" (Maxwell, 2012, p. 104). Essa compreensão agonística também é localizável em *Desobediência civil*, texto em que Arendt discute se a resistência às leis é justificada quando as pessoas acreditam que estas leis são injustas (ver DC, p. 99). Do ponto de vista da magistratura, os viajantes da liberdade violam as leis de trânsito tanto quanto os defensores dos direitos civis violam as leis dos estados confederados com suas ações. Segundo Arendt, é da "natureza do direito" (DC, p. 88) que estas práticas sejam proibidas. Ao mesmo tempo, contudo, ela afirma que tais práticas de violação da lei são legítimas quando cumprem o espírito da constituição – ainda que não formulem assim. À primeira vista, e remontando à experiência americana de fundação, parece agora que o espírito da constituição se cumpre quando se formam associações. Alinhando-se a Tocqueville, poder-se-ia argumentar que essas associações refletem o espírito da constituição e, portanto, devem ser permitidas (ver Tocqueville, [1835] 2002, p. 482-500). Stefan Ahrens argumenta nesta direção e assume, por conseguinte, que Arendt não é capaz de formular qualquer barreira contra movimentos sociais indesejáveis (ver Ahrens, 2005, p. 270).

A meu juízo, esse argumento perde o ponto central das ideias contidas em *Desobediência civil*. As ideias arendtianas sobre o totalitarismo são claras a respeito do perigo potencial que atribuem aos movimentos de massa. A descrição no quarto capítulo demonstrou o ceticismo com que encarava estes movimentos. Mas além disso – e isto é decisivo para a argumentação seguinte – os movimentos políticos, segundo Arendt, deixam de estar em acordo com o espírito da constituição quando se lançam para dentro da esfera pública com "vandalismo, violência, mau humor e com as piores maneiras", mas também quando ocorre "a crescente infestação do movimento com ideologias" (DC, p. 87). O elemento destruidor de política reside no fato de as ideologias conhecerem e serem capazes de explicar qualquer coisa antes mesmo que alguma opinião seja expressa. Agarrando-se a um ou dois axiomas, elas não apenas declaram explicar o mundo, mas também consideram supérfluo todo e qualquer discurso. Em vez de qualquer forma de fechamento político, a desobediência civil deve desencadear debate público político e trazer dilemas à luz (ver DC, p. 81). A ideia do protesto político é questionar o *status quo* e iniciar um debate político que inclua muitas perspectivas diferentes e muitas vozes divergentes – não apenas minar a ordem política, mas tornar real uma ordem livre e igualitária.[84] Por conseguinte, Arendt afirma que

---

[84] Ver também a leitura de Patchen Markell sobre Arendt e sua ênfase nas práticas políticas de responsividade, leitura que me inspirou e com a qual eu concordo (Markell, 2006, p. 12).

movimentos políticos como o dos direitos civis são "importantes demais, não somente em números mas também em qualidade de opinião" (DC, p. 70), e não podem ser ignorados, nem mesmo quando violam e contestam a lei. Contudo, movimentos políticos que simplesmente se distanciam das regras do jogo do debate público e não querem se comprometer com uma discussão política relacionada a um tema não são compatíveis com o espírito da constituição (DC, p. 63). Para Arendt, o "direito ao dissenso" está baseado no consentimento aos meios político-democráticos para lidar com os conflitos, consentimento necessário para a manutenção de um contexto político em que o debate público controverso possa acontecer. O debate público deveria se orientar por este consenso relativo às regras – e não apenas na direção das meras associações em si –, que é a expressão do "espírito das leis norte-americanas [e do] sistema legal norte-americano" (DC, p. 88). Da perspectiva arendtiana, portanto, a dimensão política do protesto não se manifesta no momento da interrupção, e tampouco o protesto, para ser considerado legítimo dentro da democracia, está condenado a teimosamente se vincular à letra da lei.

Não há dúvidas de que os movimentos de protesto frequentemente têm um lado de confrontação e mesmo de violência, porque os protestos costumam não ser capazes de desenvolver seu significado simbólico sem confrontação de fato – e Robin Celikates indicou corretamente isto em seu trabalho (ver Celikates, 2013, p. 225): caso se planeje erguer um acampamento em uma praça pública (para colocar em evidência a situação precária dos refugiados ou dos que pedem asilo, ou para se manifestar contra o capitalismo global), ou caso se deseje estabelecer uma zona autônoma em um prédio e com isto transmitir algum simbolismo político, deve-se também estar preparado para defender esta praça ou esse prédio. Do contrário, a ação permanece como mera expressão vazia e ineficaz da vontade. Isto não é uma justificação da violência ou da militância, mas apenas indica para as questões relativas à boa vontade e à disposição para ceder por parte dos governantes.

Contudo, a confrontação pode não representar o único momento do movimento. Arendt argumenta que uma disposição para se engajar com o oponente político a fim de chegar a um acordo também precisa ser parte do repertório político. Caso contrário, a oposição é absoluta, o que costuma resultar em um clima político que solapa as práticas democráticas reflexivas dentro dos movimentos de protesto. Discussão e debates se convertem então em malabarismos de platitudes e estereótipos ideológicos que servem apenas para reforçar as próprias opiniões, em vez de contribuir para o desenvolvimento do juízo político. Mais ainda, forma-se uma atitude política que não é mais capaz de aceitar objeções, concessões ou sugestões alternativas e possivelmente justificadas vindas do lado oposto. Disputa, discurso e debate se tornam não apenas desnecessários, mas também impossíveis. Em vez de contribuir, pelo protesto, para um debate público ou para a construção de uma consciência política, o conflito ameaça realizar uma escalada. Assim, movimentos de protesto deveriam considerar também a experiência democrática sobre a qual suas práticas estão assentadas. Essa experiência é alimentada pelo fato de que uma ordem política democrática também é caracterizada por um traço viabilizador. Em outras palavras, ela se caracteriza pelo fato de poder interpretar e realizar atos de desobediência civil como atos de repolitização. Isto tem importância fundamental na medida em que a desobediência civil, em democracias, não deve se tornar imediatamente um grande ato de heroísmo ou uma questão de vida ou morte, ao passo que esta é precisamente a sua natureza em ditaduras, regimes autoritários ou totalitários. O medo aqui é que cada ato de protesto político seja reprimido com violência e terror. Arendt deve, portanto, ser compreendida como uma pensadora da ordem política, uma pensadora que busca examinar conceitualmente a importância de uma ordem política livre e durável na qual e por meio da qual a luta política e o dissenso possam acontecer e ser experimentados.

iii. A desierarquização incompleta

Quando Arendt afirma que o direito deve garantir e preservar as regras de um público político intacto, é possível que a teoria do processo pluralista de John Ely venha à mente. Segundo Ely, os tribunais devem intervir quando minorias políticas de qualquer matiz são ameaçadas de exclusão do processo político. Essa concepção do tribunal recebe de Ely o nome de "teoria que fortalece a representação na revisão judicial" (Ely, 2002, p. 181). Argumentei acima que, para a viabilização da participação política, não é suficiente assegurar o acesso à arena política apenas no sentido negativo, apenas como proibição de exclusão. Arendt tem em vista um conceito de viabilização muito mais exigente. Igualdade política como condição de possibilidade da participação significa muito mais do que garantir direitos políticos iguais. Arendt argumenta em favor de direitos sociais, proteção da esfera privada e uma proibição de discriminação de grupos no espaço público.

Discutindo com Ely, Ronald Dworkin levanta argumento similar e também defende um conceito mais substancial de viabilização da participação política. Para Dworkin, os indivíduos só participam da esfera política se sua independência moral e ética estiver protegida legalmente (ver Dworkin, 1994, p. 187-191). O elemento crucial para nossa discussão neste livro é que apenas o judiciário é capaz de garantir esta viabilização, pois (i) apenas ele tem a independência necessária para decidir questões de valor moral e (ii) apenas ele sabe como interpretar corretamente a constituição. Um exemplo ilustrativo da posição de Dworkin é o da discussão a respeito do aborto e da questão sobre quem pode decidir (e de que maneira), se o feto é ou não é uma pessoa constitucional. Dworkin constata a existência de grupos de pressão mais capazes de organizar seus interesses e assim influenciar o processo político. Isso pode levar à tomada de decisões que não são do interesse de todos os cidadãos. Além do mais, a questão do *status* legal do feto não é uma questão metafísica ou teológica, mas exclusivamente jurídica. Disputas jurídicas devem ser decididas por juízes, pois são eles, afinal, quem melhor conhece a constituição (ver Dworkin, 1990, p. 69 e ss). O juiz é o "Hércules" (Dworkin, 1994, p. 337 e ss),[85] que sabe encontrar a resposta para uma disputa legal, e Dworkin acredita que essa circunstância justifica o papel expansivo dos tribunais – inclusive quando se trata de garantir condições para a participação política. Em suma, há aqui a defesa de uma "revisão judicial forte" (Waldron, 2006, p. 1350 e p. 1353).

Richard Bellamy discorda dessa visão e afirma que Dworkin borra as distinções entre direito e legislação. Bellamy acusa Dworkin de transformar juízes e tribunais em participantes superiores do processo político. O conceito de Dworkin é, portanto, um exemplo perfeito de "constitucionalismo legal" (Bellamy, 2007, p. 13), que priva a política do ar que ela precisa respirar substituindo o processo democrático pelo "domínio dos juízes" (Bellamy, 2007, p. 79). Deixando de lado a questão de saber se o modelo de "democratização

---

85 Para uma crítica equilibrada à descrição do juiz como Hércules, ver Cornell (1988, p. 1177 e ss).

do judiciário" (Bellamy, 2007, p. 83) oferecido por Bellamy é convincente, essa breve discussão exemplifica como a viabilização legal da participação política pode se tornar um problema em si mesmo. A objeção de Bellamy é a de que, com Dworkin, a viabilização da participação política é implementada de tal maneira que a autonomia do político termina sendo negada. O problema é, portanto, especificamente a maneira pela qual o assim chamado "domínio legal" é compreendido e praticado. Como Arendt aborda este problema?

Para autores americanos como Dworkin, Michelman, Ackerman e Ely, o período da Corte de Warren, que foi de 1953 a 1969, tem significado decisivo. Nesse período, sob o Juiz-Chefe Earl Warren, a suprema corte americana iniciou reformas políticas importantes ou apoiou seu progresso por meio de decisões constitucionais progressistas – pelo menos é o que diz a interpretação comum. A obra teórico-política de Arendt coincide precisamente com esse período e ela chega a fazer referências à Corte de Warren em certas passagens – mais explicitamente em *Desobediência civil* e *Reflexões sobre Little Rock*.[86] Contudo, contrariamente a Dworkin e outros autores, Arendt argumenta que "agora se sustenta amplamente que mudanças podem ser realizadas por meio do Direito". Essa opinião, para a autora, parece "estar baseada num erro em relação ao que o Direito pode alcançar e ao que não pode. O Direito realmente pode estabilizar e legalizar uma mudança já ocorrida, mas a mudança em si é sempre resultado de ação extra-legal" (DC, p. 73). "Extra-legal" significa que as mudanças não resultam de decisões judiciais, mas, antes, de decisões políticas ou, em outros termos, da passagem da esfera pública para a esfera

[86] O cerne de sua crítica ao julgamento da suprema corte a respeito da proibição da segregação em escolas públicas está no fardo colocado sobre as crianças, que agora tinham que resolver um problema político e social que seus pais e avós não conseguiram resolver. Além disso, a lei infringe o direito dos pais – de famílias negras e brancas – de escolher uma escola de sua preferência para seus filhos. Por outro lado, argumenta Arendt, a proibição de casamentos mistos, apesar de ser uma monstruosidade de segregação racial que efetivamente contradiz os direitos humanos, permaneceu incompreensivelmente intocada. O ensaio de Arendt sobre Little Rock provocou uma onda de protestos assim que foi publicado e permanece realmente polêmico ainda em nossos dias. Para uma visão detalhada da controvérsia, ver Benhabib (2003, p. 146-155).

político–sistémica. A tarefa e a função do judiciário é servir à justiça e "agir *intra vires*" (Goldoni e McCorkindale, 2012, p. 122).

O cerne do problema está exatamente aqui: como um tribunal pode fazer justiça e, ao mesmo tempo, respeitar a autonomia da esfera política? Considerando que para Arendt as precondições que tornam viável a participação das pessoas nos processos político-democráticos são substantivas e exigentes, tribunais e juízes precisam estar em alguma medida equipados com as competências respectivas. Por um lado, portanto, jurisdição e revisão jurídica devem resultar em mais que um simples "teste para saber se a legislação e a ação administrativa efetivamente aconteceram da maneira correta" (Klabbers, 2007, p. 21). Por outro lado, a "revisão judicial forte", ou seja, a "autoridade do tribunal para recusar-se a aplicar um estatuto em um caso determinado [...] ou para modificar o efeito de um estatuto [...] ou retirar completamente do livro dos estatutos (*statute-book*) uma peça da legislação" (Waldron, 2006, p. 1354), conduziria a uma situação em que os problemas políticos cruciais seriam decididos por uma elite jurídica e administrativa, e não pela cidadania ativa. As consequências negativas seriam a juridicização da vida público-política e a despolitização da democracia.

Não há dúvidas de que Arendt nos oferece poucos detalhes a respeito da solução deste enigma da teoria constitucional e de como ela acredita ser possível evitar os perigos aqui delineados. Da perspectiva do postulado da desierarquização, contudo, a autora parece argumentar em defesa de um "sistema de revisão judicial fraco", ou seja, um sistema em que a declaração do tribunal de que há incompatibilidade em um estatuto pode "iniciar um procedimento legislativo acelerado para remediar a incompatibilidade" (Waldron, 2006, p. 1354 e ss). Isso ao menos corresponde à concepção que ela tem da suprema corte como ponto de referência comum e evita a adoção de uma "constituição de juízes" (Arato e Cohen, 2010, p. 161). Os diferentes campos políticos ou partes envolvidas em um conflito não devem ser simplesmente anulados, vencidos ou silenciados pela decisão do tribunal. Há muitas perspectivas legítimas e justificáveis em uma disputa legal, e a questão decisiva para a estabilidade e a durabilidade da ordem política está na maneira de mediá-las. De uma perspectiva arendtiana, portanto, é bastante questionável se uma forma de constitucionalismo legal e um sistema de revisão judicial forte são capazes de fazê-lo. Essas abordagens das disputas legais mantêm a tradição soberanista da concepção imperativa do direito – neste caso, os comandos da elite jurídica e administrativa – e ignoram as demandas de uma vida política pública intensa.

Diferentemente de uma revisão judicial forte, uma declaração da suprema corte a respeito da incompatibilidade procura tornar efetivo um consenso democrático comum. Esse consenso comum poderia ser o ponto de partida para um novo engajamento no debate político. Pelo menos é esse tipo de interpretação que se pode elaborar a partir das ideias de Arendt a respeito do judiciário encontradas de modo esparso por toda a sua obra, e de sua distinção estrita entre poder e autoridade. O que a autora considera característico da suprema corte é ela "ser o assento da autoridade e não o *locus* do poder (as pessoas) nem a fonte do direito (a constituição escrita)" (Goldoni e McCorkindale, 2012, p. 119). As pessoas têm poder, mas a autoridade está nos tribunais. Se ambos coincidirem, haverá despotismo. Os tribunais, portanto, usam sua autoridade para introduzir um novo nível de debate entre as partes conflitantes e, com isto, estabelecer um novo tipo de relação entre elas. Apenas essa compreensão da justiça e do judiciário é capaz de manter o direito como uma relação. Nela, a racionalidade do Direito não é resultado da mera vontade de uma elite administrativa bem treinada e agarrada ao legalismo formal, mas da habilidade de uma decisão legal em abrir um novo espaço político onde o agir conjunto possa ser efetivado e a "sintaxe e gramática" (ver SR, p. 226) de uma esfera pública política possa ser preservada. Esta concepção parece mais alinhada ao pensamento teórico-político de Arendt, a suas observações de teoria constitucional e ao teorema da desierarquização, que deriva de sua análise do declínio do Estado-nação europeu.

Mas minhas ideias aqui ainda são imprecisas e têm natureza especulativa e exploratória; não há informação substancial e suficiente para uma resposta genuinamente arendtiana à questão de como traduzir sua Filosofia do Direito e sua teoria política em uma compreensão apropriada e correspondente do judiciário e da revisão jurídica – uma compreensão que atenderia às exigências de uma esfera pública e política vibrante e evitaria os perigos de ignorar a pluralidade e a conectividade do político. Tais deliberações teriam sido necessárias para corroborar em termos de teoria legal sua defesa de uma versão desierarquizada do constitucionalismo. Mas explicitar uma teoria legal como essa certamente nunca foi preocupação de Arendt. Deveria ter sido, contudo, se ela tivesse levado mais a sério as implicações normativas de suas avaliações críticas dos eventos políticos e tivesse seguido os diversos aspectos de suas ideias sobre a relação entre Direito e política, constituição e democracia, ordem e liberdade, preservação e ação. Uma futura teoria constitucionalista inspirada pelas ideias arendtianas sobre a política e o político – e há bons motivos para a formulação de uma teoria como essa – precisa abordar essas questões de teoria legal.

Conclusão

Nas últimas décadas, interpretações diferentes da obra de Arendt entraram em disputa: há interpretações deliberativas, agonísticas e até mesmo decisionistas.[1] Em cada uma delas, conceitos diferentes são levados ao centro da leitura: discurso e deliberação, intervenção, responsividade, o extraordinário e a auto-instituição da sociedade. Defendi ao longo deste livro uma interpretação nova e diferente: Arendt como pensadora da ordem política. Argumentei que suas ideias enfatizam a importância de uma ordem política durável, estável e livre, na qual e pela qual a luta política, o debate e o agir com um outro possam acontecer, aparecer e ser experimentados. Para que a liberdade política se torne realidade, a participação nestes debates e controvérsias públicas é essencial. O pensamento político presente e passado produziu concepções e compreensões diferentes da liberdade política. Na definição de Arendt, liberdade política significa ter a experiência de "deter poder para agir politicamente". Para que essa experiência da liberdade seja perpetuada, é preciso haver uma ordem política institucionalizada que lhe seja correspondente. O objetivo deste livro foi delinear esta ordem da liberdade. O Estado moderno soberano não é capaz de tornar real esta ordem, e é por isso que Arendt refletiu ao longo de toda a sua vida a respeito de uma forma alternativa de organização política, uma forma na qual e pela qual uma ordem da liberdade possa se tornar real.

Sustentei ao longo deste livro que nessa ordem institucionalizada os conceitos de direito e política não são apenas reconfigurados, mas estão, além disto, em uma relação desierarquizada entre si. Estão conectados de tal maneira que a ação política é considerada legítima quando é conduzida no modo do agir com um outro e assim observa a "sintaxe e a gramática" de que fala Arendt. A tarefa do Direito é garantir e perpetuar essas regras na execução da opinião

---

1 Para uma interpretação decisionista, ver Jay (1978), bem como a crítica profunda a esta leitura em Honig (2007).

política e na tomada de decisões. Isto não torna Direito e política idênticos. A autonomia do Direito consiste no fato de ele ser o único meio técnico e legal com permissão para ser usado na criação de leis, e no fato de apenas o Direito estatutário ser tomado como base para decisão. Em sentido contrário, a autonomia do político resulta do fato de o modo de ação postulado ser praticado de maneira a corresponder com o andamento conflituoso que está na natureza dos debates e controvérsias políticos. O agir com um outro, como modo específico de ação política, efetiva o procedimento metódico do juízo. Minhas observações mostraram que Arendt não localiza o juízo apenas no indivíduo, mas, antes, sustenta que ele deve ser estendido, em particular às instituições. Essa mudança de perspectiva é possibilitada pela conclusão de que a execução do método da operação de reflexão é a *conditio sine qua non* para a formação do juízo. Apenas quando os passos procedimentais do juízo foram seguidos é que pode haver esperança justificada de que a racionalidade do juízo também será levada em conta na esfera política. No entanto, o juízo não é idêntico a esses passos procedimentais ou a esses princípios. Eles não garantem juízo nenhum; o que fazem é viabilizar o desenvolvimento do juízo no político. Sem esses princípios e passos procedimentais, a política do juízo permanece como mera ilusão. Assim, a liberdade política não significa agir contra ou além da ordem; ela só pode florescer quando a possibilidade de agir for garantida pelos demais. A lei é um *medium* central para expressar a garantia, para perpetuar e estabilizar essa possibilidade. Arendt não deriva este pano de fundo político-normativo apenas da análise do sistema político americano, mas também de sua leitura das instituições políticas que tiveram importância primordial no decurso das revoluções, e às quais ela se refere como "órgãos da ordem" (SR, p. 329) – os conselhos, as seções, as sociedades populares e as câmaras municipais (*town-halls*). Pode muito bem ser o caso, portanto, de que um início seja possível em qualquer lugar, mas só se pode falar em um início livre quando a ação política for exercitada no modo do agir com um outro.

O propósito central do meu estudo foi mostrar que Arendt – apesar de ser crítica ao Estado moderno como forma de organização política – está preocupada em repensar a ideia de ordem política: o exame dos paradoxos do Estado-nação estabelece que a questão da ordem legal e política é uma questão chave para o pensamento de Arendt. Sua teoria do declínio da ordem europeia dos Estados-nação significa o colapso do domínio da lei. Em sua visão, portanto, o problema da ordem é também um problema de direito. O tratamento inadequado conferido às minorias e aos apátridas no período entreguerras conduz à dissolução do domínio da lei e do caráter constitucional dos Estados-nação. A consequência é que regimes autoritários tomam o lugar dos estados constitucionais, e valores e padrões morais começam a desaparecer ao longo da queda do Estado-nação como forma de governo. O declínio da cultura moral e política na Europa está, portanto, diretamente conectada ao declínio da ordem política e legal do Estado-nação. Esse é o passo inicial e decisivo de um processo bastante longo de preparação para o extermínio de seres humanos.

Duas linhas de argumentação partiram deste ponto e se uniram novamente no capítulo 4, dedicado à soberania popular. A primeira linha analisou a nação como uma ideia política de ordem. Em seu centro, esteve a crítica à *volonté générale* de Rousseau, autor cujo discurso é uma análise da compreensão do político para a qual a solidariedade e a identidade da comunidade surgem de uma integridade moral do indivíduo. Essa internalização do político se expressa mais claramente no patriotismo do coração, que é o núcleo da nação. A segunda linha foi formada pelo discurso de Weber e pretendeu mostrar seu legado para as reflexões de Arendt a respeito do Estado continental europeu moderno, além de discutir o conceito de Direito racional. A crítica de Arendt ao aparato imperialista do domínio mostra que ela não pretende, de modo algum, dispensar a verificabilidade e a confiabilidade do Direito racional presente no Estado constitucional. Ao mesmo tempo, contudo, suas reflexões a respeito da composição político-institucional do Estado deixam claro que a racionalidade do Direito na tradição europeia continental, tal qual delineada exemplarmente por Weber, se baseia em precondições sistêmicas que promovem dentro da cidadania uma cultura e uma mentalidade políticas que solapam precisamente aquilo que o Direito racional deveria preservar: a ordem política.[2] Como, para Weber, a racionalidade do Direito depende

2 Considerando a leitura arendtiana de Weber, vemos o quão equivocados estão Jean Cohen e Andrew Arato quando assumem que Arendt é favorável a uma "constituição de juízes" (Arato e Cohen, 2010, p. 161) e ao primado do Direito, ou mesmo à soberania legal. Jan Klabbers, por sua vez, está correto em afirmar que, para Arendt, a ideia de "usar juízes para resolver debates políticos e corrigir resultados políticos servindo-se da revisão judicial

de a criação e a execução das leis estarem completamente isoladas da opinião pública,[3] há o fortalecimento da massificação política, da falta de experiência e da desconfiança, que por sua vez alimentam movimentos de massa antidemocráticos. O problema da ordem se revela aqui na forma de uma cultura política despolitizada. Ao mesmo tempo, fica evidente que o Estado moderno, como forma de organização política, é inadequado e incapaz de efetivar a ordem da liberdade. É, portanto, em contraposição ao Estado moderno, tomado como um complexo de poder centralizado e estruturado hierarquicamente, que Arendt pensa a ordem política a ser concebida.

A conexão entre direito e política é interna. Se, neste contexto, a lei deve estar em posição de cumprir sua função de ordem, então ela deve refletir as necessidades de uma esfera pública democrática e ativa. O Direito legítimo é aquele que viabiliza a ação política. Em sentido inverso, a leitura arendtiana de Rousseau revela os perigos oriundos da identificação entre Direito e opinião pública. Uma ordem legal tal qual descrita por Rousseau cria um direito com conteúdo indefinido – lei como mandamento – e só pode ser fundado em cláusulas gerais. Devido à suposta superioridade moral da soberania mais alta, a vontade geral é *potestas legibus soluta*. Essa reivindicação de soberania *só* pode ser traduzida em códigos legais e ancorada no sistema legal com a ajuda de cláusulas gerais. Uma ordem legal em que partes decisivas ou princípios fundamentais estão contidas em cláusulas gerais não é confiável, não é digna de crédito e não é racional. A racionalidade do Direito não pode ser realizada com base em nenhuma política da vontade geral. O Direito só pode desdobrar sua função ordenadora se estiver no contexto de uma compreensão que acomode o político e respeite a autonomia do direito. Assim, como a crítica política de Arendt à soberania popular se converte em uma crítica ao conceito de Direito, sua crítica jurídico–política exige um conceito de político diferente.

No início do livro, afirmei que a expressão ordem da liberdade foi tomada de empréstimo do ensaio *Para a crítica da violência*, de Walter Benja-

---

conduziria a sérias dificuldades" (Klabbers, 2007, p. 22). Para uma comparação entre, de um lado, Arato e Cohen e, de outro, Klabbers, ver também Goldoni e McCorkindale (2012, p. 118).

3 Uma crítica similar ao processo de governança global foi feita recentemente por Jan Klabbers e com referência a Arendt. Ver Klabbers (2012).

min. Nele, Benjamin sustenta que uma crítica profunda e completa só poderia ser desenvolvida a partir de uma "ordem superior de liberdade" (Benjamin, [1920-21] 1965, p. 41). Uma característica da metafísica de Benjamin está em ele acreditar que essa ordem superior se encontra na justiça divina. Se ignorarmos o monismo apolítico do pensamento de Benjamin – o qual, firme na crença de que a *justiça divina* é verdadeiramente justa (cf. Benjamin, [1920-21] 1964, p. 57), coloca de lado a pluralidade humana – temos que seu pensamento foge para uma esperança metafísica, pois pensa o direito como uma substância. Para Benjamin, todo direito humano é uma expressão legalmente fixada do domínio. É exatamente por isso que ele volta à ideia de justiça divina, que deveria estabelecer uma espécie de ponto zero de justiça a cujo serviço deve vir toda a autoridade legal que preserva a ordem. A "manifestação mítica" (Benjamin, [1920-21] 1965, p. 60) da pura violência divina, que se compromete apenas com o princípio de justiça e assim supostamente cria a saída da recorrência eterna da repressão e da violência.

Ao compreender – por meio da desconstrução do conceito de dominação – que o poder, e também o consentimento e o apoio, são o cerne do político, Arendt conseguiu pensar o Direito como uma relação. Para ela, o direito não é a substância da vontade de domínio, mas a descrição formal e jurídica das relações de consentimento. Isso tornou possível diferenciar formas de consentimento e apoio – o que significa formas de falar e agir, e, portanto, de poder – de acordo com sua contribuição (ou inibição) para o estabelecimento de um espaço em que o agir com um outro político seja possível e a pluralidade humana possa ser expressa e experimentada politicamente. Por essa via, Arendt se liberta do fatalismo de Benjamin, que atrás da lei encontra apenas a força da dominação.

Nem mesmo a punição do criminoso normal altera de forma alguma o caráter relacional do Direito. Pois precisamente pelo fato de o criminoso abrir deliberadamente uma exceção para si e julgar seu crime como um crime, ele concorda com o consenso a respeito do que é e do que não é permitido em uma comunidade. Apenas quando o consenso se rompe a "pena [se torna] um ato de vingança ou de autodefesa ou do interesse da maioria" (DT, p. 244). Adolf Eichmann personifica esse rompimento. Da perspectiva dele, a punição é um ato de vingança e o direito é mera violência (cf. EJ, p. 109 e ss). O aspecto decisivo no caso de Eichmann não está no fato de as supostas regras da comunidade internacionais terem sido quebradas – as reflexões de Arendt a respeito do período entreguerras europeu deixaram bastante claro o quão distante os Estados europeus estavam de um consenso comum. Muito mais importante, para ela, é a circunstância de a política nacional-socialista de extermínio ter tentado estabelecer regras completamente novas.[4] Como Eichmann contribuiu para esse projeto, Arendt acredita que ele abriu mão de sua vida. O julgamento ideal contido nas páginas finais de *Eichmann em Jerusalem* deixam isto claro:

> E, assim como você apoiou e executou uma política de não partilhar a Terra com o povo judeu e com o povo de diversas outras nações – como se você e seus superiores tivessem o direito de determinar quem devia e quem não devia habitar o mundo –, consideramos que ninguém, isto é, nenhum membro da raça humana, haverá de querer partilhar a Terra com você. Esta é a razão, e a única razão, pela qual você deve morrer na forca. (EJ, p. 302).

Isto não é um veredito moral final, mas uma defesa legal e política do consenso de uma futura comunidade internacional. O sentido desse julgamento ideal é que Arendt quis criar, a partir da pluralidade enquanto fato da coexistência humana, uma norma política. Essa norma deve expressar o consenso de uma futura comunidade internacional e representa o primeiro passo na transformação da humanidade em conceito político. Somente no contexto de tal consenso e do desenvolvimento das instituições políticas correspondentes é que se pode falar do direito a ter direitos como uma realidade vivida.

Autores como Seyla Benhabib apontaram com razão para o fato de que Arendt não apresenta um argumento moralmente razoável a respeito do porquê um indivíduo deve ter qualquer direito a exigir o direito a ter

[4] Em *Responsabilidade pessoal sob ditadura* ela argumenta que a dimensão político-legal da política nacional-socialista de extermínio só pode ser compreendida quando se reconhece que seus crimes foram cometidos dentro de uma ordem legal. Um alicerce jurídico da ordem nazista era, simplificando, "*Matarás* não teu inimigo, mas pessoas inocentes que nem sequer são potencialmente perigosas" (Arendt, [1964] 2003e, p. 42). O argumento dela é o de que os nazistas deram sua benção jurídica a uma política de extermínio e erradicação; eles estabeleceram o extermínio como padrão legal.

direitos. Pode-se ver uma falha aqui, mas é preciso estar ciente de que a razão moral para os direitos humanos não é uma questão para Arendt. Ela está preocupada com as condições políticas sob as quais qualquer direito a ter direitos possa ser minimamente assegurado. Não está preocupada com a razão pela qual, mas, antes, com a criação de um contexto político em que cada pessoa tenha um lugar garantido no mundo. Assim, não encontraremos em Arendt argumentos no estilo de um universalismo fundacional da filosofia moral em que o reconhecimento dos outros derive de uma gramática de reciprocidade. O que se pode encontrar, como tentei mostrar, é uma normatividade política que descreve o reconhecimento do outro como *conditio sine qua non* de uma ordem política livre, estável e durável. Com isso em mente, fica claro que, segundo Arendt, a tradição continental europeia da ideia de soberania estatal e popular não está em posição de preservar uma ordem permanente e estável precisamente porque não é capaz de tornar real nem de assegurar legalmente o reconhecimento do outro. Identidade e solidariedade no interior de uma comunidade organizada sobre o princípio da soberania só podem ser produzidas por meio de um mecanismo de exclusão e inclusão. A consequência é que o reconhecimento do outro como outro não pode ser refletido na política cotidiana. O outro só encontra reconhecimento como minha imagem. Com essa compreensão do político, "a garantia de paz sobre a Terra é tão utópica quanto a quadratura do círculo" (TPR, p. 229) em um mundo globalizado. Segundo Arendt, ao contrário, uma ordem permanente e estável só pode ser baseada no reconhecimento da pluralidade. Embora o século XX tenha documentado, como nenhum século anterior, a exclusão e até o extermínio do outro, nenhuma ordem durável e estável foi criada. Uma ordem durável e estável só pode ser uma ordem livre. Este é o cerne da normatividade política de Arendt. Mas isto não é uma verdade; isto é apenas uma narrativa possível de uma convicção comum.

Referências

TRABALHOS DE HANNAH ARENDT

Arendt, H (1946) 'The Nation' 1 *The Review of Politics* 8, 138.

______ (1958) *Die ungarische Revolution und der totalitäre Imperialismus* (München, Piper).

______ (1960) *Von der Menschlichkeit in finsteren Zeiten. Rede über Lessing* (München, Piper).

______ (1963) *On Revolution* (New York, NY, Viking).

______ (1970) *On Violence* (New York, NY, Harvest Books).

______ (1972a) 'Civil Disobedience' in H Arendt, *Crises of the Republic* (New York, NY, Harvest Books).

______ (1972b) 'Thoughts on Politics and Revolution. A Commentary' in H Arendt, *Crises of the Republic* (New York, NY, Harvest Books).

______ (1972c) 'Lying in Politics' in H Arendt, *Crises of the Republic* (New York, NY, Harvest Books).

______ (1977) 'Public Rights and Private Interests' in M Mooney and F Stuber (eds), *Small Comforts for Hard Times: Humanists on Public Policy* (New York, NY, Columbia University Press).

______ (1989 [1968]) 'Walter Benjamin' in H Arendt (U Lutz ed), *Menschen in finsteren Zeiten* (München, Piper).

______ (1990a [1948]) *Was ist Existenz–Philosophie?* (Frankfurt, Hain). Arendt, Hannah. 1990. "Philosophy and Politics." *Social Research* 57 (Spring), 73-103.

______ (1990b [1954]) 'Philosophy and Politics' *Social Research* 57 (Spring), 73-103.

______ (1994a [1951]) *Origins of Totalitarianism* (New York, NY, Harvest Books).

______ (1994b [1944]) 'Foreign Affairs in the Foreign–Language Press' in H Arendt (J Kohn ed), *Essays in Understanding 1930–1954. Formation, Exile, and Totalitarianism* (New York, NY, Schocken).

______ (1994c [1945]) 'Power Politics Triumphs' in H Arendt (J Kohn ed), *Essays in Understanding 1930-1954. Formation, Exile, and Totalitarianism* (New York, NY, Schocken).

______ (1994d [1948/1949]) 'Rand School Lecture' in H Arendt (J Kohn ed), *Essays in Understanding 1930-1954. Formation, Exile, and Totalitarianism* (New York, NY, Schocken).

______ (1994e [1954]) 'Concern with Politics in Recent European Philosophical Thought' in H Arendt (J Kohn ed), *Essays in Understanding 1930-1954. Formation, Exile, and Totalitarianism* (New York, NY, Schocken).

______ (1994f [1954]) 'Europe and the Atom Bomb' in H Arendt (J Kohn ed), *Essays in Understanding 1930-1954. Formation, Exile, and Totalitarianism* (New York, NY, Schocken).

______ (1998a [1958]) *The Human Condition* (Chicago, IL, Chicago University Press).

______ (1998b [1979]) 'Diskussionen mit Freunden und Kollegen in Toronto (November 1972)' in H Arendt (R Beiner and U Ludz eds), *Ich will verstehen. Selbstauskünfte zu Leben und Werk* (München, Piper).

______ (1998c [1964]) 'Fernsehgespräche mit Günter Gaus (Oktober 1964)' in H Arendt (U Ludz ed), *Ich will verstehen. Selbstauskünfte zu Leben und Werk* (München, Piper).

______ (1998d [1970]) *Macht und Gewalt* (München, Piper).

______ (1998e [1970]) 'Interview mit Hannah Arendt. Von Adelbert Reif' in H Arendt (ed), *Macht und Gewalt* (München, Piper).

______ (2000a [1963]) *Über die Revolution* (München, Piper).

______ (2000b [1956]) 'Was ist Autoriät?' in H Arendt (U Ludz ed), *Zwischen Vergangenheit und Zukunft. Übungen im politischen Denken I* (München, Piper).

______ (2000c [1958]) 'Die Krise in der Erziehung' in H Arendt (U Ludz ed), *Zwischen Vergangenheit und Zukunft. Übungen im politischen Denken I* (München, Piper).

______ (2000d [1958]) 'Kultur und Politik' in H Arendt (U Ludz ed), *Zwischen Vergangenheit und Zukunft. Übungen im politischen Denken I* (München, Piper).

______ (2000e [1964]) 'Wahrheit und Politik' in H Arendt (U Ludz, ed), *Zwischen Vergangenheit und Zukunft. Übungen im politischen Denken I* (München, Piper).

______ (2002 [1958]) *Vita activa oder Vom tätigen Leben* (München, Piper).

______ (2003a [1951]) *Elemente und Ursprünge totaler Herrschaft. Antisemitismus, Imperialismus, totale Herrschaft* (München, Piper).

______ (2003b) 'Some Questions of Moral Philosophy' in H Arendt (J Kohn, ed), *Responsibility and Judgement* (New York, NY, Random House).

______ (2003c [1975]) 'Home to Roost' in H Arendt (J Kohn ed), *Responsibility and Judgement* (New York, NY, Random House).

______ (2003d [1959]) 'Reflections on Little Rock' in H Arendt (J Kohn ed), *Responsibility and Judgement* (New York, NY, Random House).

______ (2003e [1964]) 'Personal responsibility und dictatorship' in H Arendt (J Kohn ed), *Responsibility and Judgement* (New York, NY, Random House).

______ (2006a [1963]) 'Nationalstaat und Demokratie' in 2 *Hannah Arendt. net–Zeitschrift für politisches Denken* 1.

______ (2006b [1961]) 'What is Freedom?' in H Arendt (ed), *Between Past and Future* (New York, NY, Penguin Classics.

______ (2006c [1963]) *Eichmann in Jerusalem. A report on the banality of Evil* (New York, NY, Penguin).

______ (2007a [1953]) 'The Great Tradition I. Law and Power' 3 *Social Research* 74, 713.

______ (2007b [1953]) 'The Great Tradition II. Ruling and Being Ruled' 4 *Social Research* 74, 941.

______ (2007c [1950]) (J Kohn ed) *The Promise of Politics* (New York, NY, Random House).

______ and Jaspers, K (L Köhler and H Saner eds) (2001 [1985]) *Briefwechsel 1926–1969* (München, Piper).

______ (J Kohn and RH Feldmann eds) (2007) *The Jewish Writings* (New York, NY, Schocken).

______ (U Ludz, ed) (2003 [1993]) *Was ist Politik. Fragmente aus dem Nachlaß* (München, Piper).

______ (U Ludz and I Nordmann eds) (2003) *Denktagebuch*, vols 1 and 2 (München, Piper).

LITERATURA SECUNDÁRIA E OUTROS ESCRITOS

Abensour, M (2012) 'Die rebellierende Demokratie' 5 *Blätter für deutsche und internationale Politik* 57, 90.

Ackerman, B (1989) 'Constitutional Politics/Constitutional Law' 3 *Yale Law Journal* 99, 453.

______ (1998) *We the People. Transformations*, vol 2 (Boston, MA, Harvard University Press).

Adorno, TW (1997a [1931]) 'Die Aktualität der Philosophie' in R Tiedemann (ed), *Philosophische Frühschriften, Gesammelte Schriften*, vol 1 (Frankfurt, Suhrkamp).

______ (1997b [1951]) 'Minima Moralia. Reflexionen aus dem beschädigten Leben' in TW Adorno (R Tiedemann ed), *Gesammelte Schriften*, vol 4 (Frankfurt, Suhrkamp).

______ (1997c [1966]) 'Negative Dialektik' in TW Adorno (R Tiedemann ed), *Gesammelte Schriften*, vol 6 (Frankfurt, Suhrkamp).

______ (1997d [1958]) 'Der Essay als Form' in TW Adorno (R Tiedemann ed), *Noten zur Literatur, Gesammelte Schriften*, vol 11 (Frankfurt, Suhrkamp).

Agamben, G (1999) *Remnants of Ausschwitz* (New York, NY, Zone York).

______ (2002) *Homo sacer. Sovereign Power and Bare Life* (Stanford, CA, Stanford University Press).

______ (2005) *State of Exception* (Chicago, IL, The University of Chicago Press).

Ahrens, S (2005) *Die Gründung der Freiheit. Hannah Arendts politisches Denken über die Legitimität demokratischer Ordnungen* (Frankfurt, Peter Lang Publishing).

Allen, A (2010) 'Power, Subjectivity, and Agency: Between Arendt and Foucault' 2 *International Journal of Philosophical Studies* 10, 143.

Alte. Synagoge (ed) (1997) *Hannah Arendt. Lebensgeschichte einer deutschen Jüdin ...* (Essen, Klartext Verlagsgesellschaft).

Anderson, B (1996) *Die Erfindung der Nation. Zur Karriere eines erfolgreichen Konzepts* (Frankfurt, Campus).

Anter, A (1995) *Max Webers Theorie des modernen Staates. Herkunft, Struktur und Bedeutung* (Berlin, Duncker & Humblodt).

______ (2004) 'Modernität und Ambivalenz in Georg Jellineks Staatsdenken' in A Anter (ed), *Die normative Kraft des Faktischen. Das Staatsverständnis Georg Jellineks* (Baden–Baden, Nomos).

______ (2007) *Die Macht der Ordnung. Aspekte einer Grundkategorie des Politischen* (Tübingen, Mohr Siebeck).

______ (2012) *Theorien der Macht. Zur Einführung* (Hamburg, Junius).

Arato, A and Cohen, JL (2010) 'Banishing the Sovereign. Internal and External Sovereignty' in S Benhabib (ed), *Politics in Dark Times: Encounters with Hannah Arendt* (Cambridge, Cambridge University Press).

Baehr, P (2001) 'The Grammar of Prudence. Arendt, Jaspers, and the Appraisal of Max Weber' in SE Aschheim (ed), *Hannah Arendt in Jerusalem* (Los Angeles, University of California Press).

______ (2005) 'Personal Dilemma or Intellectual Influence? The Relationship between Hannah Arendt and Max Weber' 1 *Max Weber Studies* 5, 125.

Balibar, É (2004) 'Is a Philosophy of Human Civic Rights Possible? New Reflections on Equaliberty' 2-3 *The South Atlantic Quarterly* 103, 311.

______ (2007) '(De)constructing the Human as Human Institution. A Reflection on the Coherence of Hannah Arendt's Practical Philosophy' in Heinrich-Böll-Stiftung (ed), *Hannah Arendt: Verborgene Tradition–Unzeitgemäße Aktualität?* (Berlin, Akademie Verlag).

Baluch, F (2014) 'Arendt's Machiavellian moment' in 2 *European Journal of Political Theory* 13, 154.

Barley, D (1990) *Hannah Arendt. Einführung in ihr Werk* (München, Alber).

Beiner, R (1984) 'Action, Natality, and Citizenship: Hannah Arendt's Concept of Freedom' in Z Pelczynski and J Gray (eds), *Conceptions of Liberty in Political Philosophy* (New York, NY, Continuum International).

______ (1985) 'Hannah Arendt über das Urteilen' in H Arendt (R Beiner ed), *Das Urteilen. Texte zu Kants Politischer Philosophie* (München, Piper).

Bell, D and Bansal, P (1988) 'The Republican Revival and Racial Politics' 8 *Yale Law Journal: Symposium on the Republican Revival* 97, 1609.

Bellamy, R (2006) 'Sovereignty, Post–Sovereignty and Pre–Sovereignty: Three Models of State, Democracy and Rights within the EU' in N Walker (ed), *Sovereignty in Transition* (Oxford, Hart Publishing).

______ (2007) *Political Constitutionalism. A Republican Defence of the Constitutionality of Democracy* (Cambridge, Cambridge University Press).

Bemal, A (2009) 'A Revolution in Law's Republic: Arendt and Michelman in Dialogue' 1 *HannahArendtNet* 5, 1–19.

Benhabib, S (1992a) *Kritik, Norm und Utopie. Die normativen Grundlagen der Kritischen Theorie* (Frankfurt, Fischer).

______ (1992b) 'Models of Public Space' in S Benhabib (ed), *Situating the Self: Gender, Community and Postmodernism in Contemporary Ethics* (Cambridge, Polity Press).

______ (1995a) 'Modelle des "öffentlichen Raums". Hannah Arendt, die liberale Tradition und Jürgen Habermas' in S Benhabib (ed), *Selbst im Kontext* (Frankfurt, Suhrkamp).

______ (1995b) 'Über das Urteilen und die moralische Grundlagen der Politik im Denken Hannah Arendts' in S Benhabib (ed), *Selbst im Kontext* (Frankfurt, Suhrkamp).

______ (2003) *The Reluctant Modernism of Hannah Arendt* (Lanham, Rowman & Littlefield).

______ (2004) *The Rights of Others* (Cambridge, Cambridge University Press).

______ (2006) *Hannah Arendt. Die melancholische Denkerin der Moderne* (Frankfurt, Suhrkamp).

______ (2007) 'Another Universalism: On the Unity and Diversity of Human Rights' 2 *Proceedings and Addresses of the American Philosophical Association* 81, 7.

Benjamin, W (1961 [1943]) 'Geschichtsphilosophische Thesen' in W Benjamin and S Unseld (eds), *Illuminationen. Ausgewählte Schriften* (Frankfurt, Suhrkamp).

______ (1965 [1920–21]) 'Zur Kritik der Gewalt' in W Benjamin (ed), *Zur Kritik der Gewalt und andere Aufsätze. Mit einem Nachwort versehen von Herbert Marcuse* (Frankfurt, Suhrkamp).

______ (1980 [1936]) 'Das Kunstwerk im Zeitalter seiner technischen Reproduzierbarkeit' in W Benjamin (R Tiedemann and H Schweppenhäuser eds), *Abhandlungen, Gesammelte Schriften,* vol 1 (Frankfurt, Suhrkamp).

______ (P Demetz ed) (1986 [1978]) 'Reflections: Essays, Aphorisms, Autobiographical Writings' (New York, NY, Schocken).

______ (R Tiedemann and H Schweppenhäuser eds) (1991 [1928–1929, 1934–1940]) *Das Passagen–Werk. Aufzeichnungen und Materialen, Gesammelte Schriften*, vol 1 (Frankfurt, Suhrkamp).

Berlin, I (2006) *Freiheit: Vier Versuche* (Frankfurt, Fischer).

Bernstein, RJ (1986a) 'Judging—the Actor and the Spectator' in RJ Bernstein (ed), *Philosophi- cal Profiles: Essays in a Pragmatic Mode* (Philadelphia, PA, University of Pennsylvania Press).

______ (1986b) 'Rethinking the Social and the Political' in RJ Bernstein (ed), *Philosophical Profiles: Essays in a Pragmatic Mode* (Philadelphia, PA, University of Pensylvania Press).

______ (2005) 'Hannah Arendt on the Stateless' 1 *Parallax* 11, 46–60.

______ (2007) 'Sind Hannah Arendts Reflexionen über das Böse noch relevant?' 4 *Deutsche Zeitschrift für Philosophie* 55, 573.

Bielefeldt, H (1993) *Wiedergewinnung des Politischen. Eine Einführung in Hannah Arendt* (Würzburg, Königshaussen & Neumann).

Bilsky, L (2001) 'Between Justice and Politics: The Competition of Storytellers in the Eichmann Trial' in SE Aschheim (ed), *Hannah Arendt in Jerusalem* (Los Angeles, CA, University of California Press).

______ (2004) *Transformative Justice. Israeli Identity on Trial* (Ann Arbor, MI, The University of Michigan Press).

Birmingham, P (2006) *Hannah Arendt and Human Rights. The Predicament of Common Responsibility* (Bloomington, IN, Indiana of University Press).

______ (2007) 'The An-Archic Event of Natality and the "Right to have rights"' in Heinrich- Böll-Stiftung (ed), *Hannah Arendt: Verborgene Tradition-Unzeitgemäße Aktualität?* (Berlin, Akademie Verlag).

Bluhm, H (2002) *Die Ordnung der Ordnung. Das politische Philosophieren von Leo Strauss* (Berlin, Akademie Verlag).

______ (2011) 'Niccolò Machiavelli' in W Heuer/B Heiter/S Rosenmüller (eds): *Arendt-Handbuch. Leben—Werk—Wirkung* (Stuttgart, Metzler Verlag), 198–99.

Bobbio, N (1987) 'Max Weber und Hans Kelsen' in M Rehbinder and KP Tieck (eds), *Max Weber als Rechtssoziologie* (Berlin, Duncker & Humblodt).

Bowen-Moore, P (1989) *Hannah Arendt's Philosophy of Natality* (New York, NY, St Martin's Press).

Bradshaw, L (1989) *Acting and Thinking: The political thought of Hannah Arendt* (Toronto, University of Toronto Press).

Breen, K (2007) 'Violence and power: A critique of Hannah Arendt on the "political"' 3 *Philosophy and Social Criticism* 33, 343.

______ (2012) 'Law beyond Command? An Evaluation of Arendt's Understanding of Law' in M Goldoni and C McCorkindale (eds) *Hannah Arendt and the Law* (Oxford, Hart Publishing), 15–34.

Breier, KH (2001) *Hannah Arendt zur Einführung* (Hamburg, Junius).

Breuer, S (1993) 'Max Webers Staatssoziologie' 2 *Kölner Zeitschrift für Soziologie und Sozialpsychologie* 45, 199.

______ (1998) *Der Staat. Entstehung, Typen, Organisationsstadien* (Reinbeck, Rowohlt).

______, Treiber, H and Walther, M (1982) 'Entstehungsbedingungen des modernen Anstaltsstaates. Überlegungen im Anschluss an Max Weber' in S Breuer and H Treiber (eds), *Entstehung und Strukturwandel des Staates* (Opladen, Westdeutscher Verlag).

Brubaker, R (1994) *Staats–Bürger* (Hamburg, Hamburger Edition).

Brumlik, M (2007) 'Zwischen Polis und Weltgesellschaft. Hannah Arendt in unserer Gegenwart' in Heinrich–Böll–Stiftung (ed), *Hannah Arendt: Verborgene Tradition–Unzeitgemäße Aktualität?* (Berlin, Akademie Verlag).

Brunkhorst, H (1994) 'Brot und Spiele? Hannah Arendts zweideutiger Begriff von der Öffentlichkeit' in U Kubes–Hofmann (ed), *Sagen, was ist. Zur Aktualität Hannah Arendts* (Wien, Verlag für Gesellschaftskritik).

______ (1996) 'Sind Menschenrechte Aporien? Kritische Bemerkungen zu einer These Hannah Arendts' 3 *Kritische Justiz* 29, 335.

______ (1999) *Hannah Arendt* (München, CH Beck).

______ (2005) 'Equality and elitism in Arendt' in DR Villa (ed), *The Cambridge Companion to Hannah Arendt* (Cambridge, Cambridge University Press).

Buchstein, H and Jörke, D (2003) 'Das Unbehagen an der Demokratietheorie' 4 *Leviathan* 31, 470.

Calhoun, C (1997) 'Plurality, Promises, and Public Spaces' in C Calhoun and J McGowan (eds), *Hannah Arendt and the Meaning of Politics* (Minneapolis, MN, University of Minnesota Press).

Canovan, M (1978) 'The Contradictions of Hannah Arendt's Political Thought' 1 *Political Theory* 6, 5.

______ (1990) 'Socrates or Heidegger? Hannah Arendt Reflections on Philosophy and Politics' 1 *Social Research* 57, 135.

______ (1992) *Hannah Arendt: A Reinterpretation of Her Political Thought* (Cambridge, Cambridge University Press).

______ (1998) 'Lasting institutions. Arendtian Thoughts on Nations and Republics' 2 *Graduate Faculty Philosophy Journal* 21, 133.

Castoriadis, C (1990) 'Gesellschaft als imaginäre Institution. Entwurf einer politischen Philosophie' (Frankfurt, Suhrkamp).

Celikates, R (2013) 'Ziviler Ungehorsam zwischen Gewaltfreiheit und Gewalt' in F Martinsen and O Flügel–Martinsen (eds), *Gewaltbefragungen. Beiträge zur Politischen Philosophie der Gewalt* (Bielefeld, transcript).

Cohen, JL (1996) 'Rights, Citizenship, and the Modern Form of the Social: Dilemmas of Arendtian Republicanism' 2 *Constellations* 3, 164.

______ (2007) 'Sovereignty and Rights: Thinking with and beyond Hannah Arendt' in Heinrich–Böll–Stiftung (ed), *Hannah Arendt: Verborgene Tradition–Unzeitgemäße Aktualität?* (Berlin, Akademie Verlag).

Coing, H (1969) *Grundzüge der Rechtsphilosophie* (Frankfurt, De Gruyter).

Cornell, DL (1988) 'Institutionalization of Meaning, Recollective Imagination and the Potential for Transformative Legal Interpretation' 4 *University of Pennsylvania Law Review* 136, 1135.

Curtis, K (1999) *Our sense of the Real. Aesthetic Experience and Arendtian Politics* (Ithaca, NY, Cornell University Press).

D'Entrèves, MP (1994) *The Political Thought of Hannah Arendt* (London, Routledge).

Deitelhoff, N (2007) 'Was vom Tage übrig blieb. Inseln der Überzeugung im vermachteten Alltagsgeschäft internationalen Regierens' in P Niesen and B Herborth (eds) *Anarchie der kommunikativen Freiheit. Jürgen Habermas und die Theorie der internationalen Politik* (Frankfurt, Suhrkamp), 26.

Delos, J–T (1944) *La Nation*, 2 vols (Edition de l'Arbre, Montreal).

Derrida, J (1991) *Gesetzeskraft. Der 'mystische Grund der Autorität'* (Frankfurt, Suhrkamp).

Dewey, J (1985 [1927]) 'The Public and its Problems' in JA Boydston (ed), *John Dewey. The Later Works 1925–1935*, vol 2: *1925–1927* (Carbondale, IL, Southern Illinois University Press).

Diner, D (ed) (1988) *Zivilisationsbruch: Denken nach Auschwitz* (Frankfurt, Fischer).

Disch, L (1994) *Hannah Arendt and the Limits of Philosophy* (Ithaca, NY/London, Cornell University Press).

______ (2011) 'How could Hannah Arendt glorify the American Revolution and revile the French? Placing On Revolution in the historiography of the French and American Revolutions' 3 *European Journal of Political Theory* 10, 350.

Dolan, FM (2005) 'The paradoxical liberty of bio–power. Hannah Arendt and Michel Foucault on modern politics' 3 *Philosophy and Social Critism* 31, 369.

Dworkin, R (1990) 'Taking Rights Seriously in the Abortion Case' 1 *Ratio Juris* 3, 68.

______ (1994) 'Gleichheit, Demokratie und die Verfassung: Wir, das Volk, und die Richter' in UK Preuß (ed), *Zum Begriff der Verfassung. Die Ordnung des Politischen* (Frankfurt, Fischer).

______ (1998) *Law's Empire* (Oxford, Harvard University Press).

______ (2005) *Taking rights seriously* (Cambridge, Harvard University Press).

______ (2006) *Justice in robes* (Cambridge, Harvard University Press).

Elias, N (1997 [1939]) *Über den Prozess der Zivilisation. Soziogenetische und psychogenetische Untersuchungen*, 2 vols (Frankfurt, Suhrkamp).

Ely, JH (2002) *Democracy and Distrust. A Theory of Juridical Review* (Cambridge, Harvard University Press).

Euben, PJ (2005) 'Arendt's Hellenism' in DR Villa (ed), *The Cambridge Companion to Hannah Arendt* (Cambridge, Cambridge University Press).

Febbrajo, A (1987) 'Kapitalismus, moderner Staat und national–formales Recht' in M Rehbinder and KP Tieck (eds), *Max Weber als Rechtssoziologie* (Berlin, Duncker & Humblodt).

Fehrenbach, E (1997) 'Nation' in E Fehrenbach, HW Hahn and J Müller (eds), *Politischer Umbruch und gesellschaftliche Bewegung. Ausgewählte Aufsätze zur Geschichte Frankreichs und Deutschlands im 19. Jahrhundert* (München, Oldenbourg).

Förster, J (2008) 'Leben im Ausnahmezustand—Über den Widerspruch zwischen Freiheit und Sicherheit' in M Biegi *et al* (eds), *Demokratie, Recht und Legitimität im 21. Jahrhundert* (Wiesbaden, VS Verlag für Sozialwissenschaften).

______ (2009) *Die Sorge um die Welt und die Freiheit des Handelns. Zur institutionellen Verfassung der Freiheit im politischen Denken Hannah Arendts* (Würzburg, Königshausen & Neumann).

Foucault, M (1994) *Überwachen und Strafen. Die Geburt des Gefängnisses* (Frankfurt, Suhrkamp).

______ (M Sennelart ed) (2004) *Geschichte der Gouvernementalität I. Sicherheit, Territorium, Bevölkerung, Vorlesung am Collège de France, 1977–1978* (Frankfurt, Suhrkamp).

______ (2006) 'What is Enlightenment?' in M Foucault (Paul Rabinow ed), *Ethics: Subjectivity and Truth* (New York, NY, The New Press).

Frank, JA (2010) *Constituent Moments: Enacting the People in Postrevolutionary America* (Durham, NC, Duke University Press).

Frankenberg, G (2003) 'Feindes Wiederkehr? Zur Verfassung des unbequemen Verhältnisses von Recht und Politik' in G Frankenberg (ed), *Autorität und Integration. Zur Grammatik von Recht und Verfassung* (Frankfurt, Suhrkamp).

Fraser, N (2004) 'Hannah Arendt in the 21st Century' 3 *Contemporary Political Theory* 3, 253.

Freud, S (1999a [1920]) 'Jenseits des Lustprinzips' in S Freud (A Freud ed), *Gesammelte Werke*, vol 13 (Frankfurt, Fischer).

______ (1999b [1930]) 'Das Unbehagen in der Kultur' in S Freud and (A Freud ed), *Gesammelte Werke*, vol 14 (Frankfurt, Fischer).

______ (1999c [1939]) 'Der Mann Moses und die monotheistische Religion' in S Freud (A Freud ed), *Gesammelte Werke*, vol 16 (Frankfurt, Fischer).

Freund, J (1987) 'Die Rationalisierung des Rechts nach Max Weber' in M Rehbinder and KP Tieck (eds), *Max Weber als Rechtssoziologie* (Berlin, Duncker & Humblodt).

Gadamer, HG (1975) *Wahrheit und Methode. Grundzüge einer philosophischen Hermeneutik* (Tübingen, Mohr Siebeck).

Gellner, E (1995) *Nationalismus und Moderne* (Berlin, Rotbuch Verlag).

Gerstenberg, O (1997) *Bürgerrechte und deliberative Demokratie. Elemente einer pluralistischen Verfassungstheorie* (Frankfurt, Suhrkamp).

Göhler, G (2009) '"Power to" and "Power over"' in R Stewart and M Haugaard (eds), *The SAGE Handbook of Power* (London, SAGE), 32.

Goldoni, M and McCorkindale, C (2012) 'The Role of the Supreme Court in Arendt's Political Constitution' in M Goldoni and C McCorkindale (eds), *Hannah Arendt and the Law* (Oxford, Hart Publishing), 117–32.

Gosepath, S (2007) 'Hannah Arendts Kritik der Menschenrechte und ihr "Recht, Rechte zu haben"' in Heinrich–Böll–Stiftung (ed), *Hannah Arendt: Verborgene Tradition–Unzeitgemäße Aktualität?* (Berlin, Akademie Verlag).

Graham, HD (1990) *The Civil Rights Era. Origins and Development of a National Policy 1960–1972* (Oxford, Oxford University Press).

Gray, G (1979) 'Die Winde des Denkens' in A Reif (ed), *Hannah Arendt: Materialien zu ihrem Werk* (Wien, Baulino Verlag).

Greven, MT (2010) 'Verschwindet das Politische in der politischen Gesellschaft? Über Strategien der Kontingenzverleugnung' in T Bedorf et al (eds), *Das Politische und die Politik* (Frankfurt, Suhrkamp).

Guggenberg, B (1993) 'Das Ende der Arbeitsgesellschaft und die Erosion des Politischen: Eine Erkundung mit Hannah Arendt' in P Kemper (ed), *Die Zukunft des Politischen: Ausblicke auf Hannah Arendt* (Frankfurt, Fischer).

Günther, K (1994) 'Diskurstheorie des Rechts oder Naturrecht in diskurstheoretischem Gewande?' 4 *Kritische Justiz* 27, 470.

Habermas, J (1977) 'Hannah Arendt's Communication Concept of Power' 1 *Social Research* 44, 3.

______ (1981) 'Die Geschichte von den zwei Revolutionen' in J Habermas (ed), *Philosophisch– politische Profile* (Frankfurt, Suhrkamp).

______ (1990) *Strukturwandel der Öffentlichkeit. Untersuchungen zu einer Kategorie der bürgerlichen Gesellschaft* (Frankfurt, Suhrkamp).

______ (1994) *Faktizität und Geltung* (Frankfurt, Suhrkamp).

______ (1998) 'The European Nation–State: On the Past and Future of Sovereignty and Citizenship' in J Habermas (ed), *The Inclusion of Other: Studies in Political Theory* (Boston, MA, MIT Press).

______ (1999a) 'Eine genealogische Betrachtung zum kognitiven Gehalt der Moral' in J Habermas (ed), *Die Einbeziehung des Anderen. Studien zur politischen Theorie* (Frankfurt, Suhrkamp).

______ (1999b) 'Versöhnung durch öffentlichen Vernunftgebrauch' in J Habermas (ed), *Die Einbeziehung des Anderen. Studien zur politischen Theorie* (Frankfurt, Suhrkamp).

Hammer, D (2002) 'Hannah Arendt and Roman Political Thought: the practice of theory' 1 *Political Theory* 30, 124.

Hansen, P (2004) 'Hannah Arendt and Bearing with Strangers' 3 *Contemporary Political Theory* 13, 3.

Hayes, C (1949) *The Historical Evolution of Modern Nationalism* (New York, NY, The MacMil- lan Company).

Hegel, GWF (1986 [1820]) *Grundlinien der Philosophie des Rechts oder Naturrecht und Staatswissenschaft im Grundriss*, works vol 7 (Frankfurt, Suhrkamp).

Heidegger, M (2001 [1927]) *Sein und Zeit* (Tübingen, Mohr Siebeck).

Heller, H (1971 [1927]) 'Die Souveränität. Ein Beitrag zur Theorie des Staats– und Völkerrechts' in H Heller (ed), *Gesammelte Schriften. Recht, Staat, Macht*, 2 vols (Leiden, Sijthoff).

Hennis, W (2003) *Das Problem der Souveränität. Ein Beitrag zur neueren Literaturgeschichte und gegenwärtigen Problematik der politischen Wissenschaften* (Tübingen, Mohr Siebeck).

Herb, K (1989) *Rousseaus Theorie legitimer Herrschaft. Voraussetzungen und Begründungen* (Würzburg, Königshausen & Neumann).

Hermenau, F (1999) *Urteilskraft als politisches Vermögen. Zu Hannah Arendts Theorie der Urteilskraft* (Lüneburg, Zuklampen).

Heuer, W (1992) *Citizen. Persönliche Integrität und politisches Handeln. Eine Rekonstruktion des politischen Humanismus Hannah Arendts* (Berlin, Akademie Verlag).

______ (2007) 'Europa und seine Flüchtlinge. Hannah Arendt über die notwendige Politisierung von Minderheiten' in Heinrich-Böll-Stiftung (ed), *Hannah Arendt: Verborgene Tradition–Unzeitgemäße Aktualität?* (Berlin, Akademie Verlag).

______ (2011) 'On Revolution/Über die Revolution' in W Heuer/B Heiter/S Rosenmüller (eds), *Arendt–Handbuch. Leben—Werk—Wirkung* (Stuttgart, Metzler Verlag), 84–91.

______ and Rosenmüller, S (2011) 'Between Past and Future/Zwischen Vergangeheit und Zukunft' in W Heuer/B Heiter/S Rosenmüller (eds), *Arendt–Handbuch. Leben-Werk-Wirkung* (Stuttgart, Metzler Verlag), 70–84.

Hirschman, AO (1982) *Shifting Involvements. Private Interests and Public Action* (Princeton, Princeton University Press).

Hobbes, T (1984 [1651]) *Leviathan. Oder Stoff, Form und Gewalt eines kirchlichen und bürgerlichen Staates* (Frankfurt, Suhrkamp).

Hobsbawm, EJ (1977) 'Hannah Arendt on Revolution' in EJ Hobsbawm (ed), *Revolutionaries* (London, Quartet Books).

______ (1991) *Nationen und Nationalismus* (Frankfurt, Campus).

Höffe, O (1993) 'Politische Ethik im Gespräch mit Hannah Arendt' in P Kemper (ed), *Die Zukunft des Politischen: Ausblicke auf Hannah Arendt* (Frankfurt, Fischer).

Hofmann, H (1964) *Legitimität gegen Legalität. Der Weg der politischen Philosophie Carl Schmitts* (Neuwied, Luchterhand).

Honig, B (1988) 'Arendt, Identity, and Difference' 1 *Political Theory* 16, 77.

______ (1991) 'Declarations of Independence: Arendt and Derrida on the Problem of Founding a Republic' 1 *American Political Science Review* 85, 97.

______ (2007) 'Between Decision and Deliberation: Political Paradox in Democratic Theory' 1 *American Political Science Review* 101, 1.

Howard, D (2001) *Die Grundlegung der amerikanischen Demokratie* (Frankfurt, Suhrkamp).

Hume, D (1988 [1748]) 'Über den ursprünglichen Vertrag' in D Hume (U Bermbach ed), *Politische und ökonomische Essays*, vol 1 (Hamburg, Meiner).

Ignatieff, M (2001) *Human Rights as Politics and Idolatry* (Princeton, NJ, Princeton University Press).

Isaac, CJ (1992) *Arendt, Camus and Modern Rebellion* (New Haven, CT, Yale University Press).

Jacoby, R (2007) 'Wege des Ruhms. Hannah Arendt war keine bedeutende Philosophin, aber eine große Essayistin' 3 *Merkur* 695, 263.

Jaeggi, R (1997) *Welt und Person: Zum anthropologischen Hintergrund der Gesellschaftskritik Hannah Arendts* (Berlin, Lukas).

______ (2009) 'Was ist eine (gute) Institution' in R Forst *et al* (eds), *Sozialphilosophie und Kritik* (Frankfurt, Suhrkamp).

Jay, M (1978) 'The Political Existentialism of Hannah Arendt' 3 *Partisan Review* 45, 2.

Jonas, F (1979) 'Hannah Arendts Theorie der Revolution' in A Reif (ed), *Hannah Arendt: Materialien zu ihrem Werk* (Wien, Europaverlag).

Jonas, H (1979) 'Handeln, Erkennen, Denken: Zu Hannah Arendts philosophischen Werk' in A Reif (ed), *Hannah Arendt: Materialien zu ihrem Werk* (Wien, Europaverlag).

Kalyvas, A (2004) 'From the act to the decision: Hannah Arendt and the Question of Decisionism' 3 *Political Theory* 32, 320.

______ (2008) *Democracy and the Politics of the Extraordinary: Max Weber, Carl Schmitt, and Hannah Arendt* (Cambridge, Cambridge University Press).

Kant, I (1977 [1797]) *Die Metaphysik der Sitten*, volume VIII (Frankfurt, Suhrkamp).

______ (1998 [1781]) *Kritik der reinen Vernunft* (Hamburg, Meiner).

______ (1999a [1795]) Zum ewigen Frieden (Stuttgart, Reclam).

______ (1999b [1785]) 'Grundlegung zur Metaphysik der Sitten' in I Kant (B Kraft and D Schönecker eds), *Grundlegung zur Metaphysik der Sitten* (Hamburg, Meiner).

______ (2001 [1790]) 'Kritik der Urteilskraft' in I Kant (HF Klemme ed), *Kritik der Urteilskraft* (Hamburg, Meiner).

Kateb, G (1984) *Hannah Arendt. Politics, Conscience, Evil* (Oxford, Robertson).

Keenan, A (1994) 'Promises, Promises: The Abyss of Freedom and the Loss of the Political in the Work of Hannah Arendt' 2 *Political Theory* 22, 297.

______ (2003) *Democracy in Question: Democratic Openness in a Time of Political Closure* (Stanford, CA, Stanford University Press).

Kelsen, H (1994 [1934]) *Reine Rechtslehre. Einleitung in die rechtswissenschaftliche Problematik* (Aalen, Scientia–Verlag).

______ (2002 [1934]) *Pure Theory of Law*, translation from the second German edition by Max Knight (Berkeley, CA, University of California Press).

Kersting, W (1996) *Die politische Philosophie des Gesellschaftsvertrags* (Darmstadt, Primus–Verlag).

Klabbers, J (2007) 'Possible Islands of Predictability: The Legal Thought of Hannah Arendt' 1 *Leiden Journal of International Law* 20, 1.

______ (2012) 'Hannah Arendt and the Languages of Global Governance' in M Goldini and C McCorkindale (eds), *Hannah Arendt and the Law* (Oxford, Hart Publishing).

Knott, ML (2011) 'The Human Condition/Vita activa oder Vom tätigen Leben' in W Heuer, B Heiter and S Rosenmüller (eds), *Arendt–Handbuch. Leben--Werk-Wirkung* (Stuttgart, Metzler Verlag), 61.

König, H (2008) *Politik und Gedächtnis* (Weilerswist, Velbrück Wissenschaft).

Kristeva, J (1991) *Strangers to Ourselves* (New York, NY, Columbia University Press).

______ (1993) *Nations without Nationalism* (New York, NY, Columbia University Press).

______ (2001) *Hannah Arendt* (New York, NY, Columbia University Press).

Kupka, T (1998) 'Demokratie ohne Naturrecht. Eine rechtsphilosophische Entwick-lungsskizze in vier Schritten und einem Ausblick' in H Brunkhorst (ed), *Demokratischer Experimentalismus. Politik in der komplexen Gesellschaft* (Frankfurt, Suhrkamp).

Laclau, E (1996) 'Deconstruction, Pragmatism, Hegemony' in C Mouffe (ed), *Deconstruction and Pragmatism* (London, Routledge).

Laclau, E and Mouffe, C (2001) *Hegemony and the Socialist Strategy. Towards A Radical Democratic Politics* (London/New York, NY, Verso).

Lefort, C (1986) *The Political Forms of Modern Society* (Cambridge, MA, MIT Press).

______ (1988) *Democracy and Political Theory, translated by David Macey* (Minneapolis, MN, University of Minnesota Press).

______(1990) 'Die Frage der Demokratie' in U Rödel (ed), *Autonome Gesellschaft und libertäre Demokratie* (Frankfurt, Suhrkamp).

Lindahl, H (2006) 'Give and take. Arendt and the nomos of political community' 7 *Philosophy and Social Criticism* 32, 881.

Lindner, B (1997) 'Derrida. Benjamin. Holocaust: Zur politischen Problematik der Kritik der Gewalt' 5 *Zeitschrift für Kritische Theorie* 5, 65.

Luban, D (1979) 'On Habermas, on Arendt, on Power' 1 *Philosophy and Social Criticism* 6, 80.

Ludz, U (2000) 'Nachwort der Herausgeberin' in H Arendt (U Ludz ed), *Zwischen Vergangenheit und Zukunft* (München, Piper), 371.

Machiavelli, N (2001 [1532]) *Der Fürst* (Frankfurt, Insel–Verlag).

Mahrdt, H (2007) 'Phronesis bei Aristoteles und Hannah Arendt. Von der Sorge um das Leben und das Selbst zur Sorge um die Welt' 4 *Deutsche Zeitschrift für Philosophie* 55, 587.

Manthe, U (2003) *Geschichte des Römischen Rechts* (München, CH Beck).

Markell, P (1997) 'Contesting Consensus: Rereading Habermas on the public sphere' 3 *Constellations* 3, 377.

______(2000) 'Making affects safe for democracy?' 1 *Political Theory* 28, 38.

______(2003) *Bound by Recognition* (Princeton, NJ, Princeton University Press).

______(2006) 'The Rule of the People: Arendt, Archê, and Democracy' 1 *American Political Science Review* 100, 1.

______(2008) 'The Insufficency of Non–Domination' 1 *Political Theory* 36, 9.

Marrus, M (1985) *The Unwanted. European Refugees in the Twentieth Century* (Oxford, Oxford University Press).

Marx, K (1961a [1842]) 'Verhandlungen des 6. Rheinischen Landtags. Debatten über das Holzdiebstahlsgesetz' in Institut für Marxismus–Leninismus des ZK der SED (ed), *MEW*, vol 1 (Berlin, Dietz).

______(1961b [1844]) 'Zur Judenfrage' in Institut für Marxismus–Leninismus des ZK der SED (ed), *MEW*, vol 1 (Berlin, Dietz).

Massing, O (1993) 'Souveränität–ein unverzichtbarer Anachronismus' in R Voigt (ed), *Abschied vom Staat–Rückkehr zum Staat?* (Baden–Baden, Nomos).

Maus, I (1994) *Zur Aufklärung der Demokratietheorie. Rechts– und demokratietheoretische Überlegungen im Anschluß an Kant* (Frankfurt, Suhrkamp).

Maxwell, L (2012) 'Toward an Agonistic Understanding of Law. Law and Politics in Hannah Arendt's Eichmann in Jerusalem' 1 *Contemporary Political Theory* 11, 88.

McGowan, J (1997) 'Arendt's Utopian Vision' in C Calhoun and J McGowan (eds), *Hannah Arendt and the Meaning of Politics* (Minneapolis, MN, University of Minnesota Press).

McMahon, KJ (2004) *Reconsidering Roosevelt on race. How the Presidency paved the road to Brown* (Chicago, IL, University of Chicago Press).

Meinecke, F (1929 [1924]) *Die Idee der Staatsräson in der neueren Geschichte* (München, Oldenbourg).

Meints, W (2003): 'Globalisierung und Menschenrechte. Zur Aktualität der Krisendiagnose von Hannah Arendt' 5 *Mittelweg* 36, 53.

Meints–Stender, W (2007) 'Hannah Arendt und das Problem der Exklusion–eine Aktualisierung' in Heinrich-Böll-Stiftung (ed), *Hannah Arendt: Verborgene Tradition-Unzeitgemäße Aktualität?* (Berlin, Akademie Verlag).

______ (2011) *Partei ergreifen im Interesse der Welt. Eine Studie zur politischen Urteilskraft im Denken Hannah Arendts* (Bielefeld, transcript).

______ (2012) 'Reflektierende Urteilskraft als Ethos der Macht—eine Annäherung an einen emanzipatorischen Begriff von Macht' in K-H Brier and A Gantschow (eds), *Politische Existenz und republikanische Ordnung* (Baden–Baden, Nomos).

Meuter, G (1994) *Der KatWechon. Zu Carl Schmitts fundamentalistischer Kritik der Zeit* (Berlin, Duncker & Humblot).

Michelman, FI (1988) 'Law's Republic' 8 *Yale Law Journal* 97, 1493.

______ (1994) 'Kollektiv, Gemeinschaft und das liberale Denken in Verfassungen' in G Frankenberg (ed), *Auf der Suche nach der gerechten Gesellschaft* (Frankfurt, Fischer).

______ (1996) 'Parsing "a right to have rights"' 2 *Constellations* 3, 200.

Mill, JS (2006 [1879]) *On the Liberty and Subjection of Women* (New York, NY, Penguin).

Minnich, EK (1989) 'To judge in freedom: Hannah Arendt on the relation of thinking and morality' in GT Kaplan and CS Kessler (eds), *Hannah Arendt–Thinking, Judging, Freedom* (Sydney, Allen & Unwin).

Möllers, C (2000) *Staat als Argument* (München, CH Beck).

Montesquieu, CL de (1992 [1748]) *Vom Geist der Gesetze*, volume 1 & 2 (Tübingen, Mohr).

______ (2002 [1748]) *The Spirit of the Laws* (Cambridge, Cambridge University Press).

Moruzzi, NC (2000) *Speaking through the Mask: Hannah Arendt and the Politics of Social Identity* (Ithaca, NY, Cornell University Press).

Mouffe, C (1992) *Dimensions of radical democracy. Pluralism, Citizenship, Community* (London, Verso).

______ (1999) 'Dekonstruktion, Pragmatismus und die Politik der Demokratie' in C Mouffe (ed), *Dekonstruktion und Pragmatismus: Demokratie, Wahrheit und Vernunft* (Wien, Passagen–Verlag).

______ (2000) *The Democratic Paradox* (London, Verso).

______ (2005) *On the Political* (London, Routledge).

______ (2007) *Über das Politische. Wider die kosmopolitische Illusion* (Frankfurt, Suhrkamp).

Mumford, L (1966) *The City in History* (London, Harcourt Brace Jovanovitch).

Neumann, F (1970) 'Der Funktionswandel des Gesetzes im Recht der bürgerlichen Gesellschaft' in F Neumann (ed), *Demokratischer Staat und autoritärer Staat. Beiträge zur Soziologie der Politik* (Frankfurt, Europäische Verlagsanstalt).

Nietzsche, F (1972a [1878]) 'Menschliches, Allzumenschliches' in F Nietzsche (K Schlechta ed), *Werke* vol 1 (Frankfurt, Ullstein).

______ (1972b [1881]) 'Morgenröte. Gedanken über die moralischen Vorurteile' in F Nietzsche (K Schlechta ed), *Werke* vol 2 (Frankfurt, Ullstein).

______ (1972c [1882]) 'Die Fröhliche Wissenschaft' in F Nietzsche (K Schlechta ed), *Werke* vol 2 (Frankfurt, Ullstein).

______ (1972d [1886]) 'Jenseits von Gut und Böse' in F Nietzsche (K Schlechta ed), *Werke* vol 3 (Frankfurt, Ullstein).

Nisbet, R (1979) 'Hannah Arendt und die amerikanische Revolution' in A Reif (ed), *Hannah Arendt: Materialien zu ihrem Werk* (Wien, Europaverlag).

Noiriel, G (1994) *Die Tyrannei des Nationalen* (Lüneburg, zu Klampen).

Nussbaum, MC (2000) 'Toleranz, Mitleid und Gnade' in R Forst (ed), *Toleranz. Philosophische Grundlagen und gesellschaftliche Praxis einer umstrittenen Tugend* (Frankfurt, Campus–Verlag).

O'Sullivan, NK (1973) 'Politics, totalitarianism and freedom: The political thought of Hannah Arendt' 2 *Political Studies* 21, 183–98.

______ (1975) 'Hellenic Nostalgia and Industrial Society' in A de Crespigny and K Minogue (eds), *Contemporary Political Philosophers* (New York, NY, Dodd, Mead).

Opstaele, DJ (1999) *Politik, Geist und Kritik: Eine hermeneutische Rekonstruktion von Hannah Arendts Philosophiebegriff* (Würzburg, Königshausen & Neumann).

Otten, HR (2001) 'Befehl und Gebot? Über Carl Schmitt, das Gesetz und die Gewalt' in U Erzgräber and A Hirsch (eds), *Sprache und Gewalt* (Berlin, Berlin Verlag).

______ (2008) 'Humanity, Sovereignty and the Camps' 4 *International Politics* 45, 522.

Palonen, K (2006) 'Was hätte Max Weber zu Hannah Arendt gesagt? Reflexionen zu Hannah Arendts Kritik der repräsentativen Demokratie' in H Buchstein and R Schmalz-Bruns (eds), *Politik der Integration. Symbole, Repräsentation, Institution* (Baden-Baden, Nomos).

Parekh, B (1981) *Hannah Arendt and the Search for a New Political Philosophy* (Atlantic Highlands, NJ, Humanities Press).

Parekh, S (2004) 'A meaningful place in the world: Hannah Arendt on the nature of human rights' 1 *Journal of Human Rights* 3, 41.

Parvikko, T (2004) 'A Note on Max Weber's Impact on Hannah Arendt's Thought' 2 *Max Weber Studies* 4, 235.

Pearson, R (1983) *National Minorities in Eastern Europe 1848–1945* (London, Macmillan).

Pettit, P (1999) *Republicanism. A Theory of Freedom and Government* (Oxford, Oxford University Press).

______ (2000) 'Democracy: electoral and Contestatory' in I Shapiro and S Macedo (eds), *Designing Democratic Institutions* (New York, NY, New York University Press).

Pitkin, HF (1972) *The Concept of Representation* (Berkeley, CA, University of California Press).

______ (1998) *The Attack of the Blob. Hannah Arendt's Concept of the Social* (Chicago, IL, University of Chicago Press).

Preuß, UK (1990) *Revolution, Fortschritt und Verfassung. Zu einem neuen Verfassungsverständnis* (Berlin, Wagenbach).

______ (1994) 'Zu einem neuen Verfassungsverständnis. Wie kann der Geist der Revolution institutionalisiert werden?' in G Frankenberg (ed), *Auf der Suche nach der gerechten Gesellschaft* (Frankfurt, Fischer).

______ (2006) 'Constitutional Powermaking for the New Polity: Some Deliberations on the Relations between Constituent Power and the Constitution' in R Bellamy (ed), *Constitutionalism and Democracy* (Aldershot, Ashgate).

______ (2007) 'Souveränität—Zwischenbemerkung zu einem Schlüsselbegriff des Politischen' in T Stein *et al* (eds), *Souveränität, Recht, Moral. Die Grundlagen politischer Gemeinschaft* (Frankfurt, Campus Verlag).

Rancière, J (2002) *Das Unvernehmen. Politik und Philosophie* (Frankfurt, Suhrkamp).

______ (2004) 'Who is the Subject of the Rights of Man?' 2–3 *South Atlantic Quarterly* 103, 297.

Rawls, J (1998 [1971]) *Eine Theorie der Gerechtigkeit* (Frankfurt, Suhrkamp).

Renan, E (1995 [1882]) 'Renan an Strauß, Briefe vom 29. September 1870 und 15. September 1871' in E Renan (ed), *Was ist eine Nation? und andere politische Schriften, mit einem einleitenden Essay von Walter Euchner und einem Nachwort von Silvio Lanaro* (Wien, Folio–Verlag).

______ (1996 [1882]) *Was ist eine Nation? Rede am 11. März 1882 an der Sorbonne. Mit einem Essay von Walter Euchner* (Hamburg, Europäische Verlagsanstalt).

Richter, E (2008) *Die Wurzeln der Demokratie* (Weilerswist, Velbrück Wissenschaft).

Rödig, J (H Kindermann ed) (1986) *Einführung in die analytische Rechtslehre* (Berlin, Springer).

Rohe, K (1998) 'Parteien und Parteiensysteme' in H Kastendiek *et al* (eds), *Länderbericht Großbritannien. Geschichte, Politik, Wirtschaft Gesellschaft* (Bonn, Bundeszentrale für politische Bildung).

Rosenmüller, S (2009) '"Rechte als Zäune"? Hannah Arendt und das Problem des Urteilens' in C Kupke and B Heiter (eds), *Andersheit, Fremdheit Exklusion* (Berlin, Parodos).

______ (2013a) *Orte des Rechts. Gemeinsinn und richterliches Urteilen nach Hannah Arendt* (Baden-Baden, Nomos).

______ (2013b) 'Recht kraft Urteilens: zum Recht im Denken Hannah Arendts' in J Schulze Wessel, C Volk and S Salzborn (eds), *Ambivalenzen der Ordnung. Der Staat im Denken Hannah Arendts* (Wiesbaden, Springer VS).

Rossi, P (1987) 'Die Rationalisierung des Rechts und ihre Beziehung zur Wirtschaft' in M Rehbinder and KP Tieck (eds), *Max Weber als Rechtssoziologe* (Berlin, Ducker & Humblot).

Rousseau, JJ (M Halbwachs ed) (1976 [1762]) *Du Contrat Social, Introduction, notes, commentaire par Maurice Halbwachs* (Paris, Aubier).

______ (1979 [1762]) *Emile: Or On Education* (New York, NY, Basic Books).

______ (1981 [1753]) 'Versuch über den Ursprung der Sprachen, in dem von der Melodie und der musikalischen Nachahmung die Rede ist' in I Fetscher (ed), *Sozialphilosophie und politische Schriften* (München, Artemis & Winkler).

______ (1995 [1755]) 'Abhandlung über den Ursprung und die Grundlagen der Ungleichheit unter den Menschen' in K Weigand (ed), *Schriften zur Kulturkritik* (Hamburg, Meiner).

______ (2012 [1762]) 'The Social Contract' in V Gourevitch (ed), *The Social Contract and Other Later Political Writings*. (Cambridge, Cambridge University Press).

Saavedra, EM (2002) *Die deliberative Rationalität des Politischen: Eine Interpretation der Urteilslehre Hannah Arendts* (Würzburg, Königshausen & Neumann).

Schieder, T, Dann, O and Wehler, HU (eds) (1991) *Nationalismus und Nationalstaat. Studien zum nationalen Problem im modernen Europa* (Göttingen, Vandenhoeck & Ruprecht).

Schluchter, W (1979) *Die Entwicklung des Okzidentalen Rationalismus* (Tübingen, Mohr).

Schmid, B (1983) *Sittliche Existenz in Entfremdung. Eine Untersuchung zur Ethik Jean-Jacques Rousseau* (Düsseldorf, Patmos-Verlag).

Schmitt, C (1914) *Der Wert des Staates und die Bedeutung des Einzelnen* (Tübingen, Mohr).

______ (1991 [1923]) *Die geistesgeschichtliche Lage des heutigen Parlamentarismus* (Berlin, Duncker & Humblot).

______ (1993 [1934]) *Über die drei Arten des rechtswissenschaftlichen Denkens* (Berlin, Duncker & Humblot).

______ (1996 [1931]) *Der Hüter der Verfassung* (Berlin, Duncker & Humblot).

______ (2002 [1932]) *Der Begriff des Politischen* (Berlin, Duncker & Humblot).

______ (2004 [1922]) *Politische Theologie. Vier Kapitel zur Lehre von der Souveränität* (Berlin, Duncker & Humblot).

Schöttker, D and Wizisla, E (2006) 'Hannah Arendt und Walter Benjamin. Konstellationen, Debatten, Vermittlungen' in D Schöttker and E Wizisla (eds), *Arendt und Benjamin. Texte, Briefe, Dokumente* (Frankfurt, Suhrkamp).

Seelmann, K (2001) *Rechtsphilosophie* (München, Beck).

Sieyès, EJ (O Dann ed) (1988 [1789]) *Was ist der dritte Stand?* (Essen, Hobbing).

Simpson, SIR JH (1939) *The Refugee Problem. Report of a Survey* (Oxford, Oxford University Press).

Sitton, JF (1987) 'Hannah Arendt's Argument for Council Democracy' 1 *Polity* 20, 80.

Skran, C (1995) *Refugees in Inter–War Europe. The Emergence of a Regime* (Oxford, Oxford University Press).

Smend, R (1994 [1945]) 'Staat und Politik' in R Smend (ed), *Staatsrechtliche Abhandlungen und andere Aufsätze* (Berlin, Duncker & Humblot).

Smith, RM (1999) *Civic Ideals. Conflicting Visions of Citizenship in US History* (New Haven, CT, Yale University Press).

Speth, R (2000) *Nation und Revolution. Politische Mythen im 19. Jahrhundert* (Opladen, Leske + Budrich).

Springborg, P (1989) 'Hannah Arendt and the classical republican tradition' in GT Kaplan and CS Kessler (eds), *Hannah Arendt–Thinking, Judging, Freedom* (Sydney, Allen & Unwin).

Sternberger, D (1979) 'Metamorphosen der Bürgerschaft' in A Reif (ed), *Hannah Arendt: Materialien zu ihrem Werk* (Wien, Europaverlag).

______ (1980) 'Hannah Arendt–Denkerin der Polis' in E Nordhofen (ed), *Physiognomien. Philosophen des 20. Jahrhunderts in Portraits* (Königstein, Athenäum–Verlag).

Strauss, L (1956) *Naturrecht und Geschichte* (Stuttgart, Koehler).

Tamineaux, J (2000) 'Athens and Rome' in DR Villa (ed), *The Cambridge Companion to Hannah Arendt* (Cambridge, Cambridge University Press).

Taylor, C (2002) 'Wieviel Gemeinschaft braucht die Demokratie?' in C Taylor (ed), *Wieviel Gemeinschaft braucht die Demokratie?* (Frankfurt, Suhrkamp).

______ (2008) *Negative Freiheit?: Zur Kritik des neuzeitlichen Individualismus* (Frankfurt, Suhrkamp).

Thaa, W (1997) 'Hannah Arendt: Politik und Weltentfremdung' 4 *Politische Vierteljahreszeitschrift* 38, 695.

______ (2008) 'Kritik und Neubewertung politischer Repräsentation: vom Hindernis zur Möglichkeitsbedingung politischer Freiheit' *Politische Vierteljahresschrift* 49, 618.

______ (2011a) 'Die Krise politische Repräsentation–eine Folge der Auflösung gesellschaftlicher Großgruppen und sozio–kultureller Milieus?' in W Thaa and M Linden (eds), *Krise und Reform politischer Repräsentation* (Baden–Baden, Nomos).

______ (2011b) *Politisches Handeln. Demokratietheoretische Überlegungen im Anschluss an Hannah Arendt* (Baden–Baden, Nomos Verlag).

Thiel, T (2012) *Republikanismus und die Europäische Union* (Baden–Baden, Nomos).

______ (2013) 'Politik, Freiheit und Demokratie–Hannah Arendt und der Moderne Repub– likanismus' in J Schulze–Wessel, C Volk and S Salzborn (eds), *Ambivalenzen der Ordnung. Der Staat im Denken Hannah Arendts* (Wiesbaden, Springer VS).

Tocqueville, A de (JP Mayer ed) (1969 [1856]) *Der alte Staat und die Revolution* (Reinbek bei Hamburg, Rowohlt).

______ (2002 [1835]) translated, edited and with an introduction by Harvey C Mansfield and Delba Winthrop (eds), *Democracy in America,* (Chicago, IL, University of Chicago Press).

Tsao RT (2002) 'Arendt against Athens. Rereading the Human Condition' 1 *Political Theory* 30, 97.

______ (2004) 'Arendt and the modern state: variations on Hegel in The Origins of Totalitarianism' 1 *The Review of Politics* 66, 105.

Villa, DR (1996) *Arendt and Heidegger. The Fate of the Political* (Princeton, NJ, Princeton University Press).

______ (1999) *Politics, philosophy, terror: essays on the thought of Hannah Arendt* (Princeton, NJ, Princeton University Press).

Volk, C (2005) *Urteilen in dunklen Zeiten. Eine neue Lesart von Hannah Arendts 'Banalität des Bösen'* (Berlin, Lukas Verlag).

______ (2006) '"Wo das Wort versagt und das Denken scheitert". Überlegungen zu Hannah Arendts Eichmann–Charakterisierung' 1 *Aschkenas. Zeitschrift für Geschichte und Kultur der Juden*, 16, 195.

______ (2007) 'Hannah Arendt über das Böse und die Zukunft des Politischen' 1 *Internationale Zeitschrift für Philosophie* 16, 52.

______ (2008) 'Die Garantie der Menschenrechte als politisches Argument. Eine Skizze des Arendtschen Rechtsverständnisses' in M Biegi et al (eds), *Demokratie, Recht und Legitimität im 21. Jahrhundert* (Wiesbaden, Verlag für Sozialwissenschaften).

______ (2010) 'From nomos to lex. Hannah Arendt on law, politics and order' 4 *Leiden Journal of International Law* 23, 759.

______ (2013a) 'Hannah Arendt und die Kritik der Macht' 4 *Deutsche Zeitschrift für Philosophie* 61, 505.

______ (2013b) 'Hannah Arendt and the Law' 1 *International Journal of Constitutional Law* 11, 261.

______ (2015) 'Towards a critical theory of the political. Hannah Arendt on power and Critique' in *Philosophy and Social Criticism*, February 13, 2015, DOI 10.1177/0191453715568921.

Vollrath, E (1977) *Die Rekonstruktion der politischen Urteilskraft* (Stuttgart, Klett).

______ (1979a) 'Politik und Metaphysik: Zum Denken Hannah Arendts' in A Reif (ed), *Hannah Arendt: Materialien zu ihrem Werk* (Wien, Europaverlag).

______ (1979b) 'Hannah Arendt und die Methode des politischen Denkens' in A Reif (ed), *Hannah Arendt: Materialien zu ihrem Werk* (Wien, Europaverlag).

______ (1979c) 'Hannah Arendt über Meinung und Urteilskraft' in A Reif (ed), *Hannah Arendt: Materialien zu ihrem Werk* (Wien, Europaverlag).

______ (1987) *Grundlegung einer philosophischen Theorie des Politischen* (Würzburg, Königshausen & Neumann).

______ (1993) 'Hannah Arendts "Kritik der politischen Urteilskraft"' in P Kemper (ed), *Die Zukunft des Politischen: Ausblicke auf Hannah Arendt* (Frankfurt, Fischer).

______ (1996) 'Revolution und Konstitution als republikanische Grundmotive bei Hannah Arendt' in B Baule (ed), *Hannah Arendt und die Berliner Republik* (Berlin, Aufbau–Verlag).

Waldron, J (2005) 'Arendt's constitutional politics' in DR Villa (ed), *The Cambridge Companion to Hannah Arendt* (Cambridge, Cambridge University Press).

______ (2006) 'The Core of the Case Against Judicial Review' *Yale Law Journal* 115, 1346.

Walt, J van der (2012) 'Law and the Space of Appearance in Arendt's Thought' in M Goldoni and C McCorkindale (eds), *Hannah Arendt and the Law* (Oxford, Hart Publishing), 63.

Walzer, M (1993) *Kritik und Gemeinsinn. Drei Wege der Gesellschaftskritik* (Frankfurt, Fischer).

______ (1993) *Interpretation and Social Criticism* (New Haven, CT, Harvard University Press).

Weber, M (1924 [1923]) *Wirtschaftsgeschichte* (München, Duncker & Humblodt).

______ (1972a [1920]) 'Vorbemerkung zu den "Gesammelten Aufsätze zur Religionssoziologie"' in M Weber, *Gesammelte Aufsätze zur Rechtssoziologie*, vol 1 (Tübingen, Mohr).

______ (1972b [1915–1919]) 'Die Wirtschaftsethik der Weltreligionen. Vergleichende reli– gionssoziologische Versuche' in M Weber, *Gesammelte Aufsätze zur Rechtssoziologie*, vol 1 (Tübingen, Mohr).

______ (1973 [1922]) 'R. Stammlers "Überwindung" der materialistischen Geschichtsauffassung' in J Winckelmann (ed), *Gesammelte Aufsätze zur Wissenschaftslehre* (Tübingen, Mohr).

______ (1976 [1921]) 'Wirtschaft und Gesellschaft. Grundriss der verstehenden Soziologie, 1. und 2. Halbband' in J Winkelmann (ed), *Gesammelte Politische Schriften* (Tübingen, Mohr).

______ (1980a [1918]) 'Parlament und Regierung im neugeordneten Deutschland' in J Winckelmann (ed), *Gesammelte Politische Schriften* (Tübingen, Mohr).

______ (1980b [1919]) 'Politik als Beruf' in J Winckelmann (ed), *Gesammelte Politische Schriften* (Tübingen, Mohr).

Wellmer, A (1986) *Ethik und Dialog. Elemente des moralischen Urteils bei Kant und in der Diskursethik* (Frankfurt, Suhrkamp).

______ (1998) 'Menschenrechte und Demokratie' in S Gosepath and G Lohmann (eds), *Philosophie der Menschenrechte* (Frankfurt, Suhrkamp).

______ (1999) 'Hannah Arendt über die Revolution' in H Brunkhorst et al (eds), *Recht auf Menschenrechte. Menschenrechte, Demokratie und internationale Politik* (Frankfurt, Suhrkamp).

______ (2000) 'Arendt on revolution' in DR Villa (ed), *The Cambridge Companion to Hannah Arendt* (Cambridge, Cambridge University Press).

Wolin, SS (1994) 'Fugitive Democracy' 1 *Constellations* 1, 11.

Young, IM (2002) 'Power, Violence and Legitimacy: A reading of Hannah Arendt in an Age of Police Brutality and Humanitarian Intervention' in M Minow (ed), *Breaking the Cycles of hatred: memory, law and repair* (Princeton, NJ, Princeton University Press).

Young-Bruehl, E (1991) *Hannah Arendt: Leben, Werk und Zeit* (Frankfurt, Fischer).

______ (2006) *Why Arendt Matters* (New Haven, CT, Yale University Press).

Zerilli, LM (2005) '"We feel our freedom." Imagination and Judgment in the Thought of Hannah Arendt' 2 *Political Theory* 33, 158.

Ziegler, HO (1931) *Die moderne Nation. Ein Beitrag zur politischen Soziologie* (Tübingen, Mohr).

Zimmermann, R (2005) *Philosophie nach Auschwitz* (Reinbek bei Hamburg, Rowohlt).

Žižek, S (2009) *Ein Plädoyer für die Intoleranz* (Vienna, Passagen Verlag).

Zolberg, A (1983) 'The Formation of New States as a Refugee-Generating Process' 24 *The Annals of the American Academy of Political and Social Science* 467, 24.

Sobre o autor

Christian Volk é professor de teoria política do Instituto de Ciências Sociais da Universidade Humboldt, em Berlim, desde 2020. De 2016 a 2020 ele foi chefe da área de pesquisa de "Política e Direito" do Instituto Otto Suhr de Ciência Política da Universidade Livre de Berlim. Suas áreas de atuação são a teoria política, filosofia, teoria democrática, teoria social, Teoria do Direito e teoria constitucional. Desde 2018 Volk lidera o grupo de pesquisa intitulado "Protesto e ordem: teoria democrática, conflito político e a transformação das democracias ocidentais", que é financiado pelo Conselho Europeu de Pesquisa. O autor foi professor e pesquisador visitante do European Inter-University Centre (Veneza), da Escola de Direito Radzyner (Israel), da Universidade do Colorado em Boulder (EUA), da Universidade Goethe em Frankfurt (Alemanha), da Universidade de Yale (EUA) e da New School for Social Research (EUA).

A EdUERJ e a Editora Contracorrente se preocupam com todos os detalhes de suas obras.
Informamos que este livro foi composto em tipologia Garamond em papel
Pólen Soft 80g para o miolo e Supremo 250g para capa, formato 16 x 23 cm e
impresso no mês de março de 2022, pela Gráfica Grafilar.